新时代高质量教师培训体系研究与实践丛书

教师
培训学

主 编 郭 平 李德树 郭 璨
副主编 刘延金 李源田 孟繁胜

西南交通大学出版社
·成 都·

图书在版编目（C I P）数据

教师培训学 / 郭平，李德树，郭璨主编. -- 成都 ：
西南交通大学出版社，2024.3
ISBN 978-7-5643-9782-1

Ⅰ. ①教… Ⅱ. ①郭… ②李… ③郭… Ⅲ. ①教师培
训 Ⅳ. ①G451.2

中国国家版本馆 CIP 数据核字（2024）第 067153 号

Jiaoshi Peixun Xue

教师培训学

主编 郭 平 李德树 郭 璨

责任编辑	梁 红
封面设计	原创动力
出版发行	西南交通大学出版社 （四川省成都市金牛区二环路北一段 111 号 西南交通大学创新大厦 21 楼）
营销部电话	028-87600564 028-87600533
邮政编码	610031
网 址	http://www.xnjdcbs.com
印 刷	四川煤田地质制图印务有限责任公司
成品尺寸	185 mm × 260 mm
印 张	32.25
字 数	551 千
版 次	2024 年 3 月第 1 版
印 次	2024 年 3 月第 1 次
书 号	ISBN 978-7-5643-9782-1
定 价	88.00 元

教师培训学的体系构建与学科发展

（代序）

教师培训学是研究教师培训事实和教师培训问题，揭示教师培训规律的一门新兴学科，是中国教师教育改革和教师专业发展需求的必然产物，符合当今世界教师教育发展潮流。[①]进入21世纪以来，教师培训的理念、目标、模式、组织、手段、方法，以及培训的外部环境等正在发生着巨大的变革。[②]近年来，教师培训理论研究和实践探索力促“教师培训学”作为一门独立学科建设的呼声越来越高。2013年，北京教育学院刘加霞在《北京教育学院学报》发表《作为学科的教师培训学：内容框架与建设路径分析》一文，率先提出“教师培训学是对教师培训活动的本质以及内在规律、教师培训者的素养以及成长规律进行科学研究的专门学问”[③]，奏响了创建“教师培训学”的序曲。2019年10月，成都师范学院郭平教授成功申报四川省社会科学规划项目“教师培训学的学科价值与体系构建研究”，吹响了“建立一门专门研究教师培训事实与问题，揭示教师培训规律的科学——教师培训学”的冲锋号。“教师培训学能否成为一门独立的学科尚未达成共识，并且缺乏公认的理论体系和研究范式，这不仅是因为教师培训学的理论研究还不够成熟，还因为教师培训学的研究对象所具有的内在复杂性、研究任务的多重性、研究方法的多元性、研究成果的多样性等诸多复杂因素的影响。”[④]创建教师培训学是教师教育改革发展的必然趋势，应有其内在的理论逻辑和实践逻辑，离不开丰厚的教师培训理论和教师培训实践的滋养。创建教师培训学，虽然任重道远，但教师培训的体系构建和学科发展的理论与实践值得我们去不断探寻。

---

① 陈永明．教师教育学[M]．北京：北京师范大学出版社，2012：3．

② 郭平，赖蓉莎，陈国英．中小学教师培训模式创新研究[M]．长春：东北师范大学出版社，2015：34．

③ 刘加霞．作为学科的教师培训学：内容框架与建设路径分析[J]．北京教育学院学报，2013（04）：1~4．

④ 刘延金，郭平．教师培训学的学科界定及其创建[J]．内江师范学院学报．2020（09）：80．

一、教师培训学的学科体系构建

一门学科的建立和发展，不但因为它有社会的必需和充实的研究内容、特定的性质、学科研究对象，而且要形成具有严谨的逻辑结构的学科体系。科学学科体系的形成是一门学科形成、成熟的重要标志。

有学者从学科体系基本框架出发，根据教师培训学的学科属性和知识特点，把教师培训学的学科体系分为四个层次：第一个层次是从哲学视角研究教师培训；第二个层次是从历史和国际比较研究视角研究教师培训；第三个层次是从课程、教学、评估、政策、管理、体制等专项研究教师培训；第四个层次是各学科知识研究。因此，教师培训学的学科框架包括教师培训哲学研究、史学与国际比较研究、专业领域研究、各学科知识研究等四个层次。①

也有学者认为，教师培训学的学科框架主要包括原理论、管理论、实践论三个方面。②培训原理论研究教师培训的本质特征、内外规律和基本原理；培训管理论研究教师培训的政策、标准和团队建设；实践论研究实施有效的培训方法和保障，是教师培训学的主要内容和基础。

值得注意的是，原理论、管理论、实践论的内容可能会随着教师培训活动的开展呈现出不同的侧重，但是各理论的内容不仅仅涉及以上方面，而是以上述内容为中心，进一步扩展，是一个动态的发展过程。同时，原理论、管理论、实践论的内容并不是分离开的，而是相互影响、相互促进的。实践论在原理论及实际情况变化的影响下，会进一步地深化与丰富。

综上所述，“教师培训学的学科价值与体系构建研究”课题组认为，《教师培训学》的基本框架应包括原理论、主体论、实施论、发展论。

（一）教师培训原理论

一是教师培训与教师培训学，包括研究对象、教师培训学的学科价值、教师培训学的体系构建等内容，从学科建设的视角阐释教师培训学建设的重要性和必要性，该学科研究对象、任务的特殊性，以及其与相近学科的关系。包括阐明教师培训学的理

① 陈永明．教师教育学[M]．北京：北京师范大学出版社，2012：97~99．

② 刘加霞．作为学科的教师培训学：内容框架与建设路径分析[J]．北京教育学院学报，2013（04）：1．

论价值——科学解释教师培训事实和问题、实践价值——反思教师培训的实践、介质价值——融合教师培训的理论与实践。①

二是教师培训的产生与发展，包括教师培训的产生、教师培训发展的阶段、教师培训发展的根本动力等内容，论述教师培训产生的历史背景、阶段特征；对推动教师培训发展的各种因素以及作用进行概括总结。

三是教师培训本质，包括培训的基本属性、内在机理、价值追求、方法论意义，从本质上思考教师培训的性质、内涵、具体内容，以及为什么要进行教师培训、谁来培训、怎样做好培训等问题。②

四是教师培训目的，包括教师培训目的的标准、教师培训目的的运用等内容，对教师培训目的是什么，由什么决定进行具体阐述，说明教师培训目的定位，以及在具体实践中的落实。

（二）教师培训主体论

一是教师培训者，包括教师培训者的角色定位、教师培训者的工作任务、教师培训者工作绩效提升的途径等内容，分析教师培训者的身份来源、角色定位；阐释教师培训者应持有的原则和立场；描述工作场域中教师培训者应处理好的各种关系；说明教师培训者的工作任务，以及如何提高工作绩效。阐明教师培训者是在国家对教师的专业发展要求下，结合参培学员的实际需求，组织策划、精心设计培训主题，拟定培训方案，从事培训的组织、管理和教学的专业人员。③

二是教师培训对象，包括教师培训对象的角色定位、教师培训对象的需求分析、教师培训对象的教学与管理对策等内容，分析教师培训对象的需求；分析培训对象在学习中的不同状态及其成因；有针对性地提出提升学习效果的对策和方法。

三是教师培训机构，包括机构的性质与类型、工作任务与目的、组织建设的路径等内容，分析教师培训机构的性质；培训机构的专业特征与标准；机构的职责和工作任务，提出并论证完善组织机构建设以促进教师培训的途径。

---

① 刘延金，王班班，郭平．教师培训学的学科性与学科价值[J]．中小学教师培训，2020（05）：23．

② 平嘉琳，郭平，李巍．教师培训学的价值追求与方法论意义[J]．中国成人教育，2020（05）：72~75．

③ 刘华锦，郭平．教师培训者的角色内涵与能力结构认定[J]．中国成人教育，2019（20）：76~79．

（三）教师培训实施论

一是教师培训制度，包括教师培训制度的价值、教师培训制度存在的问题与归因、教师培训制度建设的策略等内容，在教师培训规范化、科学化的视野下分析教师培训制度的价值；总结教师培训制度的经验、分析存在的问题；就如何完善教师培训制度建设提出具有理论和实践支撑的策略。

二是教师培训体制，包括内涵与价值、经验与问题、完善建设的路径与策略等内容，说明培训体制建设的重要性，阐明教师培训体制的内涵；进行比较研究，分析特定培训体制下教师培训的主要特点；剖析教师培训体制建设的已有经验与存在的问题；思考未来从哪些方面完善体制建设。

三是教师培训模式，包括模式的发展历程、模式适用性、模式创新的路径和方式等内容，梳理教师培训模式的演进过程和发展逻辑；对具有代表性的教师培训模式进行研究，分析各种模式的优点和局限；对教师培训模式创新的内涵和主要路径提出学术性观点，包括阐明“培训模式应力求培训目标的全面性，培训过程的情境性和问题性，互动方式的多维化，不断融合和创新，促进教师的专业发展”[①]。

四是教师培训课程，包括教师培训课程的内涵、教师培训课程的目标与内容、教师培训课程资源的开发与利用等内容，说明教师培训课程是什么，应树立何种课程观；课程开发如何确定目标、内容和标准；课程实施应把握哪些关键环节；课程资源的开发与利用有哪些基本途径，并从理论与实践上进行论证。陈元辉等学者认为，教师培训课程是实现培训目标的关键载体，决定着教师培训的质量；教师培训课程价值体现在更新教师的课程理念和知识，扩展教师的文化视野，提升教师的文化素养和专业能力等方面；教师培训课程有理论课程与实践课程、集中培训类课程与网络培训课程、反思型培训课程与研究型培训课程、参与式培训课程与自主式培训课程等类型；基于教师培训课程类型的课程资源开发利用途径有：及时更新、升级培训课程及相关资源；推动教育学术著作的课程化；推动众筹课程建设，征集、累积各类优质培训资源；建设“互联网+教育”教师培训课程体系；开发以“人工智能”教育为基础的未来课程。[②]

五是教师培训方法，包括方法的发展演变、方法适用要求、方法的选择与创新等

① 谭蕾，王碧梅．国内教师培训模式探析[J]．成都师范学院学报．2015（05）：31．

② 郭平，胡永春．新时代教师专业发展研究与实践[M]．北京：团结出版社，2020：442~452．

内容，说明教师培训方法的特殊性；分析常见的教师培训方法有哪些，在什么条件下、针对什么对象比较有效果；教师培训方法如何能更好地选择、综合和创新，同时介绍、分析国外教师培训以及其他行业培训的方法。

六是现代培训技术，包括现代培训技术概述、信息技术与教师培训、现代培训技术的运用等内容，明确现代培训技术的内涵、特征；信息化对教师培训的机遇和挑战；分析现代教师培训中信息技术的运用。

七是教师培训管理，包括教师培训管理的目标与原则、教师培训管理的主要内容、完善教师培训管理的主要路径等内容，明晰教师培训管理的主体和客体；教师培训管理的目标和基本原则。阐明“培训目标是整个培训活动的出发点和落脚点，对培训活动本身具有导向、规范、调整和激励作用”①。

八是教师培训评价，包括评价的目标与原则、评价的方式与方法、评价结果及其运用等内容，论述教师培训评价的目标和基本原则；分析常用的培训评价方法与运用；分析评价方法的选择和创新。

（四）教师培训发展论

一是国外教师培训与借鉴，包括国外教师培训的概况与特点、国外教师培训的启示与借鉴等内容，通过对国外教师培训的基本情况进行介绍和分析，以期对我国的教师培训提供借鉴。

二是教师培训研究，包括教师培训研究的目的和意义、研究内容、研究方法、研究成果等内容，阐明研究的地位与价值；教师培训研究的内容包括培训各要素以及相关问题；教师培训研究可采用的方法和示例；未来教师培训研究的重点领域与议题。

三是教师培训改革与发展趋势，包括新时代教师培训面临的现状与问题、培训改革的目标和任务、未来教师培训发展趋势展望等内容，阐明新时代背景下教师培训应具有的特征、面临的机遇和形势、重点目标任务，分析教师培训未来的发展趋势。

① 卢雄，等．教师培训的目标管理及其组织实施[J]．中国成人教育，2020（12）：87．

二、教师培训学学科构建的哲学与方法论基础

（一）教师培训学的哲学基础

教师培训的学科建设需要哲学和方法论的支撑。反思、重构和阐明教师培训学科体系的哲学基础很重要，这样才能更有效地研究教师培训并将教师培训带入学科领域。在教师培训中讨论的问题将涉及“是什么”“应如何”和“为什么”，这是有关描述性、程序性和解释性问题。为了探索这些问题，教师培训研究人员希望能够在自然环境中如实地关注和描述他们，并基于这种解释和反思，能够根据教师培训实践，深入教师学习改变的内在联系，提出一定的理论假设。教师培训学属于人文科学和社会科学，人文社会科学强调通过描述和解释人类经验和表达的含义来强调理解。因此，教师培训学必须坚持辩证唯物主义和历史唯物主义的观点和方法。

此外，应用现象学的哲学和方法对教师培训学具有重要意义。现象学哲学是描述性、现实性和分析性的，并且掌握直觉的本质。现象学强调回归事实、主体间性和生活世界。正如教育现象学的代表马克斯·范梅南（Max Van Manen）所说，教育现象学是为了让我们摆脱理论和预设的概念，搁置我们的偏见和现有观点，并让我们直接面对现实世界、研究对象和生活经验，并对其进行有益的反思，从而形成对教育情势的敏感性和决定性。[①]因此，教师培训的学科体系建设应当强调对培训实践活动的实际情况（尤其是培训典型案例以及参训学员和培训者的案例）进行深入的描述和分析，以把握其内在特征和教师培训规律，获得有效的培训。

教师培训学科体系的建设应遵循以下原则：第一，注意教师培训和一线教师的实际情况，不能将其简化为一定的概念或命题；第二，教师培训师必须深入地参与培训活动，不能仅仅依靠抽象思维和理性思维；第三，不能只采用通常的概念类别来进行教师培训，要重视师资培训的客观存在和生活经验；第四，建立教师培训思维方式不应该推论，而应该着眼于归纳、观察、经验、理解，淡化研究者的经验，消除偏见，强调直觉感知、生活经验和个人反思。

就教师培训学科体系框架的构建而言，尽管学科体系的概念体系和学科方向是在文献综述的基础上构建的，但目的并不是要验证基于文献建立的框架，而是以此框架

① 马克斯·范梅南．生活体验研究——人文科学视野中的教育学[M]．宋广文，译．北京：教育科学出版社，2003：5~27．

为指导。定性研究和定量研究都是必要的。这两个研究范式的优势需要综合，应尝试使用混合研究范式来解决教师培训学科建设中的问题。

（二）教师培训学的方法论基础

教师培训学的学科体系构建还应有其方法论基础。所谓方法论，就是关于人们认识世界、改造世界的方法的理论。教师培训学的学科体系构建的方法论基础，就是我们以何种方法来认识教师培训学，以何种方式建设教师培训学。教师培训学是建立在唯物辩证法的基础上的。唯物辩证法是在总结特定科学的积极成果的基础上，从自然、社会和思想的最普遍定律衍生而来的，是具有最普遍意义的方法论。因此，将唯物辩证法作为教师培训学科建设方法的基础是最合适的。同时，应当指出，唯物辩证法要求人们从现实出发，从事实中寻求真理，自觉运用客观世界发展的辩证法则，并严格按照客观法则行事。教师培训学要从教师培训活动的实际出发，实事求是，自觉地关注教师培训过程中必然会涉及的理论和实际问题，严格按照教师培训的规律建设教师培训学的学科。

在具体的应用中，唯物辩证法要求我们在认识事物时要从以下三个方面出发：首先，要争取全面性，必须掌握和研究事物的各个方面、联系和中介；第二，在事物的运动、发展和变化过程中观察事物；第三，必须将所有人类实践纳入对“进入”事物的完整定义。教师培训学的学科体系构建不应该停留在理论知识体系的建设上，而应关注理论与实践两个方面。教师培训学框架中的诸因素相互作用、相互促进，这是动态的、变化的过程，是在教师培训这一过程的运动、发展、变化中挖掘教师培训的规律。教师培训学应该非常重视人的作用，将人的活动作为第一要素，围绕培训对象、教师培训者的活动展开，这是教师培训主体论的应有之义。

因此，教师培训学的学科体系构建是以唯物辩证法为方法论，在研究教师培训活动的过程中全面把握教师培训原理论、主体论、实施论、发展论之间的关系。

三、促进教师培训学学科发展的路径

杨天平教授建议“应在教育学一级学科门下增设教师教育学二级学科”时提出，应注重“学科的组织、队伍、专业、课程与教材建设，运用历史和逻辑相结合的研究思维及形而上和形而下、思辨和经验、实证和实地等多种研究方法”，应该“由低到高、由独立封闭到开放多元的预演轨迹及其主体与客体、目的与手段等要素进行全景式的考察，以建设科学与教学相统一的学科”。[①]

目前，教师培训学的研究成果和巨大的实践需求已为其发展提供了一定的基础和强大的动力，即做出了理论和实践方面的奠基工作。有师范大学设立了硕士专业和博士专业的研究方向，为培训人才的培养和管理等方面积累了丰富的经验。但是，教师培训学学科发展中还有很多空白点和增长点，需要进一步发展完善。因为，评判一门教育科学的分支学科是否成熟，其指标可从两方面看：一是属于“理论”方面的——对象、方法及理论体系；一是属于“实践”方面的——是否有代表人物、学术组织、学术刊物等。[②]无论从研究对象、研究方法以及理论体系等宏观建构上，还是从代表人物、代表性的著作、权威的学术组织和有影响力的学术刊物等实践情况上看，教师培训学的学科属性，其离成为一门独立学科标准还有不少差距。[③]因此，坚持教师培训学的学科自主、学科自立、学科自尊、学科自强、学科自信、学科自觉[④]，加强教师培训的理论和实践研究，才能更好地促进教师培训学的体系建设和学科发展。

（一）加强教师培训学的学术制度建设，进一步发展教师培训学学科的理论体系

“学科既是一种知识体系，又是一种学术制度。学科的发展不仅意味着知识的发现与创新，而且意味着知识的系统化。学术制度就是以分科研究的制度安排来追求知识。学科的发展过程是学科从知识体系转化为学术制度的过程。”[⑤]因此，教师培训学的发展需要加强学术制度的建设，应该从“学位授予点和课程体系”两个方面进行探究。

教师培训学的学科发展需要以师范院校为主体的高校建立硕士、博士专业的学位点，或开设硕士或博士的专业方向，进行二级学科专业的建设，并作为一个培养方向进行招生培养。同时，把教师培训学列入教育学本科专业的必修课和其他师范类专业

---

① 杨天平．呼唤现代教师教育学的学科建设[J]．教育理论与实践．2009（19）：28．

② 唐莹，瞿葆奎．教育科学分类：问题与框架[J]．华东师范大学学报（教育科学版），1993（02）．

③ 刘延金，王班班，郭平．教师培训学的学科性与学科价值[J]．中小学教师培训．2020（05）：23．

④ 侯怀银，桑宁霞．共和国教育学70年：成人教育学卷[M]．北京：北京师范大学出版社，2020：12~18．

⑤ 周光礼．反思与重构：教育法学的学科建构[J]．高等工程教育研究，2007（11）：50．

的选修课，有了学科学位点的建设，教师培训学的学科体系才算是有了扎实的基础，才能吸引和留住高层次的人才，在学术领域才具有学术影响力。2014年3月，华南师范大学在全国首次开设“教师发展与管理”专业，成为教师培训学术发展的一个里程碑事件，为教师培训学科的创建奠定了专业基础。2018年12月，四川省心理学会批准成立教师心理发展与教师培训专业委员会，聚集了一批研究教师培训学的科研人员，为教师培训学的创建奠定了一定的组织基础。①

学位点的建设需要课程体系的建设，课程体系的重要内容就是课程标准化。2011年，教育部颁布《教师教育课程标准（试行）》；2012年，发布《“国培计划”课程标准（试行）》；2017年，印发《中小学幼儿园教师培训课程指导标准（义务教育语文、数学、化学学科教学）》；2020年，印发《中小学幼儿园教师培训课程指导标准（师德修养、班级管理、专业发展）》。它们是教师培训课程国家层面的基本要求，是指导各地中小学幼儿园教师培训课程与教学的重要依据。课程标准化标志着教师培训专业发展的科学化，也为教师培训学科发展奠定基础。教师培训学科的发展为教师培训明确了方向，明确了教师培训职业的特征，也明确了核心的知识体系和能力体系，促进了学科知识、学科体系框架的成熟，最终为教师培训奠定了学科和学术地位。

（二）提高教师培训研究成果的创新性，形成全国性的学术组织机构和有影响力的学术期刊

教师培训学的学科体系的要素应该是由经验要素、理论要素和结构要素组成。②教师培训学的学科体系的发展，不能只看研究规模、论文著作数量，还应该看构成其学科体系的要素是否不断地丰富和发展，其创新性成果是促进教师培训学学科发展的重要标志。

到目前为止，教师培训研究成果虽多，但缺乏教师培训学的独特性视角。因此，今后的教师培训学研究，特别是教师培训学方向的著作，应要求在现有的研究成果上取得新的突破。要突破教师培训学研究对教育学和管理学以及学科教学研究的依赖性，就必须加强教师培训学本身的原创性研究，形成教师培训学自身的核心

① 刘延金，郭平．教师培训学的学科界定及其创建[J]．内江师范学院学报，2020（09）：80．

② 周川．致力于高等教育学的理论发展——读《多学科观点的高等教育学研究》[J]．高等教育研究，2002（02）：105~107.

理论体系、学术话语体系，使其研究在目前已有成果基础上有创新有突破。同时，需要增强教师培训学的学术价值和影响力，形成全国性的学术组织机构和有影响力学术期刊。创刊于1984年的《中小学教师培训》，长期致力研究中小学教师培训前沿理论、探索中小学教师培训实践路径、交流中小学课堂有效教学经验、提升中小学教师实践智慧、宣传国内外最新师训成果、揭示中小学教师专业发展规律，坚持理论性、研究性、应用性于一体的办刊风格，注重理论研究，突出实践应用，追求理论研究与中小学教育教学实际问题解决的有效结合，在全国教师培训领域具有重要的学术影响。

教师培训学要实现上述突破，还需要两个重要条件：一个是专业人才队伍，二是有一定的资金支持。专业人才队伍是教师培训学创新和提高影响力的关键条件。专业人才是指教师培训学学科发展所需要的理论知识的创新者、理论知识的普及者以及学术研究的传承者。教师培训学需要专业人才持续不断地探索并提炼新理论知识，同时，这些专业人才还要不断地培养一批批青年学生或学者，从而持续不断地涌出教师培训学的专业化人才。郭平教授领衔的教师培训学科研创新团队，汇聚成都师范学院、四川师范大学、新疆师范大学、福建教育学院、成都大学、电子科技大学等一批教师培训领域的专家，在理论研究与实践探索方面已经取得了一系列阶段性成果。

另外，资金支持是教师培训学创新和提高影响力的必要条件。有资金支持，教师培训学的研究团队才会不断壮大，成果才会不断丰富，学术影响力才会不断增强。

（三）加强教师培训学的实践指导，深化理论与实践的有机融合

教师培训学是一门实践性较强的学科，因此，教师培训学的发展还需要加强其实践的指导，把教师培训的理论与实践有机融合。在教师培训学研究过程中，既要关注学术研究的数量，更要注重学术研究的质量，同教师培训学的实践性相适应。在推进教师培训专业化过程中，教育行政部门、师范院校、中小学校、教师专业发展学校，以及培训者对于教师培训管理和教学的基本理论、知识的掌握还不够，缺乏一定的引领，要促进更多的教师培训专业人才深入实践，发现问题、解释问题、解决问题，增强教师培训理论研究对培训实践指导的适应性和针对性，提高教师培训的有效性。有效推动教师培训工作的科学发展，离不开教育培训理论指导，应当对教师培训的本质有深入的理性认识，才能对教师培训的实践活动和发展趋势把握

提供理论支撑。[①]

（四）深入研究教师培训学的交叉学科的复合型，拓展教师培训学的研究视角

教师培训学属于教育学、管理学、教师教育学的交叉学科，其研究需要教育学、教师教育学和管理学三门学科基本理论知识的复合型应用。具有教育学背景的研究者会用教育学的研究思维与研究范式思考教师培训，关注人的潜能、人的个性发展以及成人学习心理；具有管理学背景的研究者会从管理的角度对教师培训问题进行理性审视；具有学科背景的研究者，会关注学科知识的教学和研究。三者合一才能形成培训的学术话语、学术逻辑、学术体系，教师培训学才能形成可持续发展的基本条件。因此，教师培训学的发展，就应当深入研究其交叉学科的复合型，把握教育学、管理学以及教师教育学的关联与融合，以便探寻促进教师培训学实质性发展的突破点。

教师培训学是一门交叉学科，其发展需要从不同的视角来审视。既要关注当前教育和教学理论热点问题，又要关注教师培训管理问题，还要注重学科知识的发展和更新。研究视角的多样化才能更有效地为教师培训学的学科发展服务，发挥教师培训学理论指导教师培训实践的作用，从而务实推进教师培训学的学科发展。

四、余论

著名学者侯怀银教授在其主编的“共和国教育学70年”丛书总序中指出，我国教师教育学学科的未来发展趋势将体现在以下几方面：完善学科基础理论，加强学科制度建设；观照学科实践，激发学科发展活力；培养学科建设队伍，夯实学科发展根本；厘清学科之间的关系，加强跨学科间研究；搭建学术交流平台，充分发挥学科功能；加强学科国际合作，促进学科本土化发展。[②]对教师培训学的创建具有重要的启迪。

创建教师培训学和构建教师培训学的学科体系是一项开创性的工作，是非常复杂且艰辛的系统工程。构建教师培训学的学科体系还有许多问题，如研究范式、内在逻

① 郭平，平嘉琳，李巍．教师培训的本质及基本属性研究[J]．中国教师，2020（06）：68．

② 侯怀银，李秧．教师教育学在中国：历程、进展和趋势[J]．教师教育研究，2019（06）：1~6．

辑、话语体系、国际比较、理论基础，以及教师培训学所反映的带有规律性的问题等，这些都有待深入研究和探讨。

本文核心内容刊发于《成都师范学院学报》（2020年第10期），论点摘编刊发于《新华文摘》（2021年第5期）。

目 录

第一章 导论

习近平总书记指出，“教育决定着人类的今天，也决定着人类的未来”“教师是立教之本，兴教之源，承担着让每个孩子健康成长、办好人民满意教育的重任。”“党和国家事业发展需要一支宏大的师德高尚、业务精湛、结构合理、充满活力的高素质专业化教师队伍，需要一大批好老师。”百年大计，教育为本，教育大计，教师为本。提高教师素质已经成为21世纪我国社会经济发展所面临的最急迫的任务。党的十八大以来，党中央、国务院坚持把教师队伍建设作为基础工作。教师培训是提高教师综合素质的重要路径和手段。目前，我国各级政府和各级各类学校高度重视教师培训，而且主持或支持教师培训的资金持续增加，教师培训活动及项目的规模不断扩大。为了进一步规范和引导教师培训的实践，增强教师培训的有效性，很有必要建立一门专门研究教师培训事实与问题，揭示教师培训规律的学科——教师培训学。

第一节　教师培训学的概念与学科性质

教师培训学并不如其字面上所说的，是研究教师培训的学科，它的存在有更为深刻的意义。为较精确地界定教师培训学的概念，必须从教师培训学的内涵及外延两个方面出发，才能真正发掘教师培训学的深刻本质。同时，为了区别于其他相近的概念，需要对其基本构成要素进行详细梳理和分析，了解其学科性质。

一、教师培训学的概念

在确立教师培训学的定义之前，必须要解决和回答一个问题：教师培训是一种工具还是一门学科？这是确定教师培训学的核心内涵的关键。不同的回答导致教师培训学具有不同的研究对象和研究方法。从教师培训的发展历史来看，1986年，教育委员会颁布《关于加强在职中小学教师培训工作的意见》，进一步巩固了教师培训的地位，也在一定意义上确定了教师培训是学历补偿教育的重要手段。[①]文件中明确提出尽快改变中小学师资队伍文化业务水平偏低的现状，提高中小学教师队伍的质量。此时的教师培训是作为提高中小学师资队伍质量的方式和手段。随着时间的推移，教师培训从学历补偿的手段发展为教师继续教育的主要方式。1991年，教育委员会印发《关于开展小学教师继续教育的意见》，强调以后十年在有计划地提高小学教师学历层次的同时，大力开展小学教师的继续教育。随后，实施了一系列教育工程及计划促进教师专业发展。随着终身学习理念的不断深入，教师培训转而成为我国实现人力资源大国向人力资源强国迈进的重要手段。21世纪，教师培训真正进入到关注教师素质的时代，教师观也逐渐发生了重大改变，这对教师的素质提出了更高的要求，因此，教师培训工作就显得尤为重要。2010年，国家推出“中小学教师国家级培训计划”，极大地推动了各级政府加大教师培训经费的投入，教师培训项目和规模迅速增长，越来越多的教师有机会参加各级各类的培训活动。在教师培训规模与培训机会问题解决后，培训的质量如何提升成为教师培训的重点和热点问题。2013年，教育部印发了《关于深化中小学教师培训模式改革 全面提升培训质量的指导意见》，要求落实按需培训，强化实践性培训，推行教师自主选学和培训学分管理制度，创新培训模式，推动网络研修与校本研修相结合。2018年，中共中央、国务院颁发《关于全面深化新时代教师队伍建设改革的意见》，提出了“开展中小学教师全员培训，促进教师终身学习和专业发展”。

在40多年的发展过程中，很多人认为“教师培训”就是一种方式、一种工具、一种手段。从培训的政策要求和内容安排来看，确实如此。尽管我国教师培训的机制、体制和系统已经较为完善，但是“教师培训学”作为一门科学，其被重视的程度还不够。在社会信息化背景下，终身学习的理念以及教师专业发展的要求改变了教师培训的性质。它不再仅仅停留在工具层面，还涵盖了教师培训这一活动以及参与这一活动的人。教师培训是专指为提升教师质量而进行的专门活动。教师培训学则是指专门研究怎样将“培训好教师”的教师培训活动变成系统的科学。也就是说，教师培训学是一门人文社会学科。这就包括教育培训思想、培训理念、培训方法、培训模式以及实施等众多分支机构在内的系统性活动。与简单的教师培训活动相比，教师培训学是理论性的关于教师培训规律的一门科学。因此，从理论层面上

① 余新，王婷．改革开放40年我国教师在职教育的回顾与前瞻[J]．课程·教材·教法，2018，38（07）：21~26．

对于教师培训进行研究是十分必要的。

综上所述，教师培训学概括地说，是研究教师培训事实和教师培训问题，揭示教师培训规律的一门科学。大多数的研究者在提及“教师培训”时，更多的是将其视作一类制度性行为。[①]对于教师培训这一活动或是项目的关注较多，但对于教师培训学而言，它是一种科学，是教育管理学、教师教育学两种学科的交叉、相互影响发展，关注教师培训事实，研究教师培训问题，发掘教师培训规律的科学。教师培训学的研究对象是教师培训事实与教师培训问题，其基本要素包括培训者、培训活动、培训对象等。教师培训活动指由专门培训机构组织的学习活动，目的在于提高教师的专业知识水平和技能，增强教师专业学习能力，帮助教师形成终身学习的态度。

教师培训学的核心概念是“教师培训”，教师培训是培训的重要组成部分。广义地讲，教师培训是指教师教育，包括职前教师培养和职后教师培训。教育部在2002年2月发布的《关于“十五”期间教师教育改革与发展的意见》中，首次对教师教育做出了一个相对完整的解释，它认为“教师教育是在终身教育思想的指导下，按照教师专业发展的不同阶段，对教师的职前培养、入职教育和在职培训的统称”。[②]“教师教育是将传统的师范教育、教师的入职培训、在职培训三者的结合和延伸，是正规教育和非正规教育的整合与发展，是多层次、全方位、立体式的教师终身教育”。[③]

狭义地讲，教师培训是指教师职后培训或在职培训，在西方被称为“在职教师教育与培训”（In-service Education and Training of Teacher，缩写为INSET）。英国1970年发表的《1967年教师在职培训的调查》中把“教师职后培训”界定为“教师在职后所参与的任何与其专业、工作相联系的活动”。[④]在我国，“教师职后培训是指学校、教育行政部门和培训机构三方对在职教师进行的有组织、有计划的学习活动，是作为促进教师专业发展的一个重要环节”。[⑤]在西方，有学者认为“教师职后

① 朱益明．教师培训的教育学研究[D]．上海：华东师范大学，2004：23．

② 赵春秀．教师职后培训的现状与改进措施[J]．教育理论与实践，2009（06）：36．

③ 顾明远，檀传宝．2004：中国教育发展报告：变革中的教师与教师教育[M]．北京：北京师范大学出版社，2004：178．

④ 倪婷婷．农村教师培训的现状、问题与对策[D]．苏州：苏州大学．2007：4．

⑤ 林艺，刘丽娜．发达国家中小学教师在职培训的形式及特点[J]．外国中小学教育，2003（03）：24．

培训是指通过提供完整的、连续的学习经验和活动来促进教师专业、学术和人格的发展”。[①]此处教师培训采用狭义的定义，指的是教师职后培训，即有计划、有目标地组织教师参加与教育教学工作相关的学习活动，旨在改进和发展教师的专业知识、专业技能、专业态度和工作行为，从而挖掘和发挥教师的工作潜能，使教师适应教育改革和发展的需要，最终实现学校组织发展和教师个体专业发展的双重目标。[②]教师培训活动主要包括三类：一是教师自主的自我学习，即自我研究与学习；二是参与式的专题讲座，即专家指导；三是教师的教育、教学研究活动，即同伴合作研究与学习。

与教师培训活动关系最紧密的两类主体分别是教师培训者及培训对象。关于教师培训者的定义，现有学界有较为宽泛的认识，在本书中较倾向于将教师培训者视作专业培训者的教师培训师的总称。教师培训者即教师培训师，是指在教师教育培训机构中，接受过长期的专业教育和专门训练，掌握系统的培训科学知识和专业培训技能，能够将现代教育培训理念和手段相结合，从事教师培训需求分析、方案设计、课程开发、教学组织、管理服务、领导咨询等培训与管理活动的专业人员。[③]从国际上看，教师培训者大致可分为五大类，分别是大学或者师资培养培训机构的培训者、专门继续教育机构的培训者、教师专业团体的培训者、广播电视等多媒体远程教育设施的培训者及在职的中小学的培训者。从目前教师培训的实际情况看，这五种教师培训者基本上都存在。[④]教育培训对象主要指参加教师培训的学习者。

二、教师培训学的学科性质

教师培训学作为研究教师培训事实和教师培训问题，发掘教师培训规律的一门科学，具有科学和学科的双重意义。对学科有很多界定，赫斯特（P.Hirst）认为，一门“学科”应有学科特有的核心概念以及具有逻辑结构的概念体系；隶属于该学科的独特表达方式；检验独特表达方式的独特技术和技巧。从这个角度来看，具有教师培训这个特定的核心概念，辐射教师培训这个概念的还包括教师培训者、培训模式等。具备特有的研究对象和相对完整的研究方法与体系，因此，本书语境中的教师培训学不

---

① 赵春秀．教师职后培训的现状与改进措施[J]．教育理论与实践，2009（06）：37．

② 余新．教师培训的本质、功能和专业化走向[J]．教育科学研究，2010（12）：41~44．

③ 余新．教师培训师专业修炼[M]．北京：教育科学出版社，2012：4．

④ 王海．初中教师在职培训的影响因素及对策——基于武汉市的一项实证研究[J]．当代教育科学，2010（08）：6．

仅仅指一门科学，也是在教师教育学学科下的特定学科方向。

一般而言，学科性质是在学科分类基础上对某一学科基本形态与本质特点的界定。只有科学认识和正确把握教师培训学的学科性质，才能明确其发展方向，提高教师培训学科的科学理论水准。本书认为教师培训学属于教育科学体系中的一个新领域，是一门新兴的教育学的二级学科。教师培训学关注教师培训这个特殊活动，此活动中涉及培训对象与培训者，涉及教师教育学，涉及教育管理学等内容。可以发现，教师培训学是在教师教育学与教育管理学交叉过程中针对教师培训活动形成的交叉学科。从宏观与微观的角度来看，教师培训学这一学科介于宏观理论学科与微观应用学科之间，既涉及宏观层面教育学及管理学的内容，又兼顾指导具体的教师培训活动，属于中观学科。同时，需要注意的是，它不是"为研究而研究"的，而是为培养教师、不断研修、促进教师专业成长的实践行动提供指南，因此具有理论研究学科与实践应用学科的双重性质。

需要注意的是，教师培训这一内容虽然受到国内外教育学者和社会学者的关注，但是教师培训学仍属于一门新兴学科，这是因为将教师培训事实作为专门研究对象，将教师培训作为一门学科来进行研究的相关研究不多。本书存在的意义在于将教师培训活动当成教师专业发展的一种有效手段和终身学习的必经之路，为教师教育的发展提供一种新的理论支持，为教师培训活动的科学展开提供建议和方向，同时为教师培训的研究提供一定的理论支持和方法借鉴。

综上，关于教师培训学的学科性质仍需要探讨，但从本门学科实际情况和发展趋势来看，我们认为，教师培训学隶属于教育学科学体系，属于一门教育学科下的新兴的交叉二级学科。

第二节 教师培训学的研究对象、任务与意义

教师培训学是一门新兴的交叉科学。教师培训活动出现得很早，但"教师培训学"提出得比较晚，还不成熟。因此，总的来说，本门学科仍处在持续不断地探究和发展过程中。在这个过程中，不同的人对本门学科的一些基本理论问题持有不同的观点，认识与理解也不相同，需要我们进一步地探索。

一、教师培训学的研究对象

每一门学科都有其特定的研究对象，研究对象就是要对客观事物或事实某一方面做出的科学的说明，揭示其特殊的矛盾运动规律。对于一门学科来说，明确地界定其研究对象，可以清晰学科研究的起点，同时有无明确的研究对象也是衡量一门学科是否独立的重要标准。教师培训学是一门具有交叉性和综合性的学科，其研究目的是十分明确的，就是挖掘教师培训规律，指导和规范教师培训实践。从其目的出发反推本学科的研究对象可以发现：从获得结果的过程来看，我们需要关注教师培训的整个过程，包括参与培训的教师的需求、教师培训的课程设计、教师培训的实施、教师培训效果等。如果是将教师培训作为一个活动来看，那么不得不提及参与的几类主体，如培训者、培训对象、培训管理者等。如果从发挥作用的角度出发，那么在整个教师培训过程中，谁是研究者？谁是教学者？谁是管理者？他们分别发挥什么样的作用？这些都是教师培训学关注的问题。

我们更加倾向将教师培训作为一种事实进行研究，更加关注这个事实中产生的问题。研究对象是以事实为基础，以问题为导向的内容。所谓“事实”，是指事情的真实情况，包括事物、事件、事态。在教师培训这一前提下，事物指教师培训中涉及的各类人或是集体，指教师培训这一整个培训活动，不能将其割裂。事态指教师培训发展变化的情况。这个情况既包括微观层面某个教师培训活动进展的情况，也关注整个教师培训活动的发展态势与变化。所谓的“问题”具有几层含义，首先是指要求回答及解释的题目，其次是需要谈论研究加以解决的矛盾，再次是指“关键”，最后问题带有事故或是意外之意。因此，在教师培训中，不仅要关注基础研究中对于教师培训的疑惑，对于教师培训者的疑惑，还要关注教师培训过程中的矛盾以及教师培训活动中的关键，以及如何定义教师培训过程等。根据以上内容，本书认为，“教师培训学”的研究对象及其内容大致可以区分为三大领域：教师培训的理论研究、教师培训的实践研究、教师培训的管理研究。教师培训学的理论研究将会揭示教师培训中的事实，教师培训学的管理研究与实践研究将帮助我们解决教师培训过程中的问题。

作为一门学科，“教师培训学”应当揭示教师培训研究对象的特殊矛盾和客观规律。其研究对象主要是怎样解决教师培训过程中的特殊矛盾，探究客观规律，核心问题是如何依据教师培训规律来有效地促进教师专业发展。

二、教师培训学的研究任务

教师培训学有其特定的研究任务，主要包括如下几方面：

第一，研究教师培训的价值与意义，论述教师培训在教育中的地位，以及在教师教育中的作用；从教师培训与社会、教育、教师教育的关系中，探索教师培训所具有的社会属性和本质属性。

第二，研究教师培训学的基本规律、实践原则、方法以及构成的基本要素等，搭建教师培训理论知识体系，为教师培训学提供理论基础。

第三，规范和指导教师培训实践，提高教师培训的有效性，并形成科学的教师培训工作的基本环节、典型的实践模式等。

上述的任务是相互影响、相互支持和相互促进的，从理论层面、技术层面、情境层面三个维度共同推进教师培训的专业化及科学化发展。

三、教师培训学的研究意义

教师培训学作为一门学科具有学科研究的意义。教师培训具有四大功能：教师培训对教师个体发展的促进功能、教师培训对学校组织发展的保障功能、教师培训对教育改革和发展的推进功能、教师培训对社会人力资源的开发功能。[①]教师培训对于教师个体发展的促进功能主要表现在：教师培训就是为教师不同阶段的学习和变化提供服务和支持，促进教师获得必要的专业知识、专业技能和专业精神，并不断调整自己的工作行为。教师培训对学校组织发展的保障功能体现在：教师是学校发展的第一资源——人力资源的主体，教师培训是通过对人力资源的投资为学校组织获取有价值的智力资源提供保障。教师培训对教育改革和发展的推进功能表现在：教师是教育改革的实施者，而教育改革是一个不断改进的过程。如果作为实施者的教师都对教育改革措施迷茫，甚至产生消极排斥情绪，那么教育改革可能只是纸上谈兵。教师培训提供一种渠道让教师理解教育改革与发展的必要性，使教师有效参与教育改革过程，并发挥中流砥柱的作用。教师培训对社会人力资源的开发功能主要体现在：教师培训既是

① 余新．教师培训的本质、功能和专业化走向[J]．教育科学研究，2010（12）：43．

对社会特定专业技术人群——教师的人力资源开发的资本投资，又是对国家实现从人口大国向人力资源强国转变的重要措施——发展基础教育的人力资本投资。教师培训的特有功能使得教师培训学这一学科具有了极大的意义。

教师培训学的意义与价值主要体现在教师培训学内在升值与外在影响两个方面。在外在影响方面可以分为宏观、中观、微观三个层面。从宏观层面上来说，对于教师这一特殊人力资源的发展起到正向促进作用，对于这个社会形成终身学习起到重要引导作用。同时，通过教师培训学的研究，大众改变了对于教师培训的认识。一些人对教师培训持有偏激的看法，即“培训无用论”和“培训万能论”。这两种看法都是对教师培训的片面认识，是人们对于教师培训的规律缺乏科学认识。本书旨在揭示教师培训的规律，扩展人们科学认识教师培训的渠道。从中观层面而言，教师培训学对于教师这一群体的专业发展以及学校组织发展都能起到正向激励作用。教师是教育改革与发展的实践者，其得到正确、有效的学习支持是十分关键的。当前，我国教师培训工作面临着前所未有的大好机遇，各级政府都十分重视这项工作。把握机遇，为教师培训提供更加系统、专业的指导，对教师、教师所在的学校、教师培训机构都具有正向指引的作用。从微观层面而言，教师专业发展对于教师个人而言，是十分关键的。作为促进教师专业发展及个人终身学习习惯形成的重要支撑系统，教师培训的专业性、有效性十分关键。对于参与教师而言，其通过对教师培训学的学习，能够形成良好的培训元认知和学习元策略，从而最大限度地发挥教师培训的作用。对于培训者而言，以往的教师培训大多停留在经验层面，能够在科学的理论指导下进行教师培训活动的管理与组织，是十分有益的。本书将教师培训作为专门的学科对象进行研究，提升其理论知识体系的完整性，深入挖掘其发展过程的规律性，最终目的是促进学科的自我完善与发展。

四、教育培训学与相关学科的关系

虽然教师培训学的研究对象以及研究任务、意义与一些学科相近，但与这些学科之间并不发生重复、等同的冲突。

（一）教师教育学

相对于教育学的其他分支学科而言，教师教育学是其中一门较年轻的学科。我国教师教育学建设始于20世纪90年代中后期的教师教育改革，距今只有30余年的历史。不同的研究者对于教师教育这一学科有不同的见解。如有学者认为“教师教育学”是研究教师教育实施者、接受教师教育者以及客观环境相互结合、相互作用的规律性科学。也有学者认为，教师教育学是一门有关教师教育活动和教师教学工作的基本原理或是方法论的学问。教师教育学的学科属性包括：政治属性，涉及教师教育的管理；实践属性，涉及培养的教育模式；学术属性，建基在学术学科之上。有学者认为教师教育学的研究领域包罗万象，可以说，一切与教师发展相关的问题都有可能成为“教师教育学”的关注点。但是也有学者指出，教师教育学的研究对象及其内容大致可以区分为六大领域：一是教育环境，包括教育行政、政策法规、教育财政等政策环境，学校文化、教育科研等学校氛围，以及专业发展、创新人才培养等校内外结合的共生领域，借此探究教师教育的现实与理想环境；二是基础研究，涉及与教师教育相关的教育原理、教育史论、比较教育、课程教学与教育技术研究，基于回顾过去、立足现在、展望未来的视角，从不同侧面考察教师教育的发展动向；三是各类教育，包括学前教育、基础教育、高等教育、职业教育、成人教育、研究生教育等与教师教育变革密切相关的主要学科；四是心理卫生，关注情感心理、基础心理、实验心理、应用心理、精神卫生等对教师教育的影响与作用；五是学科教学，包含学科理论、教材研究、校本课程开发、道德教育、语文教育、数学教育、外语教育等对教师教育的实践与考量；六是教育实践与技能，如教育实习、教育见习、教师口语、案例分析、实证研究、信息网络化教学设计等，重视现场应变能力的培养和评估。①

通过了解，可以发现教师教育学与教师培训学之间既存在区别，又紧密相连，区别在于两者的历史、内涵、学科性质不同。首先，教师教育学具有30余年的发展历史，相比较而言，教师培训学只是一门新兴学科。其次，在内涵方面，教师教育学是以教师的专业成长与发展为出发点的，教师培训学则是以教师培训为核心的，两者的内涵和关注点不同，一个是以教师为主体，一个是以教师培训为主体。虽然有学者将教师培训作为职后教师教育的学科建设的重要手段，但是两者在内涵方面具有很大的不同，教师培训学虽然与教师教育学有交叉，但不属于教师教育学。最后，在学科性质方面，教师教育学具有政治性、实践性、学术性，教师培训学具有交叉性和综合性的特征。教师教育学的学科性质与教师培训学有较大的不同，但是二者也具有相

① 陈永明，王健．“教师教育学”学科建立之思考[J]．教育研究，2009（01）：53~59．

通之处。两者在研究背景、研究对象、研究方法方面具有较强的交叉性。在研究背景方面，二者都涉及与教师教育相关的教育原理、教育管理、课程教学、教育技术学等相关内容，同时两者都是在同一政策环境下形成的，从不同角度阐释教师、教师专业发展的科学内容。在研究对象方面，两者的研究对象有一定的重叠性，比较关注教师这一主体。教师教育学关注的是教师专业发展的全过程，而教师培训学较为集中地关注教师职后培训这一特殊阶段。同时，两个学科都非常关注教师个人的专业发展，都旨在为教师专业发展提供有效的支持与帮助。两者在研究方法上也有一定的共通性，如教师教育学可以借鉴人文社会科学研究中通用的一些研究方法，如定性研究（文献法、历史法、比较法）、定量研究（调查统计法、实验法、内容分析法）以及质性研究（观察法、访谈法、叙事法），这些方法也可以应用于教师培训学。

（二）教育管理学

教育管理思想自有教育活动以来就存在。中国教育管理思想自周朝起就存在，当时设有“大司徒”统辖全国教育。但把教育管理作为专门研究对象，形成完整的教育管理科学体系，则是近百年才实现的。不同的研究者对于教育管理学的认识不同，有的学者认为教育管理学就是研究在什么社会积极条件下，采用什么方法能够激发教育中的激励因素，改变制约因素。也有学者认为，教育管理学就是把教育和管理结合起来，研究如何按照教育的客观规律来管理教育，对影响教育质量和效益的各个要素进行规划、组织、指导、协调和控制。教育管理学的研究主要包括教育领导的目的、意义、作用、任务、特征、原则、活动和评价；教育立法；教育目的和方针政策的制定与实施；教育制度；教育行政组织；对教育人员的要求、培训和成绩评定；教育经费的管理；学校工作的具体管理。包括思想政治工作、教学、科研、生产劳动、体育卫生、人事、保卫、总务、财务、图书仪器、与社会联系、与家长联系等项工作的管理。另外，还包括学校的性质、任务、领导体制、组织机构、学校规划、科学管理、工作原则与方法等。教育管理学具有社会性、文化性的学科性质。①

通过了解，可以发现教育管理学与教师培训学之间存在一定的区别和联系，区别在于两者的历史、学科性质、研究对象不同。教育管理学作为一门学科已经有近百年

① 王毅，陈迎雪．教育管理学的理论和逻辑范畴探究——评《教育管理学（第二版）》[J]．大学教育科学，2016（06）：2．

的历史，发展相对成熟。教师培训学仍处在学科初建的阶段。相比较而言，教育管理学的学科更宏观，关注的是教育整体，具体的研究范围十分广泛，涉及学校、教师、政府多个主体。

教育管理学与教师培训学具有一定的联系。两者的研究方法较相近，教育管理学常见的研究方法包括文献分析法、问卷调查法、访谈调查法、比较研究法等，这些方法同样适用于教师培训学。另外，教师培训学的研究对象是教师培训的事实和问题，在这个过程中，一定会涉及教师培训管理的问题，而教师培训管理的问题是教育管理中的一个微观问题，因此，教师培训学中关于管理理论的构建，一定会涉及教育管理学的内容。教师培训作为一种特殊形式的教育活动，有其特殊的发展规律，挖掘教师培训规律属于教师培训学的研究范畴，但是必定会涉及教育管理学的内容。值得注意的是，教师培训学并不是教育管理学下属的某一个具体教育管理问题的研究方向，教育管理学为教师培训学提供了一个宏观的理论支持。

第三节　教师培训学的学科价值

英国哲学家、社会学家和教育理论家斯宾塞（Herbert Spencer）在其著作中提出“什么知识最有价值”“凡是人们所学的各种知识都有一定的价值，但是价值的大小却不一样”。[①]此后，教育界讨论价值问题经久不衰。在《现代汉语词典》（第7版）中，“价值”指“体现在商品里的社会必要劳动”“用途或积极作用”。[②]一门学科的价值取向指的是“学科活动的方向，是学科价值主体以自身客观认识能力为依据，在对外部社会历史发展及学科发展实际情况的判断的基础上，在学科建设实践中所表现出的一种行为倾向性。它是价值主体对学科进行价值选择的理性动态过程，贯通于学科建设的方方面面，在现实性上，学科价值取向包含理想与现实两个维度”。“对学科价值的研究有利于学科形成理性的价值判断，从而正确引导学科的建设与改革”。[③]人们对自己所从事活动的价值认识和理解得越清楚、越全面、越系统、越深

① 斯宾塞．教育论[M]．王承绪，译，北京：人民教育出版社，2005：2．

② 中国社会科学院语言研究所词典编辑室．现代汉语词典[M]．7版．北京：商务印书馆，2016．

③ 李燕丽．学科价值的理论初探[J]．科教导刊，2012（01）：89．

刻，就越能更好地攻克层层困难，有效地实现活动目的。因此，从事教师培训学的实践和研究，一个重要前提就是要梳理和把握教师培训学的价值。教师培训学的价值是教师培训对人和社会的意义或积极作用。要真正认识和理解教师培训学的价值，不仅需要持续不断地探究和丰富教师培训的理论，还需要教师培训者在培训实践中体验和认同其价值。本书将从实践和理论以及二者的关系三个层面讨论教师培训学的价值。

一、实践价值——反思日常教师培训的实践

“实践”可以理解为人的所作所为，是由内向外的趋向造成的行为。实践反思有助于提升教师培训的品质，重视教师培训的实践性，在实践活动中培训教师的外显行为。使教师培训既符合教师培训的理想、目的性等价值因素，又顺应了教师专业发展的规律、现实等科学因素，并促成两者的内在统一。从价值关系上看，教师培训是在教师主体参与培训活动的基础上同其他客体之间的一种相互的关系，这就决定了以实践为取向的教师培训活动具有一种主客体的特定关系，当然这里的主客体并非固定的，而是相互转换的，因此，实践具有层次性和多维角度。多维的教师培训实践的契合，使教师在适应教育实践中超越，具有面向未来的发展性；在超越中适应，在超越现实的实践要求的同时去适应社会、专业对教师实践新的发展要求。实施中封闭性与开放性相结合，实现教师自身的可持续发展。①

对教师培训实践的认识主要有两种形式：一种是感性认识，即人们在教师培训活动实践中对培训事实和问题自然形成的一些情感、态度、观点、评价或理念；另一种是科学认识，即认为“教师培训学”有一套专门的规范、方式和表述形式，力图对教师培训问题有一个全面、系统、科学的阐释。从学科发展史看，对于教师培训事实和问题的感性认识一般比科学认识要早一些。因此，可以说，教师培训的科学认识即教师培训学是对教师培训的感性认识，即日常教师培训经验的一种理性反思和实践性超越，是教师培训认识历史发展的必然。之所以会发生这样质的飞跃，主要原因在于：第一，教师培训的感性认识以及由此产生的日常教师培训实践经验本身的缺陷性。其缺陷性表现在直接性、肤浅性、非科学性等方面。直接性是指教师培训感性认识往往是一种表面的认识，没有深入的理性思考。也正是由于这种直接性，派生出了

① 曲中林. 教师培训的实践维度的分析[J]. 教育学报，2006（03）：70.

教师培训的感性认识及日常教师培训实践经验的肤浅性、非科学性。第二，随着当前教师培训实践活动范围的扩大、结构的复杂和内容的日益丰富，教师培训的感性认识以及建立于其上的日常教师培训经验已经逐渐地失去了引导、规范与推广的作用。因此，教师培训学科就必然地要求以科学的认识代替感性的教师培训认识，以科学的教师培训理论代替日常的培训经验。

从现实来看，这两种教师培训认识形式及教师培训知识形态都是存在的。它们共同构成了教师培训实践的认识论基础。一方面，教师培训的感性认识大量地存在于教师培训实践中，帮助许多教师分析和解决教师培训的诸多问题；另一方面，随着教师教育的发展和普及，教师培训的相关理论知识也走出了大学的“象牙塔”，对中小学、教师进修校以及其他教师培训活动产生越来越大的影响。当一些培训者在培训实践中产生一些问题时，会自觉地寻求培训理论的帮助，这说明他们已经认识到教师培训的感性认识对于教师个人实践指导的不充分性。这也说明，培训者的个人的培训经验很重要，但已经不处于支配的地位，还需要通过对教师培训相关理论的学习和研究来重新审视自己的个人培训实践经验，并将其纳入教师培训科学认识的架构加以解释和理解。

二、理论价值——科学解释教师培训事实和问题

教育培训学就是研究教师培训事实和问题的一门科学。教师培训事实具有丰富的内涵。一方面，培训事实作为研究对象，说明教师培训学研究对象是存在于现实之中的客观存在物，而不是我们主观臆测的各种理念、观点。培训事实是可感知、可认识的事物；另一方面，培训事实是正在从事着的培训实践。其包括：各种形式、各种类型、各种模式的教师培训事实，还包括教师培训活动过程中的影响有效性的因素和行为。教师培训的问题多种多样，当积累到一定程度，被培训者或培训对象、培训管理者讨论、评说，当作一个个“命题”提出来进行回答、解释并解决矛盾和疑难时，成为教师培训学研究关键点或难点、重点，也是教师培训学的使用价值所在。

教师培训学是一门规范性的、解释性的学科。教师培训学对于教师培训实践活动的指引作用应以其理论的解释力为前提。教师培训学之所以能够超越日常的教师培训活动经验而发展成为一种专门的教师培训认识体系，是与其自身需求的认识方式分不开的。这种需求的认识方式即可以对教师培训的事实和问题进行科学的解释和分析。

换句话说，一种借助于“猜测”和“反驳”而进行的从活动事实到本质的认识活动，其最终目的不是为了获得对于事实和问题的“终极解释”或“绝对真理”，[①]而是为了寻求“更好的”“更有效的”有引导性的解释。

教师培训学是对培训事实和问题的“科学解释”，这就意味着：第一，教师培训学要以教师培训的事实和问题作为学科的逻辑起点和研究对象，教师培训学研究的主要任务是对教师培训的事实和问题进行科学解释，揭示教师培训的规律。因此，提出并界定教师培训的事实和问题，是教师培训科学认识的基本功。这一点教师培训的实践经验是做不到的，因为在教师培训感性认识中，经常是诸多问题融合在一起，没有加以反思和验证，所以，教师培训的感性认识是各种培训理念的混合体。第二，教师培训学要对教师培训事实和问题进行科学的解释。就必须具有一套专门的概念、符号和表述，而不能使用日常的概念、符号和表述。之所以如此，是因为日常概念、符号和表述是个性化的、不太精准的、不规范的，容易影响有效的交流与传播，不能很好地被教师培训理论共同体所理解和认可。第三，教师培训学对教师培训事实和问题进行科学的解释，其解释应有一定的理论视角和依据，是一种科学的、精确的解释，而不是直接建立在主观感知的基础之上。所以，对这种解释的质疑同时就包括了对于理念本身的质疑与对其论证和推理的质疑。被质疑者也必须就他人的质疑为自己进行科学、合理的辩护。第四，教师培训学作为一种对教师培训事实和问题的科学解释，由于各个实践者或理论探究者的实践情景、理论水平以及理论视野不同，可能对同一教师培训的事实和问题做出不同阐释，这些不同的阐释只是一种理性的、深层的交流，其目的是通过相互的交流和碰撞，寻找一套专门的表述方式。正是通过教师培训事实和问题的科学解释，教师培训理论体系才会不断地丰富和完善，以满足不断发展的教师培训活动实践的需要。因此，从事教师培训学研究的一个基本任务就是持续不断地丰富教师培训理论和知识，同时提供一套专门的表述形式。

三、理论与实践的融合价值——沟通教师培训的理论与实践

教师培训的理论是培训内部诸因素之间、培训与其他事物之间的具有本质性的联

① 卡尔·波普尔．科学发现的逻辑[M]．查汝强，邱仁宗，万木春，译．北京：中国美术学院出版社，2008：119．

系，以及教师培训发展变化的必然趋势。教师培训学一方面是对教师培训事实和问题进行科学解释，不断丰富教师培训理论体系；另一方面，是指引和规范教师培训活动的实践开展，因此，对教师培训学的研究，即对教师培训进行科学认识，既是教师培训实践的逻辑起点，又是其最终归属点。也可以说，教师培训学是一门实践性很强的科学。

在目前的教师培训学中，“教师培训”是一个需要进一步探讨的领域。大家一般认为，“教师培训”突显具体“做什么”。其实，“教师培训”不仅仅是强调“做什么”，还要说明“如何做”“为什么做”等。也就是说，“教师培训”应包含科学的、理性的思考，即应有一定的理论依据和理论视角。这些教师培训实践的理论，可能是培训者意识到的或关注的，也可能是其没有意识到的或关注的。因此，对教师培训实践进行剖析和阐释，要对其中蕴含的教师培训知识体系进行剖析和阐释；对教师培训实践的发展和改变，也要对其中蕴含的教师培训理论体系进行概括或重建。在这个过程中，教师培训学就起着介质的作用。具体表现在如下几个方面。

（一）引领教师培训者实践，使其领悟教师培训的价值和意义

众所周知，每一个培训对象都是一个具有独立意义的个体，与众不同，会随着工作或生活环境的改变而改变，培训者必须具有一定的科学理论，并以其为指导，才能更好地了解和认知培训对象的精神世界，并采用适当的方法或策略促进培训对象持续不断地成长和发展。如果没有一定的、科学的培训理论知识，培训者就会陷入个人主观经验，可能就没有真正意义上的培训。而这些教师培训的理论知识，不是天生就具有的，需要通过后天的学习获得，即来自有计划、有组织的系统指导以及在理论启迪之下的内在自觉。因此，教师培训学的实践价值主要表现是对诸多教师培训者进行这种理论的培训和指导，促使他们思考和反思，促进他们更好地理解和把握教师培训实践的价值和意义。

（二）丰富教师培训者的理论知识，开阔其理论视野

教师培训者要学会概括、梳理或介绍国内外不同的教师培训理论流派的观点和主张。这些观点和主张可能是相互补充的，也可能是相互冲突的，但却是从不同的视角和依据对教师培训的事实或问题进行不同的阐述。这种不同阐述的存在表明教师培训事实和问题的复杂化和影响教师培训事实和问题因素的多样化。作为一名教师培训者，只有理解了这种教师培训事实和问题的复杂化和影响教师培训事实和问题因素的

多样化，才能真正地找到解释和解决教师培训的事实和问题的恰当渠道或方式方法。要想掌握这些方式方法和路径，教师培训者不仅需要亲身参与培训实践进行体验和反思，而且需要从教育培训的发展历程中和目前的培训理论研究中获取有用的知识。而要做到这些，就必须系统学习和掌握教师培训学。特别是教师培训发展如火如荼的今天，教师培训者要想跟上教师培训改革的步伐，就要主动、自觉地参与教师培训实践改革，努力地研习教师培训学的理论体系，提高自身的理论素养，开拓自身的理论视野，从而增强教师培训工作的有效性。

（三）培养科学的教师培训态度，树立坚定的教师培训信念

教师培训的态度是教师培训者对于培训实践稳定的情感体验。这种情感体验蕴含着个体的主观评价以及由此产生的行为倾向性。正向的教师培训的态度是培训者工作的内在动力，负向的教师培训的态度则是影响教师培训工作的主要原因之一。在诸多教师培训态度中，坚定的教师培训信念是一种比较珍贵的内在动力。但无论是教师培训的态度还是坚定的培训信念，都不是天生的，其与教师培训理论体系，尤其是教师培训理论知识的获得有密切的内在联系。一个教师培训理论知识贫乏的人，其对教师培训工作的态度可想而知。因此，教师培训学的学习和研究，是培养一个人科学的、积极的、健康的教师培训态度，树立坚定的、强烈的教师培训信念的重要基础。

（四）提高教师培训者的自我反思和发展能力

专业化是职业的重要标识，是评价教师培训者素质的重要标准，一个专业化的教师培训者，应不断反思和自我发展。所谓自我反思，是指对自己行为的科学性、逻辑性、有效性进行持续不断的追问，自我反思不仅仅是培训者个体的自省，也是培训者集体的研讨式自我反思。自我发展是指超越自我已经达到的教师培训境界，追求更高的境界。无论是自我反思还是自我发展，是不能够在自我经验领域内完成的，因为自我经验易转变为一种思维定式，而思维定式从某些方面来说是封闭的、保守的。只有教师培训理论知识可以有效地帮助培训者超越经验的局限性，摆脱思维定式的束缚，在不断地自我反思中改进培训活动，发展自我、完善自我、实现自我。

（五）为成为研究型的教师培训者夯实基础

当前，随着教师培训的不断深化，对培训者的素质要求也在不断提高，培训的

角色和功能发生了巨大的变化，其中最重要的一个变化就是从传统型的知识传递者转变为知识的学习和研究者。面对新时代的教师培训新要求，经验型的培训者不能适应时代的新要求，培训者只有成为学习者和研究者，才能更好地适应新时期教师培训的新的挑战。而对教师培训学的学习和研究可以帮助培训者成长为学习者和研究者。通过对教师培训学的学习，教师培训者不仅能掌握一定的教师培训理论知识，而且可以学习如何思考教师培训的问题、如何阐述自己的相关观点，以及如何看待不同的培训主张。

第四节 教师培训学的学科体系构建

一门学科的建立和发展，不仅因为它有社会的必需和充实的研究内容、特定的性质、学科研究对象，而且要形成具有严谨的逻辑结构的学科体系。科学学科体系的形成是一门学科形成、成熟的重要标志。

一、教师培训学学科体系

教师培训学的学科框架主要包括三个方面的内容，分别是原理论、管理论、实践论。[①]教师培训学的原理论研究教师培训的基本概念、内在规律与理论基础；教师培训学的管理论研究保障有效教师培训的政策制度、培训标准以及团队建设；教师培训学的实践论研究落实有效培训的方式与保障，是教师培训学的主体内容和建设的根基。

教师培训学原理论包括概念体系、学科性质、理论基础等内容。概念体系的研究能够明晰本学科的基本概念内涵、特征与逻辑体系，确定其研究对象、研究方法等基本问题。学科性质的研究能够说明不同发展阶段教师培训的目的与特点，阐明教师培训的先进理念，明确教师培训学的学科性质（交叉性、综合性）。理论基础的研究则是明确教师知识特征、教师学习特点及规律，开展教师培训活动的理论指导与支持。

教师培训学管理论包括政策制度、培训标准、团队建设等内容。政策制度的研究

① 刘加霞．作为学科的教师培训学：内容框架与建设路径分析[J]．北京教育学院学报，2013（04）：1．

能够挖掘教师培训政策制度的内容、结构及其理论基础，以证据说明政府部门出台教师培训政策制度的合理性或不合理性，为逐步完善教师培训的相关政策与制度提供实践素材与依据。培训标准的研究能够为解决现阶段教师培训的质量问题提供有效措施。首先涉及教师培训者的资质标准，旨在解决教师培训者应当具备什么样的资质的问题。其次是组织机构的资质标准，旨在说明什么样的机构能够开展教师培训活动。最后是培训质量标准，侧重研究教师培训的质量标准，逐步确定教师培训标准的指标结构与教师培训的评估体系。

教师培训学实践论包括课程设计、模式选择、监测评估、资源建设等内容。课程设计的内容从教师教育学的理论出发，以教师的实际学习情况为标准，逐步构建教师培训课程形态的基本模型；研究教师培训课程的开发标准、开发程序以及评估体系；完善、创新专题课程。模式选择的内容基于教学论、教师学习特点，总结已有教师培训模式，研究新时期教师培训的有效模式、运行机制及理论基础，完善并不断创新教师培训模式。监测评估是指以教学评价原理为基础，借鉴企业培训的需求评估与绩效评估研究，以培训需求评估、绩效评估为切入点，建立教师培训评估标准，开发教师培训的评估工具，逐步探索教师培训的过程性评估与结果性评估的内容与程序。

值得注意的是，原理论、管理论、实践论的内容可能会随着教师培训活动的开展侧重不同，但是各理论都是以上述内容为中心进一步扩展的，是一个动态的发展过程。同时，原理论、管理论及实践论的内容相互影响、相互促进。

二、教师培训学学科建设的哲学基础与方法论基础

教师培训学学科建设需要哲学和方法论相关理论的支撑。反思、重构、明晰教师培训学建设的哲学基础，可以更有效地做好教师培训工作，使教师培训达到学科的层面。教师培训学所探讨的问题涉及“是什么（What）”“如何（How）”“为什么（Why）”，都是同时具有描述性、过程性及解释性的问题。对这些问题的探讨，研究者期望能在自然情景中如实地观照并描述，并在此基础上进行深刻的解释和反思，期望在教师培训实践基础上提升教师培训的若干规律，而不是简单地对某些理论假设进行验证。教师培训学从属于人文社会科学，人文社会科学强调通过描述和解释人类经验和表达的意义来强调理解。因此，教师培训学以现象学为建设的哲学和方法论基础，现象学哲学是描述的、写实的、分析的，并以此把握本质直观。综合不同现象学

学者的观点，可以看出，现象学强调如下三点：回到事实本身、主体间性、生活世界。教育现象学代表人物马克斯·范梅南认为：教育现象学就是想让我们摆脱理论和预设的概念，将我们的成见和已有看法、观点先搁置起来，让我们直接面对研究对象的生活世界和生活体验，并对它们做有益的反思，从而形成一种对教育情况的敏感性和果断性。[①]因此，教师培训学的学科建设强调对教师培训事实（尤其是教师培训的典型案例以及培训对象、教师培训者的个案）的深度细描与分析来把握教师培训的内在本质特征、规律，以实现有效培训。因此，教师培训学建设应遵循如下原则[②]：

第一，关注教师培训者、一线教师的实事，不能简单化为某个概念或命题。

第二，教师培训者必须深入培训，不能仅靠抽象思维和理性思辨。

第三，不能只用惯用的概念范畴建设教师培训学，要关注教师培训的存在意义和生活体验。

第四，建设教师培训学的思维方式不应该是演绎而应该侧重于归纳，要观察、体验、理解、归纳规律，选置研究者的经验，并杜绝偏见，强调直觉领悟、生活体验、个体反思。以现象学作为学科建设的方法论基础，质的研究范式更适合解决本学科所关注的问题。

就教师培训学科的建设框架而言，虽然在文献析评基础上构建了学科的概念体系与学科方向，但目的不在于验证基于文献建立的这一框架，而是以这个框架为指导去搜集能够回答研究问题的各种资料，框架是指引而不是限制。同时，问卷调查等量化手段也是必需的，需要综合两种研究范式的长处，尝试运用混合型的研究范式来解决问题。

教师培训学还应有其方法论基础。所谓方法论，就是关于人们认识世界、改造世界的方法的理论。教师培训学学科建设的方法论基础，就是我们以何种方法来认识教师培训学，以何种方式建设教师培训学。本门学科是基于唯物辩证法进行建设的。唯物辩证法是在概括总结各门具体科学积极成果的基础上，根据自然、社会、思维的最一般的规律引出的最具普遍意义的方法论。因此，以唯物辩证法作为本学科的学科建设方法论基础最合适不过。同时，需要注意的是唯物辩证法要求人们在认识和实践活动中一切从实际出发，实事求是，自觉地运用客观世界发展的辩证规律，严格地按客

① 马克斯·范梅南．生活体验研究——人文科学视野中的教育学[M]．宋广文，等，译，北京：教育科学出版社，2003：12.

② 刘加霞．作为学科的教师培训学：内容框架与建设路径分析[J]．北京教育学院学报，2013（04）：3.

观规律办事。教师培训学就是从教师培训活动这一实际出发，实事求是，自觉地关注教师培训过程中涉及的理论和实际问题，严格按照教师培训的规律建设的学科。同时，在具体的应用中，唯物辩证法要求我们在认识事物时要从以下三个方面出发：一是力求全面性，必须把握、研究事物的一切方面、联系和中介；二是从事物的发展、运动、变化中观察事物；三是必须把人的全部实践包括到事物的完满的“定义”中。教师培训学的学科建设不是停留在理论知识体系的建设，而是关注到了理论与实践两个方面。同时，教师培训学的三大理论相互影响、相互促进，是一个动态的、变化的过程，是在教师培训这一过程的发展、运动、变化中挖掘教师培训的规律。最后一点也是最重要的一点，教师培训学非常重视人的作用，将人的活动作为第一要素，围绕培训对象、教师培训者的活动展开。因此，教师培训学的学科建设是以唯物辩证法为方法论，在研究的过程中全面把握原理论、管理论、实践论之间的关系；从教师培训活动的实际出发，回归教师培训活动本身。

除了上述这些问题之外，本门学科还有一些重要问题，一是关于学科研究的范围，二是关于“教师培训”的历史发展脉络、概念变迁的问题，以及本门学科所反映的带有规律性的一些数量关系问题。这些问题都有待深入研究和探讨。

第二章　教师培训的产生与发展

古代社会并未产生师范教育。这是由于古代社会生产发展十分缓慢，学校教育不甚发达的缘故。在古代社会，不论是社会还是学校，多是长者为师、能者为师、学者为师，或以吏为师，教育的发展还没提出对教师进行专门培养的要求，因此也就不具备产生师范教育的客观基础。①到了近代，随着资本主义经济的发展，社会对劳动者的受教育要求日趋提高，教育规模扩大，教师需求增加，教师的培养与培训产生并发展起来。教师职前培养与职后培训最开始是未分化的，直到20世纪中叶，教师职前培养与职后培训分化出现，并成为教师专业持续发展的一种重要途径。

第一节　教师培养与培训的产生

一般认为，教师培训产生于法国，教师培训作为一种社会活动，其产生与当时的政治、经济和宗教活动密切相关，是在经济发展的基础上，在封建势力与新兴资产阶级斗争中，在传统宗教与新兴宗教争斗的背景下产生的。

一、教师培训产生的社会背景

教师培养与培训在法国产生，有其深厚的思想和资本主义社会发展背景，与其现实的王权、宗教之间及宗教与宗教之间的冲突与斗争密切相关。教师培训的产生应从这些方面入手进行系统分析。

（一）思想解放与资本主义的发展

1. 思想解放与资产阶级的壮大

13～14世纪，在资本主义经济萌芽的基础上，在经济文化交流日益频繁的过程

① 张燕镜．师范教育学[M]．福州：福建教育出版社，2013．

中，人们日趋认识到古希腊和古罗马文化艺术令人惊叹的水平与魅力，并逐渐扩大传播。同时，人们也借助这些古代文化艺术来抵制并取代宗教神权。文艺复兴运动在这样的背景下逐渐兴起。文艺复兴运动是14世纪中叶至16世纪在欧洲兴起的思想文化运动，它在近代早期深刻地影响了欧洲社会，甚至是世界的发展。文艺复兴不仅是文艺上的复兴或思想解放，可以说它是人类历史上最为重要的一次思想解放运动，它对社会的影响是深刻的。它不仅推动了世界文化的发展，促使人民觉醒，更为资本主义的发展和资产阶级革命做了思想动员和准备。15～16世纪，人文主义思想形成。在这种思想的影响下，人文主义者迅速增加，他们反对神的权威，批评宗教的蒙昧；宣传自由思想、个性解放，宣传理性、崇尚理性，追求现实人生幸福和自由平等。文艺复兴运动，特别是其间兴起的人文主义运动，促进了科学技术、文化艺术的发展，把人们从中世纪的神学枷锁下解放出来的同时，也促进了经济社会的交流，从此资本主义经济迅速发展。

1640年，英国开始了资产阶级革命，并逐渐波及整个欧洲，影响整个世界的发展。英国资产阶级革命持续多年，封建势力、资产阶级及新贵族经过长时间的角逐，最终，1688年英国资产阶级和新贵族发动“光荣革命”，在英国建立起了资本主义制度，为英国政治经济的迅速发展扫清了道路。随着英国资本主义政权的确立以及国力的提升，英国在与法国、荷兰等国的战争中取得了胜利，特别是和法国就争夺海上霸权与扩张殖民地而进行的斗争中节节胜利。这些胜利使得英国的资产阶级政权及其经济发展在西方影响更为巨大。思想解放和资本主义发展促进了殖民扩张，而殖民扩张在给世界人民带来灾难的同时，也促进了科学技术、经济文化的进步和社会意识的变革，这些在客观上促进了社会变革和经济社会总体向上发展。

2. 资本主义经济的发展

到17世纪，欧洲资本主义生产萌芽，整个欧洲的经济突飞猛进。生产技术的进步，商品经济的发展，特别是航海贸易的繁密，工场手工业在欧洲兴起并扩大。17世纪，英法经济和政治都发生了巨大的变化。在这一时期，在英国的圈地运动高涨，新兴的资产阶级和新贵族把大批农民从土地上赶走，把他们的土地圈占起来，变成自己私有的大牧场、大农场。圈占的土地成为资本主义发展的原始资本；失去土地的农民四处谋求生路，为资本主义发展提供了大规模的劳动力，同时也为商品经济的发展开拓了消费市场。17世纪的法国君主专制制度达到了前所未有的水平，这严重阻碍了资本主义发展。但是，法国大量的战争让很多商人发了战争财，另外法国有一条由地中海到北欧的过境线，战争与资本主义发展使过境贸易迅速发展，过境贸易让法国一大批大商业人积累了大量财富。法国的资本集中仍然是这个时期的一个明显特征，也是后续发展的一个趋势。在资本集中的过程中，法国的庄园经济解体了，庄园农奴离开了土地，成为自由劳动力，为资本主义经济发展奠定了劳动力基础。但是，在17世纪的法国，新兴资产阶级和新贵族与封建势力的斗争中，前者是处于劣势的，其资本主义经济明显落后于英国。

总体来看，17世纪的欧洲，资本主义经济发展迅速，但是传统的封建势力并不愿意放弃已有的权势来顺应历史潮流，相反，封建势力想方设法压制新兴资产阶级的发展，在各国都产生了封建势力与资产阶级的激烈斗争。这种斗争因各国的封建力量及资本主义经济发展和资产阶级成长的水平不同而表现出不同的力量对比情形。

（二）法国王权的加强与天主教的兴盛

在英国，资产阶级革命力量强大，封建势力顽固抵抗仍然没能阻挡资产阶级政权的最终建立。然而在法国，情形有所不同，新兴资产阶级和新贵族在与封建势力斗争中长时间处于劣势，封建势力想方设法巩固其统治，在这样的背景下，教师培训在法国天主教统治的教育领域产生了。

1. 新教的兴起

1453年，法国军队在卡斯蒂荣击败英国军队，实质性地结束了百年战争。百年战争中，封建诸侯和国王一致对外，联合起来对抗英军，但战争结束后便对立起来了。百年战争结束后，查理七世及其后继者路易十一通过内战、税收等有效措施，进一步加强了王权，积累了财富。在财富积累和王权加强的基础上，查理八世、路易十二、弗朗索瓦一世、亨利二世连续四代君主进行了对外扩张的“意大利战争”。战争期间，教皇参与政治，筹措经费，因而要求增加捐税，国王也在着手建立一套固定的税制。沉重的税赋使得法国信徒和教士对教皇日益不满，对教皇和主教的抨击日趋激烈。在这种情况下，路德派的新信仰在巴黎等地广为流传，并迅速地在整个法国传播开来。法国的新教传道者在诺曼底、巴黎等地传播新教教义，法国新教兴起。天主教对新教徒进行了残酷的镇压，新教被短时间镇压下去了。加尔文通过《基督教原理》一书再一次掀起了新教发展大潮，并在日内瓦取得了政权。加尔文实行了全面的宗教专政，在日内瓦筑起了新教徒的堡垒。在加尔文的倡议下，1559年召开了第一次“法国新教牧师大会”。这次牧师大会建立了一个与天主教平行的教会，它有自己的骨干、教义、机构和章程。从此，加尔文宗在法国扎下了根。

2. 宗教战争

法兰西王权本来是不满原有基督教，支持宗教改革的，但是1516年的教务专约，国王已经从教皇那里得到了好处，因此就不再需要宗教改革了，反而新教改革触动了国王的利益。自路易十一以来，法国历代国王为消除贵族的野心尽了最大的努力，但这一切都被天主教徒和新教徒之间的对抗破坏了。不同的诸侯信仰不同的宗教，带动诸侯所辖省区的民众都信仰该宗教。民众信仰和知识分子的改革激情被各派头目加以利用，他们重新挑起有封邑的诸侯之间的旧争端。国王也不例外，他利用宗教的力量来达到自己的目的，国王主要支持天主教，时期也向新教妥协，满足他们的一些愿望。整个法国的政治与宗教搅和在一起，宗教之争日趋激烈，天主教和新教首领到处起兵对抗，宗教战争爆发了。法国的宗教战争比百年战争的影响更大，天主教和新教双方都遭到一系列的挫败和灾难，也给人民带来了莫大的苦难。最终，第一次宗教战争以妥协告终，天主教徒接受了和约和安布瓦斯敕令，新教徒获得举行宗教仪式的自由，但这种自由是有限制的，即每个司法区指定一个城市，而且只准在城郊举行礼拜。其实，第一次宗教战争达成的妥协双方都不甚满意，宗教冲突和迫害仍然在继续。新教徒还想争得更多权利，1567年，新教首领孔代和科利尼发动了第二次宗教战争，他们包围了巴黎，并得到一支来自德意志的军队的支援。天主教徒和宫廷不得不屈服，1568年的隆朱莫条约重申安布瓦斯敕令，新教徒重新获得部分自由。然而，王后卡特琳不满新教派对王族的不敬，她又亲掌政事，纵容天主教徒，让最宠爱的儿子昂儒公爵成为天主教派的首领，这种安排符合天主教的心愿，但却让新教极为不满。天主教徒和新教徒再次被组织和动员起来，激烈的冲突在城市和各省又开始了。1568年9月，查理九世在极端派首领的压力下，决定禁止新教徒举行任何形式的宗教仪式，一切官吏和高等法院的法官都必须宣誓效忠天主教会，新教牧师必须在两星期之内离开王国。第三次宗教战争爆发，新教首领组织集合起一支大军与天主教发生了又一次正面交锋的战争，天主教获得了胜利。但失败并没有明显削弱新教势力，新教在民众中找到了似乎取之不尽的人力和物力的源泉。新教与天主教的冲突不断，1572爆发了第四次宗教战争。此时的太后卡特琳害怕战争会毁掉王国，于是她再一次与新教徒和解，并同时设法使很多新教的著名人物变节。多次宗教战争显示了法国天主教的力量十分强大，并通过战争进一步增强了势力。

3. 王权与天主教的结合

法国的内部宗教斗争复杂而激烈，但宗教斗争过程中，王权的加强却继续着。查理七世采取了许多加强王权的措施，如在各地重新设置国王的官吏，加强对地方诸侯的控制。查理七世的后继者路易十一通过内战、税收等有效措施，进一步加强了王权，积累了财富。后来的查理八世、路易十二、弗朗索瓦一世、亨利二世连续四代君主进行了对外扩张的“意大利战争”。虽然战争没有取得最终胜利，各方都为战争付出了代价，但是战争却有力地加强了王权。1624年，黎塞留作了枢机主教（红衣主教），他立志在法国建立绝对君主制政权。他不断削减王公贵族们的权势和利益，粉碎了多次王公贵族们的阴谋，不仅稳定了政权也加强了王权。1642年黎塞留去世，1643年路易十三去世。王室几经考量，任命枢机主教马萨林为首相。马萨林继续他恩师黎塞留的事业，对外扩张，对内强化君主统治。在他任首相期间，法国取得了多次辉煌胜利，西班牙、瑞典、意大利等都被法国打败，法国得到了大片领土，疆域扩大。但是长期的战争使国家满目疮痍，参战的军队还带来了各种传染病。不过，战争带来的痛苦与贫困很快就过去了，路易十四最终成为一位独揽大权的君主，宗教也牢牢地控制在他的手中，他选任主教，国王只对上帝负责，国王的统治是代表神的，他的意志就是神意，宗教首领只能听命于他。当然，路易十四在控制宗教的同时，也把建立繁荣昌盛的天主教作为他义不容辞的职责，他无情地追捕天主教的敌人。从这一点上说，路易十四不是统治天主教，而是忠心耿耿地为天主教服务，他与天主教对立的一切事物发生冲突，新教被压制。教会方面加强对新教徒的改造，说服他们去世时举行天主教仪式。新教大领主们在国王的威胁和教士的敦促下，纷纷改信天主教。在下层社会，天主教教士们用金钱引诱新教徒改信天主教。新教的影响减弱的同时，基督教的冉森派也迫于压力表示坚决要把天主教视为法国唯一的宗教。国王全力支持天主教信仰，同时也十分注意保持他对法国教会的控制。天主教在整个法国盛极一时，天主教的活动全面推进，包括天主教主持的法国教育。

二、教师培训在法国产生

在不同的社会发展阶段，人们对教师的需求和要求是不同的。在原始社会，教育未从生产劳动中分离出来，这一时期是长者为师，氏族部落的首领、长者或是家庭中的父母兄长都是教育下一代的教师。在奴隶社会和封建社会，教育从生产劳动中分离出来，专门的学校教育产生了，这一时期产生了专门的教师，但在奴隶社会和封建社会，有“知识”的人就是教师。整个古代社会教师职业的专业化程度很低，也没有专门的教师培养、培训机构及其活动。

17世纪的欧洲社会，思想解放了，科学技术进步了，生产力提高了，资本主义经济、政治和文化都发展了，在这种社会背景下，教育迅速发展。首先，教育规模扩大成为经济发展的现实需要，同时，经济发展使教育规模扩大成为可能：一方面，社会生产需要越来越多的受过一定教育的劳动者；另一方面，生产力的提高，为更大规模教育的发展提供了坚实的物质基础。其次，科技、文化和政治斗争需要发展教育：一方面，科技和文化越来越让人们认识到它们对个人和社会发展的重要性，接受教育成为人们谋求更好的生活和社会更快发展的必由之路；另一方面，在封建势力和资产阶级较量的政治斗争中，各方都把让更多的人接受自己倡导的文化内容作为重要斗争途径。

总之，在政治、经济和文化的共同作用下，教育迅速发展，这客观上需要更多的教师。原来的教师需求不成规模，没有必要进行专门培养与培训，现在的情况不同了。我们可从两方面来分析教师培养与培训产生的必然性。一是，近代科学技术和文化迅猛发展，教育内容更加丰富和复杂，对教师的质量要求也越来越高，教师不仅要有一定的科学文化知识，还要掌握教育教学的方法才能更好地完成任务。二是，随着教育的发展，教师的需求越来越大，原有的教育根本不能满足社会对教师的需求，需要规模化地培养与培训教师。在教师数量增加和质量要求提高的背景下，专门培养教师的教育机构出现了。1681年，法国天主教神父拉萨尔（Lasalle j.B.）创立了初等学校教师讲习所，这被认为是独立师范教育和教师培训的开始。①

百年战争后，法国封建王权不断加强，新教与天主教斗争激烈。天主教在法国兴盛一时，天主教控制的教育也达到了前所未有的规模。当时的法国急需要培养一批服务于天主教和国王的教师，原有的服务于新教等宗教的教师必须更换或改造。拉萨尔为解决教师难题，1681年创立了教师讲习所，并附设供实习用的“练习学校”，这开启了专门培养培训教师的历程。

对于法国产生的初等学校教师讲习所，我们应该有两种认识：一是，教师讲习所是资本主义发展的产物。有人认为，法国教师培养培训的产生不是资本主义经济发展

① 赵厚勰，李贤智，靖国平. 外国教育史教程[M]. 2版. 2018：92.

的产物，而是天主教在法国壮大的产物。其实，表面看好像如此，但实质上，没有资本主义经济的发展，没有在此背景下发展起来的新教，法国天主教也不会急于扩大教育规模来应对新的争斗。所以，法国的教师讲习所是在资本主义经济和新文化发展及随之产生的宗教改革日趋强大的背景下，传统的天主教迫于巩固成果和应对新的挑战而成立的，它是资本主义发展的产物。二是，当时的教师讲习所其实是一个教师培训机构，它对一些天主教教徒或改信天主教的新教徒进行短期培训便让他们走上教师岗位，与今天的系统的职前教师教育有很大的区别。

第二节　中国教师教育与培训的产生和发展

近代的中国多灾多难，在特殊的社会环境下，中国的教师教育产生并艰难发展。中华人民共和国成立后，国家的主要任务转向建设，教师培养与培训得到稳步发展。

一、我国教师培训的发生与早期发展

1897年，盛宣怀创立了我国第一所师范学校——南洋公学师范院，从此开启了我国师范教育的历史篇章。1902年，京师大学堂师范馆成立，我国高等师范教育由此开始。在师范教育兴起之初，培养的教师数目十分有限，不能满足新学发展的需要，许多地方缺乏新学教师，仍任用所谓的私塾先生，亦称“塾师”任教。大量缺乏培训的“塾师”任教阻碍了新学的发展，降低了新学的办学质量，甚至根本达不到办新学的目的，对此梁启超曾发出了“非尽取天下之学究而再教不可”的呼声，教师培训应运而生。1904年，《奏定初级师范学堂章程》中规定“初级师范学堂应设置旁听生”，以便让乡间教师和有意从事教师工作者前来观课进修。这时虽然没有设立培训机构，但是可看作是教师培训工作的开端。后来，各地先后建立了简易师范科及师范传习所，其主要任务便是培训那些有志于从事新学教育的“私塾先生”，使其成为合格的新学教师。可以说，简易师范科和师范传习所是我国最早的教师培训机构。在新学发展过程中，对私塾教师的培训延续了很长一段时间。直至1935年，教育部颁布的《实施义务教育暂行办法大纲施行细则》还规定规模较大之县市小学内设置“塾师”训练班，对私塾教师进行短期培

训；1937年，教育部还专门颁布《改良私塾办法》，政府委托县市初级中学或县市师范学校等利用寒暑假或适当时期举办“塾师”训练班或讲习班。事实上，南京临时政府成立后，在加大“塾师”培训的同时，就开始着手在职培训。1912年，南京临时政府设正教员讲习所和副教员讲习所，正教员讲习所招收国民学校教员，副教员讲习所改称“师范讲习所”，招收现任或原任小学教员，开展教师在职培训。1923年后还在师范学校设立研究教育的暑期学校，举办暑期师资培训班，开展在职教师培训。后来，国民政府还在各省市县特设巡回辅导队或辅导团，前往各地中心国民学校进行示范教学，指定国立师范学校开办进修班，培训小学教员，指令中央大学等办理函授，师范学校还组织开办假期训练班。

综观中华人民共和国成立前我国的教师培训，主要由清末的师范简易科和师范传习所，民国初年的教员讲习所、暑期学校以及各种国民政府指定办的教师进修班、函授机构来承担。另外，国民政府组织的多种多样的教师短期培训班也可看作是教师培训的重要补充。中华人民共和国成立前，教师培训的重要任务是“塾师”转化，使原私塾教师具备基本的符合新式教育教学的知识和技能。

二、中华人民共和国成立后培训机构的发展

中华人民共和国成立之后，党和国家非常重视教师教育，教师培训得到了极大发展，教师培训机构经历了如下几个发展阶段。

（一）初期发展阶段（1953—1966）

中华人民共和国成立初期，广大人民子女的入学问题被提上议事日程。为解决师资问题，1951年，《关于改革学制的决定》中明确规定“师范学校和初级师范学校均得附设师范速成班，修业一年”“并得附设小学教师进修班吸收在职小学教师加以训练”。教师自主培训初见端倪，培训的重点在提高思想觉悟和学习苏联模式。教师数量大幅度增加，但教师的总体水平不高。1952年，教育部召开了中小学教育行政会议，就如何加强中小学教师在职学习的领导，建立系统的进修制度等问题进行了广泛讨论。1952年，东北师范大学率先着手筹备函授教育工作，并于次年开办语文、数学两个函授专科。

此后多地开展了教师业余补习学校和业余函授师范学校。教师业余进修学校、业

余文化补习学校、函授学校、师范速成班、星期日学校等多种符合各地实际情况的职后教育形式均已付诸实践。1963年，我国颁布的《全日制中学暂行工作条例》中提出，教育行政部门和学校必须加强对教师学习的领导，应该有计划地组织教师进修，建立和健全教师的进修制度，保证教师的进修时间。这标志着我国教师培训事业具备了初步的法律政策依据。从整体上来看，这段时间我国的教师培训机构数量不多，目标也不明确，教师处于被培训的状态。

（二）停滞与复苏阶段（1966年—20世纪80年代末）

从“大跃进”开始，教师培训工作受到不良影响，尤其是1966年开始的“文化大革命”，给教师培训带来了巨大的冲击和困难。在1966—1976年这十年间，教育领域受到了极大的冲击，教育培训机构在十年间是停滞不前的，直到改革开放，教育培训才重新回到正轨上来。

1977年年底，教师培训重新回归正轨。教育部就中小学教师培训工作做了部署，要求尽快建立和健全省、地、县、社和学校的培训网络，规定省、地可建立教育学院或教师进修学院，县可建立教师进修学校，公社可建立培训站。经过两年的努力，各级各类教育学院、进修学校以及高师函授等教师培训网络初步建成。同时，由于“文化大革命”期间“欠账”太多，师资培训任务重，国家还大力发展正规普通师范院校，并委之以部分教师培训任务。从此，以教育学院、教师进修学校等为主体，以师范院校函授教育、教育培训等为补充的教师培训系统建成，为我国教师质量的提高发挥了重要作用。

（三）成熟阶段（20世纪80年代末至今）

20世纪80年代末至90年代初，我国教师培训有了新的变化。这一时期，原来的学历教育式的教师培训生源逐渐萎缩，教师的业务提升日渐成为教师培训的主要任务，教师培训工作重点开始转移到以终身学习理念为指导的教师继续教育上。另外，20世纪末，随着教师教育一体化趋势的发展，教师培训开始打破封闭局面。一些综合性大学开始设立教师教育学院或教育学院；原专门从事教师培训的教育学院开始招收普通高中学生，着手转制为普通高校；原来的教师进修学校也开始缩减、改制或合并。如此，我国教师教育体系从职前教师培养、职后教师培训相分离的局面逐步向教师培养、培训一体化转变。教师培训机构广泛设置于师范院校、改制成师范院校的教育学院、部分综合性大学或专业学院等，教师培训机构开始呈现多元化态势。如今，网络时代的发展，远程培训的出现，不仅满足了教师群体的需求，而且为教师个体专业发展提供了平台，教师培训的需求逐渐从自发走向自觉。[①]

第三节　教师培训的新样态

随着社会、经济高速发展，教师培训新理论和新技术不断涌现，教师培训呈现新的样态，主要表现如下。

一、职后培训成为教师专业发展的重要途径

20世纪80年代，终身教育思潮兴起，在职教育和学习成为每一职业面临的课题。教师作为育人的职业，更需要不断地更新知识和观念。同时，教师专业化成为教师教育领域讨论的重要话题，教师的整个从业过程被看成是一个不断专业化的过程，教师职后培训也成为其专业化的需要。不管是从学校教育需要还是从教师自身发展需要来看，教师的职后培训都成为必要。从这两方面来看，教师职后培训一方面将职前、入职与职后教育融为一体，让教师自愿参与持续性教师专业发展活动；另一方面，按照学校发展需要原则为教师设计培训目标，不断提高学校的办学效率。欧美发达国家非常重视职后培训对教师专业发展的作用，美国国际救援组织向援建国家提出的十条在职教师专业发展项目设计原则中的第一条就是“把在职培训视为教师专业发展连续体的一部分”。在持续发展理念指导下，教师能够受到系统的个性化培育，得到全面、深入的专业发展，而在补偿性目的主导下，教师培训可能会走向零散、琐碎的学科知识与技能教育，甚至可能陷入“凭证主义”泥潭，停留在满足教师一般性专业发展需要的水平上。对教师专业发展活动进行职前、入职与职后的一体化设计，在教师职前发展基础上为教师设计个性化、系统性的持续专业发展方案，成为欧美国家未来教师培训改革的重要方向之一。为了实现这一目标，部分欧美国家开展了诸多尝试，将课

① 郭平，谢丹．我国教师培训机构的演进历程及改革发展趋势[J]．中国成人教育，2013（15）：7～10．

程发展与教师发展整合起来便是其重要举措之一。例如，著名教育改革家迈克尔·富兰曾指出，课程工作正成为加拿大教师在职培训的当务之急，教师培训的现实目标之一是帮助教师胜任课程开发与实施的要求。学者拉塞尔也认为，课程开发活动与教师在职培训一样，二者都具有多维度、超线性、动态性与持续性等特点，都是体现教师在教学改革中关键角色的领域。

二、培训目标多元化

为了适应现代社会对中小学教师的要求，当今世界各国在中小学教师培训目标的设计上呈现出了多元化的趋势，即培训具有多种功能，围绕教师的不同需求、社会发展的各种需求进行设计，以使不同要求、不同层次的教师都能够通过进修各有所得。以英、美、日等国为例。英国按照进修教师水平的不同，把进修类型分为五类：一是供学历不合格教师进修补习用的补习课程，这种补习课程所学内容与职前教育中的各种专门学科范围相当；二是为具有三至五年教龄的合格教师开设的高级文凭研修课程；三是供师范院校毕业的中小学教师进修的教育学士学位课程，进修合格可获教育学士学位；四是为已有学士学位的教师开设的攻读教育硕士学位课程，此类课程侧重于教育理论和教材教法的研究；五是供各类教师研究解决教育教学实际问题的短期课程。美国提供给中小学教师进修的课程也是多种多样的。有为攻读学位的，为晋级加薪的，为获得一专多能的，为提高教育、教学能力的，为解决实际问题的等。日本除有对新教师强制进行为期一年的研修，帮助他们形成适应教师工作岗位的实用知识和教育教学实际能力的规定外，1993年后，日本政府还指导各地教育委员会制定政策，提出了一个分别针对任职5年、10年、15年、20年教师在职研修的目标。[①]

发达国家的一些专家强调说，中小学教师的进修教育越来越应该成为面向所有中小学教师开放的具有多种目标和多种功能的教育。培训目标的多元化适应了教师的不同需要，也有利于教师循序渐进地提高。[②]

① 龙宝新．欧美国家教师培训发展面临的问题与走向[J]．中国人民大学教育学刊，2015（03）：73～87．

② 李斌．发达国家中小学教师培训发展的共同趋势[J]．成人教育，2004（05）：78～80．

三、培训内容实效化

与培训目标、培训方式变化相适应的是培训内容的变化，国外中小学教师在职培训的内容正朝着更注重实效的方向发展，总的趋势是已由帮助教师胜任教学工作的达标方向逐渐转为帮助教师获得进一步的专业发展，以教师从事的教育教学活动为主要内容，以课程教学的实际为基础，切实帮助教师在理论和实践两方面提高能力。一些国家中小学教师的培训内容逐渐发展为中小学校行政人员与教职员共同参与设计，使进修内容更切合进修人员的实际需要，而不是像以往一样由教师进修机构包办。

在英国，高等教育机构、教育研究所开设了各种长期、短期的课程供中小学教师进修，长期课程主要提供攻读学位，短期课程旨在研讨实际问题，以求最大限度地满足不同层次教师的不同要求。美国担负中小学教师培训任务的综合大学及教育学院、教师教育中心、教师专业团体、大学附设的广播电视及函授机构、教师任职的中小学都很重视教师培训内容的选择和组织，十分强调培训内容的针对性、实用性和前瞻性。近二十年来，美国中小学教师培训一个令人瞩目的动向即中小学逐渐成为在职培训的主体，逐渐承担起确定培训内容的责任。这种校本培训主要由中小学校、地方教育当局、大学与教师教育中心三方共同参与规划与实施。由校长具体领导，在学校进行。培训的内容主要在于满足教师个人需要，重视教师在教学实践过程中所遇问题的解决和所需技能的获得，诸如如何实施有效教学，如何运用信息技术加强学生课堂练习，如何满足有特殊要求的学生的需要等。

德国也将中小学视作教师进修的基层组织。中小学校每周有一个培训日，专门开展进修活动，由校长负责。授课者可以是校长、本校教师、教师进修院校的专职教师。这一进修的特点是实践性、实用性强，将听课、观摩与研究教学理论和教学实践相结合，也可以讲解优秀教案，便于学以致用。

四、培训方式多样化

目前，许多国家特别是发达国家中小学教师的培训方式呈现出了多样化的趋向。进修时间安排有长有短，不强求一律；可以脱产，也可以半脱产，还可以利用假期、周末、晚上等安排业余学习；可以面授，也可以函授，还可以利用电视、网络进行培训；有校内的进修，也有校外的进修，还有校内、校外相结合的培训；有个人安排的自修，也有学校专业组织、教育部门安排的集体进修；有讲座、报告，有研讨、交流，也有参观考察、现场观摩。

美国教师教育学者肯·蔡克纳指出，在背后支持当代教师培训采用的方式有四个重要培训观念：行为主义，旨在提高教师的表现力与技能，主要采用观摩的培训方式；手艺主义，它将教师培训理解为以能力教授为核心的学徒制，主要采用跟岗体验与实践类方式；个人主义，它关注教师自我的专业发展，主要采用选择性大的培训方式；探究主义，旨在培养教师的反省式研究能力，发展教师的评判性实践，主要采用合作学习与研讨等方式进行。其实，在教师培训活动中，教师个体的专业发展一般基于这四种专业发展方式。教师培训要综合利用这四种方式，满足教师专业发展需要，培训机构应该采取以下培训变革行动：其一是改变课程结构，主要手段是调整课程种类，保持或增加课程，引入广域课程等。其二是在不同阶段采取不同的指导方式，如在教师刚入职的生存阶段，培训者应该给予其直接指导；在教师发展中的专业调适阶段，可以采取合作指导方式；在教师成熟阶段，培训者应该强调教师工作的独立自主性，给予其独立创新的机会与空间。介于组织结构建设与教师个体发展之间的是培训项目管理环节，重新解读管理活动的角色与功能是将二者有机结合起来、促进教师培训组织优化的关键环节。无疑，教师个人与培训组织间的关系是决定培训效能的关键环节，而这种关系建设要靠培训管理环节，尤其是培训管理者的素质提升来实现。英国学者卡维尔蒂建议教育部门应对培训管理者开展包括以下内容的具有针对性的培训，即课程开发评价、领导能力的培训，领导者的行为方式培训，培训计划、组织、指导、资源管理等方面的管理技能培训等。例如，在领导方式培训上，不能急于要求培训项目管理者建立标准化领导模式，而应该引入“情景化领导”观念，引导他们创建多样化且能适应特定教师群体与地区特点的领导风格。借助管理者培训活动的开展，教师培训才可能充分利用管理的力量推进培训组织的优化与教师个体专业发展间的协调与共进。一切管理培训的最终目的是培育一批优秀的管理者，他们是推进培训组织与管理方式优化的坚实依靠。优秀培训管理者应该具有以下三个基本素养：承认教职工发展水平的差异性；不断开阔视野，同时胜任学科专家与专家型教师双重角色；善于自我调整，努力适应每个学校的特点等。

五、培训组织开放化

培训组织开放化是当代中小学教师在职培训发展呈现出的一个重要特点。产生这一变化的背景是各国希望通过这一改变使越来越多的中小学教师能够参加职后培训，进一步提高培训的质量。它表现为有越来越多的大学教育机构和组织等加入到中小学教师培训行列，打破了师范教育系统原先独立支撑培训的局面。在教师个人发展的基础上构建多样化的培训组织机构，实现教师个人与培训组织间的良性互促，是发达国家教师培训模式变革的重要思路。美国中小学教师的职后进修，现由高校和专门的教师进修机构共同负责。教师培训组织众多，有大学研究生院、教师教育中心以及教师假期学校、教师发展学校等，各有所专，以满足在职教师攻读更高学位、短期进修等不同需要。20世纪50年代，日本采用“开放型”教师培养制，取消师范院校，改由大学培养各级各类学校教师。从20世纪70年代开始，日本又提出要“建立开放的多样化的自由进修体制”，别具一格地创办了兵库、上越、鸣门三所专司教师再教育的教育大学。日本开始派遣教员到校外的企业、社会教育机构及社会福利部门进行为期1个月到1年的社会体验研修。这种社会体验研修突破了只在教育行业内部培训教师的传统方式，把在职教师的培训权进一步向全社会开放，开阔了培训对象的视野，提高了他们的人际交往能力和工作能力。

应如何开发设立教师培训组织呢？美国学者怀特海曾根据舍恩的观点把教师培训组织结构分为三类：其一，“中心—边缘”模式，其中既定的培训资源会从机构中心扩散到组织边缘或教师群体中去；其二，“次中心增殖”模式，在该培训组织中特定区域内的教师员工会从培训核心部门获得培训信息并对其进行解释；其三，“外围—中心”模式，该培训组织中各层次员工之间会形成一种网络式互动关联。与之相应，怀特海认为，培训组织变革会采取多样化的方式，分别是：研究、发展与传播的方式，它常常采取自上而下、高度集中的方式进行；社会互动的方式，即采取组织内部员工间关联的方式进行；问题解决的方式，即通过对教师在教育活动中遇到的新问题求解来促进培训组织结构的变革。参考上述理念，欧美教师培训将采取多样化的组织结构变革途径，努力构建由“教师、学生、父母和管理者构成的生态网络”，力促组织内部实现培训资源与信息的高效共享与有序传播。2007年，欧盟在其决议中提出：欧盟委员会将协调各教师培训利益相关者，大力支持教师培训活动，以达成“让教师与同事、家长与社区建立密切合作关系”“促使教师参与到学校发展中来”。国外很多学者都认为，“超越僵化、垂直的组织程序，促使培训组织适应日益膨胀、多变的学校变革观念”是提升教师培训效能的途径之一，培训组织变革的坚实根基是教师的个人专业发展。

六、在职培训的制度化与规范化

为了加强对教师在职培训的领导，统筹规划，使教师在职培训得以有效运行，当今世界许多发达国家还纷纷颁布有关法律，力求使教师在职进修制度化、规范化。不少国家对中小学教师进修采取了各种鼓励性或强制性措施，以调动中小学教师参加培训的积极性。如日本《教育公务员特例法》规定：“教育公务员为了执行职务工作，必须不断地努力研究和修习。”该法规还规定：“教育公务员的任命者应为教员研修提供必要的措施，并奖励教员进修。”1987年，日本的教员养成审议会发表报告书，提出了关于在职教师队伍的新设想，促进在职进修进一步制度化。具体内容包括：确保全体教师在一定时期内有参加进修的机会；国家、都道、府县、市町村等各级进修活动要密切联系；进修内容应根据社会变化不断调整，扩展教师作为一名社会成员所应有的机会和视野。法国的《继续教育法》明确规定：每个中小学教师每年都要有两周时间接受在职培训。法国还曾实施“六年内全国小学教师再教育计划”。该计划除了规定“中小学教师每年有权享受两周学习进修假”之外，还规定“国家在教师预算项目中，增加3%用于支付教师带薪学习；教师在一生的服务中，可获取累计两年的全薪进修假”等。英国颁布的《继续和高等教育法》明确规定：包括教师培训在内的继续教育不再属于地方教育当局，而由中央政府统一管理。该法案还规定继续教育经费的四分之三或五分之四将来自专门的“继续教育拨款委员会”，以保证继续教育经费专款专用。1983年，英国政府《提高师资质量》的白皮书宣布奖励在职进修教师，对其中成绩优良者给予提高工资和晋升级别的待遇。此后英国政府又多次发表白皮书和相关规定，例如，新任教师须将五分之一的时间用来进修；正式教师每七年轮流脱产进修一次；没有进修就没有加薪等。德国几乎各州的成人教育法都把中小学教师的进修作为重要内容，明文规定在职的中小学教师必须参加师资培训机构所组织的在职进修活动，以提高自己的教学水平。其教师培训网络分州、区、县和中小学校四个层次，培训费用全部由国家承担，制度化的教师在职进修制度早已是德国师范教育的重要组成部分。美国1994年颁布的《教育改革法》规定，到2000年，所有教师必须接受师范教育并参与发展专业的继续教育活动。美国许多州实行假期进修制与休假进修制，对教师进修费用给予补助，承认教师在进修期间取得的学位和学历，把中小学教师的进修跟教师资格证书的更新、教师职务的晋级、教师的工资等联系起来，与对教师的考核、评估联系起来，增强了美国中小学教师接受在职培训的积极性。

第三章　教师培训本质

教师培训在我国已经得到相应的保障和发展。1993年颁布的《中华人民共和国教师法》里明确提出各级人民政府教育行政部门、学校主管部门和学校要对本地的中小学教师进行多种形式的培训，并制定定期的教师培训规划。1999年颁布的《中小学教师继续教育规定》指出，中小学教师原则上应参与五年一周期的教师培训，并直接点出“参加继续教育是中小学教师的权利和义务”。2009年启动、2010年全面实施中小学教师国家级培训计划，简称“国培计划”。《教育部、财政部关于实施“中小学教师国家级培训计划”的通知》明确规定“各省级教育、财政部门要高度重视，认真做好“国培计划”的组织实施工作。要将“国培计划”纳入教师队伍建设和教师培训总体规划，……分类、分层、分岗、分科大规模组织教师培训，全面提高中小学教师队伍整体素质，为促进教育改革发展提供师资保障”，使得教师培训真正意义上大规模地在全国得到推广。

教师培训是教师继续教育的重要途径，也是提高中小学教师素质教育能力和水平的重要手段。教师培训主要分为学历教育和非学历教育，其中非学历教育包括新任教师培训、教师岗位培训、骨干教师培训。教师培训伴随着教师继续教育的发展大致经历了三个阶段：一是主要满足教师的必要学历的需求，即“生存”阶段，教师培训在这一阶段尚未明确规定。二是提升教师的基本能力和知识，教师培训属于稀缺资源，只能满足部分地区、学校的教师需求。三是全面提升教师的综合素质，教师培训进入全员培训阶段，成为教师教育发展的重要内容。

目前，我国教师培训涉及的内容有专业教育教学知识与技能、教育理论与科研、教育教学科学技术和能力、师德建设与道德修养等。教师培训致力促进教师的全面发展，其本体功能是促进教师专业化发展，具体有教师个体发展的促进功能、对学校组织发展的保障功能、对教育改革和发展的推进功能以及对社会人力资源的开发功能。教师培训是教师发展的必经之路。当前，我国教师培训机遇良好，各级政府非常重视这项工作。但要使此项工作得到进一步的发展，必须对教师培训规律有科学的认识，对其本质有深刻的了解，以便对未来教师培训的走向和发展提供强有力的支撑。

第一节　教师培训的基本属性

在教师培训的诸多内容中，教师培训的属性无疑是核心的问题，其既关系到对教师培训活动的准确定性，也关系到教师培训制度的系统构建。从现有研究来看，教师培训的基本属性也是理论上争议较多的一个问题。本研究认为教师培训的基本属性包括：系统化、专业化、终身化。

一、教师培训的系统化特征

教师培训是丰富教师专业知识，提升教师专业技能、综合素养等系统化与组织化的再培训。教师培训是教师的权利和义务，全国各区域加强推广教师培训，教师培训已经逐步建立完整的体系，具有系统化的基本属性。

1. **培训制度系统化**

目前，教师培训已经形成完整的体系，这个体系是一个包括教师培训机构及其资质认证制度、教师培训专业、项目及其制度、教师培训课程与教学及其制度、教师培训管理及其制度、教师培训质量保障及其制度的整体。显然，各种教师培训制度已经构成一个完整的系统。

教师培训整体划分为三个阶段：就职前培训、就职培训和在职培训。“就职前培训”主要是指师范大学生等在获得规定学历后接受相应的教师资格的专业、技能等全方位培训；“就职培训”是已经获得教师资格证书者在进入实践教学工作岗位之前，接受相应的有实践经验的同行的指导，并接受实践理论、观念的再培训；“在职培训”是新任教师或已工作多年的在职教师在职业生涯中的继续教育，是在已有的专业经验和理论上的深入发展。以上三个阶段已经构成教师培训一脉相连、互不分割的完整体系。教师培训推行“教师教育职前、职后一体化”制度，这也是培训系统化的体现。除以上教师培训的整体制度体系之外，各个教师培训领域也相应建立了自己的系统化制度，例如某中学特制定教师培训制度，包括教师培训工作组织机构的建立、集中培训、骨干培训、校本培训、网上培训等多种内容。某区教育局小学教师培训制度包括培训目标、培训内容、培训形式、管理与考核四个方面内容。

教师培训制度无论是“教师教育职前、职后一体化”体系制度，还是各个区域、各个类型的教师培制度，都已经形成系统化的有机联系。教师培训制度系统化还体现在教师培训制度的具体制定基本都由一系列特定的内容构成，主要包含培训目标、内容、实施形式、实施周期、管理与评价等。教师培训制度系统化本质并不在于追求培训效果的统一化和速度化，而是要加强培训标准、培训课程和培训效果的有机联系，深入把握教师培训的内在规律，推进教师培训专业化和可持续化。另外，教师培训制度具有一定的个性化，在系统化的整体规划下，各个区域、类型的教师培训都围绕自己的需求制定，以便构建出专业的教师培训制度，建立起一个科学的教师培训具体实施的指导方向。

2. 培训过程系统化

教师培训过程在教师培训制度的规划下也具备系统化的基本属性。一方面，教师培训具体环节基本包括培训需求的确认、培训具体目标的设置、培训计划的制订、具体培训过程的实施活动、培训效果的评估五个方面，这五个教师培训的具体过程有逻辑地构成教师培训的一个完整的循环线路，也是一个周期的系统化展示。教师培训者在具体的培训过程实践中，不仅要把握好每个环节的关键问题，而且更要从整体上把握各环节之间环环相扣的逻辑关系和系统化层次，从而确保教师培训经过培训过程的系统化、周期化的指导，最终保证和体现教师培训的有效性。另一方面，教师培训管理的发展也是培训过程系统化的体现。目前，教师培训的过程中仍存在部分中小学教师参与度不高的问题，具有较强政治导向的教师培训计划，更需要建立专门的教师培训管理机制，以便促进培训顺利进行。从目前的教师培训管理的发展来看，垂直管理是较为常见的培训管理机制。从教育部到省市教育厅、局再到负责相应培训的机构、学校，他们对教师培训活动进行垂直管理，对各类教师培训机构进行管理和协调，对各类教师培训活动进行统筹规划，对培训者进行资质认定和管理；对中小学教师参与教师培训进行管理等。

二、教师培训的专业化特征

教师培训是促进教师专业发展的一种有效途径，是教师教育的重要内容，它与教师职前培养、入职教育一起构成完整的教师教育内容，是教师终身学习的需要。我国十分重视教师培训工作，教师培训的费用主要由政府承担，属于政府公共服务的范畴。这迫使我们思考：既然是公共服务，必然会占用公共资源，国家投入大量资金通过“国培计划”开展全国性的教师培训工作，那么，培训效率、培训效果、培训效益等如何呢？无论教师培训最终是何种结果，都需要考虑一个前提性条件，那就是教师培训的专业化。教师培训的专业化特征是指教育教学有关领域的专业研究人员针对中小学师资等教师培训，有目的、有计划、有组织地进行设计、实施和评估，对教师施行专业的教育教学培训。教师培训的专业化不仅仅促进教师观念、知识、能力、行为等的专业变化，还能促进培训全过程逐步符合专业化的基本要求。教师培训专业化包含以下方面。

1. 从教师培训本身来说，教师培训是专业化的过程

首先，教师培训专业化体现在由权威性专业机构和人员承担培训任务。综合大学、师范院校、教师进修机构和中小学校等构成合作、开放的教师培训机构体系，各自在教师培训专业领域中发挥着独特的作用，同时建立起各具特色的合作模式。具体教师培训工作由专业人士担任，培训人员往往是由教师教育领域有所研究和实践经验的专家构成，他们不仅在教育教学、教师成长、学生发展等专业领域有长期的研究，并能在教师培训中承担专业性的教学或指导任务，他们在自己所熟悉和研究的领域具有一定的话语权，能为参与教师培训的中小学教师提供专业的教师培训知识，专家的科研能力与大量的知识储备是教师培训专业化在专业知识和专业技能上获得体现的根本保障。

其次，教师培训专业化体现在专业知识和专业技能的继承和发展上。教师培训者通过把握学科规律、教师专业发展规律和培训自身规律，形成教师培训行业所要求的独特职业能力和工作模式，既不同于综合大学和师范大学的培养方式，也不同于企业界的员工培训。教师培训是以全面发展为核心的专业培训，侧重教师综合素质的提升，因此，培训知识和技能的专业化是教师培训的重要特征。同样，教师培训也是以促进中小学教师专业成长为目标的一个培训。教师专业成长培训的过程分为以下三大类：一是意识观念的更新，即教师培训促进教育者具备深入掌握教育教学规律，明确教育教学发展方向的观念，逐渐形成自己的教育教学思想。二是思维方式的更新，教师思维方式往往决定着教师行为方式的特征和水平，即教师培训更新中小学教师的思维方式，提高其思维方式的科学性和专业性。三是策略方法的更新，即教师培训让中小学教师在对教育教学理论的深入理解的基础上，更加有效地运用教育教学的策略与方法。教师培训也能进一步促进教师成长的专业化发展。

最后，教师培训专业化体现在培训目标、计划，以及培训过程的专业化标准和规范方面。教师培训致力中小学教师的专业发展，蕴含丰富的专业精神与专业理想。教师培训目标围绕教师专业的发展而制定，培训计划也是以相应专业发展为核心内容。教师培训为了确保专业效果，提前制定了科学的专业化标准和规范，以规范专业培养过程，并且有科学的评估标准评价最终的教师培训效果，最终实现教师培训的专业化目标。

2. 从社会发展来看，教师培训是一种人力资源的专业再生产

从社会功能来分析，教师培训是一种人才培养的过程。社会教育改革和发展需要专业的人才，以便促进改革有效发展。教育人才的再培训也是一项社会所需要的人力资源开发工作，人力资源的开发和培训在教育改革和发展的领域里发挥着先导性、保障性和持续性的作用。教师培训领域是在教师教育与现代人力资源开发与管理两大职业领域的交叉地带兴起的一项朝阳行业，人力资源丰富。随着教育优先发展战略的确定和教师培训专业化的推进，教师培训师将成为现代社会有声望的职业之一。教育培训通过提供专业化服务，以提升教师的专业知识和能力为目的，其本质是有效支持和促进教师学习，丰富人才资源的开发，促进教师专业化发展。教师培训功能具体表现为对教师个体发展的促进功能、对学校组织发展的保障功能、对教育改革和发展的推进功能以及对社会人力资源的开发功能。结合当前各个地区教师培训的实践经验，探讨教师培训的专业化走向。教师培训较高的专业化水平促进教育改革和发展，并在以后成为推动社会发展中不可或缺的一部分。

3. 从教育未来走向来看，教师培训体现一种专业化发展趋势

未来十年里，教师队伍的建设问题将会是制约我国基础教育发展的瓶颈，培养教育改革需要的创新型人才仍然是教育发展需要根本解决的重要问题。很多地方的中小学教师的素质问题仍然限制着教育的发展，直接影响着基础教育在未来改革和发展的趋势。因此，教师培训作为教育教学改革与发展的重要途径之一，为了迎合教育发展的趋势，教师培训的发展需要关注以下内容。

第一，教师培训标准专业化的确立。教师培训是一门应用科学，需要制定较为严格的标准来作为教师培训实施和评估的依据。这些标准包括培训机构、教师培训课程、培训教师的培训资质和不同培训阶段学员的结业标准等。在美国，由于教师

教育标准、教师执照标准和教师高级资格证书标准相互协调和匹配，形成了教师培养与发展的一体化特征。最终为各高校教育学院培养人才制定了合适的目标和计划指导。但是国外的经验不一定适合我国，要在借鉴其优点的基础上，制定适合我国教师的标准。

第二，教师培训专业培训制度的建立。从教师培训专门化到教师培训的专业化，我国的教师培训制度的专业化发展经历了许多，教师培训专业化的地位还需要进一步提高和巩固，很多地区的三级教师进修院校在教师教育职前职后一体化过程中一直确定不下来。以培养教师为主要任务的师范院校，还没有步入教师培训专业化道路，在教师培训专业化方面还有待加强。究其原因，一是师范院校把教师培训看成教师教育的后续补充，而不是当成独立学科来对待。教师教育中的师范培训没有得到重视，教师培训缺少独立的专业化地位。二是教师培训院校和机构自身对这个专业本身的了解不够以及对培训的专业性和培训自身的规律研究重视程度不够。事实上，培训是人力资源开发和管理领域的核心问题之一，各个企业对培训师的制度已经建立了，以及和培训内容相关专业的地位已经在管理学这个领域奠定了基础，可教育领域的培训制度的建立还没有开始。教师培训包含了教育学领域和人力资源领域这两个方面，所以应该有独特的学科专业地位。因此，建立独立的教师培训师制度，是教师培训从专门化走向专业化的根本道路。

第三，推动教师培训范式专业转型：从理论专家的知识独白，到专业共同体的知识对话。填鸭式的灌输理论，让教师们脱离实践，忽视了教师的特征，培训缺少针对性和实效性，是专家用理论的独白方式开展教师培训的结果。这时候，教师培训的另一个缺点也已经暴露，虽然以教师参与、对话、探究、合作、反思等行为特征的培训模式开始形成，但是大多数的培训却与教师专业化发展概念大不相同。以专业共同体的知识对话为特征的教师培训范式需要标准的、专业的教师培训来体现。

第四，回归教师专业发展规律。教师培训的本质是支持和促进教师的学习。教师作为学习者应该有着自身的学习特征，比如以专业的自主学习、教育案例为基础的情景式学习、以解决问题为出发点的学习、教师群体的合作学习以及基于实践经验的反思学习。

三、教师培训的终身化特征

发达国家把终身教育思想引入教师教育领域，将职前教师培养和职后教师培训有机结合在一起，使教师培训伴随教师的职业生涯。教师培训为教师的终身学习提供支持，让教师的教育思想随着现代教育发展而变化，让学生学有所成。

教师培训是对教师进行的一种系统化、专业化和终身化的智力投资活动。这种投资活动在培训场地、设施等硬件条件得到基本保证的前提下，主要通过智力资源的开发、投入、应用和转换等方式，让优秀人才影响更多的人朝着更好的方向发展。其中，智力资源是教师培训的核心，其主要途径是专业的师资培训、专业课程的培训、技能的培训以及教师培训专业化的培训制度和政策。这些体现的不仅是培训者对培训学员的影响和学员获得的培训收获，也包括学员把自己的教育经验和实践灵感带到培训情景之中，通过师生之间、学生之间彼此分享、交流和学习，创造新的学习资源和成果。教师培训不是填鸭式的知识灌输，也不是专家独白式的讲座，而是一种专业化的学习共同体活动。教师培训者作为学员的学习合作伙伴和支持者，在教师专业化道路上发挥着不可替代的促进作用。教师作为学习者，通过培训可以有效获得学习的资源、技术，更好地增加专业知识，挖掘自我潜能，推动教育教学改革和发展，不断适应新时代的教育方式。因此，教师培训无论对于个人，还是对于教师群体来说，都是一个安全、高效、持续、有益的活动。

教师培训的本质是回答教师培训是什么和不是什么的问题。当下还需澄清教师培训与演讲、讲座、教研指导的区别。培训并不是演讲，培训者在传播知识和技能时有演讲的成分，但不是滔滔不绝地直接说出来，而是将其渗透在实践之中。培训不同于讲座，培训不在于理论证明，而是让培训者掌握经过实践检验的新知识和新观点，并能应用于实践工作中。如果说演讲和讲座以单向的传输为主导，那么，培训则强调更多地互动、参与。培训和教研指导都是基于学员的实际工作需求而开展的促进教师学习和成长的活动，两者同样重要，只是工作重心不同。培训强调解决教师专业发展的根本问题，预见教师在教学中可能出现的问题，然后探讨更好的解决方式。培训和教研指导在教师专业发展中相得益彰，但不能彼此替代。

第二节　教师培训的内在机理

教师培训是一项复杂、系统的工程，有着具体的机体构成和内在结构要求。就教师培训的内在机理而言，是指在一定的系统结构中各要素的内在工作方式以及诸要素在一定环境条件下相互联系、相互作用的运行规则和原理，并且能最终达到实现教师培训的本体功能的目标。

一、教师培训的内涵界定及影响因素

教师培训，广义地讲，就是教师教育，以前被称为“师范教育”，包括职前教师培养和在职教师培训；狭义地讲，专指在职教师培训，又被称为“教师继续教育”。教育部颁发的《基础教育课程改革纲要（试行）》中明确指出：“中小学、幼儿园教师继续教育要以基础教育课程改革为核心内容。教师进修培训机构要以实施新课程所必需的培训为主要任务，确保培训工作与新一轮课程改革的推进同步进行。”培训就是基于一个组织在其发展的过程中，当面对外在环境的变化和组织自身变化需要的时候，为了补足组织成员与外在组织的环境变化和组织自身变革对组织成员在知识、技能和态度上的要求之间存在的差距而进行的有目的、有计划、有组织的学习活动。培训关注一个人完成工作的效果、完成任务和克服困难的能力的培养，注重具体的效果。因此，教师培训也应该是着眼于教师的职业发展，注重与教师职业发展有关的态度、知识、技能，关注教师现有的工作绩效与组织变革和外在环境变化所要求达到的绩效之间的差距。即通过提供完整的、连续的学习经验和活动来促进教师专业的、学术的和人格发展的培训。教师培训则可定义为：有计划、有目标地组织教师参加与教育教学工作相关的学习活动，旨在改进和发展教师的专业知识、专业技能、专业态度和工作行为，从而挖掘和发挥教师的工作潜能，使教师适应教育改革和发展的需要，最终实现学校组织发展和教师个体专业发展的双重目标。所谓教师培训，就是具有认定资质的机构，根据教师成长的内在规律和教育改革的需求，通过特定的内容，进行组织有效的活动方式促进教师专业发展的过程。由此来看，教师培训是科学的，需要

以相关的理论知识为基础。在我们认识到教学是专业，教师是专业人员的时候，更需要认识到教师培训是专业工作。

影响教师培训效果的因素有以下几个方面：一是培训机制本身的落实情况。教师培训机会能否突破部分地区少而不均的问题对教师培训的发展至关重要。例如，农村中小学教师在教师培训的认识上有着较为强烈的主观愿望，但是某些客观条件却限制了他们获得应有培训的机会，其中培训机会少且分配不均就是影响农村教师发展的障碍因素。教师参加培训的名额基本是上级教育行政部门分配，但是分配给农村教师的名额往往相对较少，一些相对落后的贫困山区的学校甚至连培训的名额都没有，从某种程度上来说，是由于上级主管部门和学校对于参训教师的选拔缺少合理规划，从而导致培训资源分配不均，造成了培训资源的浪费，让培训实施效果大打折扣。二是教师培训的目标、管理与评价的制定情况。目前，一些教师培训存在目标不清晰、形式严重的问题，既浪费资源，还不能准确地传达培训信息，造成参加培训教师的培训效果跟预期不符合，而且还有个别培训机构在不了解参训教师的特点以及培训需要的前提下盲目开课，课程单一，缺乏针对性，极大地影响了培训的实际效果。这些多是因为教师培训具体目标、计划制订不够精确。除此之外，培训管理和评价也是影响教师培训效果的重要因素。教师培训的对象多是已经在职多年的中小学教师，他们早已缺少像学生一样地坐在教室里学习的耐力，如果培训过程中再疏于管理，难免有部分参训教师不重视，达不到最初的培训目的。对于部分中小学教师而言，短暂的培训效果有限，教学理念和教学行为的真正改变或改进还需要培训后的探索实践和广泛交流。然而，在目前中小学教师培训的反馈调查中，很多老师都提到了培训之后的问题，例如学习了理论却并没有得到实践，所以，参训老师大多只是感慨培训中哪些老师很厉害，最后还是和以前一样上课。因此，培训模式很成功，但是缺乏有效的管理政策，在培训后的很长一段时间，没有人过问，在职称评定上仍存在着漠视现象。这样的培训可能会导致更多资源的浪费。另外，目前教师培训缺乏完整的评价系统，不论是对参训教师的考核还是对培训机构的考核都不是很严格，表现在形式上，大都采用千篇一律的考勤、写总结的方式，无法真实地反映培训效果、提升培训水平，这也是教师培训效果不明显的主要原因。有效的培训组织、管理和评价等是保证培训高效率进行的基本条件。三是教师培训的经济投入情况。充足的培训经费是保障培训工作顺利开展的前提，经费缺乏会导致教师培训开展的效果达不到预期要求。例如，我国农村中小学教师培训工作的承担者主要是县教师进修学校，培训经费缺乏和相关部门领导重视不够导致现有的培训机构的设施落后、管理疏松、师资力量薄弱。尽管相关政策要求加强县级教师培训机构的建设，但工作进展十分缓慢。如果教师培训的经费无法得到保障，那么必定会影响培训效果。

二、教师培训的本体功能

教师培训是师范教育的主体部分，其本体功能是促进教师专业化发展，具体体现在以下几个方面。

首先，教师培训对教师个体发展的促进功能。教师从入职资格的获得到教育教学工作岗位的定向，再到职后专业发展的不同阶段，都经历着学习和变化。教师培训就是为教师的提升和发展提供支持，促进教师专业知识与能力的提升以及专业精神的培养。在国际师范教育实践中，教师专业的培训经历了很多范式的变迁。每种范式都在强调教师培训在促进教师专业发展方面的差异价值取向和不同服务重心。

其次，教师培训对学校组织发展的保障功能。教师是学校发展的第一资源——人力资源的主体，教师培训是通过对人力资源的投资为学校组织获取有价值的智力资源提供保障。教师入职前培训是保证学校人力资源质量的前提，为学校排除聘用不合格教师的风险；教师入职培训是新教师岗位定向的主要途径，帮助新教师加快适应学校的组织环境和岗位工作要求；教师在职培训的目的是促进教师专业的持续发展，为学校教育教学带来变革元素和发展活力。

再次，教师培训对教育改革和发展的推进功能。改革和发展是现代教育事业的永恒主题，教师成为实现教育改革和发展目标的一个重要影响因素，特别是新教师将会把变革提高到新的层次。教育改革是一个以不断改进直至理想的过程，如果教师不理解这个理想，对教育改革措施迷茫，甚至产生消极排斥情绪，那么教育改革可能只是一张效果图。教师培训就是要让教师理解这张图并学会积极地找方法去实施，并克服各种困难，想出应对方法，达到将效果图变为现实的目的。

最后，教师培训对社会人力资源的开发功能。如果说教育和培训是人力资本最重要的投资，那么，毋庸置疑，教师培训在基础教育改革和发展中发挥先导性作用，具有人力资本投资的双重价值。它既是对社会特定专业技术人群——教师的人力资源开发的资本投资，又是对国家实现从人口大国向人力资源强国转变的重要措施——发展基础教育的人力资本投资。

以上四点是教师培训的正面功能，体现的是对教师个人和组织发展的贡献作用。然而，这种作用的发挥是有条件的，并不是所有教师培训都能发挥正面功能。此外，教师培训还存在着负向功能和隐性功能。例如，培训带来的工学矛盾加大了教师的心理压力；“学术权威”霸占培训活动的话语权，抑制教师作为学习者的积极性和创造性等。教师培训的隐性功能与显性功能相对，是伴随着显性功能出现的非预期功能。例如，某一为期10天的培训者团队研修项目，预期目标是帮助学习者获得教师培训管理的知识和技能，但部分学习者的最大学习收获体现在该项目管理团队和培训教师的专业精神对其的影响上，这是培训的非预期目标。又如，某一农村教师培训项目的预期结果是提高教师专业水平、开阔他们的视野，但是，这一培训加速了优秀教师在培训后从农村流向城市，从普通学校流向重点学校，给教育均衡发展带来新的问题。这也是非预期结果。显性和隐性的功能是相对的，需要有意识地利用。教师培训的功能具体到一个培训项目来说，其功能的实现，即能做到什么，需要以教师培训需求分析为起点，经过培训项目设计和组织实施，最后，通过对培训效果开展评估来检验培训的各个目的是否实现，以及实现的程度。

三、教师培训的内在要素

教师培训的最终目的在于提高教师的专业素质和综合能力。教师培训的内在机理是指在一定的系统结构中各要素的内在工作方式以及诸要素在一定环境条件下相互联系、相互作用的运行规则和原理，并且能最终达到实现教师培训的本体功能的目标。但教师培训又不同于企业的绩效机制。所谓企业培训的作用机制，是指自企业培训开始实施到其影响和改善企业绩效的一种内在路径，而教师培训的内在机制侧重内部因素相互关系的有效性。

1. 目标要素

从理论上讲，培训可满足三种需求，即达到三大目的：获取知识、获得能力和改善行为。培训的终极目的是改善行为，是把所学知识运用到实践中并转化为实际能力，发挥出培训对知识所起的“解调器”和“放大镜”的功能，最终将潜能转化为显能。培训目的是指明整个教师培训的方向和思路，明确培训工作的切入点与着力点。因此，新课程改革背景下的教师培训应确立以实现基础教育课程改革目标为旗帜，转变教师观念，树立课程改革新理念，在课程发展中促进教师发展。教师培训的具体目的包括：一是提高自我学习能力。教师的不断学习，不仅是为了适应所教学科知识的更新，也是为了适应知识更新以及时代观念的更新，教师的不断学习主要是在工作中进行的，因此必须要有较高的学习效率，这也就要求有较强的学习能力。所以，教师培训必须把培养教师自我学习能力作为重点。强化教师自我学习的意识，以便其更好地掌握现代学习方法和学习策略；强化教师学习能力，以便其更好地掌握现代教育技术。教师捕捉、选择、获取、处理、运用现代信息技术的能力也是教师在培训过程中需要培养或掌握的。二是提升教育科研能力。教师培训的目标要从不断地补充所教学科的新知识、新观点、新理论，转向教师的教育、教学能力与策略的研修和锻炼上，指导教师学会运用现代教学辅助工具，创新教学技能，达到更好的教学效果。教师培训的重点是能够激发出教师的教育科研意识与动机意识、掌握科研基本方法、培养科研基本能力，尤其是开展教育课题研究的能力。三是发展教育实践创新能力。中小学教师培训的最终目标必须定位在重点强化教师的教育实践创新能力上。在培训中促进教师把学习研究与实践创新密切结合起来，努力探索教育改革与创新的方向和途径，并自觉培养创新能力。在培训中促进教师将科研成果和优秀的实践经验为自身所用，并成为推动其自身教育实践的有效动力和能力，使创新实践行为成为一个动态发展的过程，实现创新能力的可持续发展。

2. 主体要素

在教师培训中，应真正确立教师的主体地位，即教师要真正融入培训过程。从培训内容到培训形式，把教师当培训主体对待。而突出教师的主体地位，就是要求培训过程中既要重视教师工作的改进，又要重视教师专业成长。因此，我们的培训既要基于改进工作的目的，充分了解教师目前工作的难点和未来工作的需求点，又要从教师发展出发，体现教师的个性化和专业化需要，进而确定针对性强的课程内容、多样化的组织形式。发挥每个受训教师的主动性、创造性，调动教师自主学习、自觉提高的积极性，不仅可以提高培训的质量，同时也更易于教师形成适应新课程需要的新的教学策略和教学方法。把教师当培训的主体对待，要求培训者始终尊重教师、给予教师足够的发言权。培训者要与教师平等交流和对话，引导教师结合自己的教学实际，深入讨论，做到边培训、边实践，共同研究，共同开发，共同提高。制订培训计划时，教师要参与其中，要有选择培训者、培训内容、活动方式、时间、地点等的机会；培训计划完成后，对培训过程、培训效果，教师具有发言和参与评价的权利。同样对培训全过程的管理水平、课程计划的针对性、授课质量的高低、培训形式的多样性、培训的实效性等问题，参加培训的基层教师也是最有发言权的。因此，我们必须坚持和落实教师有效培训的主体性原则。

3. 内容设计要素

教师培训的第三个核心要素是内容设计。内容设计是指基于培训对象和培训目标而设计的具有针对性的培训内容，它往往体现在教师培训的具体模式上。值得一提的是，培训对象的需求与教师培训内容设计之间是因果关系，但也不能全把对象的需求视为教师培训的内容。教师培训内容的设计根据对象需求与目标要求制定相应的主题，以便提高教师培训的有效性，比如骨干教师培训项目。虽然目前教师培训的主题丰富，但内容设计者需要考虑围绕这一主题的多种内容，例如针对骨干教师主题的内容设计，设计者还需要考虑教师师德、前沿教育理论、教师能力、教师知识等。因此，有的内容设计由于考虑的因素太多，难以把握，因而只好因人设课，即根据项目设计者认识的专家、讲授者来设计课程内容，导致课程设计没有逻辑性，讲授内容重复，培训评价内容宽泛，最终培训效果不佳等问题。所以，教师培训的内容设计需要在未来的发展中更具有针对性，如将骨干教师培训主题改为基于学科思想和方法的骨干教师教学研究能力提升培训，这样培训的主题便非常明确，学科思想和方法与教学研究能成为这个主题的两个相互联系的主要培训内容。以上所举的例子表明，教师培训的内容设计是培训的重要因素，且准确、清晰的培训主题更能为教师内容设计提供依托。教师培训的内容设计多数涉及培训的理论建构，培训内容、培训方法的选择，以及培训评价等本体论基础。教师培训内容设计的核心围绕教师的专业发展，包括教师知识、教师能力、教师伦理，当然也包括教师专业发展的机制，如经验—反思、证据和数据、概念和理论，以及教师专业发展的环境，如国家制度、学校文化、学习社群和班级互动。从现实的培训情况来看，教师培训主要以知识和能力为内容设计的主导内容。

4. 内容生成要素

通过教师培训目的、内容设计的导向，教师培训内容可以用多种形式表达，静态的、动态的课程内容相互构成培训的内容。虽然教师培训机构和部门习惯于建立课程资源库，擅长将课程资源库建立起来可以有效地针对培训者的需求进行选择，从而保证教师培训的有效性。但现在的问题在于，教师培训的实际内容或课程无法与教师的需求和培训主题完全一致，培训对象的需求因培训对象的个性化而体现出多样性，主题也因需求的变化呈现出多样性，培训内容或课程也因需求和主题的多样性而无法以静态的课程资源来对号入座。需要面对的一个现实是，专家都具有较强的自我建构能力，通常不太可能依据某一个静态课程来选择培训内容，这很容易使课程资源成为摆设。更重要的是，参加培训的教师存在着多种矛盾，如工学矛盾、因制度规定而被迫接受培训导致的心理矛盾等，这些矛盾显然影响培训实施的过程和培训最后的结果。因此，如何使教师培训效果真正体现出来？这就涉及一个更重要的教师培训内容的核心要素——生成性。只要培训实施过程中体现生成性就能有效地激发教师的学习兴趣，因为生成性的产生的机制在于教师的需要。教师培训内容的生成性主要基于教师作为成人学习的特征的考虑。成人心理学认为，成人学习的核心特征是学习者的主体性和学习的建构，成人必须是在解决其内部认知矛盾的自我调控过程中，通过经验、对话和反思来不断生成知识。所以，知识的生成是以教师学习作为成人学习的基本过程和结果来体现的，而以灌输机制的预设培训为基础则无法体现教师作为学习者的主体性和学习的建构性，效果也因此大打折扣。培训内容的预设性是当前教师培训表现出来的最大特征，而专家的能力和培训课堂中专家的授课水平决定这种预设性内容的效果。但有一点可以肯定的是，如果不是生成性的培训，无论预设内容如何丰富，课堂现场气氛如何热烈，随着时间的推移，培训内容的信息掌握会呈现出从下降到遗忘的趋向。关键的问题是，如何在培训中进行生成？教师培训，在于培训者如何在满足教师的需求的基础上在培训现场生成培训资源，而不在于建立多少资源。基于现阶段教师培训能力区域不均衡的前提，国家建立教师培训资源库有其合理性，但从教师培训专业化的角度来说，教师培训生成性将成为衡量教师培训质量的一个要素。

5. 管理与评价要素

教师培训的一个核心要素是教师培训的管理与评价，其通常是一项常规的工作。在教师培训的实践中，我们缺乏对参与培训的学员的主体评价与有效性评价，是因为我们常常会将考勤与听课经历作为被培训者的评价内容。而且部分教师培训关注对培训者的评价，尤其重视参与培训的学员对培训者的评价，以便认为培训者被认同往往是合理的、必要的，其实，对于教师培训评价而言，学员对培训者的评价大多只具备管理意义。因此，既要对培训者进行评价，又要对被培训者进行评价，教师培训应该建构教师培训主体和客体的双评价体系。对培训者的评价通过访谈、问卷等方法可以完成，而对于学员的评价，则直接体现了培训效果。其组成相对复杂：需要建构过程性评价、终结性评价、项目后评价相结合的评价体系。过程性评价可以通过学员的课堂表现和随堂、课后作业进行；终结性评价则包括定量评价和定性评价两个部分，其可以通过任务驱动的完成数量和质量来评价；项目后评价则是关注教师培训项目结束后，评价学员能否将培训所得带回学校和课堂，并最终影响学生、课堂和学校的表现，其中以表现性评价为重点，即要进入学员的学校和课堂教学来实施评价，这也是反映培训项目效果的最终指标。然而，这一评价是目前教师培训效果评价最为薄弱甚至是缺少的一环。

四、教师培训作用机制的理论依据

为了研究教师培训的本质以及作用机制，我们有必要进一步深思教师的思维过程与认识过程，尤其是作为成人与认识主体的教师，需要弄清楚其理解事物的过程，尤其是正确理解事物的理论条件是什么。在以上一系列的思考过程中，教师培训逐步明晰了培训本质与作用机制的理论基础。

1. 成人学习理论

成人学习理论研究始于20世纪中期，虽到目前为止，其理论体系的构建仍没有完善，但其对教师培训有着极大的启示作用。美国成人教育学家马尔科姆·谢泼德·诺尔斯（M. S. Knowles，1913—1997）创立的成人学习理论是20世纪成人教育学界的一个重大理论成果。其研究表明：成人学习者共有6个特征区别于青少年学习者，即学习需要、自我概念、学习经验、学习准备、学习倾向和学习动机。青少年学习者特征如下：（1）学习需要方面，以教师预设的内容为主。（2）自我概念方面，青少年多是依赖顺从型的自我概念。（3）学习经验方面，青少年主要依赖教师讲授和学习资料。（4）学习准备方面，为考试和升学而学习。（5）学习倾向方面，侧重以学科为中心的学习。（6）学习动机方面，主要是外部动机，如升学、教师鼓励和父母压力等。成人学习者特征不同：（1）学习方面，成人学习动机具有明确性，多是根据自己的个体需要和想法来选择性学习，具有强烈的主观性。（2）自我概念方面，成人已经完全具有独立性，并能对自己的生活负责，个人意志不受他人的干扰。（3）学习经验方面，成人具备丰富的社会经验，生活常识大量增加，个体经验的增加使成人的学习转化成经验教学，他们更渴望与生活现实相结合，且每个成人由于经验不同，教学和学习方式也不同。目前，常用的成人教学法有案例教学、生活教学、合作教学、问题学习等。（4）学习准备方面，成人学习的功利性较强，多是为了解决日常生活中的某些问题，因此成人教育培训渴求学习内容与学习目标的一致性。

(5)学习倾向方面，成人学习是以问题和任务为中心的学习，侧重学习职业能力的提升。(6)学习动机方面，成人学习动机主要来源于个体内部，如家庭责任心、个人自我发展需求、提高生活质量等。

成人学习理论体系以自我导向学习理论为核心。诺尔斯对“自我导向学习”的定义是：“个人不管有无他人协助，均能主动诊断自己的学习需求，建立学习目标，确定学习的人力物力资源，选择及执行适当的学习策略，并评价学习结果。”成人学习与青少年学习的最大区别是自我概念，成人学习者侧重独立学习的自我概念，未成年学习者倾向于依赖型思维。因此，成人的学习不是完全依赖于教师的牵引和指导，而是有能力在自我认知的基础上进行自我导向。

2. **现象学学说**

海德格尔的“前结构”理论和伽达默尔的“前理解”理论为教育培训本质与作用机制提供了理论基础。胡塞尔是现象学的奠基者，他指出：“现象学同时并且首先标志着一种方法和思维态度：典型哲学的思维态度和典型学的方法。”梅洛·庞蒂也曾表述现象学是一种关于本质的研究，是透过现象分析本质的态度和思维。教师培训根据现象学的内容，其本身就是一种对教师教学、教师科研、教师实践、教师素养等多方面的哲学思维和方法的分析，侧重回到事物本身的根源上，强调通过直观现象还原本质。这样的精神和态度很好地指引了教师教育的发展，必须研究教师培训的本质，必须透过已有的教师培训活动对教师培训的本质进行分析。海德格尔在胡塞尔的基础上进一步提出“理解前结构”的理论，理念前结构表明理解在事物的本质上具有“先行具有、先行见到、先行把握”的特点。海德格尔认为，事物之所以对对象产生影响，是因为对象具有“理解前结构”。理解其本身就是一种在先行构建的过程中进一步发生交换意义。理解对象的意义并不是客观唯一的，而是在相互理解的基础上动态变化的。伽达默尔进一步发展了海德格尔的“理解前结构”理论，他进一步提出了“前理解”“完满性前把握”等理论。具体来说，“前理解”的内容如下：

“前有”：指人不是生活在真空之中，在进行解释或理解之前，每个人都有自己的思想。

“前见”：指我们在看待问题时解释的特定的角度和观念，是理解和解释的切入点。也就是说，任何在“前有”中已经存在的理解和解释的东西都可以成为“前见”。

“前设”：人类对事物的理解和解释仅仅有“前有”“前见”作为基础还不够，还必须有“前设”的渗透，才能形成具体有效的理解和解释过程。“前设”就是一种预设，是在理解前的一种已有的假设，且任何事物都有一种预设的理解。“前见”便是将我们的注意力引入到某个领域和问题区域。

由上述可得，“理解前结构”包含“前有”“前见”与“前设”的主要内容。理解是我们对已有的对象的一种在前意识和前结构的基础上的交流和融合的结果。因此，理解必须建立在事物对象本身上，是客观存在的而不是主观臆断的。在对每一件事情进行理解时，我们的前意识，也就是“前有”“前见”“前设”本身存在着，而理解就是在这种本身存在的基础上与所确定的任务进行构建和统筹，而最终的理解结构也应该由事物本身进行反馈和展现。

五、教师培训作用机制的模型与路径

教师培训的本质探讨需要围绕教师培训的有效性，进一步分析教师培训的作用机制的内在路径。陈向明教授提出，优秀的教师的作用机制的发生，并不仅先通过学习教育、教学的相关理念，然后再将其应用到自己的实践中完成。优秀的教育教学的作用首先是优秀教师通过“具身化的认知”，为学生提供自内而外的榜样，做到言传身教。因此，教师培训的具体有效需要能将外在的培训活动转化为教师内在行动认知，转变成一种自我需求、自我研究、自我实践的教学与研究兼顾的内在行为活动。那么教师培训如何实现这种“具身化的认知”？如何促进教师专业的内化成长？如何构建实现成人成长的内在作用机制？这些问题无论是对教师培训者还是对参与培训的一线教师来说都是非常重要且不可避免的问题。

教师培训的作用机制本身是一个问题领域的理解过程，根据现象学说的分析，对于作用机制问题的理解必须是一个开放的、创生的、融合的过程。教师培训的作用机制即教师培训通过对教师专业发展的内在促进而发生作用。根据上述成人学习理论与现象学说的相关内容，以及教师培训的实际学习情况和反思其实践经验，教师培训作用机制路径模型如图3.1所示。

教师培训的作用机制核心是成人学习的自我导向与客观事物（包括教育要解决的实际问题）进行理解、交流、还原与建构。其中有理解过程的三个核心概念：开展“前理解”、还原“事情本身”、建构“新意义”，下面分别对其进行简要概述。

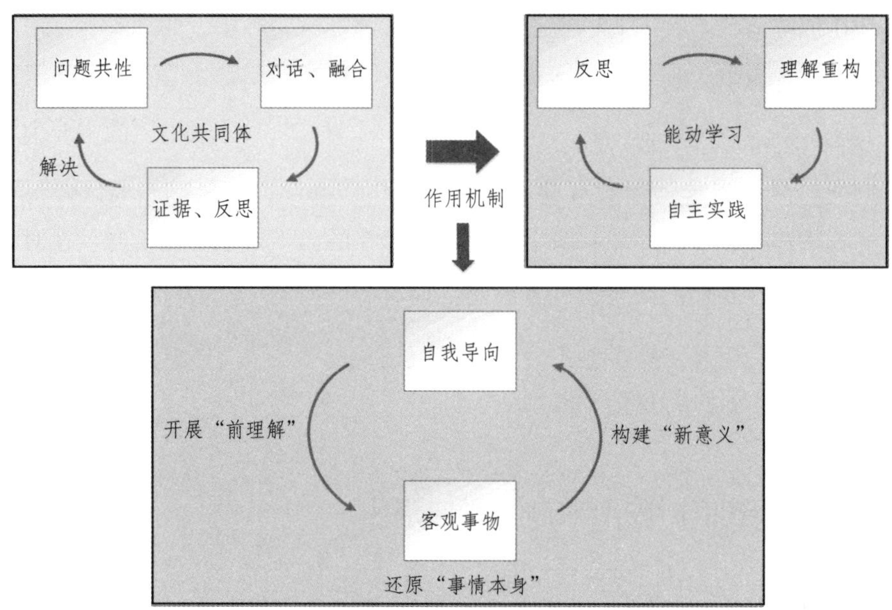

图3.1　有效教师培训作用机制路径模型

1. 开展“前理解”

“理解前结构”包含“前有”“前见”与“前设”的主要内容，一个人与外界客观事物的交流必须有一个理解前结构，才能在客观事物的基础上有相对准确的理解和定位，并且不会局限在自己已有的理解结构或对客观事物的反应上。“理解前结构”是深入了解事物本质特征，解决问题根源的重要影响因素。教师培训中，参与培训的成员如果没有“理解前结构”，便不能在培训过程中与他人进行思想的交流和融合，更不会真正意义上实现自我培训的价值。

开展“前理解”是教师培训问题解决的前提。每个人都有自己不同的“前理解”，这种“前理解”随着时间的推移，可能会产生偏差。因此，有效的教师培训作用机制实现的第一步就是，参与培训的不同主体必须敞开心扉，各抒己见，坦然地开展“前理解”活动，这样才能发现真正意义上的问题，并找出每个人理解的差距和共性。

教师培训中培训者和参与培训的学员能否做好第一步，真诚热烈地开展“前理解”取决于个体的主观意愿以及自信等，另外，良好的培训环境直接地影响到“前意识”的顺利实施。

2. 还原“事情本身”

教师培训是成人自我导向与客观事物的相互交流和融合，以便针对已有的事物的问题作出客观、本质的反应，并解决实际问题。作为一种思维态度，现象学说拒绝通过任何中介联系事物的本质，提倡直接把握、明晰事物本身的分析过程。现象学说追求事物的根源与本质，强调这个追求过程是一个理性、逻辑思考、反思醒悟、证据证明的过程。现象学给予我们的精神启示便是不断思索、不断反思、求真务实。教师培训作用机制中的还原“事情本身”主要包含三个方面：一是还原教育教学的本质和内在意义，二是还原教育教学内在的逻辑结构，三是还原学生学习的内在规律和特点澄明的过程。值得注意的是，整个还原过程需要关注前任已有的科学证明过程和事情的客观状况。

3. 构建“新意义”

教师培训是参与培训者对参与培训的各方主体不同的“前理解”的交融过程，以问题为核心，构建“新意义”进一步解决问题并重建新的理解结构。教师培训的本质意义也就在于使不同主体回归教育价值的本真，回归生动有效的教育实践，回归诗情画意的教育人生。构建“新意义”，除了包含理解结构的重塑之外，也包含具体创生的教育教学的策略和方法等具体手段和方式。构建“新意义”的本质作用不仅仅是以上所期得到的结果，还是一种通过坦诚敞开、还原本质、不断反思，重新建构的教育教学的反思和实践过程，最终建构起关于教育教学的新理念、新原则、新方法、新模式等。

教师培训作用机制的整个过程具有复杂性、多向循环性等特点，因此，教师培训要针对不同地方、不同学校、不同发展水平的教师的具体特征进行相应的调节。

第三节　教师培训的价值追求

哲学意义上的“价值”泛指客体对于主体表现出来的积极意义和有用性，其显著特点是价值的性质和程度，主要取决于价值主体的情况。价值这一概念之所以重要，主要是它揭示了人类实践活动的动机和目的。[①]教师培训的价值就是考察教师培训如何满足作为价值主体的人（参加教师培训的教师）的需求而最终满足教师的终身发展的根本需要。价值追求对教师培训实践起着目标定向、宏观调节的作用。在教师培训实践中强调价值追求，其意义在于可以更好地理解教师培训的本真。

① 李德顺．价值论[M]．北京：中国人民大学出版社，1987．

一、对未来投资是教师培训工作的核心价值

教师想要获得成功并继续留在自己的工作岗位，必须得到相应的培训和支持，学生也能因此获得成功。这是提高学校教育质量的重要途径。通过对学生学习与教师培训关系的讨论，得出以下几个结果：第一，高效能教师创造高效的学校；第二，高效能教师能够应付其他教师不能完成的困难问题；第三，高效能教师越少，学生的收获就越少；第四，在培训高效能教师上花的每一分钱一定比花在学校其他资源创设方面更有价值，更能让学生受益；第五，培养高效能教师的最好方式就是利用多样的教师培训项目。学校发展、教师发展和学生发展是提高学校质量的三个维度。教师发展是为学生发展创设良好的学习条件，支持教师参加培训的核心目标和归宿是促进学生的发展。孩子是祖国的花朵，更是民族的希望、国家的未来，而老师就是辛勤的园丁，这些孩子的教育寄托在他们的老师身上。没有了教师发展作为前提和基础，学校发展就是无源之水。

然而，我们在分析学生成绩差的原因时，一些教育行政部门的管理者和学校校长往往归因于任课教师、学生及其家长，认为老师的教学方法不够好、学生不够认真、家长不够负责，不愿意从自身找原因，比如自己是否如实地履行了促进教师专业发展的职责。在教师培训上，不愿意使用办学经费，校内教师学习进修被虚弱化、形式化，对高效能教师的形成无实质性的支持和帮助。在创造高效的学校方面，习惯于仅仅发挥校长、骨干教师的作用，对教师队伍整体素质的提升重视不够。好校长成就好学校，好学校成就好教师、孕育好学生。人们常常说，一个好校长，就是一所好学校。好校长之“好”，往往指校长拥有先进的办学理念、丰富的管理经验、较好的教育绩效以及良好的社会声誉，而要达到这些目标，离不开校长的领导力。一位好校长引领一群高素质、专业化的教师，通过集体不懈努力，成就一所学校的光明未来。我们应对所有的教师都心怀敬意、充满信赖，也要认识到学校最需要学习、培训的人是教师。引领教师成长是好校长的核心任务之一。

二、教师培训的本质：让教师学会改变与创新

教师培训的本质是让教师学会改变和创新，一定要让教师认识到主体的地位，不能成为教育知识和理论的消费者、执行者，而应成为教育知识和理论的生产者和研究

者。参与培训的教师不是被动地学习、接受培训者事先设计好的内容与知识，而是借助这些，改变、创新自己，使自己在经验交流、实践反思、理论内化和思想表达的过程中实现专业成长。对于教师来说，学会改变就是一项重要的学习内容。面对来自不同家庭的学生，教师要学会改变；面对不断出现的新面孔，教师要学会改变；面对天天在一起的学生，教师也需要改变。教师想要不落后，只有不断学习。学习什么？学会改变。第一，教师要学会改变教育理念，树立合理的教育目的观；第二，教师要学会改变态度；第三，教师要学会改变角色，成为学生的良师益友；第四，教师要学会改变方法，践行因材施教。

三、教师培训的意义与价值：让教师成为独立思考者、研究者

教师培训是一种人文科学交流活动，而不是自然科学研究活动。人文科学交流所追求的是意义的合理性，而不是事件的精确性。教师培训是教师的思想、观念与行为发生改变，让教师学会创造的一种活动。学会创造改变不仅体现在教师的教学能力、知识经验、思想观念等方面，而且体现在教师的教育教学实践活动中。一名优秀的教育家不止有头脑，还有心，确切地说，他们会用整个身心去感受、去表达。教师培训的意义是让教师培训者和参与培训的教师学会用整个身心来表达、研究与解决教育教学实践活动中的问题，深入追问教育教学的生命意义甚至是人的价值和实际生活的意义。为实现这一目标，教师培训者必须承认：教师在教育生活世界中是作为主体存在的意义，这种意义的源泉在于教师是独立自主的生命个体，拥有对生活经验和实践教学问题的自我认知和体验。教师培训者的作用在于尊重教师已有的认知生活，创设条件，强化与巩固参与培训的教师在培训活动中的主体地位，真正落实一线教师的深度自我反思与实践。教师培训者设计的培训活动必须基于实践场景，将以真问题为导向的案例式教学研究作为载体，在活动中实现教师自我和同伴之间的，基于证据和实践的不断追问、对话与研究。

第四节　教师培训的方法论意义

教师培训除了已有的价值追求之外，还有其方法论的多元发展。教师培训方法论在促进教师专业发展的过程中也有着重要的价值和意义，可以看出教师培训方法论和方法使用的重要性。

一、理性思辨方法论

从教师专业发展研究情况的相关文献来看，许多研究采取的是理性思辨的模式，因此多采用理性思辨的方法论和定性研究的方法。这种模式的认识论基础是：知识来源于理性思辨以及对过去知识经验的总结。前文所综述的教育学、哲学、管理学等学科对于教师专业发展的研究都是以理性思辨的模式进行的。

教师培训是教师在已有知识经验基础上的主动建构。学习不是盲目地被灌输而是学习者在其已有知识经验的基础上展开理解和建构新的知识，学习者是以自己的方式建构对事物的理解的，不是教师培训者灌输的。教师有效培训非常重视调动教师利用自己已有的经验，使教师们感受到自己是受尊重的，自己的经验是有价值的，并鼓励教师在合作交流中生成新经验。这里重要的是加强实践性教学环节，通过开展教师专题教育、教学研讨活动，组织教育调查和观摩，同时可以外出参观先进学校、优秀教师开展的教育活动，多角度、全方位地去认识教育，丰富教师的经验。

二、实证主义方法论

心理学对教师专业发展的研究与教育学、哲学、管理学等学科有很大区别，这种区别源于方法论和方法的不同并由此产生了研究方法的不同。心理学的研究基于实证主义模式，以自然科学为标准模式，将社会现象等同于自然现象。在采用定量的研究方法时，注重研究结果的真实性和可靠性，强调对研究对象做实证和经验的考察。教师培训要特别强调实践性教学，强调将实践与理论紧密地结合在一起，不解决实际的教育教学问题就谈不上教师的有效培训。将研究、研讨、学习、实验、实践有机地结合在一起，特别强调实践在其中的重要地位，实践是教师培训工作的生命力的体现，也是有效培训的针对性、实效性、指导性的具体体现，更是检验真理的唯一标准。教师培训课程重点培养学员将先进的教育理念转化为日常教学行为的能力、优化课堂教学实践的能力、利用现代教育技术组织教学的能力、教育教学反思与研究的能力。一方面，通过听课与研究、教学与反思、案例与分析等多种形式促使理论与实践的对话，提升实践与理论相结合的能力；另一方面，在理论学习中注重联系教师已有的实践经验，引导其从理论的高度去自觉反思、分析，从而优化教学实践活动。

三、人文或解释主义方法论

对教师专业发展的研究，尤其是对一些成功的教师的案例研究是一种新的研究范式，即人文主义方法论。这种研究注重对被研究对象进行诠释性理解，强调研究过程中的自然性，并且关注对微观问题的整体把握程度。我们可以看到，教师叙事研究、教师生活史研究、教育人种志研究开始出现。质的研究是这类研究所采用的主要方法。这类研究的特征是：教师在研究过程中的角色发生变化，从被研究对象转变为研究者；重视成人的学习能力和学习方式的偏好。

教师的培训是成年人的培训，其教学内容的组织和施教方法应当考虑成年学习者的特点。研究表明，成年学习者有四大特点："具有先前的知识和经验，自主学习，具有批判性思维，从原有知识经验出发。他们更需要把新知识与先前的知识和经验联系起来，进行更高层次的思维活动。第一，当一个人变得成熟时，他的自我概念从依赖型变为自我指导型；第二，一个成人的学习意愿与他的社会责任感的发展任务有着紧密的联系；第三，成人学习具有较强的时间观念，能够运用时间来处理知识的学习，且成人学习是以解决问题为目的，不是以单纯的学习理论为目的；第四，成人学习深受个人经验的影响，具有个人特征。由于学习方法偏好不同，一种培训方式对来自一种经验与文化背景的教师有效，但未必对来自另一种经验和文化背景的教师有效。想要有效地开展培训，必须了解教师的知识经验以及文化背景，了解他们对学习、教学方法的偏好。对培训者而言，应更好地、更多地理解基层教师的学习需要、学习困难、学习习惯和学习风格，从基层教师角度去思考问题，对教师的了解和理解是培训者改善自己工作的第一步，在此基础上才能创造性地、有效地实施教师培训工程。

四、批判主义方法论

部分研究文献给了我们很大的启发，研究学者的研究受到文化、政治、性别和社会阶层的影响，研究过程中有强烈的价值观介入，具有一种后现代式的社会批判意识。后现代主义的教师专业发展理论中所提倡的教师参与社会变革、教师的批判反思精神等也体现出批判的趋势。值得一提的是，批判主义方法论中并没有特别的研究方法，行动研究是学者所倡导的，但行动研究并不是一种具体的研究方法，它还需用定量、定性、质的研究方法，它更像是一种研究价值取向。总之，方法论的不同导致研究方法的不同，由此产生了不同的教师专业发展研究视角和理论取向。

第四章　教师培训目标

教师培训活动是提升教师教育教学理论水平和技能，改善教学质量的重要手段，有利于更有效地实现学校“立德树人”的目标。教师培训的目标是教师培训的重要组成部分，也是教师培训活动所要达到的目的和预期成果。教师培训目标是教师培训活动的出发点和归宿点，对整个培训活动具有导向、规范、调整和激励功能。

教师培训目标的制定是教师培训目标管理的前提，没有科学合理的目标，目标管理也就无从谈起。也就是说，制定的目标是否“合理”，不仅关乎目标管理过程的实现，而且关系到整个培训效果。众多的经验告诉我们，目标过低或者过高都不利于培训整体效果的实现。因此，要提高教师培训的整体效果，必须充分考虑、合理规划和设计切实可行的培训目标，并对教师培训目标进行科学的管理。

第一节　目标与培训目标

深入剖析教师培训的目标首先要认识目标及其价值、培训目标及其特点。这样才会更好地理解教师培训目标及其功能。

一、目标及目标的作用

目标，本意是射击、攻击或寻求的对象，也指想要达到的境地或标准。任何有意识的人类活动都会对活动预期结果进行主观设想，这就是目标。

一般而言，目标具有以下作用：

第一，目标对活动具有导向作用。

“凡事预则立，不预则废”，其中“预”就包含了活动开始时对目标的设定。对个体而言，目标就是行动的方向；对组织而言，目标的设立为管理者提供了协调组织成员行动的方向，进而上下同心，产生统一的行动。

第二，目标对活动参与者具有激励作用。

目标是活动参与者的力量源泉。现代管理学指出，只有在活动参与者明确了行动目标后，才能调动积极性，创造最佳成绩。活动参与者也只有在达到了目标后，才会产生成就感和满足感。

第三，目标具有凝聚人心的作用。

目标统一的关键在于利益的统一，在整合群体成员利益基础上形成和实现活动目标的过程，也是活动参与者形成向心力和凝聚力的过程。当组织目标能够充分体现组织成员的共同利益，并与组织成员的个人目标保持和谐一致时，才能够极大地激发组织成员的工作积极性和创造性。

第四，目标是决策和考核的依据。

目标不仅是制定决策方案的出发点，也是考核决策的制定和执行工作好坏的依据。有了明确的组织目标，组织成员的思考和行动才有客观的依据，避免凭主观意志做决定，管理者也避免了考核的主观随意性。

二、培训目标及其特点

人类发展至今，学习已经成为推动社会进步的最重要活动，人类进入到学习型社会的新阶段。在学习的众多形式中，培训是最重要的学习形式。通俗来讲，培训就是培养+训练，通过培养加训练使受训者掌握某种技能的方式。

培训目标也被称为“培训目的”，是培训活动需要实现的境地或标准。培训目标具有以下特点：

第一，主观性。培训目标是培训活动发起者对培训活动预期结果的主观设想，是在头脑中形成的一种主观意识。培训活动发起者在知识、能力、态度等方面存在差异，导致对培训需求的调查研究和分析判断与客观现实契合度不同。

第二，方向性。培训目标是培训活动的预期目的，为活动指明方向。

第三，现实性。培训目标的价值性、可操作性构成了培训目标的现实性。培训目标的设定，在多大程度上反映了培训对象以及社会大众的需求，决定了培训的价值。

第四，社会性。任何培训活动都会受一定的社会政治、经济制度、文化传统、意识形态制约，没有脱离社会性的培训活动，所以培训目标都有一定的政治性目标，而具有社会性，也就是培训的政治站位或阶级性。

教师培训活动不同于一般的学校教育活动，教师可以通过培训提升教育教学理论水平和技能，改善教学质量，提高职业素质，提升参与基础教育改革和发展的能力，可以更有效率地实现学校育人目标。

第二节　培训目标研究理论综述

培训活动作为组织发展的一项重要助推手段，对团队能力的形成和个人能力的发展具有重要作用。研究表明，组织中个人能力或技能的形成都需要经过长期的学习和训练，在众多的学习和训练中，专业化的现代培训是重要方式。

培训作为一种能力提升的手段和方式，原本属于管理学的范畴，纵观培训的发展历程，几乎与管理学的发展历程一致。19世纪末20世纪初，真正意义上的管理发展为系统的管理理论。随着科学管理理论的日趋成熟，培训也进入了系统管理时期。要理解培训目标和目标管理，我们需要对管理学理论的发展和演变历程进行回顾。

一、泰勒及其《科学管理原理》

20世纪美国管理学大师弗雷德里克·温斯洛·泰勒（F. W. Taylor）在其《科学管理原理》一书中指出，培训是企业在进行科学的经营管理过程中应当遵循的最普遍的原则。泰勒从理论的高度首次证明了培训对于企业经营效益的支撑推动作用。他认为，在科学管理体制下，管理者的任务主要有四个方面。

（1）改变传统的凭经验操作和评价的方法，继而去系统研究工人操作的具体动作和技巧。

（2）改变过去的由工人自由挑选工作的状况，而应该根据工作的性质和需要自主地挑选工人，并进行专业化的教育和培训，使之能够迅速成长。

（3）强调管理者同工人的密切协作，保证一切的管理制度和工作进展按照预先建立的科学管理原则朝着预期目标发展。

（4）明确管理者和工人之间的责任范围，改变过去全部由工人承担责任的局面。实际上，管理者与工人之间在工作和职责上几乎是均分的，管理者应当更加主动地承担起自己所能胜任的工作和职责。[①]

科学管理理论对后世的影响是深远的，其许多思想和做法被许多国家和企业采用，越来越多的学者认识到管理学是一门建立在明确的法规、条文和原则之上的科学，科学管理的实质就是管理者和员工共同完成一次完全的思想革命，这种思想的革命和转变包括他们对待工作的态度、责任，对待同事和雇主的态度以及所有的日常工作问题的全新认识和思想革命。

二、斯金纳及其《科学与人类行为》

继泰勒之后，科学管理理论出现了新的分支——行为科学管理理论。这一时期，行为科学管理理论的主要代表人物是美国心理学家斯金纳。行为科学管理理论学家认为，培训环境是决定培训效果的关键因素之一，强调环境对培训和个体行为塑造的特殊作用。斯金纳于1956年出版了《科学与人类行为》一书，说明了企业要提高员工培训的效果，让员工通过培训获得技能，学习知识，改变不良的行为方式，培训的组织者需要在培训的过程中明确正向成果和反向成果，对于好的学习行为应当与正向成果联系，以便鼓励培训者再次产生良好的行为；对于差的学习行为应当与反向的成果进行联系，以避免培训者再次产生不好的行为。[②]

三、德鲁克及其《管理的实践》

与行为科学管理理论几乎同时发生，1954年现代管理学之父彼得·德鲁克正式出版了《管理的实践》一书，并在书中提出了一个具有划时代意义的概念——目标管理（Management By Objectives，简称“MBO”），标志着管理学作为一门科学正式诞生，目标管理理论成为现代管理理论的重要组成部分。

目标管理是基于管理者对自我成就控制和管理的结果，对自我成就的追求和实现构成了管理者最主要的内在激励机制，这种内在激励机制意味着管理者的一切动机和行为都是为了把工作做到最好，实现更高价值的自我成就，而不是敷衍了事。这种成

① 弗雷德里克·泰勒．科学管理原理[M]．北京：机械工业出版社，2007．

② B. F. 斯金纳．科学与人类行为[M]．北京：华夏出版社，1989：89~96．

就激励能够为管理者提供更加广阔的眼界和宏大的目标，进而实现管理者自我控制与目标实现的良性循环。这或许是目标管理理论最大的优势，即管理者通过对自我成就的控制，不断激励和促进更高层面的管理目标的实现。“管理是一门学科，这首先就意味着，管理人员付诸实践的是管理学而不是经济学，不是计量方法，不是行为科学。无论是经济学、计量方法还是行为科学都只是管理人员的工具。但是，管理人员付诸实践的并不是经济学，正好像一个医生付诸实践的并不是验血那样。管理人员付诸实践的并不是行为科学，正好像一位生物学家付诸实践的并不是显微镜那样。管理人员付诸实践的并不是计量方法，正好像一位律师付诸实践的并不是判例那样。管理人员付诸实践的是管理学。”①

基于目标管理理论，德鲁克认为，一个优秀的管理者应当具备五项主要习惯：善于利用有效的时间；注重贡献和工作绩效；善于发挥人之所长；集中精力于少数主要领域，建立有效的工作秩序；有效的决策。这五项习惯也被后来的学者发展为领导特质论的主要观点和流派。

四、圣吉及其《第五项修炼》

20世纪60年代后，管理学理论再次获得发展和突破，来到了系统管理理论时期。相比于科学管理理论，系统管理理论更加重视培训对管理成效和企业发展的特殊作用，这一理论认为，培训是一种可持续的、终身的系统性过程。这一时期最著名的代表人物是美国麻省理工斯隆管理学院教授彼得·圣吉。彼得·圣吉在1990年出版了《第五项修炼——学习型组织的艺术与实务》一书，开创性地提出了“学习型组织”理论。

彼得认为，未来真正出色的企业是能够构建有效学习型组织的团队和企业，学习型组织是一种拥有持续不断学习和培训能力的组织，在这种组织中，能够保证组织的综合绩效高于组织个人绩效的总和。他还提出了创建这一组织的“五项修炼”方法，即自我超越、建立共同愿景、改善心智模式、系统思考、团体学习等。②

---

① 彼得·德鲁克．管理：任务、责任和实践[M]．3版．北京：华夏出版社，2012．

② 彼得·圣吉．第五项修炼——学习型组织的艺术与实务[M]．上海：上海三联书店，2003．

第三节 教师培训目标的确定

教师培训目标的确定是教师培训目标的核心工作之一，也是教师培训的前期工作。我们需要了解教师培训目标确定的内容、确定的分析方法以及设立的理论依据，以便更好地理解教师培训的过程。

一、教师培训目标确定的重要性及内容

教师培训目标就是教师培训活动所要达到的目的和预期成果。培训目标是整个培训活动的出发点和落脚点，对培训活动本身具有导向、规范、调整和激励作用。

目标管理的前提是目标的制定，没有科学合理的目标，目标管理也就无从谈起。因此，运用目标管理理论对培训进行管理，其前提是要能够制定出“合理”的目标。事实上，目标是否“合理”，不仅关乎目标管理过程的实现，而且关系到整个培训效果，众多的经验告诉我们，目标过低或者过高都不利于整体效果的实现。因此，在对任务进行分析前必须合理规划和设计切实可行的培训目标。

从表面上看，教师培训目标的确定是培训机构依据培训总目标层层分解和执行，但在实际操作过程中却恰恰相反，如果培训总体目标的制定没有中小学（幼儿园）一线教师参与，而仅仅是培训机构对目标的层层分解并强加给参培者的，那么这样的目标是难以实现的，或者说是难以达到预期效果的。事实上，教师培训目标管理，不仅仅是一种结果管理，还是一种自下而上的、所有教师都参与的目标管理模式。由一线教师参与制定的个体目标汇集而成的总体目标才是可行的培训团队目标，同时也是参培教师愿意接受并为之付出努力的目标，这样的目标才有可能真正实现。

教师培训目标可以根据每个阶段的培训情况来设定，也可以根据整个培训计划来制定，一般而言，科学的教师培训目标应当包含完整的三个方面的内容。

第一，教师培训目标要说明教师在培训中应该做什么，即在制订培训计划、制定目标规划的时候，应当明确阐明教师在具体的培训中应该做什么，务必使培训目标具有可操作性。

第二，科学的教师培训目标还应当阐明教师通过培训后学校能够接受的最低绩效水平，即教师个人和学校教学实践在培训过程中应当达到的最低要求和标准。

第三，教师培训目标必须明确参培者在培训活动中要完成的学习任务以及达成特定学习成果的条件。即应当明确培训组织者对目标考核和评价的标准，这种标准应当具备明确的可量化和测量的特征。

教师培训目标必须基于教师培训需求分析来设立。培训目标是整个培训计划的核心内容之一，而培训目标制定是建立在培训需求的调研和分析基础之上的，对培训需求的分析主要是为了明确培训需要提升参加者的何种专业能力，培训目标的可测量性又为受训者的专业能评估提供了标准和方法。

二、教师培训目标确定SMART分析法

为解决上述培训有效性问题，可以依据目标管理理论SMART分析法。SMART分析法中的SMART分别指Specific，Measurable，Attainable，Relevant，Time-based，其具体内涵如下：

S，即Specific，代表明确的、具体的，指培训结果的目标考核一定要制定明确而具体的量化指标，不能空洞或流于表面。

M，即Measurable，代表可测量的、显著的，指培训目标考核指标必须是数量化或者外显化的，以确保目标考核指标的数据收集是可验证和有效的。

A，即Attainable，代表可达到的、可获得的，指培训目标的确定必须考虑培训者在付出努力的情况下可以达到的，科学合理地设定目标难度，避免过高或者过低的目标。

R即Relevant，代表相关性，指实现此目标与其他目标的关联情况。

T即Time-based，代表有时限，注重完成绩效指标的特定期限。

SMART是确定关键绩效指标的一个重要的原则。在实施教师培训目标管理时，需要贯彻以下原则。

第一，明确性原则S（Specific）。明确性原则要求管理者用简明扼要的语言具体说明培训目标考核最终所要达到的行为标准，目标设定及考核是否明确，直接关系到后续的测量和验证，因此，在任何培训实施之前，都必须充分考虑培训目标是否明确而清晰，明确的目标不仅关系到培训考核实施的可行性，而且决定着整个培训的成

败，几乎所有成功的培训都具有一个明确的目标。

实施要求：培训目标设置要以项目为依托，具体制定目标衡量标准，达成目标的方法措施，完成目标的时间期限及外部资源需求等，保证管理者能够及时准确地看到培训者在培训过程中计划做什么事情、采取了什么措施、做到什么程度、何时完成等。

第二，衡量性原则M（Measurable）。衡量性是教师培训目标在明确性的基础上建立的一种明确的、可量化的策略依据。实现教师培训目标管理的衡量性，关键在于对培训目标的分解和量化，应当建立明确的数据指标和量化体系，从量和质两个方面衡量目标是否达成。需要强调的是，对于一些表述模糊不清、难以量化的目标，就需要将其逐步分解和转换为可量化和可测量的目标，如果一个目标没法衡量，就没办法判断这个目标是否达成。比如，“为教师安排进一步的培训课程”这一目标，“进一步”就是一个比较模糊也难以衡量的目标，无论是谁，只要安排了培训，也不管效果好不好，是否都可以认为是“进一步”呢？因此，需要对这种目标进行分解和细化，具体到培训的主题、内容、考核标准等可衡量的数据和行为标准。

实施要求：教师培训目标的衡量标准遵循“能量化的量化，不能量化的质化”。使制定人与考核人有一个统一的、标准的、清晰的、可度量的标尺，杜绝在目标设置中使用形容词等概念模糊、无法衡量的描述。

第三，可实现性原则A（Attainable）。这是指实现培训目标的难度要能够被执行人所接受。管理者在制定培训目标时，一定要充分考虑任务难度和实现的可能性，充分依据客观事实和科学规律，制定难度适中、可实现性强的目标。

实施要求：培训目标设置要坚持参加培训单位和教师参与、上下左右沟通，使拟定的培训目标在上级部门、培训机构以及培训参与者之间达成一致。既要使培训内容丰富，也要具有可达性。可以制定跳起来“摘桃子”的目标，不能制定跳起来“摘星星”的目标。

第四，相关性原则R（Relevant）。培训目标的制定往往是一个全面的、系统的设计过程。在制定具体培训目标时还应当考虑此培训目标与其他目标的关联情况，如果简单地强调这个目标的实现，而忽视与其他目标的关联性，即使这个目标达成了，那么对培训者整体能力的提升也十分有限。

第五，时限性原则T（Time-based）。时限性原则是指目标的达成是有时间限制的，培训者必须在培训结束或在之后的一定时间内达到预计的水平或行为标准。培训效果的体现就是看培训者是否在规定时间内达到了预期标准，没有时间限制的培训目标没有办法考核，或带来考核的不公。

实施要求：培训目标的达成要有时间限制，管理者要能够根据培训内容的难度、学习情况，拟定出完成培训任务的时间要求，定期检查培训进展情况，及时掌握培训过程中的异常情况，以便随时调整工作计划，持续指导培训过程，确保在规定时间内达成培训目标。

三、教师培训目标设立的依据

百年大计，教育为本，教育大计，教师为本。优质的教育必然有赖于优秀的教师，提升教育质量关键是提升教师队伍的素质和业务能力。因此，我国基础教育改革和发展的重要任务之一就是要加强教师队伍建设，严把教师入口关，提升教师业务水平，努力锻造一支师德高尚、业务精湛、结构合理、充满活力的高素质专业化教师队伍。这一目标的实现需要我们在教师培训方面下功夫，深入推进我国的教师培训和教师教育工作。

党和国家历来高度重视教师培训工作，教师培训目标设定有理论性和实践性依据。

党的十八大以来，以习近平同志为核心的党中央将教师队伍建设摆在突出位置，作出一系列重大决策部署，各地区各部门和各级各类学校采取有力措施认真贯彻落实，教师队伍建设取得显著成效。2012年，国务院印发《关于加强教师队伍建设的意见》，明确了我国教师队伍建设的总体目标，到2020年形成一支师德高尚、业务精湛、结构合理、充满活力的高素质专业化教师队伍；2013年，教育部印发《关于建立健全中小学师德建设长效机制的意见》，创新师德教育，强化师德监督，规范师德惩处，坚决遏制失德行为蔓延；2014年，教育部、财政部、人力资源和社会保障部联合印发《关于推进县（区）域内义务教育学校校长教师交流轮岗的实施意见》，全面推进义务教育教师队伍建设，促进义务教育均衡发展；2015年，国务院办公厅印发《乡村教师支持计划（2015—2020年）》，多措并举，解决当前乡村教师队伍领域存在的突出问题，努力造就一支素质优良、甘于奉献、扎根乡村的教师队伍；2016年，教育部印发《中小学校管理评价办法》，强化教育评估督导制度，推进建立科学合理的评价体系；2018年，中共中央、国务院印发《关于全面深化新时代教师队伍建设改革的意见》，指出教师是教育发展的第一资源，是国家富强、民族振兴、人民幸福的重要基石，从战略全局对新时代教师队伍建设做出顶层设计；2019年，中共中央、国务院印发《中国教育现代化2035》，要求建设高素质专业化创新型教师队伍。

这些文件构成了教师培训目标设立的理论性依据。

教师素质提升和教师队伍建设是一个需要长期关注的问题。在专业素养方面，“教书匠”型教师依然存在，不少教师凭借经验开展教育教学，教学成效低下。例如很多教师缺乏教育学、心理学知识，缺乏对教育教学规律的科学认识，教育思想观念陈旧；教学能力低下，教学方式陈旧，难以有效处理教材和挖掘教学资源；学生观念存在偏差，难以理解新时期学生的身心特点，难以通过“管理”实现“育人”的目的；缺乏现代教育评价的观念，科学的教学评价手段和方法掌握得不够；专业自主发展的意识和能力极度缺乏。

教师在教育教学实践中存在的问题和专业发展的需要构成了教师培训目标的实践性依据。

第四节　教师培训目标的管理

现代培训学当中的目标管理方法由来已久，其理论基础是彼得·德鲁克提出的目标管理（MBO）理论。理解培训目标管理理论，提升培训效果，需要深度分析德鲁克目标管理理论的原理和方法。

一、目标管理

目标管理（MBO）是彼得·德鲁克提出的一种用于企业管理的理念，它强调自我控制和参与式管理，通过管理目标的设置来激励组织成员、指导其行为，从而调动成员的积极性。[①]目标管理是运用系统论、控制论和行为科学的原理，把工作任务转化为目标，由一个系统（单位）的总体目标和相互关联的各个分目标组成一个多层次的、完整的目标体系，从最高领导到每个工作人员都围绕着目标的实现进行工作，它的出发点是把以工作为中心和以人为中心的管理方法结合起来，使组织成员

① 程巧云．目标管理在医院护理管理中的应用效果分析[J]．中国当代医药，2013，20（29）：154~155．

从实现目标中满足自我实现的需要，同时实现每个组织的目标，最大限度地调动各方面的积极性。[①]

目标管理具有如下基本特征：

首先，目标的科学合理性。目标管理是参与管理的一种形式，其核心是对团队目标的制定和评价，为了保证目标管理的可行性，在目标制定之初，强调组织群体的共同参与，充分考虑人的需要和发展，重点是关心人，而不仅仅是为了完成生产任务。

其次，目标管理是“自我控制”和“自主管理”。目标管理的主旨是激发员工的“自我控制”和“自主管理”能力，任何员工都希望领导把自己看作是独立自主的个体，而不是工作的机器，因此，目标管理模式就是要培养和激发员工的主动性，以员工的“自我控制”管理代替“压制性”的管理。

最后，目标管理突出效益优先。目标管理通过全员参与的目标制定和自我控制，最大限度地调动员工的积极性，其目的是最大限度地提高生产效率。目标的分解和制定，实质上是管理者对效益的分解和具体化，体现的是一种效益至上的原则和价值倾向。

二、教师培训目标管理的要素

目标管理的要素是指在目标确定和实现过程中的核心因素和环节。归纳而言，教师培训目标管理的要素应当包括五个方面的内容。

第一，明确目标是什么。这是对实现教师培训目标的具体回答，是实现目标的中心思想或具体行为描述。

第二，明确目标应当达到什么程度或标准，即具体项目或行为所要达到的质、量、状态等，教师培训必须设定具体的可量化的标准和要求。

第三，明确应该怎么办的问题，即为了完成培训目标所采取的措施、手段、方法等。

第四，明确完成目标的时间计划，即要能够使培训参与者都明确地知道预定培训目标实现的预定期限，以及每个时间节点应当完成的工作计划。

---

① 张茹．现代干部培训目标管理[J]．企业导报，2013（02）：48．

第五，明确培训目标达成效果的评价标准，即制定培训目标评价和考核的依据，用以判断是否达成了预定目标，对完成目标的考核与评价标准要尽量做到“能量化的要量化，不能量化的要质化”的要求，使培训管理者能够明确判断目标的实现情况。

三、教师培训目标管理的实质

教师培训目标管理是在科学管理学理论和行为科学管理理论的基础上发展而来的，其理论实质包括两个方面的含义：一方面，教师培训目标管理更加重视培训过程中人的因素，强调以人为中心，即以参加培训的一线教师为培训的出发点和归宿；另一方面，培训目标管理过程实质上是建立教师培训的目标层次体系和目标网络的过程。

四、教师培训目标管理的过程

教师培训目标管理过程由三个阶段构成：培训目标的设定阶段、培训目标的达成阶段和培训成果的检验评价阶段。

在培训目标设定阶段，培训者需要对参加培训的教师进行能力和需求分析，建立信息网络，对关键目标领域进行初步划分和提炼，制定初步的培训总体目标和目标网络体系，明确培训需求，进行广泛调研和讨论，在教育行政部门、培训机构、参加培训教师共同参与下，最终形成培训需要实现的目标、所需的条件、过程管理和考核办法。

在培训目标达成阶段，主要是实现对培训的过程管控。对目标实现过程的有效管控需要培训者把握一定的原则和方法，如针对培训多做预测和估计，把握培训的关键节点、关键事件、关键要素。

在培训成果检验评价阶段，培训者对培训目标的制定和实施过程以及取得的成效进行考核和评价，主要是确定组织目标和个体目标是否实现，以及实现的程度，并按照约定的奖惩协议给出相应的评价措施。

考察培训目标管理的整个过程，从目标设定阶段到目标达成阶段，再到成果检验评价阶段，无不体现出目标管理模式的鲜明特征——目标管理过程中管理者和培训者的共同参与和协作实施。目标管理模式实质是一种以成果为导向的管理模式，而这种培训成果的获得需要管理者和培训者形成统一的合作共同体，既有明确分工和职责，又有必要的沟通和协作，共同参与，最终获得满意的培训成果。

五、教师培训目标管理的实施

首先，合理分解培训总体目标，创建培训目标管理体系。运用目标管理理论制定培训目标时，至关重要的一步是对培训总体目标进行分解，建立科学合理的培训目标管理体系和网络。一般而言，可以从两个维度去建立目标管理体系：时间维度和空间维度。按照时间维度分析总体目标，制定单个分解目标，并明确达成分解目标的时间限制，严格推进时间管理，确保所有目标逐一实现，在最终时间节点完成培训总目标。时间维度的分解为管理者提供了清晰的任务规划和实现步骤，使管理者对目标完成阶段一目了然，心中有数。按照空间维度分解细化总体目标，就是要充分了解和评估各个职能部门或个人在整个目标管理体系中的位置，明确组织和个体的具体职责，利用不同组织和集体的资源优势，充分发挥培训参与各方的力量和作用，充分调动管理者和培训者的积极性、主动性和创造性，协同完成培训目标。空间维度的分解为管理者提供了完成目标任务的资源保障，使得管理者能够充分协调和调动外部资源，创造性地完成目标任务。

其次，采用数据化方式，进行培训目标的量化管理。目标管理理论之所以能在现代企业和组织管理中占据重要位置，其中一个很重要的原因在于目标管理的实施和考核方式是可量化的数据化管理方式。在目标管理体系中，无论是目标的制定，还是要素的分解，抑或是管理过程的实施和评价都不是简单的文字方案或理论阐释，而是以数据的方式呈现的可量化、可操作的数据管理方式。数据化的培训目标管理体系，为培训参与各方描绘了清晰可见的目标线路图，让参加培训的教师能够明确找到自己与目标之间的距离，并知道该如何做才能达成目标。

最后，结合个体目标与总体目标，落实培训目标管理。彼得·德鲁克的目标管理理论的核心就是建立组织目标管理体系，不仅包含对总体目标的分解，建立个体目标体系，而且包括对组织整体目标的确立和设置。培训机构在制定培训方案时候，要充分考虑长期目标和短期目标的关系，兼顾学校发展和教师专业发展，设置合理的培训目标，培训目标过高，可能会使参加培训的教师失去信心；培训目标过低，又无法调动参培教师的积极性。

第五节　教师培训目标的考核与评价

培训目标的考核与评价是目标管理体系的最后一个环节，培训者在确立教师培训目标时就应该考虑建立一个目标考核的标准，这个考核的标准对培训参与各方的业绩评判有着十分重要的作用，能够使管理者在培训计划结束后明确地知道是否实现了培训目标。简言之，培训组织者在培训实施过程结束后，需要收集培训过程中所取得的所有成果，并与预先设定的培训目标进行比较，以判断培训预期目标的实现情况，同时也能对培训参与各方的工作开展情况进行衡量，以此为依据对培训参与各方进行适当的奖惩。当然，任何管理考评的目的都不是惩罚或者奖励，而是总结成败经验，激励培训参与各方的积极性，考核的最终目的是更好地实现教师培训目标。另外，对培训目标的考核与评价也是为了更好地发现问题，总结经验，不断提升培训管理能力和水平，为新一轮的培训目标管理方案设计提供更高水平的理论和实践支持。

一、培训目标考评的原则

考核的目的是促进目标的实现，对培训成果的考评应当遵循一定的原则。

目标性原则。指管理者在对培训目标和结果进行判定时应当遵循预先确定的目标和标准，全面考察培训结果与预期目标的一致性程度，而不能随意改变考核内容和标准，对结果的评价应当以是否符合预设标准为最终衡量指标。

客观性原则。指管理者在进行目标考评过程中应当实事求是，以事实为基础，以预设目标为标准，客观公正地做出事实评价和判断。

激励性原则。指在对培训目标进行考核评价时应当以鼓励性评价为主、惩罚性评价为辅，尽可能多地看到组织成员的优点和努力成果，以一种积极性的、鼓励性的方式评价组织成员的成果。

自我考评与上级考评相结合的原则。指在目标考核的过程中，要兼顾自我评价与上级评价，对最终评价结果的认定应当由两个及以上的评价主体共同确定。

二、培训目标考评的起点

培训目标考评的起点，指在对目标成果考评之前应当完成的相关准备工作，包括以下四个方面的内容。

首先是建立有效的目标考评标准体系。考评标准体系建设是整个考评工作的核心环节，有效的考评标准体系应当体现系统化、标准化、具体化、制度化的特点。

其次，建立适宜的目标成果考评机构。考评的机构是目标结果考评的执行和裁决机构，为确保考评的公平和公正，教师培训目标考核可以委托第三方进行培训绩效考核。

再次，确保考核过程的规范化和标准化。应当建立规范化的考评组织、标准化的考评程序、科学的考评方法和手段，确保最终考评结果的公平公正。

最后，培训过程管理。要做好培训日常工作的记录和培训过程性材料的收集工作，以便为最终结果的考评提供数据参考和材料支撑。

三、培训目标考评的内容

对教师培训目标进行考核与评价实际上是管理者对培训工作内容和结果进行评判，因此，目标考核实质上是对培训参与各方日常工作内容的评价，从内容上看，培训目标考评应当包括以下几个方面。

首先，评价目标的实现程度。这是对目标值定量测算与定性评价，依据预先确定的可量化的数据评价标准，对最终结果的数据与目标数据进行比对，确定目标的实现程度。其次，评价目标进展的情况。目标完成率即当前阶段的目标实际完成量占整个计划完成量的百分比，目标完成率越高，目标进展越快，反之则越慢。再次，比较目标完成难度。在评价目标进展情况时，应当适当考虑完成不同目标的难度因素，要把目标完成率和完成难度进行横向比较，从目标完成难度上看，应当考虑预定目标的性质、对象的客观条件、影响目标完成的外界因素等。最后，是对培训参与各方工作态度的考评，包括工作热情、培训积极性、学员协作态度等方面。

四、培训目标考评的方法

教师培训目标考评的方法多样，本文主要介绍一些实践中常用的方法，包括目标管理法、等级评定法、360度考核法以及关键事件法。

1. **目标管理法**

自从德鲁克的目标管理理论问世以来，其一直作为企业管理和绩效考核的主流理论之一。从广义上讲，目标管理不仅是一种有效的绩效管理手段，而且是一种目标考核与评价方法。教师培训的目标管理法的考核通过如下步骤来实现：①依据培训方案确定某一阶段的具体目标。②根据培训的阶段目标，与参培教师共同确定阶段培训目标。③培训者与参培学员一起商讨分解培训目标，共同确定个人培训绩效目标。④依据培训绩效目标对参培教师进行考核。⑤把培训绩效考核的最终得分情况反馈给参培教师和培训管理机构，进行讨论、总结、提高。①

运用目标管理方法提升教师培训质量，应当注意以下几个要点：第一，建立科学完备的目标管理体系。应当包括培训目标管理的组织体系、实施系统、保障体系、考核评价和监督体系，明确各职能体系的职责和任务，采取既分工又合作的协调管理模式，系统推进目标任务的实施。第二，细化总体目标的分解。目标管理成功的关键在于对总体目标的逐层分解和实现，这就要求管理者站在顶层设计的高度完成对总体目标的具体分解，形成总体目标→阶段性目标→集体目标→个体目标的目标体系，并统筹推进，逐层落实，最终实现培训总体目标。第三，落实培训目标的考核与评价。成功的管理无论是对人员的管理还是对工作进展的推动，最终都要落实到考核与评价上，只有严格落实考核与评价制度，才能真正推动培训进程，确保培训质量。目标管理实质是以成果为导向的管理，目标的达成情况也可以理解为是对结果的评价尺度，而完美结果的获得必然有赖于过程的严格考核，因此，落实管理过程的考核和结果的评价是目标管理模式中必不可少的一环。

2. **等级评定法**

等级评定法是培训目标考核与评价中应用最普遍和最容易操作的方法。所谓等级评定就是考评者根据预先设置的等级、评选标准和评定比例对员工的各项指标和平时表现进行分值测评，最后再根据一定的权重加权平均，计算并最终得出员工的评定等级的方法。等级评定方法操作简单，适用于对参培教师的大面积考核评估，但由于考

---

① 李辉．基于目标管理的A公司KPI绩效考核体系优化研究[D]．西安：西安建筑科技大学，2016．

核者对标准理解和分值把握的程度不同，容易出现考核结果与评价标准差异较大的问题。因此，在使用等级评定的同时，可以加入适当的结论性评语，并结合参培教师培训期间的综合表现情况作出考评，以增强考核结果的客观性。

3. 360度考核法

360度考核法又称“360度反馈技术”或“全方位考核法”，由美国英特尔公司首次提出并加以实施，属于一种全方位、多角度的胜任能力评价方法。①

教师培训评价的全方位指的是评价主体包括参培教师所在学校的领导，还包括其下级和同事，以及所任教班级学生，甚至是学生家长。多角度则是指评价指标的多元性，包括业绩指标、沟通及协调等人际关系指标、能力及行为指标。②360度考核方式得出的考核结果更容易被参培教师所接受，因为这种考评方式不是单纯的上级对下级的考评，而是来自多个评价主体的综合评价，考核过程和考核结果都更加全面客观。此外，360度绩效考核法需要动员全员参与教师培训考核，在这个过程中，教师之间沟通互动增多，能促进教师之间、师生之间相互理解。③

4. 关键事件（KPI）法

关键事件（KPI，Key Performance Indication）法是以目标管理为理论发展而来的一种绩效考核体系，依据二八法则来提炼能为企业远景目标提供支持的关键指标，并以此为依据评估组织部门或成员的一种考核方法，④由成功因素分析法（CSF，Critical Success Factor）发展而来。

关键事件法的优点是以事实为依据，避免了考核者的主观倾向，且考评周期比较长，是以整个培训完成的情况来评价，避免了考核的近期误差，但是也存在记录考核关键事件的周期较长，只关注重点指标而忽略其他指标等缺陷，因此，在对教师培训的目标考核时，关键事件法可以作为考核的补充手段。

---

① 李辉．基于目标管理的A公司KPI绩效考核体系优化研究[D]．西安：西安建筑科技大学，2016．

② 李春华，周松．360度绩效考核方法在企业中的应用[J]．水电与新能源，2013（05）：60~62．

③ 刘世珺，吴元珍．绩效考核工具的比较研究[J]．无线互联科技，2015（24）：68~69．

④ 李辉．基于目标管理的A公司KPI绩效考核体系优化研究[D]．西安：西安建筑科技大学，2016．

第五章　教师培训制度

在现代社会，任何国家要有效地发展教师培训事业，更好地提高教师培训质量，就必须设立相应的教师培训机构，建立能够充分发挥所有教师培训机构整体功能的教师培训制度。国家总是通过建立和不断改进培训制度、调整教师培训工作的方式来实现教师培训的目的，使教师培训的类型、数量和质量上全面满足教师专业发展的需要，促进教育教学的改革与发展。

第一节　教师培训制度及其历程

教师培训制度指什么？人们对这个问题回答不尽相同。要明确教师培训制度的含义，首先应当明确“制度”的含义。汉语中，“制度”一词有两种意思：一是要求成员共同遵守的、按一定程序办事的规程；二是在一定条件下形成的政治、经济、文化等各方面的体系。英语中，表示“制度”的词有两个：一个是“System”，另一个是“Institution”。“System”有“系统”“体系”“制度”“体制”等含义，“Institution”有“建立”“制定”“设立”“制度”以及“公共机构”等含义。因此，无论是从汉语还是从英语来看，“制度”一词都包括两个方面的内容：一是机构或组织的系统；二是机构或组织系统运行的规则。这两个方面是不可分的，一个机构或组织之所以能够成为一个系统，就是因为它具有一套明确的、具有约束力的运行和协调规则。这套规则为系统的每个要素所理解和遵守。

一、教师培训制度的含义

培训即培养训练，由于现代教育事业的发展，办学形式多样化，培训与培养分化，培养趋向于专指造就新生力量；培训多指对在职人员的专门训练，短期或长期的再教育、再学习。

与“教师培训”概念相近的提法还有“教师进修”“教师在职学习”“教师继续

教育”等。1977年12月，教育部下发《关于加强中小学在职教师培训工作的意见》中，首次使用“教师培训”概念，强调“教师培训”是促进教师外在学历提升与内在素质提高的、整体的、持续性发展过程。

在《现代汉语词典》（第7版）中，“制度”一词作为名词，主要包括两层含义，其一是指要求大家共同遵守的办事规程和行动准则；其二是指在一定历史条件下形成的政治、经济、文化等方面的体系。

曲中林教授在《“制度人”与教师专业发展的制度化依赖》中提到，教师是“被制度化”的“制度人”，教师专业发展制度化需要依赖的途径包括教师入职与离职制度、教师专业化标准制度、教师考核制度、教师培养与培训制度等。同时指出，教师专业化实际就是一个制度化过程，教师专业发展与制度的发展必须同时进行，现代化制度建设则是教师专业发展的根本保障。

本书借助上述观点将教师培训制度概念界定为以实现教师培训科学化与法制化为目标，在促进教师专业发展与教师专业成长过程中所形成的共同办事规程与行动准则的统称，它包括了各个层级颁布与实施的教师培训法律与法规、政策与规定、规范与要求等。

二、教师培训制度相关理论

探究中小学教师培训制度演进特点，其理论支撑点应是建立在制度变迁理论与新制度主义学派基础上。原因在于经济学中的新制度主义学派是最先对制度变迁问题作出系统阐述与分析的，探讨教师培训制度演进实质上与制度变迁问题息息相关。新制度主义学派代表学者B.盖伊・彼得在他的著作《政治科学中的制度理论：“新制度主义”》中提出：“制度在某种程度上是社会或政治的结构性特征；在一段时间内保持稳定性，而且一定会影响个人行为；其成员共享某种价值和意义。”而新制度主义学派中最具有代表性的理论观点主要包括三大类别：规范制度主义、历史制度主义、社会学制度主义。这三类对制度变迁有着各自不同的解释，但是总体上都强调以制度供给与制度需求的综合考量作为制度变迁的核心。新制度主义学派代表人物D.菲尼在《制度安排的需求与供给》一文中提到：“作为一个制度变化的需求与供给的启发式分析框架，它除了提供各类制度的定义外，还得具体说明有哪些内生变量和外生变量。”下面借助文献资料具体分析了三类新制度主义学派理论对于制度变迁的不同理解，以方便借鉴与参考。

1. 规范制度主义

规范制度主义的代表人物是詹姆斯·马奇与约翰·奥尔森，他们侧重强调制度应最好被理解为是一种规范、规则、协定或是惯例的集合体。基于此，提出了制度变迁模式——“垃圾桶”理论，强调应将已有问题的解决方法固定下来，当发觉政策需要调整时，制度就有一套可用的反应储备在那里。当旧的制度在识别出环境的变化与改变时，可以通过一个学习过程来调适自己以适应变化的环境。

2. 历史制度主义

“历史制度主义”作为制度分析方法之一，其代表人物是彼得·霍尔和保罗·皮尔逊。这一理论强调，随着时间流逝，制度在塑造政策中的关键性作用，同时侧重强调一种“演进”过程，在演进中并不是完全地跟随最初的模式。因此，彼得·霍尔突出强调制度应是：“建构政治与经济的不同单位之间关于人际关系的正式规则、执行程序和标准运行程序。”但是，历史制度主义在关于制度变迁的探究上，相对于规范制度主义具有明显的差异性，前者更适合于解释模式的持久存在而不是模式的变革，更突出理解历史演进过程中的路径依赖如何运行，从而强调用“均衡断裂”解释变迁，侧重制度变迁中的环境依赖。提出一种方法来考察变迁的过程，即为“决策关键点”，用来描述制度变迁在对环境依赖过程中产生断裂的关键因素。制度变迁中的环境依赖一方面与规范制度主义提出的学习过程相类似，而另一方面它相对于前者有了进一步发展，不仅强调学习，同时强调对新信息的反应促使在各种均衡状态之间变动。这些信息可以是自身“路径”经验，也可以是其他制度的经验，而自身的路径经验又可以成为自我实施制度，也就是在制度博弈的各方参与人在特定的策略局势中，根据各自不同的目标与对手进行博弈，自主地选择最优策略，最后求得均衡的过程。

3. 社会学制度主义

社会学制度主义在制度变迁理论中更突出关注组织变迁的过程，以及在它们的表面目的实现以后，组织（和制度）的维持能力。社会学制度主义借助比较研究的方法，提出了原型分析，认为它在论及制度变迁问题时也是非常有用的。他们认为关注制度的一个最大的困难在于制度常常是相对持久的，甚至是僵化的，以至于我们通常难以发掘出制度的变迁。而依据原型研究的观点制度只能随着一套结构被新结构取代，从一种原型演变成为另一种原型，从去制度化过程到再制度化过程的发展。组织也会力图去塑造环境以满足其需要，而不仅仅是被动地对环境做出反应。社会学制度主义代表人物艾森施塔特指出：“制度性结构的变迁包括去除旧的结构（或价值和符号体系），又涉及用新的一套取代它们。”

正如上述规范制度的“垃圾桶”理论、历史制度主义的“均衡断裂”变迁理论以及社会学制度主义的“去制度化与再制度化过程”理论所强调的，探究中小学教师培训制度的演进特点，需要首先关注制度产生的社会文化背景、教育背景，以及相关政策出台的背景；其次需要明确演进应该包括两方面，一方面强调制度处于均衡状态下的一个调适过程，另一方面还包括在断裂状态下，变迁的“决策关键点”是什么，怎样产生转变的；最后，需要侧重比较制度从一种原型转变到另一种原型这一过程中，前后变化程度，以及所达到的效果。

三、我国教师培训制度发展历程

1993年10月31日第八届全国人民代表大会常务委员会第四次会议通过的《中华人民共和国教师法》中第一章总则明确对教师进行界定：“教师是履行教育教学职责的专业人员，承担教书育人、培养社会主义事业建设者和接班人、提高民族素质的使命”，并将“教师参加进修或者其他方式的培训”明确列为教师的权利。而《中华人民共和国教师法》第四章提出：各级人民政府和有关部门应当办好师范教育，并采取措施，鼓励优秀青年进入各级师范学校学习。各级教师进修学校承担培训中小学教师的任务。非师范学校应承担培养和培训中小学教师的任务。各级人民政府应当采取措施，为民族地区和边远贫困地区培养、培训教师。同时，《中华人民共和国教师法》中明确提出了教师六项基本权利，在“教师进修培训权”这一层面，对教师继续教育和终身教育的关注度不断提高的情况下，强调以终身教育观树立新的教师培训与进修观念，要求学校及政府积极关注这一问题，思考如何从整体层面提高学校教育教学质量的实际问题，增强教师进修的实效性。

1999年1月颁布的《面向21世纪教育振兴行动计划》提出“跨世纪园丁工程”，进一步强调从整体出发，在三年内以不同方式对现有中小学校长和专任教师进行全员培训和继续教育；并要求在全国选拔培训十万名中小学及职业学校骨干教师，其中一万名由教育部组织重点培训，开展本校改革试验、巡回讲学等活动，发挥骨干教师教学改革中的模范带头作用。

“跨世纪园丁工程”的提出为接下来中小学教师继续教育和职后培训工作的继续开展奠定了务实的基础，1999年6月，教育部出台《中小学教师继续教育规定》，内容主要包括总则、内容与类别、条件与保障、考核与奖惩、附则。在“内容与类别”中指出：“中小学教师继续教育的内容主要包括：思想政治教育和师德修养；专业知识及更新与扩展；现代教育理论与实践；教育科学研究；教育教学技能训练和现代教育技术；现代科技与人文社会科学知识等。”

中小学教师继续教育的类别主要包括两类：“非学历教育”和“学历教育”。其中，非学历教育包括：“新任教师培训、教师岗前培训、骨干教师培训”，“组织与管理”主要采取“由上到下”三级管理形式。《中小学教师继续教育规定》在“条件与保障”中具体规定：“中小学教师继续教育经费以政府财政拨款为主，多渠道筹措”。中小学教师培训与进修的考核与评量的规定要求：“地方各级人民政府教育行政部门要建立中小学教师继续教育考核和成绩登记制度。”

2000年以后，随着基础教育课程改革的深入，教师培训政策更加突出教师专业化，先后出台了《关于“十五”期间教师教育改革发展意见》《2003—2007年教育振兴行动计划》以及《国家中长期教育改革和发展纲要（2010—2020）》。进入2011年，为了落实全国教育工作会议精神和教育规划纲要，建设高素质专业化教师队伍，教育部提出在新时期加强中小学教师培训的具体工作意见，并出台《关于大力加强中小学教师培训工作的意见》。具体提出六方面意见：“强调全面提升教师队伍素质；开展中小学教师全员培训；创新培训模式及方法，提高培训质量；完善培训制度，促进教师不断学习及发展；加强培训能力建设，健全培训支持服务体系；加强组织领导。”中小学教师培训在此阶段有了更进一步的发展，更突出全员培训、转变培训模式与方法、紧抓培训质量，以及教师的专业发展等方面。

进入2012年，教育部为规范“国培计划”项目管理工作，提高培训质量，委托全国教师教育课程资源专家委员会组织专家研制《“国培计划”课程标准（试行）》，针对不同类型、层次及岗位的教师教学能力与教师专业发展需求，主张突出培训的实践取向、针对问题解决，突出专业能力提升，服务教师终身发展，按照学科分学段、分项目设置课程。具体指导项目包括“国培计划”——中小学教师示范性培训项目（示范性项目）、中西部农村骨干教师培训项目（中西部项目）以及幼儿园教师国家级培训计划（幼师国培）的课程设置与课程资源开发。进入2015年，中小学教师培训提出“面向乡村教师”，要求对教师进行专业化培训，采用多种有效途径开展培训，并要求将教师培训逐步下放到各区县，分步骤扎实推动培训实施。伴随教师教育政策及教师培训政策的出台，我国教师培训开始真正关注以“教师专业化”与“教师专业发展”理念为引导，努力促使中小学教师培训制度走向“科学化”“专业化”“标准化”，形成完整的教师培训进修体系。

第二节　教师培训制度存在的问题

我国现有的中小学教师培训存在不可忽视的问题。本书将从以下四个方面进行阐述。

一、中小学教师培训法律制度不完善

随着教育改革的日益深化和对教师的要求日渐提高，中小学教师培训的重要性越来越突显，中小学教师培训应该有明确的章程制度来规范。但在《中华人民共和国教师法》中有关教师培养和培训制度的只有以下几条。第十八条：各级人民政府和有关部门应当办好师范教育，并采取措施，鼓励优秀青年进入各级师范学校学习。各级教师进修学校承担培训中小学教师的任务。非师范学校应当承担培养和培训中小学教师的任务。各级师范学校学生享受专业奖学金。第十九条：各级人民政府教育行政部门、学校主管部门和学校应当制定教师培训规划，对教师进行多种形式的思想政治、业务培训。第二十条：国家机关、企业事业单位和其他社会组织应当为教师的社会调查和社会实践提供方便，给予协助。第二十一条：各级人民政府应当采取措施，为少数民族地区和边远贫困地区培养、培训教师。

教育部在2011年颁布的《关于大力加强中小学教师培训工作的意见》中指出：完善五年一个周期的教师培训制度；建立严格的教师培训学分管理制度；建立教师培训机构资质认证制度；实行教师培训项目招投标制；强化教师培训质量监管。

从以上法律法规的规定可以看出，我国对于中小学教师培训的相关法律制度仍不健全，亟待完善。

二、中小学教师培训管理制度不完善

目前，我国中小学教师培训的相关法律是由我国人大牵头、教育部配合，最终通过全国人民代表大会审议制定的。而教师培训政策由各省市政府及相关教育行政部门通过教育部下发的相关条例、规定和文件来实施。《中华人民共和国教师法》和《中华人民共和国教育法》这两部法律只是从总体上对教师培训做了规定，初步改变了我国教师培训无法可依的现状，对教师培训的一些具体问题缺乏明确的规定。可以看出，制定中小学教师培训政策、开展培训工作以及落实培训工作都依靠我国教育行政部门。具体的培训计划和实施细则的制定则由下级行政部门来完成。那么，计划应该通过哪些具体的程序来制订？计划应该由谁来制订，是一线教师提交计划还是行政机构来完成？培训实施细则的制定和落实程序又是怎样的？这些在法律中都没有体现，教师培训相关法律应该细化到如何管理。

三、中小学教师培训激励制度不完善

从某些方面来看，我国中小学教师参加培训的积极性不高，一个原因在于，中小学教师的日常教学工作琐碎而繁重，备课、上课、批改作业、处理突发事件、做学生思想工作已经让中小学教师疲惫不堪了，再加上每周学校的教研活动，教师的工作量很大。另一个原因就是，我国还没有建立起完善的中小学教师培训激励考核制度。目前很多地方的要求是，教师不参加培训不能晋升职称。但不晋升职称的教师应该参加培训吗？参加什么的培训？所有教师参加培训应取得怎样的成绩？取得优异的成绩应该得到什么样的奖励？成绩不合格的教师又应该怎样被对待？这些问题在很大程度上影响了教师参加培训的主动性和积极性。如果教育部门仅仅把参加培训当成教师晋升职称的一种制约条件，没有相应的正面激励制度，并不能从根本上增强教师参与培训的积极性。

四、中小学教师培训质量监督制度不完善

目前，我国教师培训质量监督存在监督主体模糊，监督制度不具备实操性，褒奖处罚不明确，监督指导思想不清晰和监督工作有名无实等问题，这些问题的产生和我

国中小学教师培训质量监督制度不够健全也有关系。

在已经实施了的培训中，有一部分是走过场、走形式。例如，近年来大规模进行的网上远程教育培训，教师是否真正学习了网络课程？是否是自己完成培训答题的？据了解，一些教师是花钱找第三方完成，即便自己完成也是从网上搜寻现成的答案，这样的培训实质上是一种负担，没有很大的成效。一些地方，教师参加培训疲于应付流于形式情况严重，甚至部分学校对教师参加培训的认识仅停留在完成任务，外派学习的教师也是一些教学之外的工作人员，这些人可能并不具体参与教学，只为应付，类似的培训流于形式，收效甚微，甚至有些人一年学习好几次，成为学校“培训专业户”，音体美也好，语数外也罢，什么培训都参与，但是培训效果不好，造成培训机会不均等、培训资源严重浪费。

有研究者进行抽样调查发现，从未参加过任何培训的教师占比达到10%，培训在20学时以下的有32%。再有就是每当培训结束后，发起培训机构与参与培训的教师的交流和沟通少之又少。这种现象产生的主要原因是教师培训缺乏跟踪制度。培训教师完成一个阶段的学习，尤其是外派脱产学习，培训相关参与部门及管理部门未建立匹配的培训质量监督制度。

第三节　教师培训制度建设

教师培训的根本目的在于促进教师的专业发展，在分析我国中小学教师培训制度演进特点基础上，针对中小学教师培训中的现实问题，提出相应建议。

一、教师培训应基于教师专业发展权

理念是任何教育革新的先导，教师专业发展不仅是教师义务更是教师权利。《中华人民共和国教师法》中将教师培训与进修视为教师基本权利之一，在基础教育改革的推动下，采取一系列措施促进教师专业发展，持续加大政策保障力度促进教师培训，从义务角度出发，通过提升工资待遇、评定职称、发放奖金等方式要求教师积极参加培训与进修。但是，教师培训不仅仅是教师义务，同时也是教师的基本权利，

保障教师培训与专业发展权，推动中小学教师培训发展，需要冲破传统教师培训理念的束缚，侧重教师作为“人”的发展，重视教师终身学习能力、教师反思实践能力、教师交往与合作能力的提升，从多维视野出发，在根本上关注与保障教师专业成长发展权。

传统的教师培训理念突出强调教师发展的外在价值而忽视教师发展的内在价值，过多关注教师作为一名“教师”的“他人意义”，主张教师应该“被”发展，常认为教师是因为不能“胜任”自己的工作才需要培训，忽视了教师自身成长与学习的权利。这种观念常常将教师理解为是缺少自我导向、缺乏自我学习意愿与能力的群体，需要通过“外力”强化教师，使教师掌握自身缺乏的知识。而当前中小学教师培训现实情况是，过多关注教师培训的义务，忽视保障教师培训的权利，导致经常出现这样一种“现象”：即通过一个文件、招来一批学员、请来一些“专家”，将一些碎片式的知识与信息通过讲座被动地传授给教师，完全忽视教师学习的自主性。这样的“被动式”发展，导致教师缺少对自身专业成长的正确认识，忽视了教师培训的真正意图。要实现有效的教师培训，需要真正回归教师发展本身，形成教师自我导向的、持续发生的、与教师生活密切联系的自我专业成长培训观念。从多维视角出发，在保障教师权利的基础上，更多强调“教师学习”而非“教师培训”，教师更需要在自身生活情境中主动思考自我专业成长与生命发展的价值，使其“教学生活”与“学习生活”从完全割裂走向相互交融。

强调一位教师在教学中所具备的分析和反思能力，以及评估教学效果与改进教学的能力，必须建立在持续的教师培训基础上，而其实质价值的发挥，则需要建立在教师培训的理念基础上。强调教师培训主要目的在促进教师专业知识的增加和能力的发展，它必须建立在专业成长的基础上，应是一种教师自我精进和自我省思的过程，是教师在省思中不断进行内心对话，探析自己专长与改进之处，以期在培训中力求自我精进。教师培训理念强调并重视教师作为“人”的成长，注重回归教师发展本身，在不断的教师培训中，实现自我价值。践行着将“外显知识”转化为“内隐知识”，形成教师自身独具特色的风范，做涵养德行的“人师”和精通专业知识的“经师”。这种教师专业发展理念，侧重强调教师创造知识与建构知识的主体性，以及教师作为“人”的持续发展，教师不仅能够通过教师培训与自我进修建构一种符合自身教学特色的缄默性实践知识，而且也能运用这种知识设计课程，进行教学，实现“外显知识”的内隐化，与“内隐知识”的外显化这一循环过程。

转变教师培训观，需要在加强教师培训义务的同时，更多保障教师自主学习与专业发展权。在突出政府意志，采取一种“自上而下”的模式，即“一种与政府教育行政命令相联系，先由专家提出变革方案，借助政府的行政指令向地方或学校推广模式”的同时，需要大力增强对教师作为个体“人”成长与发展的控制。在倾向于外在控制教师专业发展，即“教师的学习由教师以外的人或机构所主导，学习的内容涉及教师日常工作，通常采取接受培训”的同时，还应以人本主义教师发展观为基础，真正关注教师的主体地位，关注教师教育教学经历与经验。积极重构教师培训观念，从教师作为个体“人”的发展出发，建立教师自主与自发性的发展观念，以期发展教师的个性和特长，使教师的潜力在教学中真正发挥。

教师培训需要转变单一的“自上而下”培训理念，将其视为任务与活动项目的观念，积极倡导以教师专业标准中要求的三大基本范畴为基本，即教师专业知识（应知）、教师专业技能/实践（会做）和专业品质（愿持），突出强调教师培训中教师专业成长的意义，保障教师专业发展权。侧重关注教师培训中的教师主体性存在的发挥，坚持教师作为“人”的存在，以人本主义教师观为基准，在“教师学习”中构建教师终身学习能力、教师反思实践能力、教师交往与合作能力，以实现教师专业成长。在教师培训理念中更多关注教师专业成长，注重教师主体性存在需要，突出强调教师作为“人”的存在，尊重教师专业发展主体性，注重教师内在专业结构的不断更新、演进和丰富的过程；突出教师作为“人”的发展，既注重教师知识、技能改变，又注重教师深层次的改变，谋求教师内在信念的增强；突出教师作为“人”的持续发展，关注教师职业生涯，以永续的教师学习为主旨的教师专业发展过程。以此来实现充分观照中小学教师内在需求与愿望，积极激发教师内在自主学习动力，使教师的发展真正成为自主、自觉、主动的行为，而非过去那种强制性与被动性的行为，建构人本主义教师培训体系。

二、努力促进教师培训的法制化建设

我国教师培训在立法机制上，常以各个部门颁布与施行的规定为基准，教育法中还没有专门针对教师培训的要求。1986年，我国已开始实施中小学教师分级制度，并在1994年12月拟定《中小学教师职务条例》，对中小学教师的分级、职责、条件、评聘等做了具体规定，将教师分级制度同教师进修与薪水制度相结合。

1999年颁布的《中小学教师继续教育规定》明确提出参加继续教育既是教师的权利又是教师的义务，并要求中小学在职教师每五年必须累计培训实践不少于三百六十学时。但在具体保障教师正常工作时间内的学习时间要求，也就是除去正常教学任务后，教师自主学习时间，保障教师持续的专业发展上还未建立完善法制保障机制。

2006年教育部与财政部出台的《农村中小学公用经费支出管理暂行办法》对教师培训经费政策提出基本要求："须按照学校年度公用经费预算总额的5%安排教师培训经费"，根据发展状况将财政收入超收部分更多投入教育，设立新教师与骨干教师专项培训经费，教师工资总额的1.5%以上足额提取教师培训经费，对农村中小学按照不低于年度公用经费预算总额的5%。

2010年6月继续颁布《教育部、财政部关于实施"中小学教师国家级培训计划"的通知》，开始正式实施国家级教师培训。

在2015年8月出台的《关于深化中小学教师职称制度改革的指导意见的通知》中，对现行中小学教师职称制度存在的问题提出改革意见，施行教师分级制度，主要是依据教师教学能力，通过职级方式鼓励教师完善教学技能。

我国出台的一系列中小学教师培训政策法规，多数为各个教育部门颁布实施的，从国家层面提出的政策保障机制较少，法制化体系还不够完善，落实还不够。尽管教师培训法制化进程从整体上看发展较快，但是在经费投入实际运用与效果评估上还不健全，法律化不足，需要从根本上规定与保障教师培训权。完善国家层面教师培训法制化机制建设，积极关注中小学教师正常工作时间内的学习时间保障，有效配合现行的教师分级制度，提升教师薪资待遇，鼓励教师多参与教师培训（进修）。一方面，鼓励教师接受继续教育；另一方面，通过学分培训或短期培训的形式，鼓励教师在课后多参加学分制的研习活动或校本培训进修活动，以促进自身专业成长与持续性专业发展。

三、关注教师培训的科学化建设

教师培训的科学化建设主要表现在四个基本方面：强调顶层设计的科学化、课程与内容的科学化、学习与组织活动的科学化、培训评价的科学化。我国教师培训制度在"组织管理"层级上，需要打破传统的"由上至下"的三级管理方式，建立以政府、大学、区域培训机构为基准，中小学四方联动的关系，以地方为主、持续性教师培训管理机制，充分调动地方参与的积极性与主动性。在当前教师培训工作重心下移的同时，积极以学校本位培训进修以及教师自主培训进修为基础，增进教师教学能力，形成区域性教师发展中心的建构，以满足教师培训需求。在促进课程与内容、学习与组织活动及评价科学化上，需要进一步完善我国目前现有的教师专业发展网络平台——“区域性的专业发展平台、校本性的专业发展平台，以及教师专业发展主题资源网”。以教师培训网络平台为基准，促进教师自主化地研习与进修，在培训课程、培训方式、培训时间选择上，关注教师学习的终身性、自主性、灵活性等特征，促进教师培训方式的多元化与自主化发展，真正实现教师培训重心的下移，关注校本培训与教师自主研修。

教师培训科学化建设上应转变过去学员选派采取教师申请、学校推荐以及教育培训管理部门审核的方式，充分利用教师培训网络平台，发挥教师课程选择的自主性。教师培训科学化建设要求各个省市教师培训进修管理部门在原有教师培训进修信息平台基础上，更加注重教师专业学习与自主规划服务系统的完善。一方面，要求教师以账户登记与线上报名的形式选择合适的培训课程；另一方面，教师培训机构必须按照中小学教师实际网上报名情况开设课程，充分发挥教师自主选择性，真正实现教师培训进修的自主化与信息化。教师培训科学化建设需要监管部门充分发挥管理职责，对教师培训进修机构所开课程的时数与效果进行有效监管，防止出现被迫培训与重复培训问题；针对教师培训积极性不高以及不培训现象进行有效沟通。

四、加强教师培训的监测与评估

现阶段我国教师培训监测与评估主要采取网络匿名评估、专家实地考察评估、第三方评估等形式。评估的关注点更多放在培训效果上，对培训单位评估较多采取量化与结果性评价手段，缺少对中小学教师教学实践与能力提升评价机制、引领教师专业学习的评价机制以及教师发展长效评价机制建立的关注。真正的教师培训（进修）本质上应是学习，根本目的是促进教师的专业发展，提升教师实践能力，使教师清楚“自己要到哪里去”“自己现在在哪里”“离目标还有多远”。教师培训（进修）需突出强调教师的专业发展的整体性、持续性，需在教师培训（进修）评价层面，从多层次、多角度关注教师，以教师自身、学校与教师专业发展评价团队三方合作的形式，形成基于教师专业成长的长期追踪的过程性评价机制，并建立教师终身学习档案。

我国在加强教师培训与评估机制的同时，应继续以《中小学教师专业标准》为指标，建立教师专业发展评价团队、学校以及教师三方联盟合作关系。通过教学视导形式、借助专门评价表，以教师自评和他评方式促使教师自主规划自身个性化专业成长方案；由教师专业发展评价团队与教师协商制定教师培训需求评估指标，利用指标开设教师所需课程，促使教师进一步通过网络个人账户在进修平台自主选课；相关机构继续对教师网络选课效果进行统计与评价，作为开展下一轮教师专业评价的依据，以期实现教师培训与专业发展长效评价机制的建构，以及教师终身学习档案的建立。

五、建立全员、常态、长效的教师培训体制

我国中小学教师培训制度需突破现状，在尊重教师学习发展特点，倡导关注教师内在发展需求、鲜活教学经验以及教学实践反思基础上，建立全员、常态、长效的教师培训体制。需要特别注重教师培训方式的多元性，进一步完善教师培训政策法规，建立起教师自主规划、自主成长、自主发展的培训体制，真正实现教师专业素质的提升。

具体教师培训方式从类别上划分主要包括两大类："引进来"式的培训与"走出去"式的培训。"引进来"式教师培训包括校本培训、远程培训与教育、网上培训以及区域联盟式培训等；"走出去"式培训则包括中小学教师国家级培训计划中的骨干教师脱产置换培训、集中培训，以及有关学校组织教师团体经验交流活动，或者教师个人学位学历进修等。

我国当前教师培训政策法规在培训方式层面主要以自上而下教师培训模式为主，培训方式较单一，主要以"走出去"式培训为主，侧重由国家级教师培训带动省市级以及校本教师培训，多采取集中培训和脱产置换培训形式。发达国家教师培训政策法规则更多注重校本培训与教师自主专业进修培训方式，强调"一校之长"的专业引领，侧重以学校文化和学校发展为基础，建立符合学校实际的多元与动态教师培训活动，教师参与的培训研习活动多为非学分班的校内研习；同时，中小学教师更注重自主专业成长与进修，或通过个人进修平台规划成长方案，或通过参加教师在职进修学位班的方式提升自身专业发展。

在促进我国教师培训制度走向科学化与法制化道路上，必须时刻尊重教师学习发

展特点，从关注教师培训目标、课程设置、培训方式与培训评价等环节出发，逐步从外控式教师发展体制走向自主式教师专业发展体制，从制度保障式发展走向主体自觉式发展，特别突出教师与学校自主选择、自主反思、自主建构以及可持续发展作用，注重更多元、更开放、更具特色的培训进修方式，真正建立全员、常态、长效的培训进修体制。

第六章　教师培训者

20世纪80年代以后，很多国家都加快了教师专业化的建设步伐，教师培训问题日益受到普遍的关注，与此同时，教师培训者的专业素养也得到越来越多的关注。“高素质教师队伍的打造离不开有效的教师培训。教师培训的有效开展离不开一支高素质、专业化的培训者队伍”①。这日渐成为人们的共识。由此可见，教师培训者的先行发展和专业化刻不容缓。

当今，教师教育的新体制、教师专业化的新思维、教育的信息化以及基础教育改革和发展提出的新课题，带来了教育理念层次上对教师培训工作的反思和重新定位，教师培训的每一个环节都包括使命、目标、内容、形式、方法、技术与评价等，都存在着对培训者更新观念、创新模式的要求。教育改革、教师的成长需求呼唤教师培训的理论创新与实践创新，呼唤教师培训者角色的丰富，呼唤教师培训者专业素养的良好，呼唤教师培训者胜任能力结构的健全，呼唤教师培训者专业发展路径的多元。

第一节　教师培训者的内涵

近年来，为深入贯彻习近平总书记关于教育的重要论述和全国教育大会精神，落实《中共中央　国务院关于全面深化新时代教师队伍建设改革的意见》《国民经济和社会发展第十四个五年规划和2035年远景目标纲要》，推进教师培训提质增效和教师队伍高质量发展，教育部、财政部颁发了《关于实施中小学幼儿园教师国家级培训计划（2021—2025年）的通知》的文件。文件中专门谈到了“建强专业化教师培训队伍。加大培训者、管理者培训力度，提高培训队伍专业化水平。针对性地遴选一批名师、学科带头人、教研骨干等作为教师培训储备力量进行培养，持续打造省市县三级教师培训专家库”②。文件中提到的“教师培训专家”就是教师培训者的一员。为

① 冯燕华．教师培训者的角色及应具备的素养[J]，中国民族教育，2012（09）：12．

② 教育部，财政部．教育部　财政部关于实施中小学幼儿园教师国家级培训计划（2021—2025年）的通知[EB/OL]．http://www.moe.gov.cn/srcsite/A10/s7034/202105/t20210519_532221.html,2021-04-30/2021-05-13．

此，厘清“什么是教师培训者”“教师培训者有哪些特点”“对教师培训者有哪些要求”显得尤为重要。

一、教师培训者的含义

随着基础教育课程发展对中小学教师培训质量要求的不断提高，提升教师培训者自身的素质已成为当前面临的一项紧迫任务。教师培训者是指根据教师专业化发展的要求，结合学校管理、办学理念、教育教学思想及现实问题解决的需要，策划、开发培训主题与项目，制订、实施培训计划与方案，从事培训管理和教学的人。教师培训者基本由两类人员构成，一类是教师培训机构的任职教师；另一类是受聘于教师培训机构的兼职教师，包括课程专家、大学教授、科研机构的研究员、教研员和来自基层学校的特级教师和骨干教师等。随着国家和地方政府不断推出新的加强教师继续教育的举措，教师继续教育的质量不断提高。

二、教师培训者的特点

在教育系统中，教师培训者注重实施中小学教师的非学历培训，并对中小学教师的专业成长施加特定影响。与其他职业的工作者相比，他们具有“特殊性”的特点。其特殊性体现在两个方面：一是身份和地位特殊，二是教育使命特殊。

1. 身份和地位特殊——“师者之师”

教师培训者的身份和地位比较特殊，他们是“师者之师”，是教师专业成长的重要推动力量。对教师培训者而言，教师与一般学生的最大差别在于教师是在职的成年人，他们的学习活动只能在工作过程中进行，或者在工作之余进行。同时，他们掌握一定的知识，具有一定的教学经验，具有自己的教育观念和学习特点。此外，他们的学习大多以实践需要为指向，追求高效和实用。教师学习和培训的这些特点对教师培训者的素质提出了比较高的要求。教师培训者要与时俱进，做终身学习者，把握时代、教育、学科发展的脉搏；要做严谨的研究者，深入研究和掌握基础教育发展和教师成长的基本规律，了解中小学教师的需求，探索解决教育问题、提高教育质量的有效途径；要做卓越的管理者，善于管理，能协调各种关系、调动各种资源、统筹安排培训进程；要做有魄力的行动者，勇于行动，身体力行地实践教育思想、示范教学方法和技能。总之，教师培训者是集培训教学、学习研究、组织管理、行动示范于一体的复合型教师。

2. 教育使命特殊——促进教师的专业发展

教师为何要在本职工作忙、社会活动多、家庭负担重的情况下抽空参加培训？因为教师要学习、要发展、要创新。教师是一个与时俱进的职业，一名优秀的教师应该保持与社会发展和人的发展的同步性甚至是超前性。因此，教师的职业素养具有开放性、可持续发展性、动态性等特征，它随着时代、社会、人的发展而发展。这一特征决定了教师的专业化发展始终是一个未完成的过程，这需要教师终身学习，积极建构自身的职业素养。但是仅靠教师“单枪匹马”进行封闭式的学习，其专业发展之路将是十分艰难的。自我研修、专家引领、同伴互助是教师专业成长的三条路径。有效的专家引领能唤醒教师的学习愿望与学习潜能，坚定教师的职业理想，激发教师的教育热情，有效培养教师的反思、创新和实践能力。因此，作为教师专业成长的引路人，教师培训者应了解教师的成长过程及规律，进行有效的指导，提供必要的支持，推动教师向更高的专业发展阶段跃升。

三、对教师培训者的要求

为了提高教师培训质量，新时代对教师培训者的要求有以下几个方面。

（一）善于管理，在管理中增长才干

一般来说，“管理”中的“管”，就是靠制度和法律法规约束；理，就是以人为本，强调沟通。管理，既是组织才华的艺术，又是开发才华的艺术。教师培训者承担着管理的任务。他们在管理参培学员时，应秉持这样的理念：一个管理者，更应该注意欣赏才华，使才华最大限度地升值。尤其是教育管理，必须在大处着眼，在细微处着手。环节要简单，简单是最成熟的美，不贪大求全，一件件落实。对待学员，应把他们放在应有的位置上加以尊重、理解，甚至热爱。只有这样，教师培训者的管理才会取得成效。

（二）精于业务，在教学中提升教学能力

教师培训者除了要做好教师培训的组织管理工作外，还必须承担一定课时的培训

任务。在教师的职业生涯中，教学是一个重要的任务。教师培训者也是教师，人称“教师中的教师”。教师培训者上好培训课的前提，是要用心备课。俗话说，“十年磨一剑”“台上一分钟，台下十年功”，备课也是如此。尤其是教师培训，培训者要有“大备课”的概念，如深入基层学校听课评课，加强培训者之间的交流等。著名京剧大师梅兰芳曾告诫弟子：“不看别人的戏，就唱不好自己的戏。”教师培训中，参加培训的教师是有差异的，如何面对和利用这些“差异”，是值得每一位教师培训者深入研究的。因此，教师培训要做到个性发展与全面发展相结合，不仅要让教师倾听，更要让教师参与，让不同教师的知识背景成为培训的重要课程资源，这是体现培训个性化的重要方面。实践证明，教师培训质量的提高不是靠“专家讲座—教师聆听”的单向传递活动实现的，而是靠教师通过参与、合作和在专家指导下的“自我反思”过程来实现的。

（三）勇于实践，在实践中提升专业能力

教育是一门实践性很强的科学，源于实践、高于实践，因此，教师培训者要以行动研究为主要方式，深入中小学第一线，积极发现教师在教育教学中的困难与问题。在此基础上，以课例或案例为载体，精心设计一个个短小精干的培训专题，并通过“参与、互动”的方式，对中小学教师进行培训。只有基于教学实践的培训才是有效的培训。

第二节　教师培训者的角色定位

教师培训者大多是原来的理论课老师或专业技能课老师，有着丰富的教育教学经验，但由于对目前的教师培训存在着一些认识上的不足，尤其是对教师培训者角色存在一些认识上的误区，往往把“培训”与“授课”等同起来，把“培训者”单纯地看作“教师”，即“教学者”角色，这是对培训者的一种狭隘理解。传统教师培训者角色往往设定在教学者和管理者双重角色之间，管理者主要发挥培训的组织者、开发者、策划者、监督者的作用；教学者在培训教学中充当教师、专家、辅导者、教练的角色。如图6.1所示。

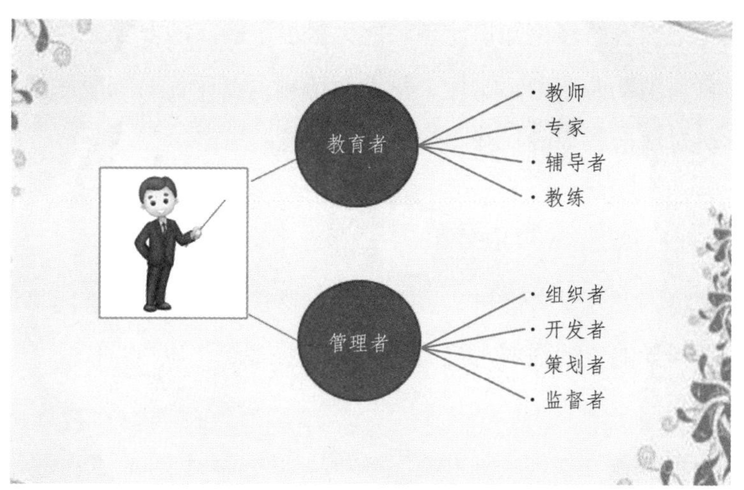

图6.1　传统培训中教师培训者的双重角色

随着我国教师教育的不断发展，许多综合性高等学校不断加入中小学教师培训行列，这种趋势无疑增强了教师培训的学术性和研究性。因此，在这样的背景下，我们必须对教师培训者有一个正确的角色定位。优秀的培训者不应该只是一个单纯的“教师”，而应该集“教学者”“管理者”和“研究者”三种角色于一身，形成一种三维互动模式。

一、教学者

教师培训者的基本职能是对教师实施培训，包括为参训者提供学习内容、条件、信息绩效反馈和其他帮助，同时，还要参与课堂教学、群体讨论，监督个人学习计划的执行和其他影响学习过程的所有活动。

（一）具备制订计划编写教案的能力

培训的课程是系统而明确的，一般情况下，一门培训课程不可能在一次讲课中全部完成。这就要求教师培训者能按照课程总的培训目的要求以及规定的课时，制订切实可行的教学计划，编写好每一次讲课的教案，使每一次讲课都做到有充分的准备，既突出重点，又利于克服难点。

（二）具备较强的课堂讲解能力

要把一个观点、一个问题深入浅出地剖析清楚，让学员明白教师培训者的观点和意图，这对教师培训者的理论知识储备和能力提出了较高的要求。教师培训者的讲解需要做到：语言，幽默而诙谐；实例，生动而精彩；点评，简练而深刻。在轻松的气氛中，加深学员对理论的理解，开阔学员处理问题的思路。

（三）具备技能训练的指导能力

优秀的教师培训者不仅要能讲，更要能干，要在教育教学的技能培训中具有较强指导能力。这种指导能力的强弱直接关系到培训的效果。

二、管理者

一名优秀的教师培训者首先必须是一名教学者，还必须参与培训活动过程的组织与管理，成为一名优秀的管理者。既要对培训和发展活动进行计划、组织、控制，保证培训目标的实现，又要获取和发展培训资源，建立与其他部门的联系，检查培训效果。具体而言，管理者重点要做好教师培训计划制订、教师培训组织实施和教师培训效果评估几个环节的管理工作。

（一）精心制订教师培训计划

教师培训计划的制订是实施培训的前提条件，教师培训计划制订得好坏直接影响到培训效果。所以，制订教师培训计划是培训管理极其重要的环节。应深入调查分析，反复论证，科学制订教师培训计划。

（二）强化教师培训计划的组织实施

教师培训计划的组织实施是整个培训过程最主要的环节，也是决定培训项目成败的关键环节。教师培训计划的每个培训项目都是一个培训工程，要用项目管理的方法来组织实施。怎样设计，怎样落实，都关系到培训项目最终的培训效果。在实际工作中，要根据培训的需要与可能、培训的内容以及培训的对象等方面，合理地选择采用。

（三）加强教师培训效果的考核评估

多数教师培训机构较为重视教师培训计划的制订和教师培训的实施与管理，却忽视了教师培训效果的评估，或者说没有意识到教师培训效果评估的重要性。教师培训效果评估的目的是确认组织目标和培训目标是否实现，即确定教师培训的有效性。教师培训效果是指培训机构和参训者从培训中获得的收益。教师培训评估是通过建立教师培训效果评估指标及体系，对教师培训是否达到预期目标进行检查和评价，然后把教师评估结果反馈给部门，作为下一步制订教师培训计划的依据之一。

三、研究者

20世纪60年代，英国学校委员会和拉菲尔德基金会为培养青年学生对人文课程的兴趣和爱好，联合发起了“人文课程研究”运动。斯腾豪斯作为这个中心的负责人，在这次运动中首次提出了“教师即研究者”概念，要求把教程的教学和研究结合起来，力图改变教师在课程、教学和学习中的原有定位。后来他的学生埃利奥特和凯米斯推广了他的这种理念，分别提出“教师即行动研究者”和“教师即解放的行动研究者”的命题。20世纪80年代，美国马萨诸塞理工学院的哲学教授舍恩进一步发展了“教师即研究者”的观点，提出了具有普遍意义的“教师即反思性实践者”概念。21世纪初，随着我国教师教育的兴起，诸多综合性大学进入中小学教师培训的行列，一大批高校学者和研究者加入培训者的队伍，这无疑为培训者成为研究者做好了学术基础和人力资源的储备。同时，随着国际教师教育的改革、成人学习理论的发展、现代信息技术在教师培训中的运用和渗透，需要教师培训者们以研究的视角、态度对待教师培训中出现的新生事物。

（一）进行教师培训需求的分析和研究

教师培训必须满足教育教学改革发展的需要、满足参训者自身的需求，因此，做好培训需求的科学分析与研究，是提高培训质量、确保培训效果的第一关键性要素。也只有在做好教师培训需求分析与研究的基础上，才能提出具有较强针对性的培训方案。

（二）研究专业知识和丰富实践经验

优秀的教师培训者应该是自己专业领域的专家，不是简单地照搬书本，而是能灵活运用对知识、技巧，授课时能旁征博引充分阐释，遇到学员提出实际问题，也能凭借自身丰富的经验与知识给予准确的解答。

（三）研究学习理论，创新教师培训模式

教师培训者要不断加强对成人学习理论、培训模式、心理学、社会学以及教育教学等方面知识和理论的学习和研究，紧跟时代的步伐，加强对新生事物在教师培训中的运用和开发，不断创新培训内容、方法和模式。

（四）研究实践问题，提升教师培训咨询与诊断

教师培训者要培训学员解决问题的知识和技巧，那么他不仅要自己有深厚的功底，更应在实际问题的诊断释疑和技能技巧的指点上体现出“师”者的水平。也就是说，不仅自己要会，还要教别人会。往往一堂课后，学员会根据自身的实践对课程中所教内容提出相应问题，希望能得到教师培训者的解答，此时要求教师培训者发现问题及提出解决问题的方法或指出解决方向。

第三节　教师培训者的专业素养

专业素养（职业素养）是一个宽泛的概念，目前提到“培训者之专业素养”一词，就是承认培训者已经从一个职业走向了专业，因为就职业素养而言，专业是第一位的。但是除了专业，敬业和道德也是必备的，体现在职场上就是职业素养；体现在生活上就是个人素质或者道德修养。专业素养是指专业内在的规范和要求，是在专业过程中表现出来的综合品质，包含专业道德、专业技能、专业行为、专业作风、专业意识等方面。教师培训者不仅应是某一学科教学领域的专家，而且应该是培训专家，他们不仅要具有教师培训的新理念，还应具备设计教师培训课程、引导教师培训活动、提升教师培训成果的能力。我们依据教师培训活动的特殊要求，从专业道德、专业知识、专业能力三个领域构想了教师培训者的专业素养。教师培训者的专业道德主要指向三个维度，对待教师培训的态度、对待参训者的态度以及自我道德修养；教师培训者的专业知识主要体现为本体性知识与条件性知识两类；教师培训者的专业能力主要体现为策划培训的能力、执行培训的能力、培训研究的能力和自我发展能力（见表6.1）。

表6.1　教师培训者专业素养结构

专业道德	对待教师培训的态度	热爱培训事业
		遵守培训规律
		坚守培训信念
		追求培训理想
		分享培训智慧
	对待参训者的态度	尊重与信任参训者
		宽容参训者的言行
		保守参训者的秘密
	自我道德修养	富有激情
		坦然自若
		开放心态
		团队意识
专业知识	本体性知识	培训对象的学科知识
		教师培训目标的知识
		教师培训的历史与模式的知识
	条件性知识	教师专业发展的理论
		教师学习的理论
		教师参与式培训方法体系
		教师团体心理辅导指导知识
		教师培训的指导技术
		教师培训诊断与评价的知识
	实践性知识	教师在教育教学实践中获得的知识
专业能力	策划培训能力	设计与组织培训需求调查
		依据培训需求设定培训目标
		围绕培训目标开发培训课程
		策划培训协商、评价方案
		依据培训需要设计培训环境

续表

专业能力	执行培训能力	组织破冰活动的能力
		激发、维持培训热情的能力
		组织协商培训方案的能力
		培训主题的演讲能力
		培训中的提问能力
		参与式培训方法的运用能力
		获取培训反馈的能力
		培训班的管理能力
	培训研究能力	培训需求分析诊断能力
		基于问题的培训课题研究能力
		培训模式创新能力
		培训绩效评估与监测能力
	自我发展能力	培训反思能力
		角色认知能力
		终身学习能力

从教师培训者的素养要求看，它与教师的专业标准具有许多共性，但充分体现了培训者的特有素质要求。以条件性知识为例，有关教学对象的知识突出了培训对象——教师成长与发展的规律，教师学习的特点；有关教学方法的知识依次从初级向高级拓展，也即一般参与式培训的方法、教师团体心理辅导以及指向个体态度与行为改变的“指导”技术。教师培训者的素养结构是教师培训者培训的目标体系，它影响着教师培训者培训的课程体系与培训模式。

第四节　教师培训者的能力结构

教师培训者充当的角色具有多重性，因此，其自身具备的能力也应该是多方面的。如前文所述，我们认为优秀的教师培训者的角色应该是集“教学者（Teacher）”“管理者（Manager）”和“研究者”（Researcher）三个角色于一身。教师培训者的胜任能力结构也应该从三个维度来考察（见图6.2）。

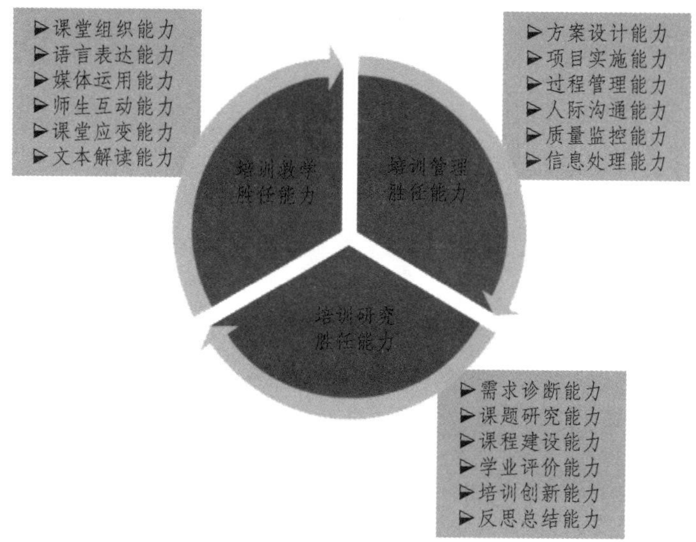

图6.2　教师培训者的胜任能力结构

一、培训教学胜任能力

教师培训者的教学能力，指培训者驾驭培训课堂的能力。具体地说，就是在正确的培训理念指导下，教师培训者通过合理的教学方法，有效地开展培训活动的能力。教师培训者的培训教学胜任能力主要涵盖了培训者在培训活动中所有的培训手段、培训方法、培训技巧和组织能力。教师培训者教学胜任能力主要包括课堂组织、语言表达、媒体运用、师生互动、课堂应变、文本解读等方面的能力。

（一）课堂组织能力

课堂组织能力直接影响每一堂培训课的成败。好的培训课堂组织将会使培训事半功倍。课堂组织能力是指培训者在课堂上集中受训者注意力，引导学习，建立和谐的教学环境，达成教学目标的能力。课堂组织能力主要体现在：一是合理确定培训教学目标的能力；二是讲课内容恰当处理的能力；三是帮助受训者形成良好风气的能力；四是收放自如地调控课堂的能力。

（二）语言表达能力

语言表达能力是培训者一项十分重要的能力。丰富科学知识的传授和美好思想感情的交流总是离不开语言。在培训教学过程中，评价参训者言语、与参训者的交谈、参与参训者的活动等，教师培训者的语言要具有规范性、纯洁性、准确性、激励性、启发性、教育性、简练性和直观性等。语言表达能力主要体现在：一是课堂上使用普通话的能力；二是课堂上讲究语言艺术的能力；三是语言准确表达的能力；四是在教育教学过程中注意语言禁忌的能力。

（三）媒体运用能力

教学媒体是指以采集、传递、存贮和加工教学信息为最终目的的工具和载体。教学媒体用于教学信息从信息源到学习者之间的传递，具有明确的教学目的、教学内容和教学对象。教学媒体在教学过程中负载信息，传递经验，把教学主体与客体紧密地联系在一起。媒体运用能力主要体现在：一是选择教学媒体的能力；二是使用教学媒体的能力；三是维护教学媒体的能力。

（四）师生互动能力

互动就是互相作用，互相影响。在培训课堂中发挥培训者和参训者的双主体作用，积极主动地进行思想、情感、认知等各方面的沟通与交流。增强培训课堂互动可以促进双方间的情感、认知等众多方面的体验与升华，从而解决教育教学中的许多难点与矛盾，使双方在彼此教与学的领域里得到更充分的发展空间，是强化教学的催化剂。参与式培训是现代培训的重要方式之一，教师培训者要给受训者创设一个与培训者互动参与的空间和环境。师生互动能力主要体现在：一是情感互动的能力；二是氛围互动的能力；三是思维互动的能力；四是教学过程互动的能力等。

（五）课堂应变能力

所谓应变，就是指培训者在整个培训授课过程中，面对由主观或客观的突发事件和意外情况造成的障碍和干扰，敏锐、及时、准确地做出反应，并采取有效措施加以迅速、巧妙、果断地排除和平息，从而使授课能继续进行的一种技巧和方法。应变能力就是这种迅速反应和处理的能力。在培训时，控场能力直接决定着授课的内容表达、风格体现和主讲者水平的发挥。课堂应变能力主要体现在：一是善于处理培训课堂突发事件的能力；二是善于控制自己情绪的能力；三是善于捕捉培训中教学情景的能力；四是善于运用控制原理激活培训课堂的能力。

（六）文本解读能力

解读能力是指认识问题、分析问题并依此作出判断、实施决策的综合能力。对教师培训者来说，这是对其学习力、领悟力、决策力、执行力等的重要考验。特别是在当前继续教育发展任务较重、矛盾困难较多、形势变化较快的情况下，培训者要注重提炼解读能力，用科学的理念、科学的方法抓好培训工作，推进教师教育发展。文本解读能力主要体现在：一是解读培训政策的能力；二是解读培训目标、任务的能力；三是解读受训者心理的能力；四是解读培训实施方案的能力。

二、培训管理胜任能力

在培训项目的实施过程中，教师培训者都要对培训进行管理，也就是通过激励、指导、参与、合作、分享、反馈等环节，对培训进行全面的质量管理。培训管理胜任能力，将有利于提高培训的针对性和实效性，有利于提高培训的教育效益和社会效益，有利于提升教师培训的品位。教师培训者的管理胜任能力主要包括方案设计、项目实施、过程管理、人际沟通、质量监控、信息处理等方面的能力。

（一）方案设计能力

方案设计即培训项目的策划与设计，是培训者实施培训的行动指南。任何一项培训都必须先设计一份较为完善的、操作性强的培训实施方案。方案设计能力主要体现在：一是项目方案的设计能力；二是项目实施的监控与调整能力；三是项目自我评估与改进能力；四是项目总结报告的设计与撰写能力。

（二）项目实施能力

项目实施能力是指在已有项目培训方案的前提下，教师培训者根据项目培训方案，有计划地开展教师培训工作的能力。它是教师培训者的一项核心能力，是看得见的显现能力。项目实施能力主要体现在：一是培训项目的选择能力；二是受训者的学情分析能力；三是培训过程的监控能力；四是培训资源整合能力。

（三）过程管理能力

过程管理能力是指在培训管理中对各个节点进行有效监测，并通过各个节点的精细管理进行调适的能力。过程管理包括两个方面：一方面是项目过程管理；另一方面是培训工作的全程管理，包括培训的规范管理、培训的制度管理和培训的程序管理。过程管理能力主要体现在：一是培训项目管理过程的应变能力；二是培训课程的管理能力；三是培训考核的管理能力；四是培训资源的管埋能力。

（四）人际沟通能力

教师培训活动是一个人际关系沟通的过程，培训者与受训者建立良好的沟通关系是做好教师培训的基础。教师培训者在教师培训过程中要善于交往，具备与人交往、与物打交道的能力。人际沟通能力主要体现在：一是善解人意的能力；二是善于聆听的能力；三是对受训者移情的能力；四是营造和谐的培训课堂的能力。

（五）质量监控能力

对成人培训课堂的质量监控必须反映出成人教育的特点，即体现“能力”和“过程”两个重要指标。教师培训者是培训质量监控的具体执行者，应当具有与普通教育不一样的特殊的质量监控能力。质量监控能力主要体现在：一是制定相对完善的培训质量监控制度的能力；二是采用多角度、多层次监控措施和手段的能力；三是对课堂教学实时监控的能力；四是反馈信息搜集与处理的能力；五是选择恰当的考核办法的能力。

（六）信息处理能力

信息处理有获取、加工、传递、存贮、检索和输出等步骤。对于教师培训者而言，具有较高的信息处理能力，在教师继续教育中充分利用信息技术，是培训者的职业性的要求。信息处理能力是一种终身学习的能力和信息时代重要的生存能力。信息处理能力主要体现在：一是有效地、高效地获取信息的能力；二是熟练地、批判性地评价信息的能力；三是精确地、创造性地使用信息的能力；四是探求与个人兴趣或教师培训相关信息的能力。

三、培训研究胜任能力

科学研究能力是指发现问题、分析问题、解决问题，或在分析问题时，有所发明、有所创造的能力。科研素质是教师培训者必备的素质，科研能力是教师培训者的基本能力。教师培训者具备科学研究的胜任能力，将有利于促使教师培训者对教师教育规律的进一步探索与研究；有利于形成研训一体，以训促研、以研促训气氛；有利于推进教师继续教育向纵深发展且在内涵上得到进一步的提升。培训研究胜任能力主要包括：需求诊断、课题研究、课程建设、学业评价、培训创新、反思总结等方面的能力。

（一）需求诊断能力

教师培训的需求诊断是有效教师培训的起点。当教师的知识、技能和态度状态等低于教育教学工作所要求的水平时，两者之间的差距就是学校和教师个体的培训需求；当学校和教师面临的教育教学问题需要解决，又苦于不能有效解决时，问题解决的策略就是培训需求。需求诊断能力主要体现在：一是研制教师需求的调研工具的能力；二是调研资料的整理与分析能力；三是寻找培训资源与培训项目相匹配的能力；四是需求层次的分解能力。

（二）课题研究能力

“课题”就是要尝试、探索、研究或讨论的问题，即指为解决一个相对独立而单一的问题，而确定的最基本的研究单元。课题是科学研究的最基本单元，具有较为单一而又独立的特征。教师培训者要把教育科学的基础理论知识转化为教育技能、教育方法和手段，使教育科学知识同实际教育教学衔接起来，达到某种预定的实际目标，就要着力于课题研究。在培训中研究，在研究中培训，将教育科研渗透于常规的教师培训，在实践中学习、积累教育科研的方法，这是培养和提高教师培训师专业化的关键。课题研究能力主要体现在：一是用适当的方法组织教师培训的能力；二是搜集资料并对资料进行有效分析的能力；三是独立确定培训科研课题的能力；四是推进“研训一体”发展的能力；五是中小学继续教育理论研究的能力。

（三）课程建设能力

教师培训者是教师培训课程的建设者，既是培训课程的设计、开发者，又是培训课程的实施、完善者。培训课程建设是教师培训者应该具备的核心专业能力素质。教师培训者需要主持和参与“调研—建构—开发—实施”的全过程，运用专业知识整合培训需求和培训资源，提出课程、论证课程、设计课程，并在实施的过程中不断地修改课程、调整课程、完善课程。课程建设能力主要体现在：一是发掘潜在的培训课程的能力；二是进行培训课程论证的能力；三是设计培训课程的能力；四是完善培训课程的能力。

（四）学业评价能力

学业评价是指培训者以培训目标为依据，运用恰当的、有效的工具和途径，系统地收集受训者在培训学习活动中认知行为上的变化信息和证据，并对受训者的知识和能力水平进行价值判断的过程。参训者的教育教学实践能力是培训学业评价的重要内容之一。学业评价能力主要体现在：一是建立受训者学习档案的能力；二是设计受训者学业评价标准的能力；三是评价受训者历史习作的能力；四是评价受训者教学实践能力的能力。

（五）培训创新能力

创新能力是运用知识和理论，在科学、艺术、技术和各种实践活动领域中不断提供具有经济价值、社会价值、生态价值的新思想、新理论、新方法和新发现的能力。教师培训者创新能力是教师教育质量的灵魂，是教师继续教育发展的核心。培训创新能力主要体现在：一是合理利用各种方法，例如组合法、类比法、联想法等的能力；二是善于总结前人培训得失的能力；三是借鉴和组合培训先进理念、方法的能力；四是在教师培训实践中不断创新的能力。

（六）反思总结能力

教学反思，是指教师对教育教学实践的再认识、再思考，并以此来总结经验教训，进一步提高教育教学水平。教师培训者从自己的教育实践中来反观自己的培训得失，通过教育案例、教育故事、教育心得等来提高培训教学反思的质量。反思是一面镜子，是一面发现培训教学中的问题的镜子。发现问题比解决问题更重要。培训教学反思包括培训教学前反思、培训教学中反思及培训教学后反思。反思总结能力主要体现在：一是善于发现培训中问题的能力；二是善于梳理问题的能力；三是提升解决问题的能力；四是善于行动研究的能力。

第五节　教师培训者的专业发展路径

教师培训者的高素质有赖于教师培训者的不断发展。当下教师培训者队伍数量不足，结构欠佳，专业化程度不高。为此，提升教师培训者的专业发展水平势在必行。一般来说，教师培训者专业发展的基本途径是学习、科研、反思和实践。

一、教师培训者要善于学习，不断丰富自己

学习是一个运用特定方式和方法摄取知识以扩大知识面和提高认识的过程。通过学习人类认识的既有成果，可以缩短探索的时间，开阔自己的眼界，丰富自己的知识。作为中小学教师培训者，首先要注意学习什么。我们要注意学习四个方面的知识：一是培训及其管理工作的方法论知识；二是管理科学知识；三是教育专业知识，即现代教育科学和心理科学知识；四是所教学科的基础知识和前沿知识。其次要注意向谁学习。一是要向前人学习，人类五千年文明史为我们积累了丰富的科学文化成果，其中有许多至今闪耀着人类智慧的光芒，对我们今天的工作学习仍然具有巨大的借鉴价值；二是要向同时代的人学习，同时代人的思想观点对我们来说具有更大的借鉴意义；三是要特别注意向同事学习，我们与同事构成了学校组织的集体，有着相同的工作环境和工作对象（当然分工不同），因而同事的经验、观点和思想最具有学习和借鉴的价值。再次是怎样学习。我们要坚持读书，不断积累各种知识；要善于观察，从周围的事物展开过程中和人员活动中吸取经验，比如专家的教学示范；还要经常与人交流，在与他人的对话中获得智慧，比如同伴间的交流。下面用“专家的教学示范”和“同伴间的交流”的两个案例说明教师培训者学习的两种形式。

（一）专家的教学示范

案例一：

优雅的成慧老师

这次成都大学组织“国培”跟岗学习，我被分配到成都市锦里小学，我的指导老师是成慧老师。

初次见到成慧老师是在她的讲座上。她讲的是有关英语课外活动怎样开展的话题。我看着她，中等的个子，大大的眼睛，纤细的身材，温和的笑容，一个柔弱的女子！当我看到她编排的英语剧《空城计》时，我感受到了她具大的能量：剧本是她写的，音乐是她选编的，舞蹈是她排的，场景是她设计和布置的，总之所有的事情都是她做的！

在锦里小学跟岗期间，我听过成慧老师的公开课、随堂课。有时候是孩子的玩伴，有时候是一个严肃的大姐姐，她的笑容、善良，她对孩子的宽容、尊重和爱，都给我留下了深刻的印象。她的教态，以及和孩子们玩的时候的样子，让我想到了两个字：优雅！最让我印象深刻的是，某天，一位老师试讲，请她指导，她先安排好自己班级的事情，听完这位老师的课，然后给予指导，她指导得耐心细致，她的笑容让我们觉得亲切和温暖。我感觉她无论拿到什么样的教材，都能轻易驾驭，游刃有余。午饭后，她安排我们看课磨课，接着又上了两节课。课后又有老师请她指导课，结束后她开始学习书法。从早上到学校直到晚上下班，她一刻都没有停过，笑容还是那么的甜美，仪态还是那么的优雅。我时常想：她那柔弱的身体里怎么会有那么大的能量？一个柔弱的女子，原来是这样的强大！后来又了解到她工作之余，除了练习书法外，还学习跳舞、打太极。难怪她给孩子们的英语剧排演得那么好！

跟岗的时间过去了，每每想起成慧老师，我就想到了“优雅”！

（广元市苍溪县陵江小学　龚丽）

从上面的案例可看出，成慧老师气质优雅、专业素养高，给学员们留下了深刻的印象。在专业态度上，无论工作有多忙、多累，成老师还是始终如一地面带笑容、态度亲切，让人倍感温暖；在专业知识上，成老师学识渊博，不仅具有小学英语的专业知识，而且具有音乐、舞蹈、历史、审美等方面的知识，让学员深深感受到了她的优雅气质，被她折服；在专业能力上，对教材驾轻就熟，游刃有余。成老师综合素质极强，她不仅能上好英语课，而且能灵活排练英语剧，给学员们呈现了丰富的精神大餐！成老师亲切、博学、优雅，润物细无声地滋润着观摩学习的老师，给他们做了很好的教学示范，让参培学员亲其师而信其道！

（二）同伴间的互相交流

案例二：

分享让生命更精彩

不知不觉，参加工作快二十年了。我也由当时稚气未脱的小青年，逐渐变成了被小青年称呼为“叔叔”的人。在近二十年的教学生涯中，我在苍溪教育战线这个大舞台上由青涩走向成熟，取得了一些成绩，主要得益于身边的一大批良师益友。是他们的甘于奉献让我心怀希望，是他们的鼓励安慰让我百折不挠，是他们的教育良心让我不甘平庸！

去年秋天，我有幸参加了成都大学承办的四川省“国培”数学培训团队置换脱产项目的学习。在学习中，教育专家的先进理念和鲜活案例让我耳目一新，跟岗实地参观学习让我自惭形秽，学员们的交流研讨让我眼前一亮。在点点滴滴的思想碰撞中，我对自己有了新的认识、新的思考。为什么不把我的经验、我的初衷、我的考量、我的想法告诉别人呢？为什么要把自己困在笼子里呢？

和老师们一起分享教学管理理念。学校不仅是我们为养家糊口工作的地方，更是我们体现人生价值的地方。教师是七十二行中一个平凡的职业，每一个教育人也都是茫茫人海中普通的一分子。所以，我们不需背负太多的荣耀与光环，我们只需做一个平凡的人。但我们的工作又有着特殊性，我们面对的是一个个鲜活的、有思想的人，所以我们的每一天都是新的。比起其他职业，我们有理由始终如一地保持着新鲜感和成就感。敬畏自己的职业，热爱自己的学校，做学校的主人，做自己命运的主宰者。在这种思想的引导下，我校的老师团结敬业、甘于奉献、淡泊名利、和谐快乐。

和同行们一起分享教育教学心得。每一年，我都要带领一批徒弟，还要和片区的同行们交流学科教学经验，指导他们的学科教学。理科教学不外乎在精讲多练上下功夫。讲什么，怎样讲清楚，如何讲得简单、讲得精练、讲得张弛有度，是一个教师教学经验、个人素养以及教学理念的体现。而练习则要练得有针对性，练得有梯度，练得高效。在指导徒弟们时，我经常让他们阐述备课的基本构思。指导他们上汇报课或公开课时，尽力帮他们分析吃透教材，设计合理的教学环节，精心编排有层次多维度的作业，充分展示个人教学理念。在巡回听课中，积极帮助他们发现一些自己难以注意到的问题，并直言不讳地指出来。有理有据，让他们有所感悟，有所改变。很多年轻人在和我的交流中感受到良师益友般的关怀、感受到前行的动力、感受到工作的意义。

和朋友一起分享生活感悟。工作到底是为了什么？什么是幸福？怎样提升幸福感？在天南地北的闲谈中，我们的思想得到升华，我们的灵魂得到洗涤。学生有收获，亲人健康，家庭和睦，不图虚名，不贪私利，凭良心工作，坦荡做人，此生足矣！

物质上的富有能让人获得满足感，精神上的充实更能让人感受到幸福。在你与人分享的时候，肩负的是一份信任，收获的是一份幸福。

分享是一种心灵的愉悦，享受快乐的同时，就懂得了体会世间的美好。分享是一种博爱的心境，学会分享，就学会了生活。分享是一种生活的信念，明白了分享的同时，就明白了生活的真谛。

分享，让生命更精彩！

（广元市苍溪县烟峰小学　任钦宏）

任钦宏老师从教近二十年，之所以取得显著成绩，与他勤于学习、乐于分享的优秀品质分不开。通过“国培”活动，他再一次获得了认识上的升华。分享，让他的工作更幸福；分享，让他的生活更阳光；分享，让他的生命更精彩！和老师一起分享教学管理理念，和同行一起分享教育教学心得，和朋友一起分享生活感悟。在与五湖四海的朋友的交流分享中，他的思想得到了升华，他的认识得到了提高，他的灵魂得到了洗涤。

生活中有两种人：一种人常常抱怨生活的不公，怨天尤人，祈求别人的认可和同情；另一种人灿烂阳光，心胸坦荡，带给别人的是快乐，是希望。任老师属于后者。愿所有的教育工作者都像他那样，用满满的正能量去感染、鼓励每一位学生以及身边的每一个人。

二、培训者要恒于科研，不断超越自己

科研是运用一定的方法，遵循科学的认识规律，根据对收集到的事实材料的分析，对假设或理论进行检验，以寻求客观事物的本质及其运动变化规律的活动。通过科研，我们可以发现规律，寻求优质教育和高效培训的模式和途径，形成自己的教育教学思想和教育教学风格。科学研究要注意三方面的问题。首先要树立科研意识，养成科研习惯。我们要在实际工作中做一个有心人，处处留心工作中的问题，并分析问

题存在的原因，找出解决问题的对策。其次要把握研究规律，掌握研究方法。在科研过程中我们要遵循发现问题、分析问题、解决问题的一般思路，按照研究的构思与设计、组织与实施、分析与表述三个基本环节，运用观察法、调查法、实验法和比较法等具体方法开展研究活动。再次要勤于积累，善于升华。在日常工作和学习中我们要坚持积累科研的素材，围绕自己关注的问题积累理论素材和现象事实，并坚持做好归类、整理和记录工作。与此同时，要善于分析资料，通过去粗取精、去伪存真，把既有的经验上升为理论。科学研究的形式多样，教学研究是其中的一种形式。教学研究的步骤通常为：（1）从每一天的教学工作中发现问题。（2）合理选择研究方法，切实开展教学研究。（3）把研究出来的设想或成果付诸实践，查看效果。效果理想，说明研究有成效；效果不理想，则继续改进、继续研究。（4）把教学研究中有成效的结果进行推广。以下案例是“国培”置换班的教师培训团队学员回到当地后，把所学用于实际教学，并对教学中存在问题进行研究的案例。

案例三：

营造良好的语文课堂氛围初探

一直以来，我的语文课堂似乎都是比较沉闷的，作为老师的我总是自以为是地认为，倾其所有，把知识传授给学生就是完成了课堂教学任务。直到工作几年后，与同事课后闲聊：“为什么学生总是出错，考试所出现的题型，课堂上我都讲过无数次，有些甚至是原题，学生怎么还是出错？”“或许学生一点也不想学！”同事的一句话引起了我的反思，让学生爱上学习才是解决这一问题的关键。

要让孩子喜欢课堂，又该怎么做呢？我猛然想到在成都大学参加培训时，专家的讲授和精心指导，让我习得的宝贵教学经验。于是，连续几周我不断观察学校老师上课的情况，希望找到改变的方法。无意间，听到学生银铃般的笑声，原来是体育老师正与学生手拉手玩“网鱼”的游戏。在扮演渔网在体育老师和最开始的三位同学的努力下，最后一个孩子也被“捕获”了。孩子们玩得不亦乐乎，老师时不时地给予指导，老师与学生相处融洽。老师不仅完成了本节课的任务，还让学生在无形中爱上了这样有趣的体育课，更爱上了这样的老师。孩子参与了整个过程，老师的教学任务是在孩子们自觉的状态下完成的。

我茅塞顿开，语文课堂也该营造一种具有感染力的教育情境，能为教师顺利进行语文教学创造积极的条件，能有效激发学生学习兴趣，促使他们积极探究知识，获得知识，提升能力，激发创造性思维，丰富情感，取得良好的学习效果。那么，应该如何营造一个良好的课堂氛围呢？

1．构建新型师生关系，营造民主和谐的语文课堂气氛

在中学语文教学中，老师和学生的关系是否融洽，决定着语文教学课堂气氛是否和谐。融洽的师生关系不是靠铁的纪律和挥动的教鞭“打”出来的，它依赖于教育思想和教育观念的转变，依赖于教师角色的转变，依赖于民主平等师生关系的建立。因此，在语文教学中，教师要树立学生观，因学行教，要以自身高尚的人格魅力感召学生，以渊博的知识激发学生，以饱满的激情感染学生，以精湛的教学艺术吸引学生，在和谐的气氛中重塑教师在学生心目中的崇高形象。

2．注重教学方法和教学组织形式，激发学生兴趣，营造积极主动活跃的语文课堂气氛

兴趣是最好的老师，是推动学生自主学习的直接动力。只有全方位调动了学生学习的兴趣，营造出积极、主动学习的课堂气氛，才能实现学生自主探究、参与合作等学习方式的改变。

（1）以生动形象的教学语言点燃学生学习的热情之火。

古人云：“言之无文，行而不远。”教师的语言生动形象，富有文采，让人喜爱。教学中讲故事、说典故、谈轶事、读美文，用丰富新颖的内容吸引学生，用灵活多样的形式打动学生，把学生引入广阔的语文天地。如《春》的导语：“一提到春，我们就会想到新的生命，无穷的力量，内心洋溢的喜悦，老人、小孩、男人、女人们都出来了，有的散步、放风筝、耕种、插秧……好一派春天的新气象……”学生听到这，怎能不心潮澎湃，激情飞扬？

（2）以丰富的想象激活学生的创新思维。

作品的意义是读者通过阅读活动发掘出来的，作品未经阅读前，只是向学生提供了一个多层次的结构框架，其间隐藏着许多值得思考的“空白”，有待于学生发现、填补、阐析，而这些“空白”的填补正是读者阅读活动中不可缺的、被激活了的思维元素，从而架起一座沟通作者与读者情感的桥梁。例如《芦花荡》中，老人最后将两个女孩送走时说了些什么？老人的性格会因这一次失误（女孩受伤）而发生变化吗？《背影》中，父亲送走儿子后的心情怎样？他接下来要做的第一件事你能想到吗？《台阶》中，父亲造完台阶后不适应，他后悔了吗？他将会怎么办？《记承天寺夜游》中，苏轼与张怀民在庭中散步时，他们交谈的内容是什么？

同学分组，进行合作探究，通过热烈地讨论，同学们加深了对课文的了解、对课文主旨的认识以及对人物性格的准确把握等。更重要的是，激发了学生的创造力，拓宽了学生想象思维的空间，提高了学生的参与度，给了学生发言的空间。不但营造了良好的课堂气氛，而且突破了教学难点。

还记得几天前，某学生在其作文中写道："我的语文老师上课总是神采奕奕，一双会说话的眼睛和抑扬顿挫的声音带我在知识的海洋里畅游，我总在他上课时打起十二分的精神，因为我清楚地知道，他不知何时会邀请我加入活动。"

我有幸参加了"国培"学习，与同行交流互动，既打开了自己的眼界和思路，又改变了自己陈旧的观念，对教学有了新的认识，更重要的是还学到了一些营造语文教学良好氛围的新的技巧。

（雅安市雨城区观化乡中心学校　吴德宇　江平慧）

从上面的案例可以看出，"兴趣是最好的老师"，学生只有"亲其师"，才能"信其道"。本文结合案例，作者把自己教学中的点滴收获进行整理归纳，形成了自己的教学理念，并付诸实践，得到了学生的认可。从文中我们看到了老师真正的成长，从初出茅庐的困惑到自我的反思提升，老师意识到师生之间应该是和谐、良好，亦师亦友的平等关系，能听孩子所言，能感孩子所思。我们经常说"教无定法，但贵在有法"，这里的"法"就是老师基于学情分析的有效的"教法"和"学法"的有机结合。教师在教学中将孩子的学放在首要地位，或许就是这群年轻教师与孩子融洽的师生关系擦出了新的教育亮光，它给了老师和孩子更多的自信与快乐，才让老师在教学中更坚信教学的过程少不了不断反思、不断总结、不断学习的步骤。

三、教师培训者要勤于反思，不断完善自己

反思是人类个体或群体以自身为对象，寻求更好的发展为目的而进行的积极的、仔细的审视和思考活动。通过反思，人类个体既可以总结经验、坚定信念，也可以发现问题，完善自我。反思应关注三个问题。首先是反思什么。我们要反思自己的言语、行动、经验和思想。通过反思，明确自己言语和行动的达成度与自己经验和思想的有效度，及时发现我们的言语和行动与目标之间、经验和思想与理想之间的差距，分析形成差距的原因，找出纠正偏差的对策。其次是什么时候反思。在反思的时

间上，要突出即时性和阶段性的统一。一方面，要及时反思自己的言语和行动，总结成绩，鼓励自己，找出问题及时纠正；另一方面，要对自己的经验和思想进行阶段性系统整理，将自己的经验升华为思想，将自己的思想进一步完善。再次是怎样反思。在反思的方法上，一是要坚持总结成绩与找出差距并重，我们既要通过反思肯定自己的成绩，激励自己，又要总结教训，纠正不足；二是要深入彻底反思，即对自己的言语、行为、经验和思想，要多问几个为什么，在多次追问中使其不断完善。

案例四：

“撕书事件”引起的思考

这件事发生在上学期期末，它令我惊诧、震撼，以至于心情久久不能平复。引起了我对教育教学工作的深刻反思。

事情是这样的：由于数学老师星期四家中有事，就主动与我调课。他上我星期二的课，我上他星期四的课。但我们调课后都没有通知学生。星期二英语课后，全班同学都在复习英语。这时，数学老师气喘吁吁地走进教室，看到全班同学都在复习英语，满腔怒火顿时像火山喷发，一气之下，竟然把靠教室门口这一小组同学的课本或资料书撕得粉碎。下课后，所有英语书被撕的同学愤然地把数学书撕得七零八散，以表达对数学老师的不满。

这件事发生后，并没有同学跟我及时反映。第二天，英语课上，我走到教室后排检查学生预习情况，一个同学突然站起来，说：

“孙老师，他们撕书！”

我愕然，“撕书？撕什么书？”

他结结巴巴地道出了事情的原委。

教室里鸦雀无声，大家都屏住了呼吸，气氛非常紧张。我一时无语，心情久久不能平静。半晌，我只是说：“没有数学书或英语书的同学一定要去借一本。”

现在，回过头来看这件事，数学老师当时做出极端举动的原因，一是可能认为自己没有受到足够的尊重，要树立他在学生中的威信；二是引起学生对数学课的重视，但却适得其反。不仅没有起到积极作用，反而激化了他与学生的矛盾，浇灭了学生学习数学的热情。这件事情也引起了我对教育教学方面的一些思考。

一是教师应该真正把自己放在与学生平等的地位，尊重学生。在这次事件中，数学老师和我都没有对学生讲清调课的具体时间，认为调课是老师间的事情，老师说了算，学生不必知道，也无权过问。没有把自己放在与学生平等的地位，更没有考虑到尊重这一层面。教育改革这么多年，我们一直倡导平等的师生关系，而现实生活中，总有一些老师凌驾于学生之上，师生地位不平等。如果我们多尊重学生，撕书的事情也不会发生了。

二是教师应该学会宽容，和学生融洽相处。其实，学生出现上面的情况很正常。或许是上节课作业太多，或许有其他原因，他们忙不过来。更何况学生确实不知道调课一事。这个时候，老师真的应该有海纳百川的胸襟。如果老师多一点宽容，多一些仁爱，就不会造成师生关系紧张了。这样，既保护了孩子的心灵，又赢得了学生的尊重。当然，只有和学生关系融洽了，与学生进行心灵的对话，学生才会信任你，才会对你所教的学科产生兴趣，教学效果自然会好。

三是教师应该思考自己工作的方式方法。在这次事件中，数学老师或许是想通过“撕书”这一举动引起学生对他及数学课的重视，但事与愿违。那么，在实际教学工作中，到底该如何培养学生对老师所教学科的兴趣，树立老师在学生中的威信呢？是依靠高压威慑，还是以自己特有的人格魅力去征服学生，抑或是其他更好的方法？这些无不让我们深刻反省，需要我们在实践中努力探索。

（巴中市平昌三中　孙燕）

上述案例中，学生仅仅在不知情的情况下拿错了书就引起了老师的“撕书”行为，令人感叹。在应试教育体制下，不得不说，老师压力是非常大的，但也不能以类似“撕书”这种极端行为发泄。“撕书”本身是一种不尊重知识和学生的行为，数学老师的动机是让学生重视数学课，但其行为粗暴简单，只能引起学生反感。幸运的是，作者进行了反思，对如何建立良好的师生关系提出了自己的看法。只要老师善于反思，善于从平常的教育教学行为中审视自己，就一定能做一个受学生爱戴的好老师。

四、教师培训者要勇于实践，不断地提示自我

实践是人们有目的地改造特定对象的活动。认识是实践的前提，实践是认识的基础。只有通过实践，人们的认识才能提高并转化为行动的信念和能力，人们才能在对社会做出贡献的同时实现自身的价值，才能形成与众不同的自我。实践过程中应注意两方面的问题。首先，要有实践的意识和勇气。及时抓住机会，将想法转化为行为。

其次，要讲究实践的方法。当面对机会时，要仔细分析，再做出选择。当产生新的想法时，要对新想法进行可行性论证，然后进行实践。当决定实践时，一定要讲究实践程序和方法。只要善于学习、恒于研究、勤于研究、勇于实践，我们就一定会成为一个高素质的受学员欢迎的培训者。

案例五：

课堂微观察，就“视”不一样

这个暑期真的有点不一样。记得那时正是酷暑难耐的八月天，纳凉、避暑、旅游、看世界……我正筹划着一家三口如何潇洒走一回。

可计划永远赶不上变化。突然，来了个电话，是县教科局的王主任，他请我准备一下，八月十日带队到成都大学参加“国培”计划团队培训者培训。说句实话，我当时有点蒙了，迟疑了，倦怠了，有点不情愿，觉得大煞风景。

芙蓉花开蜀都红，梨花开遍苍溪香。这次培训，我收获满满。

春秋伊始，往昔那段记忆可能有些斑驳，但至今心里还有点澎湃，涟漪浮现。我早就想写点什么，可都是课堂上那点事，还真说不好。

若要说起印象，记得最清楚的是第一次送教到校。那是到剑阁县义兴小学，也是第一次，偏远姑且不论，独自一人，一路的忐忑，在颠簸中，只记得到了剑门关，穿过隧道，下了金子山，就到了。毕竟是市教育局组织的，代表苍溪初中语文水平，心里的压力，嘴上不说，但自知当铃声响起的那一刻，那堂课开始，声音好像比平时多了异样，有些微颤，多了些旋律，调有点儿不正。说句心里话，课堂上二十年的摸爬滚打，淡定是最好的节奏。

一分钟，两分钟，三分钟……乱撞的心，稍稍平静了些。过后，渐入佳境，如行云流水，娓娓道来。

当时，我讲的内容是《文本解读之微观察》，听课的都是剑阁优秀的语文教师，今时今日，回想起来，我还心有余悸。如今，送教送培已不下数十场，终不负众望。如今，无论是送教，还是平时上课，仍不改初心，循序而为，渐入佳境，乐而忘返。

课堂微解读，就拿上次在元坝镇中办的一场讲座来说吧！

课例展示：

我与父亲不相见已二年余了，我最不能忘记的是他的背影。

此段在文中的表达作用：（1）思念之情；（2）感情基调；（3）突出“背

影”；（4）设置悬念，激发读者兴趣。

大抵不外乎这四种解读，仅止于此。其实不然，我们不妨对此文本进行微观察，细探究，沉入文本，尊重语言表达的方式，你就会发现：这一段中有一处语言表达方式不一样。

第一段为全文定下了感情基调，是作者的情感密码，但不仅仅是思念之情，还有愧疚之情，悔歉之意。只要你细细品味，细微观察，你会惊奇地发现：本篇的文眼就在于“不相见”这三个字上。此三字采用的是文言文风格，其余部分采用白话形式表达，“视”不一样。查查典籍，看看文本，探究作者语出此言的目的。

低下头，细细看，你会发现以前错过了很多。其实，文中的“不相见”，此处用典，语出《左传·隐公元年》。

我们知道，朱自清先生是提倡用白话进行散文写作的，但是在这里却烦琐地用了文言：“不相见已二年余了”，为什么不用相对简洁常用的“离别”“分别”呢？这正是作者的妙笔所在。“不相见”其实是“不及黄泉，无相见也”的缩写。

当时，在课堂上，我把这个故事娓娓道来，声情并茂地在线讲述：

春秋时期，郑国国君郑武公有两个儿子，一个称“庄公”，一个称“共叔段”。郑武公死后，他的大儿子郑庄公继位。可是，庄公的弟弟共叔段，因为在偏爱他的母亲姜氏的极力支持下，大胆扩充自己的封地，积极进行夺取王位的准备工作，伺机谋反。因此，郑庄公一怒之下，将其母安置到颍城，发誓说：“不及黄泉，无相见也！”

事后，庄公非常后悔。后来就有个叫颍考叔的孝子给庄公出主意，机智提出“掘地及泉，遂而相见”的办法，在地道里，最终庄公与母亲姜氏得以相见。

这就是历史上著名的郑庄公“掘地见母”“黄泉相见”的故事。此处为“不及黄泉，无相见”典故的活用。

就这样，课堂微观察，一个小故事，让我这堂课收到不一样的效果。不但难点突破了，文本解读的高度提升了，更重要的是课堂“活”起来了，孩子们动起来了，思想活跃了，善于观察文本背后的故事。

在同课异构的送教过程中，偶然间，我发现朱自清先生的《背影》还可以这样诠释：

文章开头作者淡淡地说“我与父亲不相见已二年余了”，“不相见”是不能见，不愿见，抑或是不敢见？

其实，只要我们尊重文本，进行微观察，就不难理解了。

教师展示资料：

1915年，朱自清父亲包办朱自清婚姻，朱自清有怨言。父子生隙。

1916年，朱自清上北大后，自作主张改“朱自华”为“朱自清”，父亲很生气。

1917年，父亲失业，祖母去世，家庭经济困难。朱自清二弟几乎失学。《背影》的故事就发生在这一年。

1921年，朱自清北大毕业参加工作，父亲为了缓解家庭经济压力，私自扣留了朱自清的工资。父子发生激烈的矛盾。朱自清离家出走。

1922年，朱自清带儿子回家，父亲不准他进门，朱自清只能怅然离开。

1923年，朱自清再次回家，父亲不搭理他。父子开始长达多年的冷战。

1925年，朱自清父亲写信给儿子：大约大去之期不远矣。朱自清在泪水中完成了《背影》。

教师课堂教学片段实录：

师：原来父亲来信的背后，遮遮掩掩之间，隐藏着父子之间的一场“情感战争”。大家想想，父亲想通过这封信表达什么？上课一开始大家说希望儿子回去看一看。现在想想呢？对，求和。是父亲在向儿子求和。这里是儿子胜利了吗？对！没有什么胜者和败者。作者读信后泪如泉涌，是一种什么情感？

生A：对父亲的理解。

生B：愧疚感。

师：对，父亲能主动求和，我这个做儿子的却不能。真的要到“子欲孝而亲不待”吗？看资料。

师：1928年，朱自清的父亲读到了这篇文章。据朱自清的弟弟朱国华回忆说，当父亲一字一句读完《背影》时，他的手不住地颤抖，昏黄的眼珠好像猛然放射出光彩。父子释怀了。

师：可以说，朱自清是怀着羞愧、伤悲、感恩等复杂的情感写《背影》的，作者写《背影》其实用情极深、用力极猛。短短一篇《背影》里有悠长的朱自清的生活史、情感史、思想史。《背影》背后的故事，更让我们看到了人性中真实的一面。作者的忏悔是很沉重的，沉重到每思及此，就流下眼泪。

师：《背影》所传达出来的“沧桑感”是沉重的，它潜隐在作品的字里行间，行走在言语的心灵中。

其实，做好课堂那点事并不难，只要尊重课堂、尊重文本，进行微观察，用语文方法学语文，用语文规律教语文，走读写教学之路，沉入文本字里行间，研文本细微之处，就能为学生呈现不一样的视角。

（广元市苍溪县东溪初级中学校 谭平）

上述案例中，谭平老师的教育叙事《课堂微观察就“视”不一样》体现了现代化教育发展的方向，是个性化教育课堂的典范。他以课堂上的那点儿事为题材，从送教路上和课堂上说起，娓娓道来，如行云流水，切口虽小，但主题鲜活，耐人寻味。他的课清新洒脱，生动而雅趣，流淌着“个性语文，写意人生”的课堂教育理念。在“国培”送教的课堂上，他情感丰富，故事鲜活，富有感染力；他非常关注每一个学生，关注每一节课文字背后的故事，注重学生个体的学习方式的研究，注重学生个性思维方式的培养。教育家叶圣陶先生曾说过：教材只能作为教课的依据，要教得好，还要教师善于运用，学生思维培养才是上策。

第七章　教师培训对象

教师培训是教师专业发展中的一个重要环节，教师培训意义重大且受诸多因素影响，良好的培训环境、适宜的培训内容、高水准的培训者等都是教师培训有效实施的关键，也是培训中被关注的重点，但是，作为培训主体的培训对象往往被忽略。审视当前一些低效的培训活动，可以看出，培训对象自身角色的定位不清以及培训对象发展需求的不充分满足是影响培训质量的重要原因。因此，未来的教师培训应该将关注重点从外在的条件改善转向内在的因子系统，实现培训模式的变革式突破。

第一节　教师培训对象的角色定位

长期以来，无论是职前还是职后培训，大多都是以“授—受”的方式进行的，教师在培训中往往将自己当作“听众”，最重要的职责就是完成培训任务，接受培训者抛出的内容，缺少在培训过程中的主体参与意识，究其原因在于培训对象对自己角色的定位不清楚。

一、教师培训对象的内涵及特点

本文中的教师培训对象是指为实现自身的专业发展，参加由教育行政部门统一组织的在职培训活动的教师群体。由此可见，教师培训对象的范围是限定在已经从事教师职业的群体，不包括职前培训以及师范教育。另外，教师培训对象所肩负的最重要任务是在培训过程中实现自我的专业成长，具体包括教育教学理念的更新、知识的扩充改组、能力的培养与提升。培训对象是整个培训系统中的一个核心要素，所有培训计划与方案、主题与内容、方式与方法的设定都需要以此为核心。参培教师作为整个培训过程的重要对象，有着教师群体所具备的普遍性特征，同时也有教师在培训中特有的角色特点。

首先，教师培训对象的结构具有复杂性。虽然在现实中大部分的培训都是以学科或者学段为单位来组织教师，但是参培教师在年龄、职称、学历结构等方面还是存在差异。教师的年龄在一定程度上代表着教师的教龄，是衡量教师师资质量的一项重要考核指标。对于教师而言，仅有理论的知识远远不够，还需要有一定时间量的教学经验和技能的累积。年长的教师一般教学经验丰富，能力和知识结构相对稳定，但同时也不易改变。相比较而言，年轻的教师在教学经验上有所欠缺，但可塑性较大，精力充沛，更容易接受新理念、新方法。职称是对教师教学能力和水平的一种级别性评定，不同的职称等级反映出教师不同的教育教学素养水平。与职称紧密联系的就是教师的学历，教师的受教育程度代表着教师的理论知识水平、专业素养以及教学科研能力，同时也预示着未来的可发展能力。高学历的教师往往更重视自身的专业成长。因此，对于教师培训而言，教师的年龄结构、职称结构以及学历结构的差异性会导致培训内容和方式的多元性。

其次，教师培训对象的能力具有不均衡性。教师的在职培训实际上属于成人学习的一种方式，而成年人则是在实际生活中积累了一定的经验以及学习资源的群体，因此不同的参培教师在能力基础上必定不一致。由于工作经历、教育背景、文化水平、思想观念和对事物的认识各不相同，教师在能力发展水平上具有层次差异性。例如，有些教师的学习能力较强，能在已有知识经验基础上快速地消化吸收新知识，并能将旧知识进行重构和有效地融合，反映在培训中就是能够轻松理解并同化专家所传递的新观念、新方法。另外，部分老师的科研能力较强，能够在培训中不断研究，在研究中不断反思，知道自身存在的问题并有解决问题的动力。因此，参培教师的能力基础是培训效果实现的关键。

最后，教师培训对象具有地域差异性。由于城乡经济发展，教育资源和学校教学制度的差异，以教龄和职称对所有参培教师进行层次划分，往往同一层次城乡教师在专业发展水平上存在差异，比如具有中级职称的乡村教师，在具体学科专业知识和能力上还没有达到中级水平，与中级职称的城镇教师在专业发展水平上存在一定差距。另外，在教师培训中，乡村教师所占的比例较少，培训数量上远不及城镇教师，而且多数情况下，承担培训的机构在设置培训方案与内容时往往不会考虑乡村教师的特殊性，从而设置有针对性的内容与方式，因此，乡村教师在培训中往往处于弱势，培训所带来的效益也会大打折扣。

二、教师培训对象的类型

教师作为培训对象具有多层次、多样性，按照不同的标准可以将教师培训对象划分为不同的类型。

按照教师自身专业发展的阶段划分，可以将参培的教师划分为新任型教师、熟手型教师、专家型教师。新任型教师一般是指刚踏上工作岗位1～2年的新教师，这类教师在教育教学知识储备上比较丰富，但是实际的教学经验缺乏，需要提升的空间比较大。而熟手型教师则是入职3～9年，且具备一定的教育教学经验，拥有自己的教学专长和较丰富合理的知识结构。专家型教师通常教龄在10年以上，不仅具有丰富的理论与实践经验，同时还具备较强的科学研究素养，在自己的领域内形成了一定的权威影响力。因此，教师培训应充分考虑到教师现今所处的专业发展阶段，选择并设置合理的培训内容。

根据教师所获得的层级荣誉，可将教师划分为普通教师、骨干教师、学科带头人、特级教师、名师、教育家。通常情况下，参培教师以普通教师、骨干教师、学科带头人为主，而特级教师、名师、教育家则是作为教师培训专家参与到培训活动中。

根据教师所教学生的学段划分，可将参培的教师分成幼儿园教师、小学教师、中学教师三种类型。大多数情况下，参培教师都是按学段或者学科的标准划分的，这样一来，培训的内容会更加具有针对性，同时教师也容易接受。另外，相同学段的教师之间还会有更加详细的分类，这种情况往往是按年级的不同来划分的，同一学段同一年级的教师无论是在专业知识技能还是在职业发展路向上都具有一致性。

根据教师所在的区域空间进行划分，可将参培教师分为乡村教师、城镇教师。由于地域差异，乡村教师的专业素质参差不齐，各级各类教育行政部门十分重视乡村教师的专业化提升，积极投入财力、物力，乡村教师在教师培训中的比例逐渐扩大，甚至有专门针对乡村教师或者偏远地区教师设置的培训项目，能有针对性地提升乡村教师的专业素养。

三、教师培训对象在培训中的角色定位

角色是一定背景中一个或多个人的行为特点，它规定了行为者在一定情景中所应该表现的心理与行为方式。教师培训对象在培训中的角色是多样的，包括学习参与

者、研究反思者、实践变革者以及经验推广者等。

1. 学习参与者

学习参与者是培训对象在教师培训活动中的首要角色，是其他角色的基础，在传统教育培训视域中，“学”是培训对象的中心任务。学员在特定的时间内接受培训者传授的大量的教育教学理论和实践知识，其形式有的是讲授式的，有的则是实操式的。但无论如何，培训教师在这个过程中都发挥着学习参与者的角色，是信息的输入者。而在教师的职后发展教育中，“要我学”的现象还长期存在，教师自主学习意识不强，主动变革自身的积极性不强，因此，如何让职后教育变得更有意义，让教师主动、积极、持久地投入到发展实践中，这是教育主管部门以及培训机构需要努力的方向。

2. 研究反思者

学习之所以使人进步，在于学习者对已有不足的反思。在培训过程中，如果离开了培训对象的研究与反思，那再多设计精良的课程内容都将无法促进教师自身的专业成长。科研能力是一线教师必备的素养，也是培训对象必须实践与提升的一项重要能力。培训对象在培训过程中不断地反思与研究，有利于提高培训的效率，促成研训一体，以训促研、以研促训气氛的形成。[①]另外，除了提升教师自身的专业素养外，培训与研究相结合还能帮助教师进行问题诊断，解决日常教学过程中遗留的难题。因此，教师培训活动应创新传统的培训模式，将课题研究贯穿于培训过程始终，推动教师教育往纵深方向发展。

3. 实践变革者

实践变革是教师参加培训的内在隐性要求，如何将培训中学到的间接经验转化为直接经验，重要的途径就是教师的实践。结合所学的先进知识，突破陈旧的教育教学是教师培训实效得以彰显的关键。作为变革的主体，教师应该在培训过程中有意识地吸收新经验，从自身的教学实际中找差距，改变“课上激动，课后不动”的低效信息输入局面。此外，作为承担培训工作的机构，应该尽可能多地与培训对象对话，了解教师在实践教学中的难题，从而设计和制定更加具有实效性的培训内容和培训策略。

① 李更生．基于胜任力及其模型建构的教师培训师学习与培训[J]．教育发展研究，2014，33（18）：39～44．

4. 经验推广者

职后培训作为教师专业发展的一种重要资源，往往存在局部或个体差异性，特别是在乡村和偏远地区，师资质量普遍偏低。但由于内外部条件限制，教师人均进修机会与城市教师相比较少，因此想要充分利用已有资源，实现培训效益的最大化，就需要培训对象充当经验推广者的角色，变知识的输入为输出，影响身边其他教师，传递最新的教育理念与教学方式，最终达到共同发展。

第二节　教师培训对象的需求分析

随着信息化时代的不断发展，社会对教师素养的要求不断提高，大部分教师原有的知识能力结构已经不能满足教育现代化的建设需求，教师培训不仅是教师的发展权利，同时也成为教师必须履行的一项义务，无论是哪个层次的教师群体，都必须接受必要的培训，教师培训已经成为教师继续教育的一部分。近年来，为加强教师队伍建设，国家颁布了一系列的法律法规，为教师队伍的发展提供制度保障。与此同时，各级教育部门也在人力、物力、财力上加大投入。但从实际的培训现状来看，效果与投入不成正比，原因在于对培训对象需求的忽视或者对教师培训中需求分析的误解。

一、教师培训需求分析的内涵解读

培训需求分析也称作“培训需求评估”，指在规划与设计培训方案之前，由有关人员采取各种方法和技术，对各种组织及其成员的知识、技能、态度等方面进行系统的鉴别与分析，以确定是否需要培训及培训内容的一种活动。[①]培训需求分析是培训系统中不可或缺的重要组成部分，是最为关键的一个环节，它既是确定培训目标、设计培训课程和实施方案的前提，又是进行培训效果评估的基础。

教师培训需求特指的对象是教师，不包括学校层面或者教育部门的外在需求，通常被理解为教师教育教学工作需要达到的状态与现实状态之间的距离。本文认为，教

① 李燕萍．培训与发展[M]．北京：北京大学出版社，2007：84．

师培训需求就是指教师为实现自己在教育教学领域的专业发展，从而对参与培训内容、方式方法、师资力量、考核方式等方面的主观需求和愿望。教师培训的需求分析是满足教师内在需求的基础，是教师培训具有针对性和有效性的保障。因此，只有高度重视以及正确做好教师培训对象的需求分析，才能使培训有效地满足学校和教师的需求，保障培训的科学性与针对性，进而提升教师培训的效率，真正促进教师的专业成长。

二、教师培训需求分析的价值意义

教育教学中经常提到“以学定教”，即根据学生的学习情况来制定有针对性的教学内容及教学手段。同理，在教师培训中，“以教师为本、按需施教”也成为共识。全面而充分地了解当前教师培训的现状，并针对教师对培训的具体需求制定相应的方法策略，这对教育行政部门、培训机构以及教师本身都具有十分重要的意义。首先，教师的培训需求分析有利于让有关的教育行政部门了解教师在培训过程中的现状，例如教师对职后培训的态度、教师培训过程中存在的问题、教师培训的实际效果以及教师真实的发展需求等，把握这些情况后，教育行政部门才能更加科学合理地制定相关的政策制度，从而促进教师培训效果的提升。其次，教师培训需求分析还能为承办教师培训的机构提供决策性的参考依据。人的发展是一个动态的、持续的过程，因而教师也不可避免地产生动态的、发展性的需求，这就要求培训机构应当不断更新和优化教师培训的内容，让培训内容符合当前大的教育环境背景。同时，在培训方式、培训时间、培训地点、培训师的选择等方面也应尽量贴合教师的发展需要。最后，教师培训需求分析还有利于满足社会和教师所任职学校对教师整体水平的要求，与此同时，针对教师真实需求而开展的教师培训活动更加有利于调动教师参与培训活动的积极性。

三、教师培训需求分析的内容与方法

即使教师培训需求分析已经在理论价值上得到了一定的论证，而且实践中也日渐成为关注的重点，但是在培训过程中仍然存在做了需求分析收获却甚微的情况。究其原因，培训需求分析在受到重视的同时也进入了一些误区。正如前面提到的，教学实践是具有复杂性的，教师在实践中所遇到的问题是不断变化的，因而教师自身的需求也随着矛盾的变化而不断变化，这就意味着需求分析不能简单与培训前期调查画等号，它必须是一个贯穿培训过程始终的持续性事项。

前期的需求分析是很重要的，是培训活动进行下去的航向标，但是培训中的需求分析以及培训结束后的应用性需求分析也很关键。首先，培训过程中的需求分析要求培训者根据教师在过程中面临的新问题来不断调整既定的培训方案，培训中的需求分析能保证培训方案的灵活性和开放性，提高培训方案对不同受训教师和培训情景的适应性，它需要培训者、当地教育主管部门和受训教师共同完成。[①]其次，在培训结束之后，教师将新学到的知识技能应用到实际的教学活动中时可能也会遇到各种不同的问题，这种情况下，教师又将产生新的学习需求，因此，对参培教师培训结束后的持续跟踪就显得十分重要，只有促成教师将之前所学变为今后所用，才能真正提升培训的有效性。

教师培训需求分析并不是一味地满足教师的所有需要，而应该在满足的基础上实现适当的引领。实践证明，满足教师的培训需求能够在一定程度上激发教师学习的积极性，让教师真正有兴趣参与其中，并将自己当作是学习过程中的一部分，有利于培训效果的提升，但是如果将整个培训仅仅放置于教师已知的需求上，则会让培训缺乏引领性和提升力。因为在很多情况下，教师可能并不清楚自己在专业成长方面究竟需要什么，或者身处相对偏远地区的老师由于某些局限根本不了解现今和未来社会变化趋势，其发展需求存在滞后性。因此，教师培训需求分析是制定教师培训活动的核心参考点，但不是全部，还应该根据现实需要来引领教师，从长远的角度来提升培训质量。

1. **教师培训需求分析的内容框架**

教师培训需求分析的具体内容框架是保障需求分析科学性的基础，纵观国内外教师培训需求内容的研究，研究的范畴主要包含以下几个方面：培训目的或价值、培训时间、培训内容、培训方式、培训师资、培训评价。

第一，培训目的或价值。培训的目的或价值这一内容维度可以基于培训对教师产生的影响作用来考察，例如教师对培训的基本态度以及教师对培训的动机因素等。教师对培训的目的认识直接决定着教师参与培训的态度，有的教师认为培训的目的在于

---

① 徐恩芹，程桂芳．理性审视教师培训中的需求分析[J]．中国教育学刊，2011（03）：69~71．

完成学校上级的行政要求，这是一种纯外在的目的，导致的结果是教师被动接受并以较为功利性的价值态度对待培训活动，甚至将参加培训当作是评优晋职以及提升待遇的敲门砖。而部分教师则能正确认识到培训对自身专业成长的重要作用，参加培训最直接的动机是提升自己的专业素养和教育教学质量。

第二，培训时间。一般来讲，教育行政部门不会对培训的时间有严格的规定，多数情况都是各地根据实际需要合理安排时间。培训时间这个内容要素里面包含着培训时间安排、培训时间长短以及参加培训频率三个方面。培训时间的安排主要涉及将培训时间设置在哪一时间段，比如是将培训安排在周六周日、寒暑假还是工作日。培训时间长短则是指一位教师在一年内培训时间的累计，不同地区不同学校教师参与培训的累计时长存在一定的差异，例如乡村教师一年之内参加培训学习的时间相较于城市学校的教师少，这在一定程度上也反映出我国教育资源的城乡不平衡。跟培训累计时长关系密切的就是教师参加培训的频次，主要有一学期、一学年、两学年等。

第三，培训内容。培训内容是教师最关心的话题，通过对文献的梳理与分析发现，教师对教学设计、课堂教学评价、青少年学习心理及健康教育和师生沟通等方面的培训内容非常感兴趣，而对理论性知识过多、培训内容不切合教学实际等的培训内容不感兴趣。有学者认为，在教师培训内容上存在“二少一脱离”的现象，即教育教学科研的内容在教师培训中涉及较少，不能有效地提高参加培训的教师在教育科学研究方面的水平；学科前沿发展情况以及新的教育理念的相关内容在教师培训中涉及较少，不能有效地开阔参训教师的视野；培训内容脱离教育教学实际而侧重理论知识，不能有效地帮助解决参加培训的教师在教育教学工作中所遇到的实际教育教学问题。[①]虽然不同的教育工作者对培训内容的需求不同，但是总体上来说，教师普遍倾向于实践性较强的内容。

第四，培训方式。选择适合教师的培训方式会让教师培训效果事半功倍，是提高教师学习参与度的关键因素。由于培训方式存在多样性，只有适合培训对象特点的方式才是最好的，因此，培训者可以根据教师的需求选择较为合适的方式，或者采用多种方式相结合的培训方法。多数研究表明，培训形式会因教师角色不同而存在一定差异，但多数教师在选择上会倾向于参与性强、具有实践取向、与自己的实际教学活动经验贴近的方式，如案例研讨与分析、观摩考察、情景教学和专题讲座等。

---

① 胡艳．影响我国当前中小学教师培训质量的因素分析[J]．教师教育研究，2004（06）：18～22+12．

第五，培训师资。教师培训师资结构不合理、教师培训师资水平与教师需求不相符等问题是当前我国教师培训在培训师资方面存在的问题。不同的学段以及学科的教师对培训师的专业素养有不同的要求，但总体来讲，都需要教师培训者无论是在学科专业知识与能力还是人格素养上都有过硬的实力。每一次的教师培训在师资选择上都应注重均衡性，专家类的培训者能够满足参加培训的教师获得教育理论方面的知识的需求，中小学优秀教师类的培训者能够满足参加培训的教师获取学科教学法知识方面的需求，科研员类的培训者能够满足参加培训的教师提高科研能力方面的需求。[①]既要为参培教师安排一线岗位的优秀教师以及授课经验丰富的骨干教师，同时也要安排能够对教育教学起指导作用的学科专家，这样多样化结合的方式有助于教师在实践和理论上都得到提升。

第六，培训评价。培训考核是对教师参加培训效果的一种检验，评价方式有多种，主要包括考勤、综合测评、考试、撰写论文、实践考核等。有效的培训评价方式能够激励教师主体意识的发挥，同时评价应该贯穿培训的始终，设计多方面、多层次、综合性的评价方式。不同的教师对培训评价方式的喜好是不相同的，所以针对不同层次、不同类型的教师培训群体就应该采取不一样的评价方式，例如部分教师在培训时偏向于教学设计、展示汇报等操作性强的评价方式，而部分教师则偏向于理论性较强的书面性评价。因此，对培训评价的需求分析有助于提升教师的参与动力，进而改进教师培训的效果。

2. 教师培训需求分析的调查方法

有效的需求分析方法是提高需求分析成效的根本保障。在教师培训中，常用的需求分析方法是问卷调查法，并辅以少量的访谈。问卷调查主要是利用编制好的调查表和调查问卷收集信息，从而进行频数统计和比较分析。问卷调查的内容维度主要包括培训目的、培训时间、培训内容、培训方式、培训师资、培训评价等方面，其中培训内容是教师培训需求调查中最关键的一部分，也是整个教师培训活动质量的保障。在对培训的内容维度进行设计时，常采用绩效分析模式，其重点在于确定预期绩效与实际绩效之间的差距，并分析预期绩效与实际绩效之间产生差距的原因，进而分析出培训的需求。[②]教师的培训需求就是指国家或学校层面对教师

---

① 王全乐，王红娟，庞凤霞．骨干教师省级培训对象需求调查及建议[J]．中小学教师培训，2006（05）：21～22．

② 赵德成，梁永正．教师培训需求分析[M]．北京：北京师范大学出版社，2012：24～25．

提出的专业标准或学习内容与教师实际水平能力之间的差距。例如，在《中小学教师专业标准》中，对中小学教师提出了三个方面的专业要求，即专业理念与师德、专业知识以及专业能力，那么，在对教师培训内容需求维度的问卷设计上，也应该包含以上三个方面的内容，这既是新时期国家对全国范围内的中小学提出的要求，同时也是对在职教师教育教学工作提出的要求。当然，除了参考国家政策规定的内容维度外，还可以通过前期的深度的访谈了解教师更多的内容需求。除此之外，灵活的培训方式有利于乡村教师培训内容的有效呈现，优质的乡村教师培训师资队伍是保障乡村教师培训质量的关键性因素，培训时间和地点是影响乡村教师参加培训较为重要的因素，合理有效的培训考核方式是检验乡村教师培训工作的准则。调查教师培训内在需求时通常采用李克特量表，量表从非常符合到非常不符合分别计分（5～1），分数代表着教师培训的需求程度，得分越高或频次越高则表示教师对某一项的需求程度越高。由于问卷调查的方式不能完全覆盖教师所有的需求，而且有些教师的需求相对比较内隐，所以应该在问卷调查的基础上适当补充访谈研究，在与教师面对面的访谈交流中了解教师的真实需求。

3. 教师培训需求分析的实践案例

四川省教师培训项目办公室本着了解对象、分析现状和把握需求的原则，对省内教师培训问题展开了大规模的调研活动，调研范围覆盖全省21个市州。此次调查对象分为幼儿园教师、中小学教师、中小学校长和基础教育教研员四类，抽查方式采用分层抽样法，共计调查了275 429人。调查对象以中小学教师为主，中小学教师225 558人，占调查对象总数的81.89%；其次为幼儿园教师，幼儿园教师23 789，占调查总数的8.64%。问卷内容主要包括：调研对象基本信息、培训现状和培训需求。对象基本信息约涉及10个选择题，培训现状和需求约涉及30个选择题，单选和多选兼有。现状调研设计了被调查人员对培训价值、培训障碍、培训内容、参训经验、有效方式等理解性题目。培训需求调研中设计了被调查人员对培训内容、时间、方式等喜好的选择，对专业成长影响因素的选择以及对职业生涯的反思等题目。题目经过多次论证，整个卷面结构化地包含了所要调研的现状与需求的关键信息，信度与效度较高。具体调查对象统计如表7.1所示。

表7.1　调查对象统计

调查对象类别	人数	百分比（%）
幼儿园教师	23 789	8.6
中小学教师	225 558	81.9
中小学校长	7 156	2.6
基础教育教研员	18 926	6.9
合计	275 429	100.0

在对教师培训需求进行调研和分析之前，先对教师对培训的认可以及对培训的价值态度进行了调查。从总体上看，各类调查对象对参加过的培训的认可态度比较高。对幼儿园教师设置的题项为“培训是否能够满足自身发展需求”。调查结果表明，58.5%的幼儿教师认为当前的幼儿教师培训活动能够满足自身发展需求，36.4%的幼儿教师认为能基本满足自身发展需求，只有5.1%的幼儿教师认为不能满足自身发展需求。对中小学教师设置的题项为“培训是否对自己的专业成长有帮助？”调查结果表明，有32.3%的教师认为区县级以上研培活动对专业成长有很大帮助，44.2%的教师认为有帮助，20.9%的教师认为帮助一般，2.6%的教师认为没有帮助。对于教研员，设置的题项为“你对培训是否满意？”调查结果表明，回答非常满意的占17.8%，满意的占40.6%，基本满意的占35.0%，不满意的占6.6%。

为了比较几类培训的满意度，将对中小学教师的调查回答项合并为三项满意度，“有很大帮助”和“有帮助”合并界定为“满意”，将“很一般”界定为基本满意，“没有帮助”界定为不满意；将幼儿教师认为当前的幼儿教师培训活动能否满足自身发展需求的回答项也作如下界定：“能够满足”界定为满意，“基本能够满足”界定为“基本满意”，“不能满足”界定为“不满意”；将对教研员的调查回答同样合并为三项，将“非常满意”和“满意”合并为满意，“基本满意”不变，“不满意”不变。最终三类调查结果如表7.2所示。

表7.2　教师与教研员对培训的满意度

调查对象类别	满意（%）	基本满意（%）	不满意（%）
幼儿园教师	58.5	36.4	5.1
中小学教师	76.5	20.9	2.6
基础教育教研员	58.4	35.0	6.6

表7.2显示，幼儿园教师和基础教育教研员对培训的满意度相当，中小学教师对培训的满意度明显高于幼儿园教师和教研员。这说明幼儿园教师培训和教研员的培训质量有较大的提升空间。

（1）培训时间及频次期望。

对幼儿教师培训时间以及频次期望调查结果表明（见表7.3）：15.9%的幼儿教师希望培训时间安排在寒暑假，8.5%的幼儿教师希望在周末进行培训，33.4%的幼儿教师希望在上班时间进行培训，还有32.0%的幼儿教师支持上班时间和休息时间混合安排的培训，8.4%的幼儿教师希望通过自主研修的方式，1.8%的幼儿教师选择了其他的时间。

表7.3　幼儿教师对培训时间的期望

时间安排	人数	百分比（%）
寒暑假	3 782	15.9
周末	2 023	8.5
上班期间	7 946	33.4
混合安排	7 612	32.0
自主研修	1 998	8.4
其他	428	1.8
合计	23 789	100.0

中小学教师面临参训时的工学矛盾，依然有近50%的受访者愿意在上班期间参与培训，只有21.4%的教师愿意在寒暑假和周末参加培训。29.1%的受访教师愿意接受混合安排（见表7.4）。这反映了教师们不愿将自己的休息时间用于培训，一定程度上是将培训视作一种工作任务安排，而不是专业发展的“福利”。

表7.4　中小学教师对培训时间的期望

时间安排	人数	百分比（%）
寒暑假	37 519	16.6
周末	10 762	4.8
上班期间	111 668	49.5
混合安排	65 609	29.1
合计	225 558	100.0

调查数据显示，41.8%的中小学校长希望进行混合安排，29.7%的中小学校长希望安排在上班时间，26.0%的中小学校长希望安排在寒暑假，只有2.5%的中小学校长赞成将培训安排在周末，如表7.5所示。

表7.5 中小学校长对培训时间的期望

时间安排	人数	百分比（%）
寒暑假	1 860	26.0
周末	177	2.5
上班期间	2 126	29.7
混合安排	2 993	41.8
合计	7 156	100.0

45%的教研员愿意在上班时间参加培训，31%的教研员希望混合安排进修时间，只有5.4%的教研员愿意在周末培训。同样，对于网络教研，68.5%的教研员希望在工作期间进行网络研修，只有24.3%的教研员愿意在暑期进行网络研修。

上述的调查数据综合表明，无论是幼儿园、中小学教师、校长还是教研员，大多数都不愿意在假期和周末个人时间参与培训，他们更倾向于在上班时间完成研修。这表明多数教师仅将培训当作“任务”来完成，并没有将其真正内化为自我专业发展的一部分。

（2）培训内容期望。

幼儿教师培训只有立足于幼儿园一线教师在教学工作中所遇到的问题、疑惑与困难，积极主动地引导受训教师面对困难、解决问题，以解决现实困惑与问题为契机，促进幼儿教师教育情感、教育理念、教学技能和能力等多方面的发展，才能得到幼儿教师的认可。为达成幼儿教师的认可，幼儿教师培训内容的涉及面必须广泛，要涵盖教师专业知识、技能、教师道德修养、教师科研能力以及现代教育技术等教师职业能力发展的方方面面。而本次的调查结果也证明了这一点：15.9%的幼儿教师希望自身的专业理念可以得到提高；13.9%的幼儿教师希望自身的专业知识可以被强化；41.4%的幼儿教师认为自身的专业能力应被强化；27.1%的幼儿教师认为师德师风可以得到提高；1.6%的幼儿教师认为其他内容应得到强化。

对校长，我们列出了学校管理理论与实践、教师专业发展、学校教育改革和发展、课程改革及教学指导、学校安全及心理教育、教育政策法规、教学评价、教育科研方法等培训内容。校长们选择最多的前五位是：学校管理理论与实践、教师专业发展、学校教育改革和发展、课程改革及教学指导、教学科研方法。如表7.6所示。

表7.6　中小学校长对培训内容的期待

期待内容	人数	百分比（%）
学校管理理论与实践	5 459	23.2
教师专业发展	4 138	17.6
学校教育改革和发展	4 097	17.4
课程改革及教学指导	3 890	16.6
教学科研方法	2 982	12.7
其他	2 950	12.5
合计	23 516	100.0

本次调查将教研员的培训内容分为专业知识、专业能力、教育科研和教育理论四个方面。首先，在专业知识方面，由表7.7可知，多数教研员认为自己最需要教学方法和技术方面的知识、课程开发和设计的知识、学科前沿知识以及课改、课标、教材方面的知识。其次，在专业能力方面，由表7.8可知，53.9%的教研员认为自己欠缺“多媒体、信息网络应用能力”。由表7.9可知，在教育科研方面，文献研究、经验总结（48.6%）成为多数教研员的主要需求。由表7.10可知，在教育理论方面，教研员的选择则较为分散。值得注意的是，通过对教研员在培训内容这四个层面的需求分析，本课题组发现，教研员在表达自己的培训需求时，主要集中在专业能力（响应N=54273）和教育科研方面（响应N=56037）。宏观来说，多数教研员对专业能力和教育科研方面需求量更大，而在专业知识和教育理论方面总体需求相对不足。微观来说，多数教研员的在四个方面的需求都体现了问题导向和与时俱进原则，如专业知识中对学科前沿知识、教学相关知识和课程相关知识的需求，专业能力中对多媒体、信息网络应用能力、论文撰写能力的需求，教育科研中对文献研究、经验总结及科研论文的撰写方面的需求，教育理论中对现代教育理论及教育管理理论的需求。

表7.7　教研员在专业知识方面的需求

		响应		个案百分比（%）
		N	百分比（%）	
您觉得自己在专业知识方面还欠缺	学科前沿知识	8 380	20.8	44.3
	课改、课标、教材方面的知识	7 689	19.1	40.6
	教育学、心理学方面知识	5 542	13.7	29.3
	教学方法和技术方面的知识	8 552	21.2	45.2
	课程开发和设计的知识	8 536	21.2	45.1
	其他	1 624	4.0	8.6
总计		40 323	100.0	213.1

表7.8　教研员在专业能力方面的需求

		响应		个案百分比（%）
		N	百分比（%）	
您觉得自己在专业能力方面还欠缺	多媒体、信息网络应用能力	10 204	18.8	53.9
	课堂教学活动的实践能力	5 275	9.7	27.9
	课堂教学指导能力	4 405	8.1	23.3
	教学评价能力	4 786	8.8	25.3
	开发（移植）课程能力	6 951	12.8	36.7
	教师团队建设能力	4 406	8.1	23.3
	校本研修指导能力	5 018	9.2	26.5
	教育科研和论文撰写能力	6 620	12.2	35.0
	科学的教育方法和创新教育能力	6 608	12.2	34.9
总计		54 273	100.0	286.8

表7.9　教研员在教育科研方面的需求

		响应		个案百分比（%）
		N	百分比（%）	
您认为自己在教育科研方面还欠缺	文献研究、经验总结	9 202	16.4	48.6
	调查研究法	5 262	9.4	27.8
	观察研究、个案访谈	5 616	10.0	29.7
	研究项目的选择	4 939	8.8	26.1
	研究资料的整理分析	5 300	9.5	28.0
	开题结题报告的撰写	5 682	10.1	30.0
	科研论文的撰写	7 412	13.2	39.2
	论文的发表	6 329	11.3	33.4
	研究成果的推广运用	6 295	11.2	33.3
总计		56 037	100.0	296.1

表7.10　教研员在教育理论方面的需求

		响应		个案百分比（%）
		N	百分比（%）	
您觉得自己在教育理论方面还欠缺	中外教育史	7 290	19.0	38.5
	现代教育理论	7 685	20.0	40.6
	教育管理理论	7 841	20.4	41.4
	教育科学研究	7 343	19.1	38.8
	学科最新知识理论	5 784	15.1	30.6
	其他	2 437	6.3	12.9
总计		38 380	100.0	202.8

另外，我们调查了中小学教师对专业知识的、专业能力等方面的偏好，调查结果显示，中小学教师认为课程开发和设计、任教学科专业与前沿、教学方法和技术等方

面的知识较为重要（见表7.11）；在专业能力方面，认为多媒体应用能力、教育科研和论文撰写能力、科学的教育方法和创新教育能力、运用现代教育技术进行教学评价能力等比较重要（见表7.12）。

表7.11　专业知识方面的内容偏好

	人数	百分比（%）
任教学科专业与前沿	87 322	21.4
课标	74 219	18.2
教育学	51 277	12.6
教学方法和技术	86 244	21.1
课程开发和设计	91 987	22.5
其他	17 238	4.2
合计	408 287	100.0

表7.12　专业能力方面的内容偏好

	人数	百分比（%）
多媒体应用能力	105 553	21.8
教学领导能力	38 891	8.0
教育科研和论文撰写能力	86 285	17.8
运用现代教育技术进行教学评价能力	58 315	12.0
课堂教学过程的组织与监控能力	41 954	8.7
课堂教学活动的实施能力	31 547	6.5
设计教学模式	44 316	9.2
科学的教育方法和创新教育能力	77 109	15.9
合计	483 970	100.0

（3）培训师资期望。

调查数据显示，幼儿园教师最欢迎的仍然是一线优秀教师（58.4%），其次是高校专家教授（19.2%），再次是教研员（13.4%），而最不欢迎的是中小学校长（0.6%）、教材编写者（1.5%）、教育行政部门领导（2.9%）。在对中小学教师的调查中，我们将培训者分为高校专家教授、教育教学科研人员、一线优秀学科教师、教材编写者、教育行政部门领导、中小学校长等几类，结果显示，最受欢迎的培训者是一线优秀学科教师（75.3%）、高校专家教授（8.3%）、教育教学科研人员（7.1%），而教材编写者、中小学校长排名在后两位。对中小学校长的调查中，我们将培训者结构分为理论型、实践型、理论为主实践为辅和实践为主理论为辅四类，结果是实践为主理论为辅（69.7%）的专家结构最受欢迎，其次是实践型专家结构（20.4%），最后是理论为主实践为辅（8.3%）和理论型（1.6%）的专家结构。在对教研员的调查中，我们也设计了同样的培训者类型，教研员最欢迎的培训者类型是实践为主理论为辅（72.6%）和实践型（18.8%），选择率最低的是理论型（2%）。

总的来看，不管是哪类参培人员，都较欢迎一线教师和具有实践经验的培训者授课，其次是有一定实践经验的高校理论专家，而那些直接管理他们的行政领导不是他们想要的培训者。

（4）培训形式期望。

目前教师培训形式与方式方法有多种，多元的培训方式是提升培训质量的重要因素。了解教师对培训形式的偏好可为培训机构提供参考，提高教师培训的针对性。问卷调查中列出了观课议课、专家讲座、课题研究、案例分析、经验交流、实践指导、网络学习、书面评课与反思、问题课改展示与点评、跟岗浸润式学习等培训形式，教师按要求选择最喜欢的培训形式。

结果显示，最受幼儿教师欢迎的培训形式前四位是：外出考察学习（14.4%）、园内外观摩（15.5%）、幼儿园园本培训（12.5%）、专家讲座（9.9%）；最受中小学教师欢迎的培训形式前四位是观课议课（19.9%）、网络学习（14.9%）、书面评课与反思（14.8%）、问题课改展示与点评（12.1%）；最受教研员欢迎的培训形式前四位是实地考察（20.7%）、案例分析（18.6%）、经验交流（18.6%）、专家讲座（16.4%）；最受中小学校长欢迎的培训形式前四位是：专家讲座（17.1%）、经验交流（13.4%）、观摩考察（13.3%）、案例分析（12.7%）。

总的来看，实践性强，贴近工作实际的培训形式更受参训者欢迎；对于中小学校长来说，专家讲座对提升他们的办学理念，改进管理模式有重要的启发作用，所以专家讲座最受中小学校长欢迎。

（5）培训评价期望。

目前，培训的考核评价方式有多种，如作业、经验交流、撰写心得、调研（考察）报告、案例、提交论文、考勤、考试等。对幼儿园教师的调查发现，幼儿园教师认可度排在前三位的分别是经验交流（22.8%）、完成相应的作业（16.9%）、撰写心得（14.6%），而排在后三位的分别是考勤（4.7%）、提交论文（6.9%）、调研报告（8.4%）。对中小学校长的调查发现，中小学校长认可度高，排在前三位的评价方式是完成相应的作业（18.8%）、经验交流（18.2%）和撰写心得（17.4%），而考勤（10.8%）、提交论文（6.4%）、考试（3.8%）等方式认同度较低。对教研员的调查发现，认可度排在前三位的是完成相应的作业（24.9%）、撰写心得（18.7%）、提交案例（14.1%），而排在后三位的是考试（7.6%）、提交论文（6.0%）及其他（6.2%）。

第三节　教师培训对象的教学与管理策略

需求分析是手段，在培训过程中采取更科学更具针对性的教学与管理方式，从而促进教师的专业发展才是最终的目的。在综合上述分析的基础上，特提出以下对策与建议。

一、宏观层面：加大政策支持力度

教师培训工作是一个系统工程，需要教育行政主管部门高度重视，统筹实施，保障到位。培训工作涉及资金、人才、物资等多种要素，如果培训经费、补助不到位，场地设施设备不规范，任何一项出问题，都难以顺利实施。从培训设计、招投标、经费到位、培训实施、训后考评这一整个周期走下来，工作要求非常细致和具体，因此只有行政主管部门强有力地支持，这项工作才能够很好地开展。从全国范围来看，地方政府高度重视教师培训的省市，其培训效果就相对较好，效果好又能够获得更大的支持。因此，各地政府可以根据自己的实际情况，加强行政力量对教师培训工作的支持和引导。

制定合理的培训制度是组织教师培训的保障和约束，培训制度中需要对教师参培的对象群体、时间地点以及内容方式有较为明确的规定。当然，在制定之前除了考虑到国家以及社会对教师专业发展的需求之外，还应该充分考虑到教师自身发展的实际需要。在组织培训前，还应该在即将参培的教师群体中进行必要的宣传与讲解，让教师充分了解职后教育的重要性，增强参培的主动意识，保障后期的培训效果。另外，教育行政部门还应该加强培训过程的监控力度，建立完善的教师培训监督机制。教育行政部门应加强与教师发展中心的交流与沟通，全面统筹和协调教师培训工作，保证教师培训顺利、有序地开展。

从参培教师的人员选择上看，要注意平衡地域差异，教育不发达地区与农村地区政府部门要予以侧重，从政策上支持、鼓励他们参加高水准的专业培训，为农村地区着力培养一批高水平的教师队伍。另外，可以更多吸纳高等院校承担教师培训工作，丰富教师培训的组织机构来源，在提高教师科研能力、拓展知识面，提高教研员对经验的理论总结水平的同时，还能促进构建高等院校、教研机构和学校教师互联互动的教师培训体系，进而对教师培训形成有益影响。另外，政府要重视教师培训研究网页和多媒体硬件设施的建设，形成强有力的设施建设保障体系，满足教师培训的需求。

二、中观层面：优化项目管理实施

培训项目的管理直接关系到培训活动是否有效开展，而项目的管理涉及的主体主要是承担培训任务的机构以及提供参培教师的学校。

1. 精选课程与师资，提升培训质量水准

教师培训任务的相关机构负责教师培训的课程设置、师资安排和效果跟踪，因此，教师培训任务的承担机构能否科学合理地安排和组织这些活动，直接关系到教师对培训效果的满意度。承担培训任务的相关机构在培训中起着举足轻重的作用，要在各方面做好培训服务。首先，在培训项目申报之初应该有明确的目的指向，提前对培训后能够达到的效果做出相应的预判。在申报后需要对参培教师的基本信息做较为深入的调查，提前了解教师的培训需求，做到项目开展的实效性与针对性。作为一名教师，不仅应该要掌握所需的教学技能，还应该通过不断学习提高自己的专业化水平，全面拓展自己的能力结构，在工作中不断开拓创新，培养创新思维能力，真正成为智慧型和研究型教师，真正成为学生心灵培育、艺术教育、科学智育等诸多领域的行家里手。因此，培训机构在制定培训目标时应以教师发展为根本，以教师主动参与专业发展为宗旨。通过充分调动广大教师参与培训的自觉性和积极性，达到培训的目的，培养优秀教师。

通过对培训现状及培训内容需求的分析发现：参培教师对培训内容的需求呈现出多样化态势。在调查参培教师对专家授课内容的接受度时，大多数的教师认为以实践为主理论为辅的培训内容类型能够给他们带来更大的收获；在调查授课师资对教师帮助程度时，大多数教师认为参加一线优秀学科教师的培训可以有很大收获。这些数据表明，各项培训内容中，与一线实际教学和管理息息相关的教学技能和教学策略培训最受教师的关注。因此，我们要打破以往以理论为主的固有课程设置模式，增大实践教学的比例，尽最大可能地满足教师自身专业发展的需求。另外，为加快国家教育现代化前进步伐，实现教师的全面发展，培训机构在选择内容时也应该增加教育技术手段方面的内容，鼓励教师在实际教学过程中多使用现代化的教育技术手段。

从教师培训现状来看，繁重的培训任务已经成为教师培训效率提升的最大障碍，因此，培训机构在精简培训内容的同时还应该合理考虑教师的参培时间以及参培频次。在调查教师对培训时间的要求时，多数教师希望把培训时间安排在学期中（只有部分教师希望在上班时间进行培训，部分教师支持上班时间和休息时间混合安排的培训）。因此，在不影响学校正常的教学任务的情况下，培训机构可以适当考虑将培训时间进行调整。

2. 统筹规划，增加教师培训机会

学校对教师培训的重视程度直接影响着教师参与培训的数量与质量。对于大部分学校而言，尤其是城市学校，都比较重视教师的职后培训与提升。因为课堂教学才是一所学校发展的根基与使命，而教师的专业发展又是课堂教学维持活力的基础，因此多数学校能够在优秀教师培养上给予足够的重视，最直接的表现就是在学校划拨的固定教育经费中稳定或者增加教师培训费用，鼓励教师参加培训，建立教师在职培训奖励机制和积极参与评估机制。

教师之所以会将培训当作是一种负担，是因为繁重的学校工作压力让教师没有多余的精力去完成培训。因此，作为学校，应当在解决教师培训与工作矛盾时，统筹考虑教师个人发展与单位发展之间的协同关系，支持和鼓励教师多参加培训。根据调查的数据可知，大部分的教师希望将培训的时间安排在工作日，而大多数学校组织的培训都是安排在周末或者寒暑假，这样不仅占用了教师的休息时间，还增加了教师的生活负担，教师在培训过程中的积极性大大降低。因此，学校应该从教师的实际情况出发，合理安排教师的校内外培训时间，争取让教师在工作期间既能完成教学任务又能实现自身发展。学校负责教师职后发展的相关部门应该与参加培训的教师以及培训机构沟通，根据教师需要，培训机构进行协调，每年提前制定并公布教师培训内容、培训时间以及培训计划，让教师自主选择。这样一来，有利于学校的整体教学计划安排，也有利于教师的教学、生活安排，可以使教师在不耽误授课的前提下参加在职培训。

此外，前期的调查数据显示：22.4%的教师希望学校可以为中青年教师提供向老教师学习的机会；10.9%的教师希望能为中青年教师提供培训学习的机会。这些数据说明，学校中青年教师获得培训的机会相对较少，对中青年教师专业发展的支持力度不够。中青年教师是学校教育教学工作的主干力量，中青年教师的成长和发展直接关系到学校长远的发展。因此，学校应该重视这一部分人的成长和发展，应该从人、财、物等方面加大对中青年教师培训的支持力度。

三、微观层面：变革课程教学模式

培训者是教师培训活动中的一个关键因素，培训教师的专业化程度直接影响着参培教师的专业化程度，因此，对培训师知识、能力、素质、专业精神等方面的要求都应该更加严格。教师培训中往往将教师培训师的角色定位在“教学者”和“管理者”两重角色之间。管理者主要是指培训师充当培训过程中的组织者、开发者、策划者、监督者的角色，教学者则指培训师在培训过程中充当教师、专家、辅导师、教练的角色。讲座式、传授式、报告式、“百家讲坛式”的培训尽管在传递新信息、新观念、新理念、新思想等方面，可以起到开阔视野、更新观念、转变理念、形成新思想等方面的作用，但多数情况下无法促进参培教师能力的提升。虽然培训的目的在一定程度上是更新教师教育教学理念，提高其教育教学能力和水平，但是，参培教师在培训过程中处于主体地位，并对自己的课堂教学进行有效反思，才是培训成功的关键。

要想让教师成为培训的主体，培训师必须要树立学员本位意识，创建民主和谐的课堂氛围，从学员的实际需求出发，引导学员自我反思，促成其专业素养的可持续发展。此外，培训者在培训过程中还应该树立互动意识，将自身的“教”与学员的“学”放在同等重要的位置。首先，培训者在设计培训内容时，应当充分考虑到一线教师的需求。一般来讲，一线教师都偏向于实践性较强、情境化程度较高的教学实施方式，因此培训者在教学设计中应多为参培教师设计高质量且相对真实的教学情境，并通过引导性较强的教学问题促成教师的积极参与和反思实践。由于不同的教师其能力水平有所不同，所以培训者在设置教学任务时，应当设计难度不同且具有阶梯性的教学任务，以此来满足不同层次学员的学习需求。

任何教学活动的有效实施都离不开学习者的主动参与，教师是培训的主体，是培训的重要参与对象，只有认识到自身在职后培训中的角色，才能增强学习的内驱力，变“工作任务驱动式”的学习为“自我提高驱动式”的学习。学员的参训态度直接关系培训的成败，尤其关系到学员自身的收获和提高，地方教育行政部门—学校—培训机构要形成一个参训动员有机共同体，积极宣传、激励中小学校长排除困难参与培训。在培训过程中，培训机构和学员一起积极组建交流平台，还可邀请地方教育行政相关人员参与，形成一个有组织、有计划、有目标的和谐交流平台。在培训结束后，培训各主体都要认真总结和反思，共同制定有效、可操作且促进共同成长的考核评价方式。

另外，很多教师缺乏参培的积极性，其中一个重要的因素在于缺乏自我发展规划。从事教师职业，就应该理解这个职业带给个人的价值是什么，什么地方可以真正获得职业成就感，要成就职业生涯的巅峰需要具备哪些条件。如果一个教师没有真正建立起职业认同，缺乏长远规划，职业生涯的成就感很低，教师专业成长也会非常慢。教师培训要在教师职业认同上多下功夫，根源的问题解决好了，才能激发教师学习的内在动力。因此，在培训过程中也可以积极引导教师做好自我发展规划，树立职业自信。此外，教师要加强自身学习，利用身边的资源不断丰富自己。例如，通过相关书本知识为自己答疑解惑，或在各种教学网站、名师解答疑惑论坛、教师交流群中向名师咨询教学经验、沟通分享心得等。

教师培训工作涉及诸多因素，高质量的培训活动离不开多方主体的共同协作。总的来说，教育行政部门应该强化组织，在宏观政策上给予支持；培训机构以及学校应当起到“桥梁”作用，明确培训目的，优化内容设计，多方面保障项目的顺利实施；培训者以及培训对象是培训活动过程中的两个重要主体，培训对象的有效学习离不开培训者过硬的专业素养，而培训者教学活动的有效开展也离不开培训对象积极主动地参与。

第八章　教师培训机构

教师培训机构作为教师培训的主要载体，是教师教育、教师队伍建设、教学质量提升的关键，因此，加强对教师培训机构的性质的理解与定位、厘清教师培训机构的工作任务，完善组织机构建设，是教师培训质量的重要保障。

第一节 教师培训机构的性质与分类

确立教师培训机构的价值取向，定位教师培训机构的工作职能，才能避免对教师培训机构工作职能理解的缺位、错位，才能促进教师培训工作的顺利开展和有序进行。

一、教师培训机构的性质

教师培训机构应致力强化教师教学专业认知、加强师德师风培育、培植教学专业文化，促进教师学科理论和专业技能的发展，提升教师队伍整体素质。因此，它既不能是纯粹的服务机构，也不能是纯粹的学术机构，而应兼具服务机构与学术机构的双重性质，将服务机构和学术机构的性质有机地融为一体，成为担负教师专业发展责任的专门机构。①

1. 实施教师教育和教师培训的专门机构

教师培训机构是地区加强高素质、专业化教师队伍建设的主要承载单位，是提高教育教学质量、增强各级各类学校科研实力和提高社会服务能力的重要依托机构。引领教师专业发展是教师培训机构的根本任务。教师培训机构作为一个专门机构，主要体现在培训目标与产出的实践性、培训内容的专业性、培训过程及相关要素的资格性三个方面。（1）培训目标与产出的实践性，是指教师培训的目的是促进教师的教

① 别敦荣，李家新．大学教师教学发展中心的性质与功能[J]．复旦教育论坛，2014，12（04）：41～47．

育教学实践，最终产出指向于一线教育教学工作质量的提升，因此，教师培训是指向教师实践智慧的专门培训，教师培训机构是基于实践的专业机构。（2）培训内容的专业性。由于教师工作的特殊性和需求差异性，教师培训机构必须从教师专业发展标准出发，做好精准化、专业化的教师需求调研，为参训教师介绍正确、先进的教育理念，传授创新教学技术与教学方法，分享优秀的教育教学经验与成果，开展目标明确、内容丰富的教师培训活动，从专业知识、专业技能、专业情感及职业道德等多方面促进教师专业发展。（3）培训过程及相关要素的资格性，是指教师培训从人员选送、培训实施到成果评估的整个过程，以及过程中使用的设备技术、课程资源等相关要素都是需要相应的资格制度来规范的。教师培训对象的资格、培训教学的标准、教师培训课程的标准、教师培训者的标准、组织内部管理标准等资格问题，综合起来就是教师培训中的资格制度问题，就是教师培训机构的专业资格问题，只有这样，教师培训机构才能正确有效地执行它的功能，实现其重要意义。①如其中教师培训者作为实施教师培训工作的核心人员，必须拥有高于教师的专业素养，包括教育教学专业知识技能、培训创新思维、培训课程设计能力、培训项目实施能力等，教师培训者的选择、培养、认定、使用、考核、再培养等问题都必须经过严格的资格制度认证，以保证教师培训的专业化。

2. 开展教师与教学发展研究的学术机构

学术机构主要以学科或职业领域为基础而建立，教师培训机构在教师培训之外，以教师教育、教学发展为核心展开学术性研究，旨在使培训机构能够更好地利用专业资源，发挥专业权威的影响力，领导培训发展方向，提升教师教学能力和水平，促进培训水平和教师培养质量的全面提高。②教师培训机构拥有充足的学术资源和专业基础，在专业研究上享有一定的自主权，能独立开展相关教师教育研究。除此之外，教师培训机构落脚于地区，是本地区教育教学发展的守护者和瞭望台，能对本地区各级各类学校的实际情况展开研究，厘清学校发展问题和教师教学与专业发展的困惑；能基于自身教师培训工作展开研究，总结培训工作经验，形成自身系统的培训理论，把握教师培训的现实问题和未来发展趋势。但我们要注意的是，教师培训机构的学术研究与教师培训工作始终紧密结合，一方面，基于教师培训和教学实践中的现象、问题

---

① 王军．论作为专业教育的教师教育：内涵、特征与路径[J]．教师教育研究，2019，31（04）：7～15．

② 别敦荣，李家新．大学教师教学发展中心的性质与功能[J]．复旦教育论坛，2014，12（04）：41～47．

展开学术研究，机构的研究针对性和理论研究水平得到保障；另一方面，将研究所得成果转化为教师培训资源，运用于培训实践，能更好地应对、解决教师培训和一线教学所产生的问题。

3. 提供专业指导与政策参考的服务机构

教师培训机构不仅要顾及整体，还要关注特殊群体，不仅要灵活地为教师提供教学和研究方面的服务，还要为教育行政部门提供政策性参考，教师培训机构“服务”于教师发展和教育教学质量提升。（1）服务于教师发展。首先，教师培训机构在学习资源和教育信息上具有一定优势，是地区教师的学习和发展中心，能够有效为教师提供专业发展培训和教育教学指导；其次，教师培训机构的学术师资相对集中，拥有深厚的专业基础，是地区教师的学习研修中心，通过对教师课题和校本研修的指导与服务，培育学术研究型教师，使教师成为教育行动研究的主体，成为问题的发现者与解决者。（2）服务于教育教学质量提升。教师培训机构由于其自身的资源优势和学术优势，能够率先掌握教育教学前沿动向，能够对当地各级各类学校的发展状况展开实地调研，并进行理论与实践分析，为地方教育行政部门建言献策，发现当地教学发展问题、提出相关建议，以促进地方教育教学质量提升。

二、教师培训机构的类型

教师培训机构系统是一个多层次的复杂结构，厘清其类型结构，明确不同机构类型的特征、工作特色等，有利于追寻和探索教师培训机构发展模式。

1. 按办学主体划分

按办学主体划分，现行的教师培训机构可以划分为教育行政部门的附属机构、高等院校设置的教师培训机构、独立设置的教育学院、民办私立的教师培训机构。

（1）教育行政部门的附属机构。

教师行政部门的附属教师培训机构是教育行政部门设置的专门展开教师培训工作的机构，按行政体制可划分为国家级、省级、市县区级、校级教师培训机构。①国家教师培训中心和省级教师培训项目办主要负责教师继续教育工作的宏观调控、相关政策制定以及项目的顶层设计。②市区县教师培训机构主要以教师进修学校、教育科学学院的形式存在，一方面负责地区教师培训日常管理和服务工作，面向地区中小学校，协调所在辖区的教师培训项目的申办、审核、监督、评估工作等，负责地区受训单位、参训人员的选送、培训期间人员管理及工学矛盾的应对与处理等；另一方面，以本单位为培训实施机构，针对本地区教师组织并开展培训工作，此类培训机构数量众多，广泛分布于地区。③校级教师培训机构以中小学教师培训基地校为存在形式，多在能充分体现素质教育、教学质量较高、有学校教学特色的一线中小学建立，主要为参训教师提供跟岗培训和教学实践的场所，培训形式多为讲座式、体验式、参与式。此类教师培训机构能利用政府的行政能力和政策号召展开教师培训工作，在受训地区和人员选送上具有一定强制性和政策倾斜性，能确保薄弱学科领域教师、教育薄弱地区教师得到重视，一定程度上引领教师培训的方向和均衡发展，但容易导致培训工作形式化、学校工学矛盾问题突出。

（2）高等院校设置的教师培训机构。

高等院校特别是师范类院校设置的教师培训机构是高等院校设置以教师培训工作为主要工作的机构，如某某高校教师培训中心、某某高校教师教育学院等，主要负责教师培训项目的申办、实施和评估等工作。该类教师培训机构以其师资力量雄厚、学科门类齐全、生活环境优越、学习氛围浓厚等优势不断发挥着对中小学教师培训的服务职能，成为广大中小学教师培训的重要阵地，在培育骨干教师和学科带头人、建立健全中小学教师培训体系等方面发挥着重要作用，是我国目前发展潜力最大且最为迅猛的教师培训机构；但由于深入实际不够，在培训内容方面，在一定程度上存在脱离中小学教师实际需求的现象，过于强调教学内容的识记，部分培训内容空洞、陈旧，教学技能的培训明显不足，以理论讲授的单一形式为主，教学实践课程偏少，对中小学教师个性化和多样化的需求重视不够。[①]

（3）独立设置的教育学院。

独立设置的教育学院目前只存在于在经济发达或教育理念先进的地区，由地方政府设置，独立承担本地区部分教师培训工作。独立教育学院拥有极高的专业化水平和极强的师资力量，为地区指导学校发展、培训教师专业知识技能、教育管理人才，对本地区教师培训和教育工作做出极大贡献。部分省份或地区直接将教育主管部门所属的教研室等机构放入本级独立教育学院，使其成为一个科室，如上海市各区独立教育学院都有教研室和培训处，而同级教育局不再开展相应业务。[②]然而部分

① 高佳莉，姚振坚．基于高校培训中心模式的中小学教师培训机制构建研究[J]．中国成人教育，2012（05）：90～92．

② 陈彦文．论独立教育学院的转型发展[J]．教育理论与实践，2018，38（12）：34～36．

独立教育学院由于与教育行政主管部门缺乏密切配合，政策性支持不够，市场需求适应困难，职能定位模糊，目前仍存在以学历补偿教育为主，培训、教师教育为辅的情况。

（4）民办私立的教师培训机构。

民办私立的教师培训机构是由除国家机构之外，社会组织、个人设立的，面向全社会学校或教师的培训机构，是公立教师培训机构的有力补充力量。但由于我国教师培训机构市场开放性不高，市场准入门槛高，再加上缺乏国家政策的支持和相关的资格认证制度，民办私立的教师培训机构缺少市场需求的刺激和市场的认可，目前尚处于萌芽和微弱的发展阶段。随着我国教师培训机构系统的不断完善和国外优秀教师培训机构的引入，此类教师培训机构必成为我国教师培训的重要力量。

2. 按办学模式划分

按是否面授展开教师培训工作，可分为线下教师培训机构和远程教师培训机构。

（1）线下教师培训机构。

线下教师培训机构，即以面对面展开教师培训工作为主要模式的教师培训机构，包括上述的教育行政部门设置的教师培训机构、高等院校设置的教师培训机构等都以线下培训研修为主。此类教师培训机构主要通过组织参训教师离开教学地点，在机构所在地区展开集中研修，或培训机构送培下乡、送培到校，强调教师培训的实践与互动。

（2）远程教师培训机构。

远程教师培训机构是以网络研修为主要模式展开教师培训工作，如中国教育电视台、中国教师研修网等。此类培训机构主要通过网络完成教师需求分析、项目方案研制、课程研发与教学、教务管理与服务、项目评估和教师专业发展分析。远程培训机构是在传统教师培训工学矛盾等问题突出及信息化时代下应运而生，能有效协调多方需求，同时能有效实施对教师参训结束后专业发展的长期跟踪、一线指导等工作，培训实施与教师校本研修同步开展，建构网络研修学习共同体，使教师培训和专业学习常态化。

随着教育信息化、课程改革的进一步推进，以及教师专业发展对信息技术能力提高的新要求，教师培训模式发生了变革与创新，不管是线下还是线上的远程培训机构，都在积极寻求网络研修与线下集中研修相结合的模式，这种混合式培训模式逐渐成为教师培训的新常态。

第二节　教师培训机构的工作目的与任务

为了提升教师专业素质与能力，建设高素质教师队伍，提高教育教学质量，教师培训机构需要厘清自身的工作职责，职能定位明确，有目的、有计划、有组织地展开教师培训、管理、研究、服务、指导、咨询和资源提供等工作。

一、教师培训机构的工作目的

工作目的是教师培训机构工作的出发点和归宿点，为教师培训机构的工作指引方向。主要目的如下。

1. 促进教师专业发展，实现终身学习目标

2018年，《中共中央、国务院关于全面深化新时代教师队伍建设改革的意见》指出："教师承担着传播知识、传播思想、传播真理的历史使命，肩负着塑造灵魂、塑造生命、塑造人的时代重任，是教育发展的第一资源，是国家富强、民族振兴、人民幸福的重要基石""开展中小学教师全员培训，促进教师终身学习和专业发展"。加强教师专业素质培训，建设一支牢记使命、爱岗敬业、教书育人、改革创新、服务社会的高素质教师队伍，是落实立德树人根本任务的重要途径，是在全社会形成重教重学良好风气的有效方法。当前教师队伍存在诸多问题，如教师专业素质能力难以适应知识经济时代、信息化时代下人才培养的需要，教师思想政治素养和师德师风水平亟待提升，教师职业专业水平需要提升等。教师培训机构是教师专业学习的重要载体，是加强教师队伍建设，提升教师师德水平和业务能力的重要渠道。因此，教师培训机构的直接工作目的是加强教师培训，不断提升教师专业素质能力，培育一批"有理想信念、有道德情操、有扎实学识、有仁爱之心"的四有好老师，加强教师职前、职后培训，实现教师终身学习。

2. 提升教育教学质量，弥补地区教育差距

教师培训机构努力提升教师专业素质，加强教师队伍建设，最终是为了提升教育质量。通过培训政策性的地区倾斜，教师培训机构要加强对民族地区、农村地区、贫困地区教师的专业知识技能和信息素养的培训，为教育薄弱地区输入教学活力，提升当地教育教学质量，在一定程度上弥补由教师素质低下、教育资源不足导致的地区教育差距。

二、教师培训机构的工作任务

工作任务是教师培训机构工作的核心，主要包括开展教育工作者的继续教育工作、组织教师教育与教育教学研究工作、开展教师教育的管理与评估工作、提供教育教学与学习资源的工作、为中小学教学实践与研修提供指导工作、为教育行政部门提供政策咨询与服务工作等。

1. 开展教育工作者的继续教育工作

开展教师培训、引领教师专业发展是教师培训机构的根本任务和核心职能。从培训对象来说，教师培训机构要开展对高校教师、中小学教师、中小学校长、幼儿园教师、高职院校教师等的培训工作，根据各岗位的职业特色、需要、学生特征以及教师专业发展的不同阶段开展培训。从培训内容来说，教师培训机构需要从学科领域、国家统编教材及课程标准、教法教法、教师信息素养、教师师德师风建设、国家安全教育等领域开展培训，确保培训课程体系设置是以教师发展需求为主，关注社会时事，体现教育前沿动向。从教师专业发展标准出发，教师培训机构需要对教师的专业知识、专业技能、专业动机、职业期望、专业发展意识、专业信念等方面展开培训，为参训教师提供专业化培训，有助于教师知识、技能的更新、内化和深化，丰富教师的理论视野和实践途径。从培训方式来说，教师培训机构必须通过学术交流、校本研修、送培下乡、送培到校、远程培训、名师工作坊、专题研讨、教学改革行动研究等多种方式拓宽教师培训途径，改变学术性过重倾向，关注教师的教育教学实践工作，基于教师教学实践情况合理选择培训方式，如寒暑假、周末期间采取集中研修模式；再如对偏远地区教师来说，培训机构应组织专家团队送培下乡。从培训过程来说，教师培训机构要落实培训前的需求调查、做好培训准备检查工作，做好培训实施过程中的教学与管理工作及培训结束后的长期跟踪调查，切实保障教师培训质量和教师专业发展。

2. 组织教师教育与教育教学研究工作

教师培训机构在重视教师专业素养提升的同时，还应充分利用机构丰富的学术资源、政策支持等积极开展教师教育学术研究和地区教学发展研究，研究是开展培训的基础，培训是研究的实践和延伸。首先，教师培训研究工作主要包括教师教育研究、教师培训工作研究、一线教育教学工作研究。一是教师教育研究，包括教学理论研究、教材教法研究、职前教师培养研究、教师专业发展研究、基础教育改革研究、教师队伍建设研究、民族地区教师教育研究、教育技术研究等学术性研究；二是教师培训工作研究，即教师培训机构基于自身项目实施情况，分析自身优劣势，总结项目创新点，及时提炼形成机构自身的系统化培训理论，打造机构培训特色；三是一线教育教学工作研究，教师培训机构需要与一线教学实践紧密联系，把握地区教学发展状况、教师专业发展需求，与一线教师联合开展课题研究。其次，教师培训机构除了课题研究、理论研究外，还应积极参加各种教师教育和教学论坛，接受教师培训者的培训，与同行交流培训思想与心得，探索新的培训方法，切忌圈地为牢，分享与交流的过程是新观点、新理念、新方法的接纳和创造的过程。

3. 开展教师教育的管理与评估工作

对教师培训工作进行评估是教师培训机构的一项重要工作。除了科学安排与有效组织教师参加培训学习之外，教师培训机构应加强对培训各阶段、各人员的监控与管理，完善教师培训管理制度，实现培训管理的信息化与系统化，落实科学有效的管理措施，以保障教师培训的有序性和系统性。此外，教师培训机构应充分利用网络平台，叮嘱并激励教师完成网络远程学习和相关课程作业，避免教师培训与学习的遗忘与中断。教师培训评估取决于教师培训质量，教师培训机构应充分组织评估与监督实施，首先，要有对培训目标、培训课程、课程方法、培训师资等相关培训要素的评估，并实施培训全过程的校准调控；其次，要有纵向化的评估，落实对培训机构自身的评估、对下属培训机构的评估、对学校校本研修的评估；再次，教师培训评估是对教师培训机构质量和参训教师专业发展、个人获得的综合考量，既要有对培训实施的全过程质量的监控，也要有对参训教师培训所获所得的评估，以保障教师培训质量，并为下一步教师培训工作提供借鉴和参考。

4. 提供教育教学与学习资源的工作

教师培训机构拥有丰富的教育教学资源和教师专业发展学习材料，为了促进教师自主学习与专业发展，教师培训机构需要为参训教师及地区教师提供相关资源，主要包括学习资源和教育技术资源。首先，学习资源是教师自主学习和参训培训的重要依托材料，教师培训机构应主动为其传递最新教育教学和教师发展政策、提供相关图书馆资源、推荐教育阅读书籍和期刊文献、共享优秀教师录课微课视频等。一方面，丰富的学习资源能拓宽教师学习的狭窄圈层，使教师接触到更多的理论、技术与方法；另一方面，通过资源提供多元化渠道，方便教师利用碎片化时间展开自主学习。其次，支撑教育教学需要的各种教育技术资源能在一定程度上提高教师课堂教学的效率、减轻教师工作负荷，教师培训机构有必要向教师介绍各种教育技术资源的功能、使用方法等，协助教师尽量掌握并熟练使用高效的教育技术资源，同时利用相关网络平台和教育技术开发具有学科特色的教学资源并进行区域共享与开放，提高教师在信息化时代的利用信息技术生存与发展的能力。

5. 为中小学教学实践与研修提供指导工作

教师培训机构应充分利用自身的专业优势和资源基础，为中小学教学发展和教师专业成长提供持续性的帮助和指导服务，从而实现教师专业发展和终身学习目标。具体应从以下几方面着手[①]：（1）对教育教学的指导。教师培训机构应深入教学一线，送培下乡，通过观课议课、专题研讨等方式，对中小学教师进行有针对性的指导，与他们共同探讨，针对教师在教育教学实践中遇到的问题提出相关建议，促使教师教学理念的更新、教学方法的改进等。（2）对校本研修的指导。校本研修是教师在岗培训的新策略，是指教师在教育教学实践中将遇到的一些具有个性化和真实性问题作为研究对象的一种教学研究活动[②]，是促进教师专业发展、学生进步、学校发展的有效途径，于是，教师培训机构应为当地中小学校本研修计划的制订和校本研修制度的建立给予方法指导，并为其校本研修学习提供技术方法的支持。（3）对资源优化的指导。由于地理位置、发展历史、资金投入等方面的不同，各地区各类学校的发展不均衡，特别是一些民族学校和农村学校在师资水平及教师队伍结构上存在一些问题和缺陷，教师培训机构应有针对性地对其进行优化指导，并通过具体直观的典型示范促进师资的优化，以促进中小学的均衡发展。

6. 为教育行政部门提供政策咨询与服务工作

教育部在《关于加强县级教师培训机构建设的指导意见》中明确指出：县级教师培训机构应该为县级及以上教育行政部门提供政策咨询。由此可见，为教育行政部门提供教育政策咨询与服务是教师培训机构的责任与义务。教师培训机构要从本地实际

---

① 宋娟. 湖南省县级教师培训机构职能定位与发展路径研究[D]. 长沙：湖南师范大学，2015：25.

② 李秀伟. 中小学校本研修的改进路向与模型建构[J]. 教育研究，2012，33（07）：36~42.

情况出发，发现问题、解决问题，积极为教育行政部门的教育发展工作分析问题背后的理论逻辑与现实逻辑，利用国内外优秀教育经验，抓住教育前沿热点问题，为地区教育事业发展提出具有针对性的建议，努力提升地区教育教学质量。

案例：

某省关于做好“国培计划”对培训机构的工作要求

七、培训机构组织实施要求

（一）开班通知

各承训机构在收到省教师培训项目办的参训学员名单后，提前做好培训需求调研，并提前一周将培训开班通知、培训计划及相关要求，一次性以书面方式通知到参训教师本人，以便参训教师对本年度教师培训学习做出整体安排。

（二）教学时间

培训机构应当注重教学设计和质量评估，推进培训工作科学化、精准化，切实增强培训实效，保证项目教学学时量。

（三）教学专家

各培训机构需按要求落实教学专家、省外专家不少于25%，一线专家不少于50%，并将任务进行分解，责任落实到人。申报方案拟聘请专家如因特殊原因需要更换，应确保新聘专家规格层次不低于原拟请专家，替换率不能超过30%。

（四）学员管理

1．各培训机构需于培训前1周内与所有学员取得联系，告知培训事宜，了解培训需要，提醒按时报到和注意事项。

2．培训学员凭有效证件报到，高校核对学员信息，有替换的学员须出具当地教育行政部门同意替换的证明，培训机构须将替换信息报省教师培训项目办。在项目培训结束后，向省项目办提交参训学员名单及信息，由省项目办将学员信息导入教育部“国培计划”项目管理系统平台。

3．各培训机构要配备双班主任：一个教学班主任，一个行政后勤班主任。严格考勤管理，提供周到服务。

（五）培训过程

1．要严格按照50人编班，以项目申报书中课程计划推进培训教学，做好实践环节，突出培训针对性和实效性。

2．每个短期培训班至少要制作2期培训简报，20天以上培训项目要制作不少于5

期以上课程实施简报，报省教师培训项目办审核后，择优在四川教师发展网站公布并向教育厅和教育部报送。

3．每个培训机构要对各子项目每天实施过程简要摄录，结束后编辑制作一张纪录片光盘，报省教师培训项目办。

4．集中培训结束后，培训机构要布置后续自主研修作业，并安排导师利用网络研修平台进行跟踪指导与后续研修。

5．培训期间，要组织学员对每位专家进行匿名评教，并将对专家的满意度作为动态调整库内专家的重要依据。

（六）资源开发

各培训机构要按照项目申报书的承诺，切实组织好资源开发工作，每个培训班结束后要提交1～2项有质量的生成性课程资源（如一节优质视频课、一场优质专家报告的视频等）到项目办，提交的数量和质量作为绩效考评的重要依据；要把学员作为重要的培训资源，充分发动和吸收他们参与课程资源开发。在经费安排中一定要考虑资源开发制作费。

（七）考核与结业

1．考核。培训机构要采取过程评价、终结评价，理论考核、实践考核、定量考核与定性考核等多种方式，对学员学习情况进行综合考核。同时，要从教学、管理、服务等方面对培训工作进行认真总结和反思，提炼培训成果。各项目要组织总结班会，表彰优秀学员。优秀学员比例不超过学员总数的15%。

2．证书颁发。在集中培训结束时，承训机构要通过网络社区研修进行不少于1个月跟踪指导，在完成培训，以及网络社区研修与跟踪指导并考核合格后，把合格的学员名单提交到省教师培训项目办管理系统，每位参训学员在网上完成《培训效果满意度调查问卷》后，自行打印结业证书。

3．各培训机构须在项目结束后，按要求提交绩效报告，同时提交经费决算报告。教师参训结果须按要求提交至全国教师管理信息系统。

第三节　教师培训机构完善组织建设的主要路径

在知识经济迅猛发展的信息时代，“核心素养”的目标指向、信息技术与课程教学的融合创新对教师专业知识技能提出了更高的要求。如何建设高素质教师队伍，提高教师师德水平和业务能力等成为新时代教育亟待解决的问题，作为承担教师教育的教师培训机构必须改变烦冗疲惫且收效甚微的集中灌输模式，完善组织机构建设。

一、培植机构学习型培训文化，引领专业发展

文化是发展的内在驱动力，培训文化作为教师培训机构的精神旗帜，引领项目实施与教师发展。学习型培训文化，是指“通过营造弥漫于整个机构的学习气氛，充分发挥培训师资和参训学员的创造性思维能力而建构一种有机的、高度柔性的、扁平的、符合人性的、能持续成长与发展的组织时所具有的文化管理模式”①，以引导培训机构持续不断地开拓创新。

1. 催生教师培训机构培训理念变革

培训理念是教师培训机构文化的核心，是培训机构项目实施的基本信念和价值取向，并源源不断地派生出机构其他文化要素和培训资源等，也构成了机构成员的行为准则，进而将其传递给参训教师，使培训者与参训教师积极互动。教师培训机构培训理念应逐步由“以教为培”转变为“以学为培”，创造全员参与的持续性学习。首先，在项目目标上，由重视“培训质量”转变为“学习质量”，传统教师培训评估关注点在项目实施状况，教师培训实施忽视了“教得好”并不等于“学得好”，只有在培训过程中关注参训教师参与度和培训获得，才能有效提升教师学习效率；其次，在培训理论上，从传统“培训实施是渐进式的、线性的”转为“培训学习是嵌套式的，是知识框架的互动互通”②，搭建参训教师螺旋式循环提升的路径；再次，在课程体系设计上，由关注“培训内容”转变为强调“特定学习成果”，通过准备的需求调

---

① 孙健．从三个视角看适应性管理与传统管理理念的差异[J]．中国行政管理，2006（09）：101～103．

② 郝莉，代宁，朱志武，刘朝晖．应用学习型组织理论构建高校课程质量提升机制[J]．中国高教研究，2019（08）：87～93．

研，课程设计针对性指向教师知识技能、情感关系、自我认知与价值意义等；最后，在培训参与上，参训教师的培训学习是机构成员参与创新的过程，在学习共同体中，培训者与参训教师的讨论、争辩，甚至是驳斥，都会促使培训师理念和观点产生变化。

2. 树立教师培训合作观

合作的本质是一种对话，是基于双方平等基础上的对话。[①]围绕教师学习，推动教师培训平等对话，树立教师培训合作观，不仅是教师培训机构间合作沟通，也是培训机构与参训教师之间的交流、坦诚与共情。（1）积极开拓社会和学校资源。一方面，各教师培训机构之间围绕价值取向、师资力量与办学模式等建立伙伴互助关系，推动稳定、持续的教师个体伙伴合作关系的发展，各机构通过专题讲座、教育观培养、实践反思、校本研修等培训模式，切实辅助教师个体进行学科指导与资质提升，此培训实施可由对接机构双方进行交叉式的方案设计、专业实施以及成果检测过程，伙伴机构应科学理性审视对方的培训发展诉求，真正参与到受训教师筛选与实践项目设计与实施过程中；[②]另一方面，寻找适当的一线中小学，协同建立培训基地校，为教师的专业知识技能培训提供实践场所。（2）理解教师需求多样化与经验差异性，真实体验教师的困惑，努力探索满足不同需求的多元合作模式，开展细心、贴心服务，才能营造出情感融洽的合作氛围，才能激发出教师合作动力；同样，培训机构只有内化责任意识，明确培训意图、权力限度和帮助程度，包容不同观点，平和地对待批评，才能保证与教师理性、宽容、相互信任地开展合作；另外，培训机构在做到信息对称、透明的基础上，围绕教师专业发展目标和现实需求锁定对话内容，并要尊重教师的独立判断。[③]

二、推进教师培训机构机制建设，提供有力保障[④]

教师培训管理的制度体系主要包括教师培训评估制度、教师培训责任制度、教师培训激励制度等，建立健全教师培训管理制度可以规范培训者和参训教师的行为，能增强教师培训管理的有效性。

---

① 王少非．新课程背景下的教师专业发展[M]．上海：华东师范大学出版社，2005．

② 田虎．教师教育伙伴合作机制的建设研究[J]．教育理论与实践，2018，38（31）：49～52．

③ 朱祥平．教师培训文化的重塑[J]．教学与管理，2010（36）：10～12．

④ 林晓辉．浙江省J市县级教师进修学校培训能力及其影响因素研究[D]．金华：浙江师范大学，2018：96～98．

1. 建立全员、全过程、全领域的教师培训评估机制

教师培训队伍的质量直接影响我国教师培训管理工作的顺利进行和培训质量的提高，因此，对教师培训队伍的评估将是教师培训管理的重要工作。教师培训队伍评估主要包括学历水平、科研成果和教学能力三个方面。对于教师培训队伍的评估，不仅要实现评估主体的多元化，即把自我评估、学员评估、同行评估和领导评估结合起来，还要实现教师培训全过程评估。在当前的教师培训评估中，一种较为常见的则是以参训教师的学业成绩为准的结果评估，但这种方式却很难掌握培训教师的整体能力和绩效，因此需要再次考察培训队伍在培训过程中的管理能力、组织能力和创新能力等，对于培训队伍的考察不仅要关注出勤率、科研成果数量等可量化指标，还要考虑到工作积极性、服务态度等不易检测的质性指标。只有做到全员、全过程、全领域地进行教师培训评估，才能更好地了解培训队伍自身的素质，更好地进行培训管理。

2. 建立目标导向的教师培训责任制度

美国管理学家彼得·德鲁克创立的目标管理理论认为，管理者需要通过目标对下属进行管理，应该先有目标才有工作。管理者需要自上而下或自下而上地制定层层目标，只有在企业内部建立起纵横联络的目标体系，才能把员工严密地纳入目标体系之中，才能明确职责、划清关系、了解自己的工作价值，才能有效地将全体员工集中起来，才能提高企业的工作成效。可见，在教师培训机构中，管理者应该先将机构使命和工作任务转化为总体目标，再对总体目标进行有效分解，最后转化为每一个机构成员的分目标，只有每位成员达到自己的分目标，教师培训机构的总体目标才能达成。没有方向一致的分目标，机构成员间发生冲突和时间资源浪费的可能性也就越大，因此，机构管理者需要根据每位成员的目标完成度来对其进行考核、评价和奖惩。①

3. 完善教师培训激励制度

人们受到激励的程度主要受成果价值和期望值两个因素影响，因此，教师培训机构在完善教师培训激励制度时，也需要围绕这两个因素进行考虑。首先，培训队伍对培训机构的归属感很大程度上受到机构相关制度的影响，因此，机构应为每位成员设置一个合理的职业目标，关心教师成长，发展教师能力；其次，绩效是机构成员在培训工作中所表现出来的能被评价的业绩、能力和态度，有效的绩效管理可以提高成员

① 王斌华．教师评价：绩效管理与专业发展[M]．上海：上海教育出版社，2005：101．

对机构的成就感和满意度，达到激励的效果，因此，机构需要完善绩效考核制度以提高教师对培训工作的满意度，但同时也需要注意，学校发展目标与教师绩效、教师绩效与其努力程度的符合程度；最后，绩效反映的是教师的劳动付出和培训机构的贡献大小，因此绩效需要与薪酬保持正相关，并且在薪酬等级设置时充分考虑到培训机构管理者和培训者的工作岗位差异、职责差异、工作能力表现、态度及实际贡献大小。

三、加强培训师资队伍建设，提升专业培训能力

教育部颁布的《关于大力加强中小学教师培训工作的意见》强调：“加强教师培训师资队伍建设，建设一支素质优良、结构合理的教师培训者队伍。”培训者队伍结构合理、培训者专业能力和素质高，是确保教师培训质量和机构专业化发展的关键。

1. 促进教师培训团队建设

目前我国教师培训队伍素质参差不齐，人员构成比例失衡，高学历、高水平师资缺乏。因此，加强教师培训团队建设，需要从以下几方面着力。（1）要培养并打造一支专职教师培训师资队伍，一方面，按照不同学段、不同学科合理配备专职培训教师；另一方面，按照教师从初级教师到骨干教师再到名师的职业发展路径，分阶段考虑教师专业发展需求，配置专职培训教师。（2）建立教师培训机构动态专家库，作为专职教师队伍的补充力量。其主要来自三个渠道：一是一线中小学具有扎实学科理论功底和对教学有独到体会的名师、骨干教师等；二是高等院校、教育科研机构等拥有先进理念、突出教育科研水平的教育学者或相关领域专家；三是各级深入教育教学实践、熟知教师专业发展情况和发展需求的一线教研员。（3）加强教师培训管理者团队建设，他们负责教师培训项目日常管理、协调、督导及评估工作，要注意增强其服务意识，需要服务于教师培训发展的实践和新需求，不能将培训管理停留在约束或者规范教师的传统型管理思路上。[①]（4）完善机构的岗位配置、职称评定及聘任制度，既吸引更多优秀的中青年教师加入，也为在职教师培训者专业发展提供保障，解决后顾之忧，使教师培训团队始终保持生机与活力。

2. 加强对培训者的培训

教师培训者的理论修养和培训层次影响着教师培训质量。通过开展有计划、有针

---

① 朱益明．改革中小学教师培训的原则与策略[J]．教师教育研究，2017，29（02）：55~60．

对性的培训者研修课程，教师培训者由自然涌现的“散养”状态转变到提升专业化程度的“培养”状态，使教师培训者队伍逐步走向专业化。[①]培育教师培训者是一项系统工程，就其本质而言，它是一项特殊的教育活动，需要依据教师培训者成长与发展的一般规律，可以分为入职阶段、适应阶段和成熟阶段，相应地设计初级培训课程、中级培训课程与高级培训课程。初级培训课程主要了解教师培训师的职责与使命，接纳与认同自身的培训者身份，对教师成长的阶段与影响因素有认知，了解培训对象有效开展教育活动的规律，掌握一般参与式培训活动的方法。中级培训课程主要增强教师培训师的责任感与使命感，敬畏培训规律，具备较为系统的教师培训师的本体性知识与条件性知识，尤其是掌握教师团体心理辅导的知识与方法，能独立策划培训方案，并较好地执行培训方案。高级培训课程倡导教师培训师热爱培训事业、坚守培训信念、追求培训理想，对教师培训师的本体性知识与条件性知识有自身独特的研究，引导教师培训师掌握“指导”技术，不断地创新培训模式，不断提升教师培训师的自我发展能力。[②]

案例：

打造全链条人才培养模式

——阳信县推进县域教师专业发展的实践与探索

2022年8月，省教育厅网站发布信息，阳信县有7人通过了“齐鲁名师”“齐鲁名校长”人选考核认定，3人被评为第三期“齐鲁名校长”，3人被评为第四期“齐鲁名师”，1人被评为第二批“齐鲁名师”（中职）。作为一个经济欠发达县，能取得这样的成绩，自然付出了非同一般的努力。

近年来，阳信县秉持“教师是教育发展第一资源”的理念，出新招、解难题、开新局，探索出了一条教师专业发展新路径，师资结构不断优化，专业能力不断提升，为推进教育事业高质量发展、打造教育之城注入了强劲动力。

1．夯实根基，构建教师专业发展学分银行

2022年7月，在山东省市县级教师培训管理者高级研修班上，阳信县介绍的典型经验获得与会者的好评。这是自2016年以来阳信县第二次在市县级教师培训管理者高

① 杨玉东．构建专业化教师培训者队伍机制探讨[J]．中国教育学刊，2011（10）：68～71．

② 吴卫东．教师培训师：教师培训者的专业化目标[J]．教育发展研究，2012，32（08）：71～75．

级研修班上介绍工作经验。

该县近年出台了《中小学教师继续教育学分管理办法》，突出校本、学区、县级面对面培训，合理分配设置管理权限，注重学用统一，将分属各有关业务科室实施的班主任培训、校长培训、中层干部培训、质量评价培训、学科教师业务培训等纳入教师继续教育学分系统统一管理，将五年一周期的教师全员培训制度落实、落细，构建起了全县中小学教师专业发展学分银行。

学分银行的建立，使县、乡、校三级面对面培训对接、兼容，学用一致，因需施训，有效推动了教师的专业成长。全县中小学教师本科以上学历的概率由2013年的45.69%提高到2021年的72.97%。

2．引领示范，实施“三名”建设工程

“我们之所以能有一批人被评为‘齐鲁名师’‘齐鲁名校长’，得益于我县10多年前启动的‘三名’建设工程，建立一整套机制助推了专业发展。”刚刚通过“齐鲁名校长”认定的阳信县高中教育总校长朱洪彬自豪地说。

阳信县“三名”（名校长、名班主任、名教师）建设工程每3年为一个培训周期，采取“校本培训为主、集中培训为辅、个人自主研修、导师结对帮促”的培养模式，设计了主题词、培养目标、会徽等文化标识，制定了管理培养办法、协作组章程，建立了协作组定期交流制度、支教帮携制度，拓展了异地挂职、课题研究、送教下乡等培养途径，被确定为国家级教师教育综合改革试点项目。

工程自实施以来，先后组织了4次专题培训、3次分组培训，举办了7次专业成长论坛、65次协作组活动，编辑会刊《生命与使命同行》9期，印发工作简报110期。该县还出版了“三名”工程系列专著《制度设计与创新培养》《生命价值与教育情怀》2册，第3册《文化引领与信念坚守》已完成初稿并交付出版。

“三名”工程的实施，使校长、教师坚定了信仰，拓宽了视野，启迪了智慧，提升了能力，涌现出全国模范教师、国家教育行政学院培训专家王立新，特级教师齐爱军、孙希山、张海珍，全国首批优秀乡村教师培养奖励计划人选董雯雯等先进典型，先后有8人晋升为正高级教师。

3．谋划长远，启动新教师职初培养工程

2022年8月，在“童语诵同音·推普筑未来”滨州市幼教系统普通话大赛中，该县刚刚入职一年的幼儿教师肖天慧荣获第一名，在全市引起了轰动。

“成绩的取得，得益于县里职初培养工程的实施以及县、校导师团队的精心指导，使我短时间内在读音、感情、表达等方面有了长足进步。”肖天慧在全县新教师岗前培训班上分享成功的秘诀时激动地说。

早在2018年，该县就出台了《关于实施新教师职初培养工程，加快专业发展的指导意见（试行）》，对新教师入职后3年的专业发展进行了顶层设计和制度安排：建立了入职宣誓、双导师、定期考核制度，为新教师配备一名人生规划导师和一名业务引领导师，组建了县、乡、校三级导师团队。新教师入职后第一年要参加试用期培训，不少于120学时；第二、三年每年参加不少于72学时的起步期培养。

根据培养规划，县教体局除组织好每年一次的新教师集中培训外，还分批次安排新教师到县内教师培训基地跟岗，先后举办了两次新教师专业成长论坛、一次综合素质大赛。2021年，与国家教育行政学院合作，对569名2017年至2020年新入职教师进行为期半年的线上线下一体化培训。结业仪式暨汇报展示结束后，学前段首席指导教师、“齐鲁名师”宋立芹手捧学员为导师敬献的鲜花，激动地说：“半年的时间，经过线上学习与3次线下指导，新教师对教育岗位有了认同，师德涵养得到新的加强，教育能力得到新的提升。这次结业汇报展示节目就是由县级导师团队与全体学员共同创编的。县教体局安排的结业程序很有仪式感，作为首席导师，我既感动又感到责任重大。”

职初培养工程的推行，使一批批学科知识扎实、专业能力突出、教育情怀深厚的新教师被源源不断地输送到中小学校，为推进教育优质均衡发展、打造教育之城积蓄了力量。

4．弥补短板，组织薄弱学科教学技能培训

2017年，该县被省教育厅确定为“山东省农村义务教育薄弱学科教师教学技能培训”项目县，对小学英语教师、义务教育段音乐和美术教师共300余名教师开展学科技能培训，强化创新实践。

一是专业引领贯彻始终，将唤醒广大教师专业发展自觉、培育敬业爱岗精神的内驱力与专家引领、名师带动的外引力有机结合；二是整合利用培训资源，依托“中国鸭梨之乡”的资源优势，安排美术学员到万亩梨园写生；三是构建培训文化，提出了培训口号，组织创编了训徽和主题歌；四是坚持提升技能与涵养理论并重，要求广大教师坚持撰写训后反思体会，逐步从经验型向科研型转化。

在学科技能培训搭建的平台上，一批优秀青年教师迅速成长。例如，音乐教师丁雪莲通过严格选拔后被选派到加拿大进行为期3年的文化交流；英语教师巩希琳被列入山东省优秀乡村教师培养奖励计划人选，主持的名师工作室被学科网评为“全国卓越名师工作室”。

5．互利共赢，探索职前职后相贯通的培养体系

作为省级财政困难县，自2016年9月以来，全县有30余所中小学分8批承担了省内9所高校共计1 087名大学生的支教实习工作任务。

在提供优质的工作、学习、食宿条件，加强实习指导的同时，该县主动与高校指导教师对接，着重在夯实职业理想、厚植教育情怀、增强实践能力上下功夫。邀请师范院校资深教授以“新教师的入职适应与专业成长”为主题作报告，积极探索职前教育和职后教育相贯通的培养体系，在源头上提高新教师的素质。

（资料来源：山东教育新闻网，2023-02-01，略有改动）

第九章　教师培训体制

2010年7月29日，国家中长期教育改革和发展规划纲要工作小组办公室发布《国家中长期教育改革和发展规划纲要（2010—2020年）》，纲要指出，教育要发展，根本靠改革，要以体制机制改革为重点，加快重要领域和关键环节的改革步伐，健全充满活力的教育体制。2017年5月23日，习近平总书记主持召开中央全面深化改革领导小组第三十五次会议，会议审议通过《关于深化教育体制机制改革的意见》。由此可见，深化教育改革、取得改革实效的重点，关键在体制机制改革，破除体制机制障碍，才能建立充满活力、质量优异、公平开放的教育体系。而作为为教育改革主体行动者（教师）提供专业发展支持的教师培训也必须深化推进培训体制改革，以体制改革撬动培训的组织重构、制度创新，系统性、整体性、全局性地思考和重构培训体系，全面提升培训质量。

第一节 教师培训体制的内涵与价值

加强教师培训工作是一项亟待解决的大事，只有理顺教师培训体制机制，健全教师培训方面的法规，形成全国的培训平台及网络，完善教师培训体制等一系列规范体系，才能保证教师培训工作的健康发展和培训质量。

一、教师培训体制的内涵

体制，在《当代汉语词典》中被解释为“机构设置和组织管理的制度，如学校体制、领导体制、经济体制、政治体制、体制改革”[①]；在《决策科学辞典》被定义为“指各种组织机构的结构和制度。任何一个组织体系，都必须满足三个基本条件，才能有效地实现组织运转。这三个基本条件是：合理的组织机构；明确的管理权限；科

① 莫衡，等．当代汉语词典[M]．上海：上海辞书出版社，2001．

学的组织机制。为了使各级机构能有效地运转，必须使组织机构合理化，清楚管理权限的层次，使各级机构有明确的组织运行机制，然后用严格的制度固定下来，做到上下左右紧密相连，形成一个整体功能的组织体系”。[①]体制的内涵很复杂，仁者见仁，智者见智，不同学科有不同的理解和定义，但由如上定义，我们可以归纳出，体制是一个结合体，是组织机构、机构之间的管理关系以及支撑机构运转的相关制度的总称或结构体系。

在教育领域，孙绵涛教授对“教育体制”进行了丰富、系统的研究，尝试建立“教育体制理论”体系，他认为“教育体制是教育机构与教育规范（教育制度）的结合体或统一体。教育机构包括教育实施机构和教育管理机构，它规定着教育机构的职责权限和机构内人员的岗位责任。教育机构是教育体制的载体，教育规范（教育制度）是教育体制的核心，教育规范（教育制度）要反映教育机构设置和教育机构运行的规律”。[②]由此，可以理解为：（1）教育体制包含教育机构和教育制度两个核心要素。（2）教育机构和教育制度二者的关系不是孤立的，而是相互作用、相互影响、紧密联系的统一体。（3）教育机构是教育体制显现的外壳，或者说外在形态，教育制度是教育体制显现的内核，或者说内在本质。（4）教育机构与教育制度存在形式与内容互构的二元关系，如果机构间的权责关系调整或重构，相应的机构间的运行规则（制度）必然发生变化，另外，如果机构运行的规则（制度）有所变化，必然引起机构间的权责分配关系的变化，二者的变化是互联互通的。而要进一步理解“教育体制”这个概念，就不得不谈“教育机制”，在各类政府文件、学术论文，常见到的都是“体制机制”合并使用，这二者为什么经常连用，到底有什么区别和联系？“机制”，指一个工作系统的组织或部分之间相互作用的过程和方式，教育机制就是“教育现象各部分之间的相互关系及其运行方式”[③]。由此，教育机制指涉的也是一种关系，而教育体制也体现一种关系，但教育体制这种关系更多表达的是教育机构及机构之间的关系，是机构管理中的隶属关系，多体现为一种静态的多层组织结构。教育机制则包含了构成一个教育活动的各方主体或教育机构间的复杂运行关系、运行方式和运行规律，多表现为一种动态的互动关系。打个比方，体制更像一栋大厦的框架结构，而机制就是这栋大厦里各个部分、各个元素的复杂运动，可以说“体制是机制

① 萧浩辉．决策科学辞典[M]．北京：人民出版社，1995．

② 孙绵涛，李莎．试论教育体制理论的生成[J]．教育研究，2019（01）：122．

③ 孙绵涛，康翠萍．教育体制改革与教育机制创新关系探析[J]．教育研究，2010（07）：69．

所依存的宏观基础，机制是体制的微观构成”①。

教师培训体制是教师培训机构与培训制度的统一体。教师培训机构包括教师培训管理机构和教师培训实施机构。世界各国教师培训的管理和实施机构体系各不相同。在中国，教师培训体制非常健全，可以描述为管理、业务双线运行。管理线，可以概括为“部—省—市—县—校”五级管理体制，主要涉及的培训管理机构从上至下有：教育部教师工作司、省教育厅人事教师工作处（或教师工作处）、市州教育局人事科（或教师管理科）、县教育局人事股、学校办公室。在不同的省份，管理教师工作的科室名称略有不同，但五级管理体制基本相似。而业务线，是由教师培训的具体实施机构构成，以师范类高校、部分综合型大学、各级教师进修学校、少量优质中小学等体制内组织机构为主体，辅以社会机构，如各类远程教育公司、教育行业协会等。教师培训制度则指规定、规范教师培训任务、培训的行政和业务管理要求和标准、与培训匹配的教师人事管理制度等，具体包含规定教师培训任务的相关法律法规、业务领导和管理制度、经费保障制度、绩效评估制度、全员培训制度、学分管理制度、培训与教师岗位聘任、职务职称评聘的人事管理衔接制度等。

二、教师培训体制建设的价值

人类具有一种“求价意志”，人类的任何活动都打上了价值的烙印。质言之，教师培训体制建设的价值追求是体制建设的重要组成部分，主要包括如下几个部分。

（一）契合国家发展战略，重视体制机制改革

2010年7月29日，国家中长期教育改革和发展规划纲要工作小组办公室发布《国家中长期教育改革和发展规划纲要（2010—2020年）》。纲要提出，把改革创新作为教育发展的强大动力。教育要发展，根本靠改革。要以体制机制改革为重点，鼓励地方和学校大胆探索和试验，加快重要领域和关键环节改革步伐，要健全充满活力的教育体制。进一步解放思想，更新观念，深化改革，提高教育开放水平，全面形成与社会主义市场经济体制和全面建设小康社会目标相适应的充满活力、富有效率、更加开放、有利于科学发展的教育体制机制。在“管理体制改革”方面，纲要提出：要各

① 李森．关于推进干部教育培训体制机制改革的几点思考[J]．四川行政学院学报，2008（05）：94．

级政府要明确责任，促进管办评分离，形成政事分开、权责明确、统筹协调、规范有序的教育管理体制。要切实履行统筹规划、政策引导、监督管理和提供公共教育服务的职责，建立健全公共教育服务体系，逐步实现基本公共教育服务均等化，维护教育公平和教育秩序。改变直接管理学校的单一方式，综合应用立法、拨款、规划、信息服务、政策指导和必要的行政措施，减少不必要的行政干预。要提高政府决策的科学性和管理的有效性。规范决策程序，重大教育政策出台前要公开讨论，充分听取群众意见。成立教育咨询委员会，为教育改革和发展提供咨询论证，提高重大教育决策的科学性。建立和完善国家教育基本标准。整合国家教育质量监测评估机构及资源，完善监测评估体系，定期发布监测评估报告。加强教育监督检查，完善教育问责机制。针对“继续教育”发展方面，提出了建立健全继续教育体制机制。政府成立跨部门继续教育协调机构，统筹指导继续教育发展。将继续教育纳入区域、行业总体发展规划。行业主管部门或协会负责制定行业继续教育规划和组织实施办法。加快继续教育法制建设。健全继续教育激励机制，推进继续教育与工作考核、岗位聘任（聘用）、职务（职称）评聘、职业注册等人事管理制度的衔接。鼓励个人多种形式接受继续教育，支持用人单位为从业人员接受继续教育提供条件。加强继续教育监管和评估。2017年5月23日下午，中共中央总书记、国家主席、中央军委主席、中央全面深化改革领导小组组长习近平主持召开中央全面深化改革领导小组第三十五次会议并发表重要讲话，会议审议通过了《关于深化教育体制机制改革的意见》。教育部高等学校社会科学发展研究中心主任王炳林分析意见出台背景时提到：“在充分肯定（我国）教育事业发展成就的同时，我们也要清醒地认识到，教育优先发展地位需进一步巩固，教育发展还存在不平衡、不协调的问题，学前教育、职业教育、继续教育仍是教育体系中的突出短板，教师队伍还不能适应提升质量与促进公平的新要求，教育对外开放的水平不够高等。这些都是我国教育事业面临的新问题新挑战。”①而“深化教育体制机制改革是破除各种体制机制障碍，促进教育公平、提高人才培养质量的根本动力”②。

① 胡浩，施雨岑．为人民提供更好更公平的教育——解读《关于深化教育体制机制改革的意见》[EB/OL]．（2017-09-25）[2020-03-10]．http：//www.gov.cn/zhengce/2017-09/25/content_5227289.htm．

② 胡浩，施雨岑．为人民提供更好更公平的教育——解读《关于深化教育体制机制改革的意见》[EB/OL]．（2017-09-25）[2020-03-10]．http：//www.gov.cn/zhengce/2017-09/25/content_5227289.htm．

（二）破解效益不佳难题，提升教师培训质量

近年来，伴随着教育发展中教师素质能力提升重要性的凸显，教师培训成为各级政府关注的教育发展事项之一，投入经费、设置机构、制定制度、推动教师培训发展。当教师培训成为热点、教师培训规模不断扩大的同时，整个社会对教师培训质量和效益的关注不断加强。然而不容忽视的是，当前在大规模的教师培训如火如荼之际，现实尴尬也接踵而至：（1）教师培训机会不均衡，宏观层面，经济发达地区教师培训经费充足，教师可以接受高质量、高级别的培训，而经济欠发达地区，教师培训机会不足，而且品质不高；微观层面，有些学校教师重复参加，成为教师培训“专业户”，而一些教师却鲜少接受规范性的教师培训。（2）教师培训项目设计随意，层次交叉性和重复性过多，有些薄弱学科培训机会不足，有些学科（如语文、数学、英语）各级各类培训重叠，一个老师可能被同时安排参加好几个类似培训班，参训教师疲于应付、消极对待。（3）教师培训机构水平参差不齐，特别是区县教师进修校和学校教师发展中心主体缺位、能力不足，不能胜任区域和校本教师培训任务，而此两级是教师在参加理论学习之后的重要延伸，是基于情境、解决实践问题的“驻场学习”最合适的组织实施机构，而当下的区县教师进修学校要么不承担任何培训，只是上级培训的报名组织机构，要么不分析本区教师需求，随意办班，安排几个讲座就算完成培训，教师培训内容的针对性和实践性较低，与教师实际需求偏离，远水不解近渴。（4）教师培训管理机构责权不明，特别是市、县两级重单向度的行政要求，缺乏专业的服务指导，自己既是裁判官又是运动员，不利于激活教师培训活力，理顺管理。事实上，就以上问题而言，这不仅涉及教师培训微观项目的优化，更涉及教师培训项目的顶层规划、经费保障、规范管理、过程督导、绩效评估等教师管理和实施的机构优化与制度创新的问题。也唯有从体制改革的高度，才能全面、系统、根本、有效地突破教师培训存在的管理不专、质量不高的困境。

（三）助推教师专业发展，成就教师职业幸福

2018年1月20日，中共中央、国务院颁布了《关于全面深化新时代教师队伍建设改革的意见》，明确提出坚持兴国必先强师，指出教师承担着传播知识、传播思想、传播真理的历史使命，肩负着塑造灵魂、塑造生命、塑造人的时代重任，是教育发展的第一资源，是国家富强、民族振兴、人民幸福的重要基石。时代越是向前，知识和人才的重要性就越突出，教育和教师的地位和作用就越凸显。各级党委和政府要从战

略和全局高度充分认识教师工作的极端重要性，把全面加强教师队伍建设作为一项重大政治任务和根本性民生工程切实抓紧抓好。中国教师队伍规模宏大，要提升这支队伍的专业素质和能力，仅凭单一细节创新是不可能实现的，唯有建立标准化、制度化、专业化的教师培训体系和制度，才可能帮助广大教师在持续的终身学习中，增强专业能力，提升教学质量，获得社会尊重，成就职业幸福。

第二节　教师培训体制建设的经验与问题

中华人民共和国成立后，过去仅为精英阶层服务的教育开始逐渐普及化和大众化，学校数量和入学儿童量激增，作为维持学校运转的最重要因素——教师，自然也受到高度重视。中华人民共和国成立后，我国高度重视教师培训，出台了一系列政策，构建教师专业发展支持体系，规范、完善、优化教师培训工作。在全面深化教育体制改革和教师队伍建设的时代背景下，教师培训体系更是走在制度化、专业化的发展道路上。

一、教师培训体制建设的经验

经验是教师培训体制建设的重要基础，我国教师培训体制建设的经验主要包括以下几个方面。

（一）政府高度重视，政策指引发展

我国政府高度重视教师专业发展，中华人民共和国成立以来，颁发了若干加强和指导教师培训发展的政策文件，通过政策指引教师培训发展。20世纪五六十年代是我国中小学教师培训的萌芽期。1949年，我国召开第一次全国教育工作会议，讨论中小学教师数量不足、质量不高的问题，并提出加强职后教师培养的要求。1952年，教育部颁发《关于中小学教师进修问题的通报》，《通报》要求各地尽快建立能经常系统的有利于提高教师质量的学习制度，并开始逐步建立教师进修学校。1954年，教育部发布《关于改进中学教师进修学院工作的几点意见通知》，通知指出“当前中学教师

进修学院主要任务是招收实际程度不及师专毕业程度的初中教师，使之在三年内胜任教学工作”。同时期，教育部颁布《关于举办小学教师轮训班的指示》和《关于加强中等学校在职教师业余进修的指示》等系列文件。1967年至1977年，中小学校的正常教学受到严重影响，教师培训更是无人关心，处于停滞期。20世纪70年代末80年代初，教师培训工作受到关注，开始逐步恢复、重整。1977年，教育部颁发《关于加强中小学在职教师培训工作的意见》，指出“要采取强有力的措施，尽快地、切实地抓好在职教师培训工作……力争在三五年内，经过有计划的培训，实现由文化水平较低的初中教师在所教学科方面大多数达到师专毕业程度，高中教师在所教学科方面大多数达到师院毕业程度”。1980年，教育部发布《关于进一步加强中小学在职教师培训工作的意见》，意见指出设定我国职后教师培训指导思想为“调整、改革、整顿、提高”，通过调研厘清我国职后教师现状，开始进行具有针对性的培训。1983年，教育部发布《关于加强小学在职教师进修工作的意见》，明确中小学教师要进行学历达标，即通过培训达到教师应该达到的学历标准。1985年，我国出台《中共中央关于教育体制改革的决定》，将职后教师培训设定为发展教育事业的重要举措之一。20世纪90年代开始，我国的政治、经济、文化都进入了新的历史发展时期，这时的教师培训也逐渐正规化、系统化。1990年，《全国中小学教师继续教育工作座谈会议纪要》指出我国将开始学历补偿与继续教育并重时期。1994年，《中华人民共和国教师法》颁布，明确规定教师享有进修和其他培训的权利。1999年，《中小学教师继续教育规定》颁布，对中小学在职教师的继续教育工作的内容与类别、组织管理、条件保障、考核与奖惩等方面提出了详细的要求，并进行了说明。规定指出，教师继续教育分学历教育和非学历教育，非学历教育包括：新任教师培训，培训时间应不少于120学时；教师岗位培训，培训时间每五年累计不少于240学时；骨干教师培训，按更高标准进行。这一规定的颁布，意味着我国教师培训制度的初步建立。2000年，《中小学教师继续教育工程方案（1999—2002）》颁布，方案提出：对现有约1000万名中小学教师基本轮训一遍。“工程”结束时，大多数地区的中小学教师通过多种形式普遍完成不少于190学时的培训，贫困地区的教师至少接受1次有组织的培训（面授时间不少于40学时）。全国选培100万名中小学和职业学校骨干教师，省级从中选培10万名，其中教育部组织培训1万名，使骨干教师梯队基本形成。2004年，教育部颁布《2003—2007年教育振兴行动计划》，提出“新理念、新课程、新技术和师德培训”的中小学教师职后培训的标准。2010年，《国家中长期教育改革和发展规划纲要

（2010—2020）》颁布，《纲要》规定“提高教师业务水平。完善培养培训体系，做好培养培训规划，优化队伍结构，提高教师专业水平和教学能力”。2011年，《关于大力加强中小学教师培训工作的意见》颁发，意见提出：完善培训五年一个周期、学分管理、培训机构资质认证制度、培训项目招投标、培训质量监管等制度，促进教师不断学习和专业发展；加强教师培训能力建设，充分发挥师范院主体作用，深入推进全国教师教育网络联盟计划，发挥区县教师培训机构的服务与支撑作用，加强教师培训队伍和资源建设，建立健全的教师培训支持服务体系；加强组织领导，加大教师培训经费投入，为教师全员培训提供有力保障。

（二）完善机构建设，健全五级体系

中华人民共和国成立后，我国中小学教师培训机构在各项政策的推动下从无到有、从有到全、从全到优渐进发展，逐渐建立了“国家（教育部）、省（省教育厅教师与人事工作处）、市（市教育局人事与教师科）、县（县教育局人事与教师股）、校”五级教师培训管理体系和“集中面授机构（师范类高校、教师进修学校为主）、远程网络研修机构（师范类高校+远程教育公司）、区域校本基地校实习基地（区县教师学习与资源中心、优质中小学、幼儿园）”三方联合的教师培训实施体系。

20世纪90年代之前，由于教师培训不是常规性、全员性工作，因此管理事务和实施工作任务量都不大，一般由各级负责教师人事和工资的行政部门统筹管理，由各级教师进修学校主体施训。20世纪90年代之后，随着《中小学教师继续教育规定》出台，教师培训逐渐全员性、常态化、规范化，要完成全国1 100多万中小学教师的全员培训，覆盖全国、深入基层、责权分明的教师培训机构建设就显得尤其重要和必要。1999年颁布的《中小学教师继续教育规定》明确规定：（1）国务院教育行政部门宏观管理全国中小学教师继续教育工作；制定有关方针、政策；制定中小学教师继续教育教学基本文件，组织审定统编教材；建立中小学教师继续教育评估体系；指导各省、自治区、直辖市中小学教师继续教育工作。（2）省、自治区、直辖市人民政府教育行政部门主管本地区中小学教师继续教育工作；制定本地区中小学教师继续教育配套政策和规划；全面负责本地区中小学教师继续教育的实施、检查和评估工作。（3）市（地、州、盟）、县（区、市、旗）人民政府教育行政部门在省级人民政府教育行政部门指导下，负责管理本地区中小学教师继续教育工作。（4）各级教师进修院校和普通师范院校在主管教育行政部门领导下，具体实施中小学教师继续教育的

教育教学工作；综合性高等学校、非师范类高等学校和其他教育机构，经教育行政部门批准，可参与中小学教师继续教育工作；经主管教育行政部门批准，社会力量可以举办中小学教师继续教育机构，但要符合国家规定的办学标准，保证中小学教师继续教育质量。（5）中小学校应有计划地安排教师参加继续教育，并组织开展校内多种形式的培训。2000年，《中小学教师继续教育工程方案（1999—2002）》要求：（1）完善与加强国家—省—市（地）—县—乡—校等各级培训机构建设。（2）国家在有条件的部属师范大学和教师进修院校设立中小学教师继续教育国家级培训机构，采取与地方共建等项措施使其能够承担“工程”下达的各类国家级培训任务。（3）各省（自治区、直辖市）教育行政部门要进一步健全和完善省—市（地）—县三级中小学教师培训机构，确保各级培训机构具备继续教育所必需的教学基本设施和培训手段，以及能够适应继续教育教学与科研需要的专兼结合的师资队伍。（4）加强县以下教师培训机构的建设，建立乡（镇）中小学教师培训点，组织中小学校开展多种形式的培训。（5）鼓励各级师范院校、综合性大学参与中小学教师继续教育，要调动教研、教科研、电教等部门的力量，扩大继续教育培训系统的功效。2011年，教育部颁发《关于大力加强中小学教师培训工作的意见》，再次就教师培训的组织领导和体系建设提出了更全、更细、更高的要求，意见指出：要加强组织领导，为教师全员培训提供有力保障：（1）各地教育行政部门、各级各类学校要高度重视中小学教师培训工作……将中小学教师培训纳入地方教育发展整体规划，统筹安排，优先保证，相关职能部门要明确责任，密切配合，形成合力。（2）省级教育行政部门要做好中小学教师培训的规划，落实教师培训计划和专项培训经费，加强教师培训体系能力建设，指导检查督促本地区教师培训工作。（3）市县级教育行政部门要制订教师培训实施计划，落实培训经费，加强组织协调管理，确保教师培训计划落到实处。（4）中小学校要按照国家有关规定，有计划地安排教师参加培训，严格执行教师培训学分登记制度，为教师学习进修提供支持和帮助。

同时，还要加强培训机构培训能力建设，建立健全教师培训支持服务体系：（1）充分发挥师范院校在教师培训方面的主体作用。鼓励和支持有条件的综合大学特别是高水平大学培训中小学教师。支持建设一批高水平的教师培训基地。鼓励具备资质的社会教育机构参与教师培训。积极开展教师培训国际合作项目。构建开放灵活的教师终身学习支持服务体系。（2）深入推进全国教师教育网络联盟计划。充分利用卫星电视、计算机网络等现代远程教育手段优势，加强政府、高校、教师培训专业机构、中小学校分工合作，构建开放兼容、资源共享、规范高效、覆盖全国城乡、“天网”“地网”“人网”相结合的中小学教师培训公共服务体系，更好地满足教师多样化的学习需求。（3）充分发挥区县教师培训机构的服务与支撑作用。积极推进区县级教师培训机构改革建设，促进县级教师进修学校与相关机构的整合和联合，加强县级教师培训机构基础能力建设，促进资源整合，形成上联高校、下联中小学的区域性教师学习与资源中心，在集中培训、远程培训和校本研修的组织协调、服务支持等方面发挥重要作用。

（三）狠抓制度规范，夯实支撑能力

如前所述，自中华人民共和国成立以来，政府出台了系列文件建构、优化教师培训支持服务体系，提升教师培训管理机构和实施机构的培训支撑能力。特别是进入20世纪90年代，教师培训机构在逐渐完善的制度规定下，关系顺畅、权责明确、合作高效、工作专业。

1999年，《中小学教师继续教育规定》颁布，对中小学在职教师的继续教育工作的组织管理、条件保障、考核与奖惩等方面提出了详细的要求并进行了说明。2000年，《中小学教师继续教育工程方案（1999—2002）》提出要建立完善开放高效的培训系统，国家在有条件的部属师范大学和教师进修院校设立中小学教师继续教育国家级培训机构，采取与地方共建等项措施积极参与各类国家级培训任务。各级培训机构要确保具备继续教育所必需的教学基本设施和培训手段，以及能够适应继续教育教学与科研需要的专兼结合的师资队伍，能组织中小学校开展多种形式的培训。2004年以后，《关于加快实施全国教师教育网络联盟计划组织开展新一轮中小学教师培训的意见》《教育部关于加强县级教师培训机构建设的指导意见》《教育部办公厅关于开展示范性县级教师培训机构评估认定工作的通知》等系列文件，明确提出加快推进能辐射最基层教师培训需求的县级教师培训机构的改革与建设，构建“小实体、多功能、大服务”的区域性教师学习与资源中心。2010年，根据党的十七大关于“加强教师队伍建设，重点提高农村教师素质”的要求，和《国家中长期教育改革和发展规划纲要》（2010—2020年）精神，为进一步加强教师培训，全面提高教师队伍素质，特别是农村教师队伍整体素质，教育部、财政部从当年起开始实施“中小学教师国家级培训计划”（以下简称“国培计划”）。中小学教师培训属地方事权，本应以地方为主实施。而中央实施“国培计划”意在发挥示范引领、促进改革的作用，通过重点

支持中西部农村教师培训，引导和鼓励地方完善教师培训体系，推动高等师范院校面向基础教育，服务基础教育，加大农村教师培训力度，显著提高农村教师队伍素质。2011年，《关于大力加强中小学教师培训工作的意见》颁发，意见提出要建立教师培训机构资质认证制度、培训项目招标制度、培训质量监测评估制度，通过标准化、规范化、市场化的运行方式，倒逼培训机构提升培训能力，提高培训质量，形成良性的培训机构竞争择优机制。2013年，《教育部关于深化中小学教师培训模式改革全面提升培训质量的指导意见》再次提出，规范管理，为教师获得高质量培训提供有力保障。具体包含：国家建设全国教师培训管理信息系统，加强对国家级培训和各地培训的动态监测，要制订培训质量标准，定期开展培训质量评估，发布年度监测报告。地方要充分利用信息化管理平台，登记教师参训学时学分，加强学员选派管理，建立培训项目招投标机制，要采取专家评估、网络匿名评估和第三方评估等方式，监测培训质量，公布评估结果，并作为培训资质认定、项目承办、经费奖补的重要依据。培训机构要建立学员培训档案制度，及时将学员培训情况反馈所属教育行政部门和学校，要做好培训绩效评价，跟踪教师参训后实践应用效果，不断改进培训工作。2019年，《教育部办公厅　财政部办公厅关于做好2019年中小学幼儿园教师国家级培训计划组织实施工作的通知》要求，提出切实落实“精、细、实”服务的要求。各省（区、市）落实培训管理主体责任，对项目申报、项目评审、学员选派、项目实施、绩效评估、资金使用等进行全过程监管。进一步严格培训机构资质要求，重点遴选具有三年以上“国培计划”实施经验、绩效评估结果在良好以上的单位承担任务。各项目承担单位要把国培项目实施纳入本单位工作重点，开展学员安全教育，建立突发事件应急机制，加强资金使用监管，改善培训条件，切实提高培训质量效益。教育部定期组织“国培计划”专家工作组开展视导，采取实地调研、推门听课、网络监测、学员评估等方式，做到对培训机构与项目区县的指导与评估的全覆盖。在贫困地区的培训支持上，要求培训机构建立对贫困地区全方位、常态化专业支持机制，优化区域教师培训生态。采取高等学校与项目区县“校地合作”方式，共建乡村教师专业发展示范区，共育乡村教师专业发展示范校与示范团队。

（四）做好经费保障，支持体系运转

一切教育活动顺利开展的基础保障是经费，教师培训体系的顺畅运行，经费来源的明确和保障是最重要的基础。政策规定，我国的教师培训属于地方事权，经费以政

府财政拨款为主，多渠道筹措，在地方教育事业费中专项列支。而教育部则关注示范引领和雪中送炭两个目标，通过一些特殊的工程、项目、计划实施，一方面开展示范项目，为全国教师培训树立行业标杆，一方面帮扶经济欠发达地区，推动这些区域教师培训常态化开展。在当下，承担教师培训任务的机构不需要补贴活动经费，教师培训项目经费都由专项支出，基本包含了组织实施教师培训的所有方面。中小学教师参加各级政府安排的教师培训也不需要支付任何费用，培训期间的培训费、住宿费和餐费补助都由培训专项经费支出，往返交通费和差旅补助费则是按照各地相关规定回原单位报销，学习期间还全额享受国家规定的工资福利待遇。也正是因为培训经费的有力保障，各地教师培训真正得以正规化、常态化、规范化地开展，教师培训机构也顺畅运转。

1999年，《中小学教师继续教育规定》第十三条明确指出，中小学教师继续教育经费以政府财政拨款为主，多渠道筹措，在地方教育事业费中专项列支。地方教育费附加应有一定比例用于义务教育阶段的教师培训。省、自治区、直辖市人民政府教育行政部门要制定中小学教师继续教育人均基本费用标准。中小学教师继续教育经费由县级及以上教育行政部门统一管理，不得截留或挪用。社会力量举办的中小学和其他教育机构教师的继续教育经费，由举办者自筹。2000年，在跨越世纪的关键时期，党中央、国务院召开了改革开放以来第三次全国教育工作会议，做出了深化教育改革、全面推进素质教育的决定。为了落实全国教育工作会议的精神和《面向21世纪教育振兴行动计划》，教育部决定实施“中小学教师继续教育工程”（以下简称“工程”），对当时的约1000万名中小学教师基本轮训一遍。“工程”提出，实施“工程”是政府行为，在实施期间，中央将投入专项资金支持“跨世纪园丁工程”的建设，专项资金主要用于骨干教师队伍建设和中小学教师培训的课程教材建设。各级地方政府必须采取有力措施，设立骨干教师专项基金，多渠道筹措经费，对“工程”中各项工作投入足够的资金，确保顺利实现“工程”目标。2000年，财政部、教育部联合颁发《农村中小学公用经费支出管理暂行办法》，明确指出，教师培训属于农村中小学校公用经费开支范围，教师培训费按照学校年度公用经费预算总额的5%安排，用于教师按照学校年度培训计划参加培训所需的差旅费、伙食补助费、资料费和住宿费等开支。2012年，《国务院关于加强教师队伍建设的意见》再次强调，各级人民政府要加大对教师队伍建设的投入力度，新增财政教育经费要把教师队伍建设作为投入重点之一，切实保障教师培训等方面的经费投入，教师培训经费要列入财政预算。幼儿园、中小学和中等职业学校按照年度公用经费预算总额的5%安排教师培训经费，切实加强经费监管，确保专款专用，提高经费使用效益。2011年，教育部颁发《关于大力加强中小学教师培训工作的意见》，《意见》指出，要将中小学教师培训纳入地方教育发展整体规划，统筹安排，优先保证。相关职能部门要明确责任，密切配合，形成合力。教育部、财政部自2010年启动实施“中小学教师国家级培训计划”以来，累积投入专项经费200多亿元，培训中小学幼儿园教师1 800万余人次，整体上提升了我国中小学幼儿园教师队伍素质，尤其是中西部地区教师的素质，促进了教师专业发展支持服务体系建设，推动了基础教育均衡发展。

二、教师培训体制建设的问题

面临复杂与多变的教育发展需求，我国教师培训支持服务体系经过多年努力逐步完善，建立了管理体系完备、实施机构多样、责权任务明确，覆盖教师全员的庞大的专业发展支持体系。虽然取得了突出成绩，但教师培训涉及的行动主体多元、利益需求多样、制度环境复杂，教师培训体制运转中存在诸多困境和矛盾。教师培训体系中的各环行动主体的行动理性不仅受到政府各项政策规定的引导，还受到职位角色、社会文化、思想观念、利益关系等的约束和制约，这样，不同行动主体对教师培训体制建设的积极响应和主体建构就存在很大差异。政府的培训体系建构，更多是从国家发展战略和宏观经济发展需求出发，对教师培训体系提出发展要求。承担教师培训的师范大学、选送教师参训的基层学校更多是本着自身的职责角色、机构高效运转等社会性目的参与到培训体系建设中。观念不同、目标不同、利益不同，选择的应对方式也会不同。

（一）行政管理体系，重“权威管理”轻“协商服务”

随着公共管理理论的发展，政府职能倡导从“单向管理”走向“协商服务”，强调“顾客导向”“市场化”“解除管制”“质量和效率”等概念。中国政府也深刻认识到政府职能转型的重要性。2017年，中共中央办公厅、国务院办公厅印发《关于深化教育体制机制改革的意见》，提出“坚持放管服相结合。深化简政放权、放管结合、优化服务改革，把该放的权力坚决放下去，把该管的事项切实管住管好，加强事中事后监管，构建政府、学校、社会之间的新型关系”。其短短三行字的体制改革指导意见，蕴含着无穷深意。第一，政府管理的内容要调整，应该有所为有所不为。根据新公共管理理念，现代政府的基本职能一是保证社会公平，二是提供市场不能提供的公共产品。第二，政府管理的方式要转变，变单向控制式管理为协同发展式管理。所谓单向控制式管理，意味着政府是单一的权力中心，单向度主导和决断，遮蔽体系中其他主体的需求，以高压迫方式安排活动。而协商发展式管理，是指多元行动主体共同参与一项活动的安排。通过契约责任，还权于实施机构。政府重新定位于基于党和国家的意志做好顶层设计、制定发展规划、确立国家质量标准、加强督导评估、做好协调服务等宏观管理，做好事前规划、事中监控、事后评估，而不再事无巨细地进行微观干预。第三，政府管理的角色要变，从单纯的管理走向管服结合，加强服务。政府除了进行宏观的管理调控，更多的任务应该转化为通过制度、环境的外部供给，激发各方行动者主动参与、积极行动。

对比其上三点可知，教师培训管理体系还存在较大的差距和较多的问题。国家—省—市—县—校五级培训体系中，国家和省级行政部门已经响应改革，积极转变职能，做好规划决策、支持服务和督导评估，而市—县—校三级管理体系改革观念薄弱、主体行动意识不足、专业服务能力欠缺，是体系建设中的薄弱环节，亟待规范和提高。在《关于深化教育体制机制改革的意见》颁布后，教育部和省教育厅在教师培训的行政管理内容和方式上都进行了规范和改革，以顶层设计、制定规划、监控评估为主要任务，建立各级教师培训专家智库，与智库专家共商培训设计、规划、改革、发展。具体的业务管理和指导，交由对应的教师培训项目办具体执行，而市—县—校三级在教育培训的管理上大多还处于文件转发、政策传达、随意安班、忽视质量的状态，行政管理主体缺位、方式落后、水平低下，完全不能适应国家提出的简政放权、放管结合、做好统筹、优化服务、充满活力、富有效率、规范有序、科学开放的管理体制建设要求。

（二）组织实施体系，重“事务组织”轻“专业研究”

教师培训究竟是一种工具，还是一门学科？这是思考和研究教师培训问题的关键。①很多人之所以认为教师培训存在问题，可能与我们对教师培训的定位有关。长期以来，教师培训实施机构将教师培训定位于政府行为和体制改革的传声筒角色，或

① 朱益明. 教师培训的教育学研究[D]. 上海：华东师范大学，2004：18～30.

者是适应教育事业发展的需要，或者是着眼于教师素质培养的需要，政策式、任务式、工具式的特征显而易见，这反映在培训项目的具体设计、实施以及内容设计层面，痕迹诸多。例如，要求教师学历达标，于是出现大规模的学历补偿培训；基础教育课程改革如火如荼，全国各地竞相邀请课程标准制定者巡回讲座。当前，在教师专业化发展日益深入的今天，如果教师培训本身缺乏专业化的定位，那么教师培训可能永远都难以摆脱教育改革“衍生物”的身份。在这个意义上说，“教师培训模式应该以教师的专业化发展为主要目标”①，“应该严肃地将在职培训看作是一个学科领域”②。一方面，教师培训绝不是简单的资质培训或业务培训，而应该“立于教”，立足于教育教学的发展；“长于师”，教师得到系统、持续、健康的专业成长。另一方面，教师培训也不是停留在经验总结和示范推广的阶段，而应该是在规律化、学术化层面进行专业化探索。

教师培训是一个学科领域，需要专业化地研究和实施，这已是学界的共识，也是国家教育行政部门对教师培训的价值认识和定位。但在具体的教师培训实施中，各级实施机构由于复杂因素的影响，多以完成任务的事务取向组织实施培训工作，而非采取研究取向以专业化、优质化的视角来精心培训。比如现行国培计划、省培计划的实施主体——各级各类师范高校，他们都有专门的教师教育研究机构和专业的教师教育研究者，但在校内，教师培训工作却多由继续教育学院或某个行政单位组织实施，非教师教育研究者负责项目的规划和实施，重点关心学员食宿安排和讲座专家的时间落实，对教师学习的内容需求、方式需求、文化需求等关注不够。就算有些高校将教师培训放在教育学院实施，而作为首席专家的高校教师认为这是自己本职工作以外的分外工作，对大学的科研工作量考核毫无帮助，不仅增加了自己的工作量，收入和付出还不成正比，消极应对，以学员平安来、平安回，教学工作简单易组织为工作目标，研究与实践完全脱节，培训研究成为高喊理论的书斋研究，而教师培训实践依旧不变。各级各类师范院校因为学校的体制机制问题，在教师培训中重“组织”而轻“专业”，而区县教师进修校或区县教师发展中心则不仅因为体制机制问题，还因为工作人员的专业能力问题，导致教师培训非专业化实施。在很多区县，教研部门和教师培训部门分离，搞教研的不搞培训，教师进修校人员老化、专业素养不足，对当前的基础教育课程改革的课程、教学、

① 谢维和．教师培训，补充还是转型[J]．高等师范教育研究，2002（01）：20．

② 波·达林．理论与战略：国际视野中的学校发展[M]．范国睿，译．北京：教育科学出版社，2002：188．

教师专业发展、教师学习方式等研究不够，导致区县一级教师培训质量低、效果差。

（三）制度建设体系，重“问题解决”轻“标准建构”

标准是对重复性事物和概念所做的统一规定，标准化则是以获得最佳秩序和社会效益为目标，对重复性事物和概念通过制定、发布和实施标准的活动过程。[①]标准化的价值具有统一性、简化性、协调性和最优化。而教师培训制度的标准化建设可以定义为，通过教师培训服务标准的制定和实施，以及对标准化原则和方法的运用，以达到教师培训服务质量目标化、培训服务方法规范化、培训服务过程程序化，从而获得优质教师培训服务的过程。制度的标准化之所以应该在教师培训中受到重视，主要原因有，一是制定技术标准可以保证各个培训机构基本能提供质量稳定的培训服务，增强培训的可预期性，控制质量。二是管理标准可以对培训工作的方方面面做出明确规定，以提高复杂业务的工作效率和工作质量。三是技术和管理标准化可以带来培训评估的客观性和公正性。标准化被认为是创造秩序的手段和发展的理性工具。整个培训通过共同的标准、计量方式来统计和收集数据，对数据进行判断，这就是客观和公正的评价。四是标准体现了国家意志和发展需求。国家教师培训标准的制定既是教师教育知识专业化的呈现，同时也是国家教育发展战略需求的表达，是专业性和政治性的结合。

我国高度重视教师培训工作，历年来颁布了诸多培训管理制度。如教师培训资质认证标准、教师培训课程标准、教师培训过程管理标准、教师培训绩效评估标准等，通过这些标准，要求和帮助体系内各个组织机构一致性、标准化、最优化地发展和工作。在近年的工作中，国家教育行政部门也意识到国家标准建立的重要性，探索培训制度的标准化建设，如示范颁发了《中小学幼儿园教师培训课程指导标准（义务教育语文学科教学）》《乡村校园长“三段式”培训指南》《乡村校园长“送培进校”诊断式培训指南》《乡村校园长工作坊研修指南》《乡村校园长培训团队研修指南》等标准，但教师培训制度标准化建设才刚刚起步，任重而道远。

---

① 李上．公共服务标准化体系及评价模型研究[D]．北京：中国矿业大学，2010：23．

第三节　完善教师培训体制建设的原则与策略

教师培训体制建设原则是完善教师培训体制建设时必须遵循的基本要求。教师培训体制建设策略具有一定的目标，是在特定情境下，为完成教师培训体制建设这一特定任务而产生的规范。它们都是加强与完善教师培训体制建设必不可少的内容，是教师培训体制建设的重要依据，也是建设实践的规则。

一、完善教师培训体制建设的原则

教师培训体制建设原则是根据一定的教师培训体制建设目的和对教师培训体制建设过程规律的认识而制定的指导教师培训体制建设工作的基本准则和要求。教师培训体制建设原则贯穿于教师培训体制建设活动，是提高教师培训体制建设质量的重要保证。

（一）培训体制建设要有全局性

习近平总书记指出："坚持把优先发展教育事业作为推动党和国家各项事业发展的重要先手棋"[①]，这就要求在推进教育体制机制改革中，"一定要从国家经济社会发展大局的高度，来审视和推动具体的改革措施，要在改革中充分考虑时代背景、国家需求、人民期待，从顶层合理规划改革方案，也只有如此，才能真正发挥改革的促进作用，实现改革目标"[②]。由此，教师培训体制的改革和完善必须契合国家经济发展战略，必须满足现代教育发展需求，必须关注教育均衡发展目标，必须重视教师终身学习体系构建。

（二）培训体制建设要有系统性

体制改革就是更关注系统性、整体性和协同性的改革，是克服微观改革的局限，

① 习近平出席全国教育大会并发表重要讲话[EB/OL].（2018-09-10）[2020-03-10]. http://www.gov.cn/xinwen/2018-09/10/content_5320835.htm.

② 陈超，刘楚. 作为深化教育体制机制改革必由之路的教育信息化——全国教育大会与教育信息化笔谈之三[J]. 中国电化教育，2019（01）：12.

从上到下、从内到外、从整体到局部实现改革目标的根本举措。因此，教师培训体制改革一是要突破现有的规制，以法制赋权，以协商共治，寻求不同利益主体间制衡与激活的适度张力，重构一主多元、灵活开放的培训服务体系。二是关照体制中的每一个组织机构，从上到下系统梳理各级教育行政部门、各类培训机构的权责，明晰政府、各类学校、第三方社会机构的职责、任务与权益。三是以机构变革带动制度变革，形成政事分开、权责明确、统筹有力、指导有度、行事有序、标准规范的教师培训体系。

（三）培训体制建设要有实效性

长期以来，很多改革得不到真正落实或坚持，很多改革成效不好，从根本上说，是因为体制机制不顺，阻碍了改革措施的实施。因此，教师培训想要激发活力、提高质量，就必须改革培训体制。但如何改、改什么并不是盲目、随意的行为，而必须坚持目标导向与问题导向相结合，针对参训教师反映强烈的突出问题，着眼教师专业发展、教育质量提升和教育均衡发展的目标，重点突出、措施有力地进行集中攻坚，要让体制改革具有实效性，真正通过改革盘活不同利益群体的内在动力和活力，形成多元主体协同治理的平衡、和谐关系。

二、完善教师培训体制建设的策略

教师培训体制建设策略是指建立在一定理论基础之上，为了实现教师培训体制建设的目标而制定的建设实施总体方案。包括合理选择和组织各种方法、材料，确定教师培训体制建设实践程序等内容。

（一）以市场机制推动“一主多元”的培训供给改革

新公共管理理论从经济学和私人企业理论中得到启示，认为既然政府的力量可以弥补市场缺陷、纠正市场失灵，反过来市场也可以弥补政府力量的不足，防止政府失败。由此，在实践方面，新公共管理运动主张在公共服务中（比如教育行业）引入市场机制和社会参与机制，以竞争机制来提高服务，以市场或顾客为导向来改善行政绩效。[①]美国学者盖伊·彼德斯指出：“没有任何逻辑理由证明公共服务必须由政府官

① 叶绪江，刘祖云．我国公务员培训体制“全程改革”探析——基于新公共管理的理论视角[J]．深圳大学学报（人文社会科学版），2011（06）：61～62．

僚机构来提供。摆脱困境的最好出路是打破政府的垄断地位，建立公私机构之间的竞争。”[①]以新公共管理理论的先进理念来指导教师培训体制改革，就需要转变政府职能，以“顾客”需求为导向重塑培训环节，以有限市场化来建构“一主多元”的培训供给。[②]其具体体现在：一是引入市场竞争机制，教师培训不再是任务分配，而应该是有意向的培训承担机构之间的竞争，只有竞争才能提高行政管理效率。二是运用市场交易机制，政府转变职能，着重进行顶层设计、统筹协调和质量监控，政府将教师培训的具体组织、实施职能通过政府合同承包、政府补助、政府凭单、特许经营等方式转交给其他部门承担，实现政事分开、权责明确、主体多元。三是确立市场选择机制，使消费者（参训教师）手中握有权力可以对培训提供机构进行评估和选择，以顾客为导向，培训机构之间良性竞争，提高服务质量。可见，在教师培训服务中，市场的价值在于将市场竞争机制引入到缺乏活力和动力的公共服务组织内部，建立政府、政府管理的事业单位与社会私营组织之间良好的竞争合作关系，以适度竞争促进培训服务优化和培训质量提升。

（二）以制度契约精准“一主多元”的培训机构职能

在“一主多元”的教师培训体制下，存在着多层、多个组织机构，这些机构在形式上都是相互独立的决策中心，他们存在着合作竞争的关系，在相关制度的安排下，各司其职、各行其是，通过制度、契约来解决培训服务的供给和治理问题。“一主多元”的“一主”是指政府，政府的职能不再是过去的全包全揽，而是要简政放权、放管结合、优化服务，把该放的权力坚决放下去，把该管的事项切实管住管好，加强教师培训的宏观指导、标准建设、信息服务、过程支持和绩效评估，做好教师培训的设计师、指挥官和裁判员。“多元”是指参与教师培训的具体实施机构，由各级师范类高校、综合大学、各级教师进修学校和社会私营机构构成。他们在教师培训体系中主要身份是培训市场的竞争者、培训项目的实施者。他们需要在政府的指导下，做好培训项目的需求调查、方案研制、课程设计和课程实施，强化培训能力，提升培训质量，以优质的资质来获取培训。而在教师培训体系中，除了掌握指导和管理权的政府，以及参与和实施权的培训机构，还应该有第三方督导评估机构，他们可以是专

① B.盖伊·彼德斯．政府未来的治理模式[M]．吴爱明，夏宏图，译．北京：中国人民大学出版社，2001．

② 叶绪江，刘祖云．我国公务员培训体制“全程改革”探析——基于新公共管理的理论视角[J]．深圳大学学报（人文社会科学版），2011（06）：60～62．

业人员组成的专业团队，也可以是社会机构，这些人员不参与教师培训的组织实施，以局外人的身份对教师培训项目的实施效果进行客观的评估，协助政府做好教师培训质量监控。除此以外还应有学术权力独立的培训专家团，他们不仅参与政府对于教师培训的顶层设计、制度规划，还参与培训项目的机构遴选和方案遴选，独立行使专业权，保障教师培训的专业性和高质量。

（三）以权力制衡构筑“一主多元”的培训机构协同

由上可知，在“一主多元”的教师培训体制包含着权力制衡的思想。权力制衡意味着权力不集中于某个部门或一部分人，而合理地划分成若干部分，由不同的机构和不同的人执掌，而这些分立的不同权力之间形成彼此制约的关系，防止掌权者“一权独大”，权力滥用。在教师培训体系中，包含着四种不同的权力主体：拥有指导问责权的政府机构、拥有实施参与权的培训机构、拥有专业判断权的学术自治机构以及拥有评估督导权的监察反馈机构。他们在培训体系中角色不同、功能不同、权力也不同。而要让这四类权力主体在和谐关系中协同治理教师培训，需要权力的分享与合作治理，以法治赋权，权责边界清晰，权力主体各司其职，各自在独立运行的同时，又密切配合，合作协商，共同组成一个完整的培训链。

（四）以专业标准建构“一主多元”的培训运行制度

制度，指已建立的、公认的、具有强制性的一套社会文化规范和行为模式，从非个人关系角度表示一种人与人的关系且具有规范意义的范畴，在政治学、社会学中既包含机构的含义，也表示规范化、定型化的行为方式，且往往这两个方面交织在一起。因此，在教师培训体制改革中，机构改革和制度改革必须并行和融合。为了教师培训的行政机构、培训机构、学术自治机构、监察反馈机构都高效、顺畅地运行，就必须健全系列制度，营造充满活力、激发动力的外部环境，建构科学专业、标准规范的运行体系，优化全程指导、质量监控的调控机制。具体而言，在现有的教师培训制度下，需要补充完善教师培训服务供给决策制度、培训机构资质认证和遴选制度、培训项目多元竞争供给制度、培训课程标准指南、培训标准化管理制度、培训服务供给状况监测制度、培训资金监管制度等，以规范化、标准化的制度引导，完善教师培训体制建设。

第十章　教师培训模式

10

教师培训模式是在某些抽象和简化以及假设的条件下，再现教师培训过程本质特征。作为中观层面概念，在教师教育领域中的教师培训模式，意味着提炼开展各种教师培训活动的程序，有利于提高在职教师的自身素质和丰富他们的知识，提升专业技能水平。一般来说，教师培训模式被定义为一个相对稳定，并实行科学运作范式和科学的思维方式。

第一节 教师培训模式概述

教师培训模式的上位概念为“模式”。辨析模式的内涵有利于认识教师模式概念。

一、模式的内涵

从词源看，在多种历史文献中都找得到“模式”的踪迹，如《魏书·源子恭传》提到：“故尚书令、任城王臣澄按故司空臣冲所造明堂样，并连表诏答、两京模式，奏求营起。”又如宋张邦基《墨庄漫录》卷八提及：“闻先生之艺久矣，愿见笔法，以为模式。”再如清薛福成《代李伯相重锲洨滨遗书序》，“王君、夏君表章前哲，以为邦人士模式，可谓能勤其职矣。”

模式的内涵在各种工具书中给出了解释，如《现代汉语词典》（第7版）解释为某种事物的标准形式或使人可以照着做的标准样式①；《辞海》解释为范本、模本的式样②；《当代汉语新词词典》解释为理论的一种简化形式，即对现实事件的内在机制和事件之间关系的直观、简洁的描述，能够向人们说明事物结构或过程的主要组成部分及其相互关系。③而《国际教育百科全书》解释为对任何一个领域的探究都有一

---

① 中国社会科学院语言研究所词典编辑室．现代汉语词典[M]．7版．北京：商务印书馆，2016．

② 夏征农．辞海[M]．7版．上海：上海辞书出版社，2019．

③ 曲伟，韩明安．当代汉语新词词典[M]．北京：中国大百科全书出版社，2004．

个过程。在鉴别出影响特定结果的变量，或提出与特定问题有关的定义、解释和预示的假设之后，当变量或假设之间的内在联系得到系统的阐述时，就需要把变量或假设之间的内在联系合并成为一个假设的模式。①

查有梁认为模式是一种重要的科学操作与科学思维的方法，同时指出了模式的两个来源，一是从实践出发，经概括、归纳、综合提出各种模式，二是从理论出发，经类比、演绎、分析提出各种模式；模式分为客观实物的相似模拟、真实世界的抽象描写、思想观念的形象显示三大类型。②也有人认为，模式是在一定理论思想指导下，为完成活动目标，对特定活动诸要素所设计的比较稳定的组合方式及其活动程序。还有人认为，模式是在一定理论思想指导下建立起来的特定活动的基本结构或框架。在分析国内关于模式的定义后，李伟给出定义，模式是在实践中抽象出来的或是一定理论指导下建立起来的，适合于特定活动的方法和活动程序的系统或结构。③更通俗地解释为，模式是某种事物的标准形式或使人可以照着做的标准样式。④

二、教师培训模式的内涵

教师培训是众多事物或活动中的一种特定活动，所以，也有自己的工作模式或活动模式。什么是教师培训模式呢？研究者们认为，教师培训模式是在教师培训实践中形成或是在一定的教师教育理论指导下建立起来的有关教师培训活动方法和活动程序的系统或结构⑤；是在一定培训观念和培训理论指导下，分析培训现实并超越培训现实，用精练语言对培训内部各要素的基本特征进行概括后形成的独具特色的结构，为培训实践提供操作思路和策略，是培训理论与培训实践的中介和桥梁。⑥概括不同学者观点，教师培训模式是在培训观念和相关理论指导下，通过分析培训现实而构建的，超越培训现实的，用精练语言概括出培训各个要素基本特征的，独具特色和结构的，能够为培训实践提供操作思路和实践策略的，能够优化教师培训要素组合并发挥

① 李维．国际教育百科全书[M]．贵阳：贵州教育出版社，1990：105．

② 查有梁．什么是模式论？[J]．社会科学研究，1994（02）：89～92．

③ 李伟．行动研究对中小学教师培训模式创新的启示[J]．师资培训研究，2005（01）：8～13．

④ 王冬凌．“以师为本”的教师培训模式：内涵与策略[J]．现代教育管理，2010（10）：69～71．

⑤ 李伟．行动研究对中小学教师培训模式创新的启示[J]．师资培训研究，2005（01）：8～13．

⑥ 王冬凌．“以师为本”的教师培训模式：内涵与策略[J]．现代教育管理，2010（10）：69～71．

最大培训效益的范式。

教师培训模式适用于教师培训，其培训对象是受过不同程度教育的教师群体，所以教师培训模式是具有继续教育性质的模式；受训教师个体处在特定的岗位，接受培训是为了更好地履行岗位职责，客观上要求培训者面向受训教师群体岗位及其履职过程中的普遍性问题设计培训内容和方法，这是教师培训模式的针对性；尽管各地区、各层级、各教师培训项目的实施者和受训者不同，但教师培训的基本遵循是一致的，即施训者在培训理论指导下制定培训目标，针对培训目标确定培训内容，针对不同受训者群体和培训内容选择适合的培训方式、设计不同实施过程或环节，然后将诸要素进行有机地组合，建立起较为稳定的、有序的和可操作的培训活动结构框架和活动程序及运作机制。简单地说，教师培训模式就是针对教师群体更好地岗位履职或专业发展而开展的教师继续教育的一般方法或框架。

三、教师培训模式的特征

随着教师培训活动的不断发展，培训的模式也日趋多样化。表现出如下几个特征。

（一）指向性

教师培训模式指向在职或新教师入职的培训活动而非其他，这是培训模式指向性决定的。任何一种培训模式都具有受训群体的针对性，教师培训模式也不例外。教师培训模式的针对性还体现在培训目标设计和培训机构能够提供的、能够有效运用的条件方面，项目不同、实施机构不同、受训者群体不同，培训目标可能就有差异，培训模式也就有差异，只有最适合的教师培训模式，没有最好的教师培训模式，这也是指向性决定的。评价教师培训模式的标准是看能否在一定情况下达到特定培训目标，即培训目标的达成度。所以，选择培训模式时，注意培训模式的指向性是必要的。

（二）操作性

教师培训模式是把培训理论和培训活动方式中的核心内容用简化的形式反映出来，比抽象理论更加具体的、具有普遍遵循意义的操作框架。有经验的施训者根据已有经验结合新的培训需求可以对教师培训模式进行创新，新进入的施训者依据教师培训模式也可以较为顺利地设计出一套完整的、可以实施的教师培训方案，各类施训者的培训工作更加有章可循，培训意图更加容易被受训者理解和把握。

（三）稳定性

教师培训模式的基本框架是稳定、少动的。因为教师培训模式是大量培训实践活动的理论概括，不涉及具体的学科内容，在一定程度上揭示了培训活动具有的普遍性规律，所提供的程序对培训起着普遍的参考作用。

同类、同层次培训项目的培训模式具有相对稳定性，这种稳定性决定了各类培训机构实施培训项目的便捷性，即同类型的教师培训，其培训模式可以学习，可以借鉴，或者说培训模式用不着全部创新。教师培训模式的相对稳定性与培训理论、培训思想的产生和发展受一定历史时期社会、政治、经济、科学、文化和教育的发展水平影响，受到教育方针和教育目的制约。

（四）灵活性

灵活性是指，作为并非针对特定的培训内容的培训，体现某种理论或思想，又要在具体的培训过程中进行操作的培训模式，在运用的过程中必须考虑到学科的特点、培训的内容、现有的培训条件和师生的具体情况，进行细微的方法上的调整，以体现对学科特点的主动适应。灵活性是教师培训模式创新的基础，有灵活性，教师培训模式才可以在一定范围内因时而变，这种符合受训者需求的改变就是创新。

四、教师培训模式的要素结构

教师培训模式的基本构成要素主要包括施训主体、受训对象、培训理念、培训目标、培训内容、培训途径、培训方法、培训过程监控与考核评价等。[①][②]其中，施训主体由培训机构与施训者组成，培训理念、培训目标、培训内容和培训实施为核心要素。这应该是对教师培训模式要素结构最完整的概括。

① 王冬凌．“以师为本”的教师培训模式：内涵与策略[J]．现代教育管理，2010（10）：69～71．

② 王冬凌．构建高效教师培训模式：内涵与策略[J]．教育研究，2011，32（05）：107～110．

（一）培训理念

培训理念，有人称为“培训思想”，是针对教师培训到底“是什么”“为什么”等基本问题的深层次的思考和回答。[①]不同的培训理念会衍生出不同的培训目标、培训内容和方法，形成截然不同的培训效果。培训理念决定着培训模式的高度。统领整个培训工作的培训理念应遵循以人为本的价值观[②]，人本主义价值观主要体现在设计、实施和评价各环节。

（二）培训目标

培训目标，即教师培训的指向，在培训模式的结构中处于核心地位，制约着培训模式的操作程序、施训者和受训者在培训活动中的组合关系，是教师培训达成度评价的标准和尺度。教师培训目标的预设水平，决定着培训实施对受训者是否有帮助或可能有多大的帮助，决定了是否能够激发受训者的参与动机、是否能够形成参与意愿。教师培训目标要以促进受训者可持续发展为取向[③]，即在制定教师培训方案时，既遵循教师专业发展的一般规律，又满足每个教师的个性需要；既要立足教师专业发展的现实需求，又要着眼于教师专业发展的可持续性。一是基于受训者需求，能够通过培训实现的显性目标要明确，具有达成度。二是培训目标要能够引领受训者需求，让受训者在接受培训后再通过自身能力，能够实现未来发展的潜在目标。通过研修，受训者的认知结构、思维方式和行为方式发生改变，以研究的心态和研究的视角对待培训内容和岗位责任，在获取新理念、反思自身实践、建构新知识方面下功夫，在工作研究以及丰富专业研究成果方面有新举措，持续形成研究成果。三是培训目标需要关注受训者个性需求，因为教师培训最终需要关注每个受训者发展，关注预设目标是否能在每个受训者身上得到实现。

（三）培训内容

培训内容，又称“培训课程”，回答教师培训需要“做什么”。教师培训目标能否实现，关键在于培训内容是否具有针对性，是否能满足受训者的需求。[④]教师培训

① 石义堂，李瑾瑜，吕世虎．创新培训模式提升西部农村教师素质[J]．人民教育，2008（05）：23～26．

② 王冬凌．构建高效教师培训模式：内涵与策略[J]．教育研究，2011，32（05）：107～110．

③ 王冬凌．构建高效教师培训模式：内涵与策略[J]．教育研究，2011，32（05）：107～110．

④ 石义堂，李瑾瑜，吕世虎．创新培训模式提升西部农村教师素质[J]．人民教育，2008（05）：23～26．

内容设计应以激活受训者的实践知识为重要取向。[①]参加教师培训的受训者，都拥有一定的实践经验，这些经验本身就是教师培训课程建设丰富而宝贵的资源，培训内容设计须依据成人特点，充分激发受训者自身既有的实践智慧并引领其升华，在已有经验背景下主动、自我建构学习课程和学习内容，将实践经验转化为研修课程。如果培训课程注重在上课前围绕学习主题提出富有启发性的问题，通过头脑风暴生成课程资源，上课过程中注重“察言观色”，根据受训者表现随时组织小组研讨，或者就受训者共同关心的问题集思广益、交流研讨，或者就受训者提出的问题随时解疑答惑，课后通过布置“作业”，引导受训者学以致用，创造性完成预设的培养目标，则在培训中生成的课程资源来源于受训者的实践经验，但又高于其实践经验，每位受训者都会具有成就感，培训将会更加富有成效。所以，培训课程的内容设计决定着培训目标达成的可能性，决定着受训者在培训中能够得到什么。

（四）培训实施

培训实施，或称“培训过程与方式”，包括培训方法、培训形式、实施程序、保障条件等方面。培训实施旨在解决“怎么做”的问题，是有效教师培训的技术流程和技术策略上的保障。有效的培训过程与方式，能够充分调动受训者学习的积极性与主动性，充分调动其探究交流兴趣[②]，须体现受训者的主体地位[③]，须紧扣培训目标并关注每个受训者在各环节的学习状态[④]，确保培训预设方案与实施过程有机融合。实施方法与形式，直接决定着受训者在培训中是主动自觉还是被动应付，进而决定着培训效果和培训目标的实现程度。活跃、宽松、平等且和谐的培训场景，能够充分调动受训者的主动参与热情，有利于激发创造力，有利于让每位受训者自主、自动和自觉加入，有利于发挥主体、自主研修作用。每一种培训模式都有其特定的逻辑步骤和操作程序，它规定了在培训活动中先做什么、后做什么，各步骤应当完成什么样的任务。施训者水平、受训者特征和层次、培训手段、培训环境和培训时间等属于保障要素，影响着教师培训模式的效力。

此外，教师培训评价和培训总结也是教师培训模式的重要环节。培训评价是对照

---

① 王冬凌．构建高效教师培训模式：内涵与策略[J]．教育研究，2011，32（05）：107～110．

② 石义堂，李瑾瑜，吕世虎．创新培训模式提升西部农村教师素质[J]．人民教育，2008（05）：23～26．

③ 马兰霞．培养创新精神是青年教师培训的应然价值目标[J]．中小学教师培训（小学版），1999（02）：6～7．

④ 王冬凌．构建高效教师培训模式：内涵与策略[J]．教育研究，2011，32（05）：107～110．

培训目标，依据评价方法，对教师培训项目的任务完成情况、目标达成度进行考察，给出结论的过程。教师培训评价包括对受训者学习情况的评价，也包括对培训机构的评价。由于不同培训项目所要完成的培训任务和达到的培训目标不同，实施程序和支撑培训的条件不同，当然其评价的方法和标准也有差异。在培训效果评估过程中，充分尊重每个受训者对项目整体安排及任课教师水平等细节的评价，围绕培训目标对每个受训者的学习进行指导、生成学习成果进行监控与检查，培训结束后建立长效跟踪机制。培训总结注重将多种展示方式相结合，突出每个受训者的研修成效和在培训活动各环节中的精彩表现。①

五、教师培训模式的价值

教师培训模式是教师培训理论与培训实践的中介，是搭建在理论与实践之间的桥梁，能为培训者在制订培训计划过程中提供理论依据和模式化体系参考，避免培训者陷入凭经验和个人感觉实施培训、在实践中从头摸索培训经验的尴尬局面。

（一）培训模式的中介作用

教师培训模式的中介作用与它既来源于实践，又是培训理论的简化形式特点分不开。一方面，教师培训模式来源于实践，是对具体的教师培训活动进行优选、概括、加工的结果，是为某一类培训及其所涉及的各种因素和它们之间的关系提供一种相对稳定的操作框架，这种框架有着内在的逻辑关系，已经具备了理论层面的意义。另一方面，培训模式又是某种理论的简化方式，它可以通过简明扼要的象征性的符号、图式和关系的解释，反映它所依据的培训理论的基本特征，使人们在头脑中形成一个比抽象理论具体得多的、富有操作性的实施程序，便于人们对培训理论的理解，也是抽象理论得以发挥其实践功能的中间环节，是培训理论得以具体指导培训，并在实践中运用的中介。

（二）培训模式的方法论意义

从方法论角度看，教师培训模式对指导人们从整体上去综合地探讨培训过程各因

① 王冬凌．构建高效教师培训模式：内涵与策略[J]．教育研究，2011，32（05）：107～110．

素之间的相互作用和多样化表现形态、把握培训过程的本质和规律、优化培训设计、研究培训过程都具有促进作用。具体来说，集中在三个方面：一是有助于受训者精细设计培训过程，提高受训者对培训实施过程各环节的满意度；二是有助于教师培训目标的有效达成，增强培训效果；三是有助于相关培训理论的应用与指导实践，促进教师培训专业化。

第二节　教师培训模式的类型特点与演进

教师培训模式，按照查有梁对模式类型划分，属于思想观念的形象显示类模式。①关于教师培训模式分类问题，不同学者站在不同角度，进行了不同的学术类型划分，形成了不同的分类体系。比如，易长发将教师培训模式分为新教师的入职培训模式、以课程为基础的在职教师培训模式、以学校为中心的在职教师培训模式、以短期进修方式为主的在职教师培训模式。②姚继业等则分为中小学全员练功模式、中小学骨干教师培养模式、中小学学科基本功训练模式、校本培训模式以及区域资源共享模式等。③张家祥等则进行了简略分类，分为新教师培训模式和学科教师培训模式，把新教师以外的培训都纳入学科教师培训范畴。④郭景扬分为导师模式、课程培训模式、专题研究模式、研训一体化模式、校本培训模式、案例教学模式。⑤时伟分为高校模式、校本模式、教师中心模式和社区模式。⑥李伟根据施训者与受训者的关系分为以培训者为主、以受训者为主、混合型培训模式，参照美国学者乔以斯和韦尔有关教学模式分类方法又分为信息加工模式、个性模式、社会交往模式、行为模式。⑦杨

---

① 查有梁．什么是模式论？[J]．社会科学研究，1994（02）：89～92．

② 易长发．外国中学教师继续教育模式例析[J]．比较教育研究，1999（03）．

③ 姚继业，陈邦峰．教师继续教育模式与机制研究[M]．沈阳：沈阳出版社，2000．

④ 张家祥，钱景舫．职业技术教育学[M]．上海：华东师范大学出版社，2001．

⑤ 郭景扬．教师继续教育研究[M]．北京：中国矿业大学出版社，2001．

⑥ 时伟．专业化视野下教师继续教育的理论与实践——高师院校的职能定位与应答[D]．上海：华东师范大学，2003．

⑦ 李伟．行动研究对中小学教师培训模式创新的启示[J]．师资培训研究，2005（01）：8～13．

运鑫[①]、赣洪[②]、王磊[③]等人也进行过教师培训模式分类的相关研究。对各种模式进行梳理、分析，分别归入培训实施主体分类、培训功能分类和培训组织实施形式分类等三种分类范畴，演进的整体脉络清晰、趋势易于把握。

一、按照培训实施主体分类

实施主体分类本质上是按施训者分类，可以分为院校培训模式、教师中心模式、校本培训模式。其中院校培训和教师中心模式都可以针对农村中小学教学的实际需求与问题，用巡回流动方式送教上门，专题讲座、面授辅导、现场听课、评课、讲示范课、座谈研讨、咨询答疑等是其主要方式。

（一）院校模式

院校模式指以高等院校为基地，利用其拥有的丰富的教育、教师资源，对中小学、幼儿园在职教师的教育管理、课堂和实践教学能力、专业发展能力进行以理论教学与研究为主的训练的培训模式。院校教师培训模式，无论是从中小学、幼儿园教师角度出发，还是从高等院校自身出发，都具有主导教师培训的作用，主要负担各种较高层次的，具有综合性、前瞻性、学术性、研究性、学历性的培训。

从中小学、幼儿园教师需求角度看，部分教学相对成功、教学技能相对完善的中小学、幼儿园教师，如果要进一步提升自己的专业发展能力，就需要进一步了解教育理论发展的最新动向，需要进一步对教学问题进行深层次探讨，但这些都是中小学、幼儿园教师的短板，却是高等院校教师的强项。所以，中小学、幼儿园教师需要高等师范院校提供帮助，学习各类数据库平台的使用方法，学习先进的教育教学理论或理念、教育教学研究方法与研究手段，了解教学研究前沿动态、掌握教育总结报告和科研论文撰写方法、科研成果集成与报奖方法，高等院校要分享育人环境以及丰富的学习资源，如图书设备等，借助高等院校的学术研究和成果生成平台，联合高校教师开

---

① 杨运鑫，薛天祥．多种模式开展教师继续教育[J]．中国高等教育，2004（12）：18～19．

② 赣洪，张希丽．近三十年来我国教师培训模式变迁之知识图谱分析[J]．现代中小学教育，2018，34（08）：83～88．

③ 王磊．提高教师专业发展模式的探究——以校本培训为例[J]．中国多媒体与网络教学学报，2020（07）：62～62．

展课堂研究，形成学术成果，拓展自己专业发展空间和专业发展能力。

从高等院校的教师培训供给能力来看，他们在长期的职前教师教育中积累了丰富的教师培养经验，形成了自身的教育教学传统，对教师继续教育有着独特的价值。特别是高等师范院校的教师，他们能够以理智分析、情绪感染和激发等方式对中小学、幼儿园教师产生影响。如果高等院校特别是高等师范院校教师的研究工作能够与中小学、幼儿园教师的相关研究结合在一起，就更能够发挥其独特价值，这两类不同工作性质的教师基于教师培训平台，建立沟通机制，能够促进受训者快速成长。

（二）教师中心模式

教师中心模式是指通过设立专门的中小学、幼儿园教师继续教育基地，以提高中小学、幼儿园教师的教学技能为主的教育模式。

在不同的国家，教师进修中心的称谓不同，美国称“教师中心”、英国称“教师教育中心”、法国称“学区培训工作组”、德国称“州立教师进修中心”“地区型教师教育中心”。我国也有各级各类的教师进修校或教师发展中心。教师发展中心作为教师培训主体而实施的教师培训项目，称为“教师中心模式”。

（三）校本培训模式

校本模式是以学校为基本单位，依托受训教师任职学校资源，围绕实际教育教学情境中出现的经常性问题、学习与传承优秀教师教学经验等主题，在校内开展的教师继续教育形式。校本培训模式是为了学校的发展，学校拥有较大自主权。

对校本培训模式的认识是否到位，理解是否透彻，实施是否顺畅、有效，关键在于对“校本”的理解与认同。校本，在本质上体现为对学校内在价值的尊重，对学校主体性的重视，对学校自身教育价值的认同。于是有人说，校本蕴含着“为了学校”“在学校中”“基于学校”三个方面的内涵。[①]其实，教师任职学校不仅是学生学习的场所，也是教师自我教育与发展的重要基地。[②]校本包含校本研究、校本培训、校本课程开发与校本管理，其中校本研究是起跑点、校本课程的开发是立脚点、校本培训是中介，校本管理则起着协调与组织的作用。[③]在实体层面上，校本

① 李世能．创新型教师的基本素质[J]．南宁职业技术学院学报，2003（03）：26～28．

② 崔允漷．校本课程开发：理论与实践[M]．北京：教育科学出版社，2000：49．

③ 张国胜．校本培训——教师继续教育模式的创新[J]．教育探索，2001（11）：51～52．

培训以教师任职学校为空间基础，突出问题产生与解决的同源性，强调教育的民主性、开放性与参与性，使教师在自身价值认同的基础上积极参与到校本模式中。

校本模式有别于以高等院校为基地的院校模式，它不是以理论知识和科学研究为主要学习内容，而是在高师院校相关专业教师指导下，注重于探讨本校教师教学中的具体问题，总结自己的实践经验并加以推广，培训活动紧贴自己学校的教育教学情境，针对性较强，有利于解决教师在日常教学中所存在的实际问题，可能有机会生成集体教学研究成果。

校本培训属于基础性培训，其培训方式多样，如经验交流、师带徒制、案例分析、问题研讨、行动研究等，可能更有利于教师成长。由于中小学、幼儿园的工学矛盾较大，举办常规的、经常性的、全员参与的校本培训较切合我国教师数量大、地域分布广、培训任务重、培训经费短缺的实际，是一种与校外培训优势互补的培训模式。有机构、有计划、有制度、有导师、有设备、有经费的学校与培训机构建立合作关系，与同类学校建立交流机制，就建立了校本培训机制，就可以因势利导地、适时地开展校本培训。

二、按照培训功能分类

培训功能分类带有培训项目性质的烙印。政府主导的教师培训项目类型很多，例如学历补偿性项目以及促进教师教育教学能力提升和专业发展的项目。教师培训界对这些项目的培训模式进行了多种多样的类型划分，如新手型、熟手型、专家型教师培训模式[①]，补偿模式、成长模式、变革模式和问题解决模式[②③]等。结合实际，下面从三个方面对功能分类进行分析。

（一）补偿模式

补偿模式，简单地说就是为学历不达标或教学能力不达标的教师提供课程学习，以保证受训教师的教学不出现科学性错误（知识正确）、保证教师采取适合的教学方

① 李党辉．我国教师培训模式文献综述[J]．继续教育研究，2014（11），59～61．

② 郑国凤．农村中小学教师培训模式的检视与创新[J]．教学与管理，2018（21）：51～53．

③ 程明喜．改革开放以来我国中小学教师培训课程价值取向研究[D]．长春：东北师范大学，2019．

法（方法正确）为目标的培训模式。[①]参与补偿培训模式的受训教师，一方面以系统地进修所教学科的专业知识为目的，另一方面以学习教材、教法为目的，前者是厚实、拓宽、延展教师学科知识，以拿到“学历文凭”和“专业合格证书”为水平达标的标准；后者是帮助教师深入理解教学大纲、理解与把握教材，受训者能够根据大纲要求、教材和学情实际，选择恰当的教学方法，胜任任职学校、任教年级和班级的学科课堂教学活动，同时拿到“教材教法合格证书”为培训达标的标准。

补偿培训是我国教育发展过程中的、特定历史条件下的产物，其历史性贡献和时代性特征都非常显著。补偿培训主要致力解决四个方面的问题：一是确定教师水平标准，指导教师培训方向；二是恢复建立教师培训体系，承担教师培训任务；三是确定培训阶段目标，明确培训内容；四是建立考核制度，把好培训质量关口。整体来说，补偿培训已经成为历史。

（二）成长模式

成长模式致力新老教师的成长。一类是新教师成长，入职者通过培训尽快完成角色转变而适应岗位要求；另一类是老教师成长，入职年限不等的各层级老教师通过培训，尽快超越未接受培训的教师，脱颖而出，成长为学校的教育教学能手、骨干、专家、区域性或者全国性名师等。

1. 新教师入职培训

新教师入职培训指为帮助新入职教师尽快转变角色，更好地适应教育教学工作，承担新的责任，减少孤立感和挫折感，针对岗位要求，有目的、有计划、有组织地为他们提供指导和帮助的培训。

培训内容往往围绕热爱教育教学工作，热爱学生，熟悉有关教育法规和教育教学环境，进一步巩固专业思想，尽快掌握所教学科教学大纲、教材和教育教学常规，尽快适应教育教学工作等展开。

培训方式一般分为集中和分散两部分。集中培训由培训机构统一组织，上课、听报告、看录像、组织参观、介绍经验、研讨问题等方式方法是可选项；分散培训由新教师所在学校负责，考虑到新教师类别、来源地区的差异性，培训内容和要求必然具有差异性，以自培、自练和以教育教学实践为主是常常采用的培训方式，“传、帮、

① 李伟．行动研究对中小学教师培训模式创新的启示[J]．师资培训研究，2005（01）：8～13．

带”是经常而又富有历史感的培训模式。特别是对从事专业教学及研究工作的新教师培训，老教师从备课、说课、听课、评课、检查作业、考核教学效果等方面进行指导，有利于发挥入职培训作用。

2. 在职骨干教师培训

在职骨干教师培训指为了建设高质量的教师队伍，全面推进素质教育，开展以培养全体教师为目标，以骨干教师为重点的继续教育培训。骨干教师培训具有分级、分层特点。骨干教师培训成效显著：一是受训者的自身学习能力得到提升，自主成长、终身学习的愿望增强，工作效能感提升，责任感和使命感成为学习与工作的内驱力；二是受训者的示范辐射作用得到了发挥，返岗后通过专题报告、教学示范、带头教改实验、传帮带等形式，将所学所感进行了分级传播，通过自身成长彰显骨干教师培训对教师专业发展带来的实效；三是从各地的培训项目实施报告和CNKI数据库文献分析看出，骨干教师培训对推进各地的课程改革、教育教学实践改进等方面都产生了积极的影响。

3. 专家型教师培训

专家型教师，又称“教学专家”，指在教学领域中具有丰富和组织化的专门知识，能高效地解决教育教学活动中遇到的各种问题，富有职业洞察力和创造力的教师。

专家型教师培训，旨在使优秀教师尽快成长为学校的或区域性的或全国知名的教学专家。目标导向型培训模式是以专家型教师培训目标为核心，其他培训要素紧密围绕目标的实现而有机结合的培训模式。①合理设计专家型教师成长路径，把握每个成长阶段性的基本特征，提出了针对不同发展阶段教师的特点和需求实施分层培训的策略。②专家型教师是稀缺资源，专家型教师培训具有分层、分级特点，各地区教育主管部门、各学校对专家型教师培训给予了大力支持并收到了显著的成效。

（三）教学变革模式

教学变革模式是根据国家整体实施教学改革、发展需要应运而生的培训模式，新课程培训和信息技术培训模式是很有代表性的。

① 冯品钰．目标导向型教师培训模式的构建与实践——以中学专家型教师研修项目为例[J]．北京教育：普教版，2012（03）：29～30．

② 郭忠岭．聊城市中小学教师分层培训实践研究[D]．聊城：聊城大学，2011．

1. 新课程培训模式

新课程培训模式是顺应国家新课程改革发展的一种全员培训模式。新课程培训坚持培训、教研、教改相结合的模式；注重现代远程教育手段在新课程师资培训中的利用；注重分级培训，培训机构把培训者培训和中小学骨干教师培训放在突出位置，借助二者对所在片区、学区、学校的教师进行再培训。

2. 信息技术培训模式

信息技术培训模式是当今开展线上教学改革与线上培训、线上线下混合式教学改革和混合式培训的先导性模式。它以教师能够有效使用现代教育技术手段提升教育信息化能力为目标，以计算机基础知识和技能为内容，以理论学习和操作、应用能力训练为培训手段。可以毫不夸张地说，没有以“信息技术培训模式”为核心的教学变革模式，就没有教育教学现代化，更不会有今天的教育教学信息化。

三、按照培训实施形式分类

教师培训是发生在施训者和受训者之间的信息传递、信息交互活动。两者之间的信息传递与交互，要么当面进行，要么借助一定的媒介非当面进行。在信息社会里，非当面交换信息的主流媒介是网络。正因为如此，在总结相关研究成果后，陈晓彤等[①]按照培训实施形式将教师培训模式分为以线下为主的培训模式、以线上为主的培训模式和线上线下混合培训模式三个大类。

（一）以线下为主的培训模式

线下培训，是在进入互联网、信息化社会之前，中小学及幼儿园教师培训采取的培训实施形式。早期的线下培训，特别是以补充教育特征的传统线下培训模式，施训专家讲、受训者听的特征非常明显，受训者被动参与，培训效果参差不齐。传统线下培训模式因忽视受训者经验、学习特征等而处于被动地位，一直被质疑。为此，从2000年前后开始，培训界致力以受训者为中心的教师（线下）培训模式创新。创新着力点集中在面授过程如何更好地发挥受训者作用，如何促进受训者参与和互动等方

① 陈晓彤，武丽志．国内中小学教师培训模式研究综述（2010—2019）[J]．中国成人教育，2020（10）：74～78．

面的探索与研究。[①]一类是基于培训实施过程和方法设计角度的创新，此类模式多将“研究”或“研修”作为线下培训的过程方法[②③④]，还有学者强调教师培训的实践性与实用性。[⑤⑥]另一类是基于培训组织角度的创新，此类模式因地制宜，各有特色，如“1+5”师德提升培训模式[⑦]、高校培训中心模式[⑧]、以校园文化和制度双重驱动的浸润式培训模式[⑨]等。

（二）以线上为主的培训模式

线上培训模式是依托互联网开展教师远程培训的技术与方法，本质上是远程培训模式。线上培训的突出特点是施训者和受训者不直接见面，施训者的讲授、指导在线上进行；受训者可以足不出户，也可以在规定地点接受线上指导或向施训专家咨询相关问题。

随着互联网技术的发展与普及，线上培训凭借其优质资源共享和灵活便捷优势，受到了各地中小学教师的青睐。线上培训模式的教师培训实施方式创新，尽管使受训者的学习突破了时间和地域限制，但并不能据此判断是否具有培训目标创新、是否具有实施过程和培训教学方法创新、是否具有以受训者为中心创新等特征，所以，纯粹的线上培训也是有弊端的。为此，线上培训模式需要融入一定数量的受训者在线参与环节和线下自主学习环节，即构成以线上为主的培训模式。

据不完全归纳，以线上为主的培训模式可以分为基于培训平台、基于培训资源、基于培训服务、基于培训理念、基于私播课在线培训等五个亚类。一类是基于培训平

---

① 江净帆．构建中小学教师“会诊—反思”集中培训模式[J]．中小学管理，2011（09）：47～48．

② 李茜．天津市“265工程”农村骨干教师培训模式行动研究[J]．中小学教师培训，2015（04）：7～11．

③ 宋海桐，朱成科．“草根”研修：中小学教师专业发展新趋势[J]．教育理论与实践，2016，36（11）：42～44．

④ 吴文姝．中小学校本自主式专业发展培训模式构建[J]．当代教育科学，2013（02）：51～53．

⑤ 董同强，马秀峰．中小学创客型教师参与式培训模式的构建与应用[J]．现代教育技术，2018，28（03）：113～119．

⑥ 胡春梅．基于核心能力发展的新教师培训模式初探——以初中语文学科为例[J]．教育理论与实践，2016，36（23）：35～38．

⑦ 郭平，刘敏．构建教师专业发展共同体研究与实践——以成都师范学院为例[J]．中国成人教育，2015（01）：27～29．

⑧ 高佳莉，姚振坚．基于高校培训中心模式的中小学教师培训机制构建研究[J]．中国成人教育，2012（05）：90～92．

⑨ 陈兴冶．以文化人：集团化办学模式下浸润式教师培训实践探索[J]．上海教育科研，2019（06）：31～34．

台的模式，因为远程培训的功能直接决定着远程培训能做什么、怎么做等。[①][②]二类是基于培训资源的模式[③][④][⑤]，因为微课资源、教师资源等都是教师远程培训不可或缺的要素，有什么样的就可以构建什么样的培训资源模式。三类是鉴于远程数字化学习环境缺少面对面的临场感的缺陷，提出基于培训服务的模式，如基于学习支持服务的远程培训模式[⑥]、基于网络学习共同体的培训模式[⑦]、区域教师专业发展网络社区培训模式[⑧]。四类是基于培训理念的模式，如"研训用"一体的教师远程培训模式[⑨]、引领式在线教师培训模式[⑩]。五类是基于私播课开展的在线培训，对符合条件的受训者开放，给予个性化指导，支持线上互动与测试，为受训者提供了线上优质资源，强化了培训体验过程，观照受训者个性化需求，能激发其学习兴趣。[⑪]

（三）混合培训模式

混合培训模式，在形式上表现为线下培训和线上培训的混合，其内涵还包括不同教学模式、教学方法、教学资源等的混合。[⑫]混合培训模式能够很好地取长补短，充分发挥线下培训模式和线上培训模式的长处，最大限度地抛弃二者的短处，彰显培训

---

① 张屹，许哲，张帆，等．基于Sakai平台的村镇中小学教师远程培训应用模式初探[J]．中国电化教育，2010（05）：51～55．

② 汪茹．基于云服务正反馈的区域教师培训策略研究[J]．电化教育研究，2018，39（12）：123～128．

③ 王文君，杨永亮．基于微课资源的教师网络研修模式构建与活动设计[J]．电化教育研究，2016，37（01）：116～122．

④ 曹建玲．基于微课的中小学教师培训现状及策略研究[J]．中小学教师培训，2017（02）：26～29．

⑤ 张巧文．基于"互联网+"的"双师教学"模式在乡村教师培训中的运用[J]．中小学教师培训，2017（05）：20～24．

⑥ 冷静，朱伶俐，沈旭东．基于学习支持服务的远程培训模式探索——以北京大学"国培计划"为例[J]．中国远程教育，2015（11）：67～71+80．

⑦ 周效章．中小学教师教育技术能力培训：基于网络学习共同体的实践[J]．现代教育技术，2010，20（06）：144～148．

⑧ 吴强，吴江，任建兴，等．"四全"人才培养模式的探索与思考[J]．中国电力教育，2013（31）：22～23．

⑨ 武丽志，曾素娥．"研训用"一体的教师远程培训内涵及实践观照[J]．现代远程教育研究，2015（04）：66～72+87．

⑩ 张丽，伍正翔．引领式在线教师培训模式理论创新与实践机制——以全国中小学教师网络培训平台为例[J]．中国电化教育，2011（01）：61～65．

⑪ 黄建锋．基于SPOC的教师培训流程创新研究[J]．中小学教师培训，2017（04）：36～39．

⑫ 李克东，赵建华．混合学习的原理与应用模式[J]．电化教育研究，2004（07）：1～6．

的效益。混合式培训模式涉及网络平台、集中培训课堂、线下校本实践三种环境，需要受训者组建网络学习社群，进行线上学习、集中培训和线下校本实践。

据不完全归纳，混合培训模式可以分为基于翻转理念、基于工具与支持、基于校本研修升级版与网络研修整合、基于网络化学习基础融入线下实践环节等四个亚类。（1）基于“翻转”理念的混合模式。如受训者在信息技术环境下自主学习相关培训内容后再与培训者及其他受训者交流的“翻转课堂”模式[①][②]，任务导向的慕课研修模式[③]，基于SPOC的教师培训模式[④]。（2）基于工具与支持的混合模式。如自组织与“UMU”互动融合的教师研修模式[⑤]和基于大数据分析的O2O教师培训模式[⑥]。（3）基于传统校本培训升级和发展的校本研修与网络研修整合的混合模式。如基于混合学习理论的融合立体化资源支持、网络课程平台支持的校本培训、网络平台支持的自主学习、专家巡回指导等形式的教师信息化教学能力培养模式[⑦]，网络研修“专家—受训者互助”、校本研修学科教研组长和普通教师“同伴互助”的混合式校本培训模式[⑧]。（4）基于网络化学习基础融入线下实践环节的混合式培训模式。如钟庆文等[⑨]的学习前、中、后“三阶段”模式，其中学习前阶段是指培训教师将授课目标、内容提供给受训者，受训者自主选择学习阶段；学习中阶段是指培训教师集中授课，帮助受训者进行意义建构，产生互动体验的学习阶段；学习后阶段是着眼于问题解决，帮助受训者提高实践能力阶段。

---

① 邵晓霞．基于翻转课堂的“国培计划”培训模式探究——以天水师院“国培计划”中西部农村英语骨干教师培训项目为例[J]．中小学教师培训，2015（01）：20～24．

② 周进军．基于“翻转课堂”理念的教师培训研究[J]．西部素质教育，2017，3（07）：262+264．

③ 田爱丽，于天贞．任务导向的慕课研修模式分析[J]．教师教育研究，2017，29（05）：31～37．

④ 黄建锋．基于SPOC的教师培训流程创新研究[J]．中小学教师培训，2017（04）：36～39．

⑤ 容梅．基于个性化学习需求的中小学教师研修模式的构建与实施[J]．中国电化教育，2017（10）：89～95．

⑥ 李运福，杨晓宏．基于大数据分析的O2O教师培训模式研究——对“互联网+”教师培训的初步思考[J]．中国电化教育，2016（12）：113～120．

⑦ 梁琪，滕涛，刘刚，等．基于混合式学习理论的中小学教师信息化教学能力培养模式研究[J]．电化教育研究，2012，33（12）：115～120．

⑧ 张思，刘清堂，熊久明，等．教师混合式培训中的同侪互助模式与支持策略研究[J]．电化教育研究，2015，36（06）：107～113．

⑨ 钟庆文，王斌．高职院校新教师职业素养“互联网+交互式”培训模式研究[J]．继续教育，2018，32（09）：8～10．

四、教师培训模式的演变逻辑

教师培训模式作为推进教师培训的重要依据，其演进和发展具有自身的逻辑。

（一）以实施主体分类的培训模式演进

美国、英国、日本等发达国家都把高等院校作为中小学教师继续教育的重要基地，向学习者提供授予学位和不授予学位两种类型的校内学分课程，以及通过广播、电视、电脑等现代化通信手段实施远距离教育。20世纪90年代末，我国主要采取高等师范院校参与中小学教师继续教育的模式，其中以省属普通高等师范院校为主体，综合性大学参与中小学教师继续教育的数量较少。

教师中心模式的设想最早发端于20世纪60年代的英国，70年代、80年代成为教育界讨论的中心，并存在于美国、澳大利亚、荷兰等国的教育体制中。在我国，教师中心模式有层级差异，既有独立性的教师中心，也有附属于高等院校的教师中心。

校本教师培训起源于欧美地区类似教师协会一类的组织发起的一种地方性的基层运动，到20世纪80年代中期以后，由少数地区的尝试性学习方式演变为正式的教师进修计划，德国称其为“校内在职教育”，英国称其为“以中小学为基地的教育模式”，我国现在称其为“校本培训”，以区别于以高校为主体的教师继续教育。

（二）以培训功能分类的培训模式演进

1. 补偿培训模式

1978—1998年，我国师范院校、教师进修学校、函授辅导站、电大等教师培训机构围绕教师学历达标和学科教学胜任力提高两个方面，对中小学教师进行了多渠道、多形式、多层次的培训。其中，1978—1983年属于“教材教法过关”课程补偿培训阶段；1984—1988年，对学历不达标的又考不上学历班的教师实行了以专业合格证书考试制度为特征的“学历补偿”教育；1989—1994年为以学历补偿和学历提升为主的教师继续教育实践试行阶段；1995—1998年为以继续教育实践试行为主、学历补偿和提高为辅阶段。

2. 成长培训模式

受欧美国家做法的影响，我国入职培训始于20世纪90年代，开始主要由教育学院或教师进修学校在地方政府的支持下进行，也摸索总结了一些经验；发展到今天，各层级的新教师入职都要接受专门培训。骨干教师培训是1999年国务院批转教育部《面向21世纪教育振兴行动计划》中“跨世纪园丁工程”的重要项目之一，其中，中小学骨干教师国家级培训是我国教育史上首次由国家财政专项投入，由教育部直接组织、规模最大、规格最高、历时最长、影响深远的一次专门针对骨干教师进行的培训；在开展国家级中小学骨干教师培训的同时，我国省、市两级的骨干教师培训也全面启动，全国自上而下形成了以骨干教师培训为重点的继续教育培训热潮；国家级骨干班受训者是最早接受新课程改革理念的一批教师，也是课程改革理念的传播者和新课程实践的先行者，他们自身的理念与行为的改变，以及改变后带来的优质的教学质量，对所在学校、地区课程改革与实践起到了积极的推动作用。

教学变革模式是在深化教育改革、全面推进素质教育和提升中小学、幼儿园教师的整体素质需求背景下产生的。2000年以来，我国围绕新课程标准、信息技术等领域开启了教学变革培训模式，实施教师全员培训，以适应教学变革的需要。其中，新课程培训与2001年秋我国开始的第八次课程改革有关。为了全面推进素质教育，课程改革要求教师转变观念，建立新的教学行为，教育部《关于进一步加强基础教育新课程师资培训工作的指导意见》将新课程培训作为今后一段时间内中小学教师继续教育的主要内容，提出了新课程师资培训理念，确立了“先培训，再上岗；不培训，不上岗”原则，与课程改革同步进行中小学教师新课程培训。信息技术培训与信息技术介入和持续作用于教育教学为学校教育带来的思想观念的变化、教学环境的改善以及教与学方法改变等因素有关，应对教育信息化对课堂教学的挑战需要建设足够数量的高水平信息技术专业教师队伍和熟练运用信息技术进行教学的教师队伍。1999年，《中共中央、国务院关于深化教育改革全面推进素质教育的决定》要求大力提高教育技术手段的现代化水平和教育信息化程度；开展以培训全体教师为目标、骨干教师为重点的继续教育，中小学教师的整体素质明显提高。中小学专任教师以及师范学校在校生都要接受计算机基础知识和技能培训，2002年，《关于推进教师教育信息化建设的意见》要求全面推进现代信息技术和教育技术在教师教育中的普及和应用，显著提高中小学教师的信息素养，促进信息技术与学科课程的整合，培养、培训适应普及信息技术教育需要的中小学教师。

（三）以组织实施形式分类的培训模式演进

2000年前为线下培训；2000—2010年，我国开始普及信息技术，教师培训以电教手段辅助、线下培训为主。自2010年以来，混合培训逐渐成为教师培训模式的主流。

线下集中培训临场感强，师生、生生可以近距离接触，但须脱产参加，而中小学教师通常都肩负着繁重的学科教学、班级管理工作，工学矛盾突出。线上培训能够为教师提供灵活、便捷的学习机会和虚拟的学习空间，有利于缓解工学矛盾，但需要以互联网平台、技术和资源建设为前提，存在依赖软硬件条件、监控难等问题。混合培训能够发挥两者优势，取长补短，逐渐成为发展趋势。

五、教师培训模式的演进方向

教师培训模式一直向着培训目标人本化、培训内容综合化、培训方式多样化的方向发展。[①]

（一）培训目标的人本化

长期以来，教师培训的目标一般只关注受训者的职业技能而忽视了受训者是一个不断成长、需要发展的个体，把教师培训简化为制造“匠人”的活动，压抑了受训者的创造性和积极性，使受训者在培训中成为一个被动的模仿者。近年来，随着对学生主体性的认识和尊重，受训者在培训中的主体地位也成为焦点，强调在提升受训者教学能力的同时，更要促进受训者自身全面、健康发展；强调受训者从培训中获取的经验不仅应促进其教学质量的提高，更应促进自身的发展。这种目标定位的变化引发了教师培训内容和方式的变革，有效地激发了受训者内在学习动机和创造性，使受训者在培训中成为一个主动的探索者和创造者。

（二）培训内容的综合化

在人本化的培训目标指导下，教师培训内容突破了只重理论指导或只重技能训练

① 曾琦．教师培训模式的现状分析及改革建议——建立合作探究型教师培训模式的设想[J]．中国教育学刊，2000（05）：58～60．

的片面性，更加关注教师基本教育观念的重塑和核心教学技能的提升。

实践证明，通过培训促使受训者将新的课程理念内化为自己的教育观念，从而自觉地在实际教学中运用并创造符合这种课程理念的教学技能，才能确保课程改革深入到学校教育层面，体现在每个教师日常的、具体的教育教学行为中，最终实现促进教师与学生共同成长的改革目标。

（三）培训方式的多样化

为了鼓励受训者探索和创造，教师培训不再局限于单一的、灌输式的讲授，而是逐渐纳入了经验分享、案例教学、合作探究等突出参与性、操作性和体验性的多种方法。特别是合作探究的方式受到大家的推崇。在合作探究过程中，施训者和受训者可以互相学习；受训者之间可以互相学习和分享有益经验，通过共同学习寻求形式多样的问题解决方案，从而充分地发挥其积极性和创造性。

第三节　教师培训典型模式

很多研究者对教师培训模式进行过系统研究，也提出过一些新模式。本节仅对一些典型模式进行分析。

一、参与分享型

参与分享模式又称为“交流分享模式”。本质上是通过培训者创设特定情境，引导受训者在情境中参与、体验，互相分享经验与观点并进行反思，达到学习他人长处，产生新思想、新认识，实现自我提高的目的。

（一）模式的基本型

实施程序：情感沟通（相互认识了解环节）—头脑风暴（围绕研究主题开放式讨论）—小组交流（发表个人见解形成小组的解决共识）—全班研讨（小组代表发言）—小结评点（培训者和受训者共同完成）。

适用范围：高层学习的小规模培训。

模式重点：培训者对受训者的引领示范作用，最后的小结评点。

模式难点：确定开放性问题，足够时间准备，培训者有随机调控能力和民主作风，受训者要有开放心态和主动参与意识。

模式优点：培训者变成受训者的助手，受训者在培训者引导下从“被动的接受者”变成“主动的创造者”，从“改造的对象”变成“合作的伙伴”，获得亲身体验，引发多向思考，推动教育实践。

模式不足：受训者不能过多。

（二）模式的改进型

成都师范学院教师培训管理中心李德树对参与分享式模式进行了改进，提出“四团队八环节参与式研修”模式。该模式把培训者分为引领者和培训助理两个部分，组成两个服务团队，前者负责受训者的专业引领服务，后者负责培训工作中对受训者的事务性服务。把受训者分为研修者和示范者两个部分，组成两个研修团队，其中示范者从研修者中按程序产生。每个团队的培训工作都由八个环节组成（见表10.1）。为了强化各环节的操作性、规范性、互动性和实效性，还为该模式专门设计“速记卡”“速记簿”。模式的实践运用效果很好。

研修者团队：①选单—②听课—③听述评—④小组讨论—⑤大会发言—⑥听专家点评—⑦模修设计—⑧试讲。

示范者团队：①准备—②上研究课—③自述自评—④受询答疑—⑤听大会交流—⑥听专家点评—⑦反馈反思—⑧再上研讨课。

引领者团队：①策划—②听课—③听述评—④引领讨论—⑤主持大会—⑥发言点评—⑦指导教学设计、引领教师成长—⑧再指导、再引领，自我提高。

研修助理团队：①准备材料—②做教学实录—③记述评—④整理小组发言—⑤记录大会发言—⑥记录专家点评—⑦精选教学设计、感受感悟—⑧打印发放、供交流。

表10.1 团队八环节参与式研修模式

	研修者团队	示范者团队	引领者团队	研修助理团队
第一环节	选单： 自主学习课程菜单 选择研修模块 寻求重叠共识 自学指定材料	备课： 在专家指导下备课，即备学生、备受训者 备课标、备教材 备资源、备策略	策划： 深入调研找专题 研制模块菜单 根据专题设计课程 指导示范教师备课	准备： 在专家指导下做准备工作 注重资料准备
第二环节	听课： 认真听课、注意观察 速记师生活动要点 速记自己感受、启发 分析课之得失	上课： 注意真实教学情境 恰当调整教学设计 灵活运用各种资源 机智处理课堂事件	听课： 看学生活动情况 看受训者听课表现 看教师活动情况 分析得失，改进	做教学实录： 分工记录 课后整理为详录或简录
第三环节	听述评： 听研讨课教师自述设计意图 听研讨课教师自述体现的新课程理念 听教师自评得失 速记要点及自己感受	自述自评： 自述设计意图 自析体现的新课程理念 自评成败得失 自构改进方略	听述评： 听研讨课教师自述设计意图 听研讨课教师自述新课程理念 听教师自评得失 速记要点及感受	记述评： 清楚、全面地记录示范教师的自述自评要点
第四环节	小组参与式讨论： 根据要求分工 踊跃发言谈自己观点 虚心聆听，分析他人观点 平等对话深化认识 整理速记要点 推荐代表大会交流 贴本组海报供参观	受询答疑： 接受咨询 接受质疑 巡听小组讨论	引领讨论： 组织受训者分组（6人） 讲明：组内分工，讨论主题、内容、要求 巡视各组讨论，适时参与、点拨	搜集讨论意见： 搜集各组讨论记录，并整理、打印
第五环节	大会交流： 速记大会交流要点 反思自我评价感受 反思改进方略	听大会交流： 速记大会交流要点 反思自己的课堂教学行为 反思改进方略	主持大会交流： 主持大会 记录发言要点 思考发言观点	记录大会发言： 记录发言要点，并整理、打印
第六环节	听专家点评及精讲： 记录点评及精讲要点 反思自己对课的评价 反思自己的教学行为 构建改进方略	听专家点评及精讲： 记录点评要点 反思自己对课的评价 反思自己的教学行为 构建改进方略	点评精讲： 点评研讨课 以课为例，精讲理念及教学行为	记录专家点评精讲

续表

	研修者团队	示范者团队	引领者团队	研修助理团队
第七环节	模修设计： 整理笔记，掌握研讨课设计方案 根据自己学生特长和学生实际，模仿设计 修改完善设计方案，形成文本	反馈反思： 分析思考各种意见 反思教学行为，找准得失细节 分析得失原因 完善改进方案	指导引领： 指导受训者模修设计 引领示范课教师反思成长	搜集： 教学设计 受训者感受感悟个案 整理、遴选
第八环节	试讲： 主动、积极、有信心 找机会讲给别人听 尽量多寻求同伴、老师及专家帮助	再上研讨课： 找机会再上研讨课 针对新教学情境，发扬长处，克服缺点 再反馈再提高	再指导、再引领，自我提高： 在互动参与、对话研讨中再指导、再引领 自我校正，丰富、完善、深化、提高	印发： 整理教学实录、小组讨论意见、大会发言要点、专家点评精讲要点、受训者模修设计方案、典型反思、成长个案 打印发放

二、研训一体型

（一）模型的基本型

以科研为先导、以问题解决为目标，将教育教学研究与培训相结合的培训模式。关键在于建立研究者与受训者的互动关系，诊断性调查、设计课题，以课题指引培训活动，达到以研带训、以训促研、研训结合。研训一体模式要求进行资源整合，内容和方式具有针对性强、实效性强，以“干”代“研”，以“研”代“培”不是研训一体的特征。

（二）模型的改进型

任务驱动模式为其改进型模式，是在骨干教师培训中的应用能有效地激发受训者主动性、体现培训的目标性、落实培训实践性的一种培训模式。包括科研式、教研式、反思式、双向式、群体式等任务驱动类型。①模式分为受训者主线和培训者主线。

实施程序：（1）受训者按照“前期实践—产生问题—形成案例—自学思考—同

① 虞哲中．“任务驱动”在骨干教师培训中的应用[J]．新课程研究（下旬刊），2011（01）：97～99．

伴交流—案例剖析—自我反思—案例修正—多元研修—后期实践”的参训主线展开学习过程。（2）培训者按照“任务驱动—激发内需—构建主题—问题引路—理论指导—组织研讨—归纳升华—个别诊断—专业提领—跟踪指导”的培训主线开展培训。

理论依据：基于建构主义理论的教学法。学习者的学习活动与任务或问题相结合，以探索问题来引导和维持学习者的学习兴趣和动机。始终以学习者为中心，以学习任务为动力、手段和目标，使学习者在实践中获得新知、提高技能。

适用范围：综合实践课程的设计、教育研究中的实证方法等课程。

模式优点：（1）目标明确、具体。（2）两条线索，模块化结构，循序渐进，一环紧扣一环。（3）以任务为中心，以成果为目标导向。（4）以受训者为本位，培训者起引导作用。

模式不足：环节多、时间长、工作量大。

三、案例教学型

案例教学又叫作“多向性案例分析教学模式”，是围绕一定的教学目的，将在教育教学实践中采集到的成功或失败的真实事例加以典型化处理后形成的一种特定教学案例，以供受训者分析、思考和讨论并进行判断的一种教学模式。[①]改进后称为“问题案例引领模式”。改进前为基本型模式，改进后为改进型模式。

基本型实施程序：案例形成（前期准备—确定主题—情境描述）+案例运用（案例引入—案例讨论—诠释与研究）。

改进型实施程序：问题—案例—反思—引领。

模式要求：首先，深入中小学一线调研，查找问题，确定主题；其次，认真研究问题，精心设计解决案例；再次，展示案例供大家讨论，引导学习者结合自身进行反思；最后，引领学习者提高。

适用范围：非常广泛。

模式优点：有助于启发受训者思维，提高其分析问题解决问题的能力，有利于帮助受训者突破难点、提高技能水平、主动参与。效果好。

模式不足：投入大，费时较多，需一定技术条件支撑。

---

① 孟令和．面向21世纪的教师培训模式[J]．中国成人教育，1999（03）：32～33．

四、示范模仿型

示范模仿模式是培训者有目的地把示范技能作为有效的刺激，以引起受训者相应的行为，使他们通过模仿来逐步掌握所示技能的一种培训模式。

实施程序：培训者定向—受训者在培训者指导下参与性练习—受训者自主练习—培训者引导受训者迁移。

理论依据：费茨和波斯纳关于行为技能获得的三阶段理论（认知阶段——学会行为技能的要求；练习阶段——学习单个的行为技能；自主阶段——技能程序无须思考即完成）。

重点难点：培训者的示范动作或行为的准确性、标准性，以及培训者向受训者阐明需要掌握的动作或行为技能的操作要领和程序步骤。

适用范围：培训内容涉及动作行为技能。培训者是“组织者”“引导者”“示范者”；学习者是“尝试者”“实践者”。值得注意的是，将这种模式运用于以非动作行为为主的教师培训项目时被称为“观摩点评设计模式”，其实施程序为：看观摩课—听设计者自述—听专家点评—讨论—自主模仿设计。

模式优点：学习过程简洁、明了。

模式不足：不宜在认知、情感领域采用。

五、情境体验型

情境体验是指在教学活动中，培训者通过创设一种情感和认知相互促进的教学环境，让受训者在轻松愉快的教学气氛中有效地获得知识并获得情感体验的教师培训模式。

将培训地点设在课堂，引领教师先亲自上课，然后结合实践讲理论，一会儿教师讲，一会儿学生讲，将新课程理念通过课堂直观地表现出来。也可以请受训者先讲（要提前布置准备），针对其课堂教学中出现的问题，培训引领者进行即席指导，引导教师讨论，整堂课都围绕学习与交流进行，这种改进型情境体验模式叫作“课堂研讨—即席指导式”培训模式。

实施程序：创设问题情境—展示问题情境—情境体验—总结转化。

理论依据：现代心理学认为，人的认识活动是由有意识活动与无意识活动组成，是认知活动与情感活动的统一。情境体验模式旨在最大限度地调动受训者的无意识活动潜能，使其精神完全放松。

模式重点：首先，培训者创设问题情境，组织受训者在问题情境体验活动中开展研讨活动、解决问题；然后，培训者进行启发性的总结，引导受训者领悟问题情境蕴涵的实质，进一步理智地研究问题，进行再认识、再分析、再总结，达到情感和认知同时获益的目的。

模式难点：培训者创设形象鲜明、逼真而富有感染力的问题情境，包括展现生活情景、演示实物、再现图画、音乐演奏、语言描述，如闻其声，如见其人，身临其境。

适用范围：情境体验模式的培训理念与课改教学理念一脉相通。适用于教材处理、教法分析、课堂组织管理等培训。

模式优点：情感领域、认知领域并重，受训者体验感悟深。

模式不足：硬件要求高，费时费财费力，对培训者的理论素养、艺术修养、策划创意能力等要求较高。

六、现场诊断型

根据存在的某个主要问题进行现场诊断，群策群力，集思广益，最终解决问题的培训模式。

模式程序：课前准备—现场观察诊断—训后分析—形成报告—反思讨论。

理论依据：皮亚杰的“临床法”和巴班斯基的“教育会诊”。

模式重点：与问题相关的理论、知识和案例素材储备，理解能力和相关案例诊断的经验储备，课前调研等。

模式难点：对培训者的专业能力有较高要求，考验对问题观察、分析的细致程度。培训者需要答疑或接受受训者的质疑。

适用范围：适用于骨干教师国家级培训等较高层次培训。

模式优点：实、细、新。

七、合作交流型

合作交流模式又称为“合作参与模式”。

模式程序：独立思考（拟解决的问题并形成发言提纲）—小组讨论—组际交流

（允许交流不同问题）—集体性评价。

理论依据：根据团体动力学原理设计，旨在变静态的集体为动态的集体，为学习者交流、研讨、合作提供充分机会。理论假设是：人际交往是学习者个性发展的基本条件，只有师生间交往而缺乏生生互动的课堂活动，不但无助于促进学生个性发展，甚至会损害和压抑学习者的个性发展。

适用范围：开放性地探究问题。可以迁移到中小学课堂教学模式中，也是基础教育课程改革所倡导的一种教学方式。

模式重点：小组讨论和评价。个体在小组内充分表述自己的意见，其间，教师巡视指导、耐心观察和倾听、适时引导，激发受训者不同意见的争论和对问题的深入思考。值得一提的是，培训者最后要评价。

模式优点：学会相处、改善关系、增强合作观念。培养集体荣誉感，促进学习小集体或科研小团体的形成。

八、问题探究型

问题探究型模式，是以问题设定、问题解决为学习核心的一种培训模式。

模式程序：提出探究问题—形成假设条件—制订探究计划—探究验证假设—总结提高。

理论依据：借鉴皮亚杰的发生认识论原理，吸收杜威的“五步教学法”和布鲁纳的“发现法”等教学原理，强调“教师的作用是要形成一种学生能够独立探究的情境，而不是提供现成的知识”，“要让学生自己去思考，参与知识获得的过程”。受训者是积极的“探究者”，而培训者则是受训者的“引导者”和“顾问”。

适用范围：课改实验教师的培训；较小的班级规模。

模式优点：以问题为中心，在培训者指导下，自己发现问题、分析问题、解决问题。

模式难点：要求培训者精心设计，对硬件有较高要求，耗时较多。

九、主题组合型

由培训者选择中小学教师关注的主题作为培训的中心内容，并围绕这一主题安排教学内容。受训者对提出的关注主题进行自由选择，自愿参加自己感兴趣的培训。

理论依据：源于德国巴伐利亚州迪林根教育学院，受训者学习的出发点是自主的，学习过程是自控的，学习结果是自测的。

适用范围：受训者达到完全合格的学历与相应的学科知识和学科能力水平。对外部环境的要求是具有教师岗位竞争的机制。

模式难点：教师培训的一种高的形态，培训者有很强的主题开发能力和组织研究活动的能力。对各方面条件的要求较高。

其改进型为主题菜单培训模式，程序是先广泛讨论，在讨论中迅速集中问题，再围绕大家关心的集中问题让小组深入讨论或主题发言，最后由培训专家针对问题做主题发言。调研是基础，抛给受训者的讨论主题须在调研基础上形成。专家的主题演讲必须针对前面讨论的问题，主题鲜明，切忌受训者讨论和专家报告脱节。讨论、报告约占、回答问题各约占时三分之一。事前要向受训者和主讲教师交代清楚，做好准备。该模式对主讲教师要求高。引领专家团队事前要尽力充分备好多个主题报告，并要求受训者积极主动配合。

十、自主学习型

自主学习又叫“主动学习”，指受训者主动地判断自己的学习需求，确立学习目标，确认学习所需要的资源，选择及实施适当的学习策略，评估自己的学习成果。

实施程序：受训者找差距—定目标—选内容—选策略—作评价。

模式难点：对培训者提出了高要求。培训者要营造一种互相关心、互相支持、互相尊重，合作的、和谐的学习氛围；要帮助受训者诊断学习需求，协助其把需求转化为明晰可行的学习目标，协助受训者制订学习计划和在问题解决过程中树立信心并提供咨询；培训结束，培训者和受训者要一起评估学习效果。

适用范围：有自主学习能力、终身学习需求的人。

十一、一多模式型

一多模式的要义是一师多课、一文多课、一课多师。

一多模式是由成都师范学院教师培训管理中心李德树提出的。模式提出的背景是：一线教师对新课程、对专家报告、对研讨课难以真正信服。一多模式让一线教师“真知、真懂、真信、真会、真用、用好”，效果明显。

一师多课，即同一个老师根据不同的教学班级、教学条件、教材和课文等，采用不同的教法，实施不同策略，能够上多堂体现新课程理念的课，培训过程中无一重复，因培训对象所需，每次培训均为全新课程，全新准备，并积极开拓产、学、研一体的教学新模式，供不同条件者借鉴。

一文多课，即同一课文或学习内容，根据不同条件和不同学生，上出多种风格和特点，供教师选择。

一课多师，即同一节课或同一内容，由不同风格、不同层次、不同特长的教师实施教学，供不同个性的教师借鉴。本质上是同课异构。

诚然，每种培训模式都有它的适用范围、使用条件、优势和局限，任何时候任何地方都不存在一种一成不变的培训模式“包打天下”的情况。在选择、建构培训模式时，需要注意：一是考虑目标导向，具有可操作性，多样化；二是坚决从实际出发，综合考虑；三是培训有模但无定模，贵在创模；四是培训模式没有最好只有更好，没有最合适只有更合适。

第四节　教师培训模式创新内涵及路径

创新已经成为教师培训改革和发展的驱动力。加快教师培训模式创新是提高教师培训质量的必然选择。为实现教师培训模式创新，我们需要了解教师培训创新的内涵以及路径。

一、教师培训模式创新的内涵

教师培训模式创新在国内初见于马兰霞关于青年教师的培训研究[①]，此后这方面的研究文章逐年增加，但给其下定义的成果少见。石义堂在《以需为本的教师培训模

① 马兰霞．培养创新精神是青年教师培训的应然价值目标[J]．中小学教师培训（小学版），1999（02）：6~7．

式创新刍议》中写到：教师培训模式创新应以教师需求分析为基本出发点，建立在其内部各内容要素创新基础之上的，各内容要素的创新组合构成了教师培训模式系统结构的创新，分析构成教师培训模式的各内容要素，不外乎培训理念、培训内容、培训过程与方式、培训管理与评估等几个方面，教师培训模式创新就是这些培训内容要素的创新。这是公开发表论文中关于教师培训模式创新内涵较完整的表述。

教师培训模式创新可以概括为基于传统教师培训模式的不足，结合实际并对培训模式的系统结构要素做出调整或改变，形成更加有效的教师培训模式及其过程。教师培训模式创新关注过程，即关注通过调查研究并结合区域实际和受训者需求，关注自主设计而不是拿来的模式，突出受训者参与就是教师培训模式创新；教师培训模式创新关注结果，即须将培训模式从系统结构要素或组合进行不同程度的改进，或从实施过程与方法的各环节对培训模式进行符合受训者需求的改进。所以，教师培训模式创新具有多路径特点。

二、教师培训模式基于培训理念创新的路径

教师培训理念是教师培训模式核心要素之一，理念创新是教师培训模式创新的重要抓手。培训理念创新就是培训者要挑战、扬弃传统培训理念，创造新理念并指导培训实践的过程与结果。

传统教师培训理念是施训者基于受训者的观念落伍了、知识老化了、技能退化了等判断，把帮助或促进受训者更新知识、形成新技能、提升教育教学能力作为教师培训的主要任务，施训者主要依托自己的培训资源实施培训任务，受训者在传统培训理念支持下总是处于被动适应教师培训要求而受施训者干预、被强制操控的地位。显然，传统教师培训理念的突出特征是以施训者为中心的培训，施训者根据统领、规划、管理教师培训的教育行政部门的要求，结合自己对受训对象拥有的知识水平、教育教学技能和能力、专业发展需求等的判断和自己拥有的培训资源，确定培训目标、培训内容、培训方式、实施培训过程管理和对受训者进行考核评估。通俗地讲，施训者是培训的给出方，受训者是培训的接受方，施训者给出什么，受训者就接受什么，施训者不考虑或很少考虑受训者的要求和感受。各种知识本位的教师培训模式都是传统培训理念的产物。

教师培训理念创新就是由以施训者为中心的培训理念变为以受训者为中心的培训

理念。周波[①]的精准培训理念，本质上与以受训者为中心的培训理念是一致的。以受训者为中心的培训理念的前身为体现受训者主体地位的“五转化”教师培训理念，即由施训者的教为主向以受训者的学为主转化，由施训者的集体教育为主向受训者的自我教育为主转化，由以施训者为中心向以受训者为中心转化，由固定培训形式向不受时间和不受地域限制转化，向分散化、个别化和以自学为主转化。[②]受训者是成人，诺尔斯、凯德、诺克斯、雅柏斯、达肯沃尔德、布朗得基等学者研究了成人学习的特征，以受训者为中心的培训理念，本质上是遵循成人学习特点，依据成人学习的不同特征构建不同的培训模式，与陶行知“教要根据学的法子，学要根据做的法子”一致。[③]

基于成人学习特点的培训理念是各类教师培训模式创新的源泉。具体说来，第一，在遵循成人自我导向观念的成人特点时，培训课程设计必须突出其可选性以方便受训者自主选学，如菜单式培训模式；利用互联网资源开展的个性化培训符合教师的自我导向性特点，如基于小规模限制性在线课程培训模式。[④]第二，在遵循成人有丰富经验的特点时，培训过程与方法设计注重施训者和受训者之间的互动环节设计与实践，以促进受训者专业发展和自我实现为核心价值观的教师培训理念，充分认识受训者的身份多元性和需求多样性，将其作为“组织人”“教学人”“个体人”的多元角色纳入培训视野，尊重其意愿，理解其心理，调动其能动性、积极性，支持其在培训中贡献自己的经验，在交流、互动、探究、实践、反思中实现提高目标[⑤]，以挖掘利用其知识经验，如前述的相关参与式培训模式。第三，在遵循成人的学习与任务改变密切相关的特点时，培训目标设计、研修内容会与受训者的新角色、新岗位相适应，如前述的新教师培训模式、骨干教师培训模式，二者之间存在区别，主要与新教师和骨干教师的角色、任务不同有关。第四，在遵循成人学习以问题解决为中心、学后即用的特点时，培训模式设计会更多地关注职场实践情境的创设、更多关注问题及其解决方法，如前述的问题探究模式、研训一体模式等。第五，在遵循成人学习的动机多

---

① 周波．基于“学习共同体”的乡村教师培训的实践与探索——以宁波地区为例[J]．宁波教育学院学报，2018，20（06）：28-30+34．

② 赵琴．素质教育对教师继续教育模式的改革与创新[J]．教育探索，2000（02）：25～26．

③ 孟繁胜，林佳怡．近十年教师培训模式设计理念及其实践原则[J]．中国多媒体与网络教学学报（上旬刊）．2020（08）：157～161．

④ 黄建锋．基于SPOC的教师培训流程创新研究[J]．中小学教师培训，2017（04）：36～39．

⑤ 石义堂，李瑾瑜，吕世虎．创新培训模式提升西部农村教师素质[J]．人民教育，2008（05）：23～26．

来自成人个体内在力量、内在需求的特点时，核心是把握受训者的需求，与培训单位反复沟通了解需求，同受训者多途径地沟通，了解其现状和培训需求，根据需求信息完善培训方案[①]，以需求调研为前提，培训目标、培训内容、培训方式设计和培训过程实施都充分考虑受训对象的特殊性，把上级的"要求"和受训者的"需求"紧密结合[②]，当然，要充分做到按需施训，使受训者想学愿学，各类培训模式设计都离不开对成人学习的需求调研。第六，在遵循成人学习更关注师生关系平等的特点时，培训方法和培训过程设计必须注重培训者和受训者之间的交流互动、受训者之间的交流互动设计，把受训者作为培训资源看待，如合作学习模式等。第七，在遵循成人学习的非正式性、不规律性的特点时，在实施过程中应该注重参观考察、跟岗研修、文化建设等环节设计，培训方式可以采取线上培训、线上与线下结合等方式，采取自主学习等培训模式。第八，在遵循成人喜欢学习有意义、有组织、学习材料主题明确等特点时，培训课程设计应坚持主题性、逻辑性原则，如主题组合模式、案例教学模式等。

三、教师培训模式基于要素创新的路径

教师培训模式基于要素创新主要包括培训目标创新、培训内容创新、培训实施过程创新以及培训方法创新等。

（一）培训目标创新

培训目标创新是培训界关注得较早的创新方向。马兰霞[③]提出青年教师培训应注重创新精神和创新能力。吉林省教育学院[④]对以课堂讲授为主的校长培训教学方式进行了反思，提出培训不再停留在得到多少理论知识而是以运用所学知识去指导工作和解决实际问题的能力提升为目标。重庆教育学院在骨干教师培训项目中确立了高起点的培训目标。[⑤]刘清昆[⑥]提出建构时时围绕在自身周遭的泛在学习场景、通过培训时

① 王冬凌．构建高效教师培训模式：内涵与策略[J]．教育研究，2011，32（05）：107～110．

② 朱旭东，宋萑．论教师培训核心要素的"对象变量"群[J]．教师教育研究，2014（01）：1～6．

③ 马兰霞．培养创新精神是青年教师培训的应然价值目标[J]．中小学教师培训（小学版），1999（02）：6～7．

④ 吉林省教育学院．面向21世纪构建教师队伍建设创新体系[J]．人民教育，1999（07）：29～30．

⑤ 胡建，张慧春．中学骨干教师培训模式的创新研究与实践[J]．重庆教育学院学报，2006，19（05）：118～120．

⑥ 刘清昆．教育现代化背景下教师培训模式的创新实践[J]．高等继续教育学报，2020，33（05）．

空实现虚实结合统整乡村教师可利用的一切碎片化时间、群建共享培训研究问题与认知创生成果、实践层面多方协同目标。

（二）培训内容创新

培训内容创新包括培训课程创新和狭义的培训内容创新。这是最受培训界重视的创新方向之一。

青年教师创新精神和创新能力培训应该从理论讲授、专题研讨、实践训练和培训总结等四个培训教学环节展开。[①]赵琴[②]提出培训课程应该突破科学文化门类界限进行整合，将相关的、具有内在关联性的内容融合为跨学科的综合性的课程形态，要针对教师成长适应期、成长期、成熟期和成才期的动态发展规律开发不同课程，以满足不同发展时期的受训者学习需求，要针对经验型、通才型、研究型、学者型、专家型等教师类型开发不同课程，满足受训者自我定向的课程选择学习，在课程结构上要调整理论性、技能性和工具性课程的比例构成；培训内容要突出教师创新能力和信息处理能力需要的内容。唐京伟[③]认为围绕受训教师实践问题来组织培训内容，用“以问题为中心”的培训代替“以知识学习为中心”的培训。受训者教学、生活中的问题既是教师培训的起点，也是选择知识的依据。从受训教师的教育实践中挖掘培训内容，这样组织培训内容是符合行动研究的建构主义知识观的[④]，这种“以问题为中心”的培训模式创新也属于培训内容创新范畴。重庆教育学院在骨干教师培训项目中制定了综合性的培训内容。[⑤]综上，培训内容创新是最活跃的培训模式创新方向之一。

（三）实施过程与方法创新

吉林省教育学院[⑥]在对以课堂讲授为主的校长培训实施过程进行反思后形成了研讨交流、经验介绍、案例分析、参观考察、现场观摩、实践作业、咨询指导、跟踪反

---

① 马兰霞．培养创新精神是青年教师培训的应然价值目标[J]．中小学教师培训（小学版），1999（02）：6～7．

② 赵琴．素质教育对教师继续教育模式的改革与创新[J]．教育探索，2000（02）：25～26．

③ 唐京伟．新课程培训更新观念模式创新[J]．语文建设，2002（10）：7～9．

④ 李伟．行动研究对中小学教师培训模式创新的启示[J]．师资培训研究，2005（01）：8～13．

⑤ 胡建，张慧春．中学骨干教师培训模式的创新研究与实践[J]．重庆教育学院学报，2006，19（05）：118～120．

⑥ 吉林省教育学院．面向21世纪构建教师队伍建设创新体系[J]．人民教育，1999（07）：29～30．

馈等可以相互衔接、相互补充、相互渗透的培训环节认识，构建了变封闭为开放、变以讲授为主为以实践为主、变信息单向传导为多向传导、变知识补偿为素质能力提高、变被动学习为主动学习的“五个转变”模式，涵盖了培训实施过程与方式创新。唐京伟①认为参与式培训并没有固定形式，培训者实施培训时可以根据自己需要和当时、当地条件即兴创造，让施训者与培训者双方互动、合作学习，亲身体会和感受自主、合作、探究学习的喜悦和困惑，达到自身观念、态度和行为改变并将所学的知识和方法运用于培训活动和教学实践，分组讨论、案例分析、观看录像带、角色扮演、画图、访谈、座谈、观察、辩论、小讲座以及根据培训内容而设计的各种游戏、练习和活动等都是参与式培训形式。显然，参与式培训模式属于培训实施过程与方法创新。湖北省十堰市教育局在培训实践中总结出“两段六环”模式，即培训中心的集中培训阶段开展专题讲座、观摩点评、现场对话活动，学校负责的校本培训阶段开展备课说课、课题带动、反思交流活动。②“两段六环”模式创新重点在于细化实施过程，不同培训者根据任务清单完成自己的培训任务。蒋丽珠③结合郑州市教师培训实际，提出“CEA混成学习”教师培训模式，其中，C为课堂学习、E代表在线学习，A代表行动学习，包含问题、小组、质疑与反思的过程、付诸行动、学习承诺和小组促进者相互作用又相互依赖的六个核心要素。综上所述，实施过程与方法创新路径是最受关注的创新路径，据CNKI数据库的文献分析，也是成果最多的创新路径。

四、教师培训模式基于合作创新的路径

合作是最容易生成创新成果的路径。高水平师资、高质量课程、高效能管理是吸引受训者的优质培训资源，尽管培训机构的优质资源处在不断开发、不断生成之中，但总是有限的，要满足受训者的需求总是要面对种种挑战。但如果选择资源互补的合作路径，在应对受训者需求时会更加游刃有余。培训机构间合作、培训机构与受训者任职学校间合作、受训者任职学校间合作是基本方式。

受训者任职学校基于教育教学实践问题形成研究课题、教研机构提供教学方法论指导、培训机构帮助夯实理论基础、科研机构挖掘教师教育教学行为背后的深层次理

---

① 唐京伟．新课程培训更新观念模式创新[J]．语文建设，2002（10）：7～9．

② 席家焕，乔星明．强化管理创新模式积极做好新课程师资培训工作[J]．中小学教师培训，2003（05）：7～8．

③ 蒋丽珠．创新培训模式　引领教师专业成长[J]．中小学教师培训，2007（05）：3～5．

论，协调打造优秀教师研修“生态圈”，是受训者任职学校与培训机构间合作的典型。[①]区域内多所学校着眼于教师专业能力发展，共同组建培训联盟，以学科研修共同体为基本培训单位，联盟学校的各学科首席教师轮流主持“同课异构”等课程培训活动，以一校优势学科带动其他学校教学质量提升的“多校联培”校本培训模式是受训者任职学校间合作的典型。[②]专家型教师培养对象高级研修模式，院校培训机构负责受训者理论培训和科研指导，优质中小学一线教育机构负责影子培训、参观考察、同课异构等实践研修，网培机构负责在线资源支撑服务，地方教科研机构负责受训者返岗实践管理，就是典型的培训机构间合作理念下的产物；院校培训机构、具备资质的公办或民办教师培训机构及县级教师发展中心、优质中小学幼儿园协同申报的国培计划项目也体现了机构资源整合思路。

① 杨国英，林明华，兰芳，等．基于“校研训科”四位一体管理机制的教师培训模型构建与实践[J]．中小学教师培训，2019（04）：16～20．

② 张翔，赖翔晖．中小学教师“多校联培”校本培训模式探究[J]．中小学教师培训，2016（12）：16～19．

第十一章　教师培训课程

11

有什么样的课程，就有什么样的教育；有什么样的课程内容，就有什么样的人才知识结构；课程内容决定人的发展方向。课程是学校教育质量的核心，教师培训课程亦如此。教师培训课程把课程的目标、内容、结构、评价等诸多要素整合为一体，兼顾静态的课程内容和动态的课程实施，强化教师培训课程的目的性、师生的参与性，对教师的专业发展方向有较大的影响，教师培训课程是实现培训目标的核心要素，从这个意义上说，教师培训课程的质量与教师培训的质量成正相关。

第一节　课程及教师培训课程目标来源

教师培训课程是课程的下属概念，要理解教师培训课程，首先要了解课程的本质与目标，以及教师培训课程目标的来源。

一、课程的本质及目标

什么是“课程”？不同的人有不同的理解，不同的理解形成不同的课程观。我国古代有礼、乐、射、御、书、数六艺课程。我国古代典籍最早出现“课程”一词的，是唐代孔颖达为《诗经·小雅》中“奕奕寝庙、君子作之”句做疏解：“教授课程，必君子监之，乃得依法制。”即按一定程序来处理事务。宋代朱熹在《朱子全书·论学》中多次使用“课程”一词。如“宽着期限、紧着课程”“小立课程、大作功夫”等。这里的“课程”指“学习的范围和进程”。欧洲中世纪有文法、修辞、辩证法、算术、几何、天文、音乐七艺课程。西方“课程”Curriculum一词，其词根源于拉丁语的动词“Currere”，具有赛跑、跑，（车轮的）旋转，赛跑用的交通工具，行走，履历等多种含义，引申为“一段教育过程”。从中世纪开始，“课程”一直是西方学校时间表上安排的教学科目和教学内容。从课程实践的历史来看，“课程”一直是作为“学科内容”的同义语而被理解和运用的。这种情况持续了几百年，直到卢梭的自然教育的课程观诞生，使传统的课程观受到冲击，课程的范围越来越广，内涵也越来越丰富。杜威儿童中心主义的课程观诞生后，人们给“课程”赋予了多种多样的、难以理解的内涵，使课程呈现出模糊性和不确定性的特征。美国学者斯考特认为：“课程是一个用得最普遍但却定义最差的教育术语。”奥利佛也认为，与教育其他方面的术语相比，课程确实具有一种神秘的味道。我们在此引入美国学者塞勒等提出的三个课程隐喻，可以帮助我们认识“课程”的本质，加深我们对教师培训课程的理解。塞勒的三个著名的课程隐喻如下：

隐喻一：

课程是一幢建筑的设计图纸，教学则是具体的施工。作为设计图纸，会对如何施工作出非常具体的计划和详细的说明。这样，教师便成了工匠，教学的好坏是根据实际施工与设计图纸之间的吻合程度，即达到设计图纸的要求来测量的。

隐喻二：

课程犹如一场球赛方案。好的球赛方案一定是教练员和球员群策群力，一起制定的。教学犹如球赛的进行过程，虽然球赛方案事先已由教练员和球员制定好，但要实现这个方案，既需要球员根据赛场上瞬息万变的情况作出机智的应对，还需要教练员在恰当的时机给予科学有效的指导。

隐喻三：

课程犹如一张曲谱，教学则是对曲谱的理解与演奏。对于相同的一张曲谱，不同的演奏家有不同的理解，加上乐器不同、演奏技艺不同，其演奏效果差别很大。

从上面三个隐喻可以看出，“课程”与“教学”是不同的，但是在很长一段时间，我们只关注教学却忽视了课程，甚至把课程看成教学的附庸。事实上，课程与教学关涉的东西是不同的，“课程”的着眼点是“学习的内容”，关注的是在大千世界中，选取哪些知识内容或价值观让学习者学习。而“教学”的着眼点是怎样教学这些选定的课程内容。对于教师培训而言，课程是培训教师的教学计划，是促进教师专业成长的研修方案。这些“教学计划”“研修方案”是推动教师队伍专业发展的一系列学习内容的科学设计。其成效取决于这些课程的内容是否适应受培教师教学与专业发展的需要，是否切合教师培训的目标。

二、教师培训课程的目标及来源

教师培训课程的目标主要取决于学校课程目标。一般而言，学校课程目标的来源主要有三个方面：社会生活的需要、学生成长的需要、学科发展的需要。而教师培训课程目标还包括推动教师专业成长的需要，或者说还包括教师专业发展的需要。

（一）社会生活的需要

学校教育的本质是促进人的发展，也是推动“自然人”向“社会人”转化的主要手段。学校通过促进学习者的身心发展影响社会生活，学校教育必须发挥为当代社会生活服务的职能。因此，在课程建设上，学校必须将当代社会生活的需要确定为课程目标。泰勒为确定课程目标而将社会生活划分为以下七个方面：①健康；②家庭；③娱乐；④职业；⑤宗教；⑥消费；⑦公民。这种按社会生活类型划分课程领域来设计课程目标的课程设计方法，对于科学开发课程，培养社会需要的人才具有一定的实用价值。学校教育的本质除了促进人的发展外，还有一个显在的功能，即把受教育者培养成社会所需要的人。这从教育所规定的教育活动目的、方向、规格和状态反映出来。教育目标是课程目标和教学目标的上位概念，它规定和制约课程目标的设置与实施。教育目标也是制定课程目标的重要依据。美国教育家布卢姆在《教育目标分类学》中把教育目标分成认知领域、技能领域、情感领域的目标，这种分法对制定课程目标具有认识作用。我国第八轮基础教育课程改革提出了明确的课程改革目标，该课程目标也是在深入研究社会生活需求的基础上，根据我国的教育目标而设定的。

（二）学生成长的需要

设计课程目标必须充分关注学生成长的需要。泰勒在阐述学生需要的课程目标时指出：“年轻人在家庭和社区中的日常环境，通常都为学生提供了相当大一部分教育方面的发展，学校没有必要重复校外已充分提供的教育经验。学校的种种努力应该主要集中在学生目前发展存在着的严重差距上。因此，确认这些差距（即教育的需要）的研究是必要的，它为学校计划应该予以特别关注的教育目标的选择提供了基础。”怎样确定学习者的需要呢？泰勒将学生的生活分为以下六个方面：①健康；②直接的社会关系（包括家庭生活以及与亲朋好友的关系）；③社会公民关系（包括在学校和社区中的公民生活）；④消费者方面的生活；⑤职业生活；⑥娱乐活动。为了促进学生的成长，目标制定者除了了解学生生活需要外，还必须了解学生的年龄特征和个别差异，确定学生思维水平和知识水平的最近发展区。我国一些教育指导文件也是在扎实的学理研究的基础上制定的。2016年，北京师范大学林崇德教授研究团队发布的《中国学生发展核心素养》，把中国学生发展需要的“核心素养”归纳为“文化基础、自主发展、社会参与”三个方面，涉及“人文底蕴、科学精神、学会学习、健康生活、责任担当、实践创新”六大素养。在此基础上把六大素养具体化为十八个“基本要点”。这个研究成果，对于厘清我国学生成长需要怎样的课程，合格的教师需要怎样的课程知识结构都有重要的认识作用。

（三）学科发展的需要

学科是知识的最重要的组织方式，通过学科的方式，人类的知识得到规律地、系统地组织和传输。按照学科方式组织起来的知识十分有利于积累、传递和发展，正因为如此，人类的知识大多是按照学科的方式组织起来的。学校教育的一项重要任务是传递通过其他社会活动难以传递的知识，促进人的身心的发展。所以，传统的学校教育常常以学科的发展为知识线索设计课程，确定课程目标，选择课程内容。以学科的发展作为课程目标的来源主要有两个方面：第一，以学科知识的现状为基础，将学科知识传递与发展的需要作为确定课程目标的一个来源，即从学科知识传递与发展的需要中推导出课程目标；第二，以学科专家的建议作为课程目标的基本来源之一，这些学科专家往往是根据教育目标的要求以及学科的现状与发展需要提出课程目标的。某个时期学科发展的需要比较集中地反映在各个学科课程标准或者学科教学大纲中。一般而言，国家颁布学科课程标准或学科教学大纲后，就会大规模地开展基于学科课程标准或者学科教学大纲的教师培训。

（四）教师专业发展的需要

教师从事的育人工作是复杂的专业工作，“专业”的复杂性使教师成长为一个合格的专业人员需要较长的过程。专业人员在专业思想、专业知识、专业能力等方面都需要成长。一名优秀的教师成长大都会经历新手教师、合格教师、骨干教师直至专家型教师的过程。第一，教师培训课程要推动教师专业发展，需要教师首先认识到教师职业是持续发展的专业，教师是具有专业发展潜力的专业人员，需要持续不断地学习；第二，教师的专业发展需要依据所在国家或地区“教师专业标准”的要求，全面更新自身的教育观念，加深专业理解，培养专业情感，熟练掌握专业技能，提升专业能力，达到专业标准的要求；第三，教师的专业发展需要教师主动发展，培养自身的特长，发展个性；第四，教师的专业发展需要教师成为终身学习者、研究者和合作者。这些需要都必须反映到教师培训课程的教学内容中。

第二节　教师培训课程及其功能、价值

凡是培养培训教师的课程我们总称为“教师教育课程”。教师教育课程分为教师培养课程与教师培训课程。教师培养课程是师范院校为了培养“准教师”而开设的“教师职业定向”课程，是师范院校通过一定时间的学历教育，使学生获得从事教育工作的必具文凭的学校教育。教师培训课程则是为加强在职教师的师德，提高其专业素质及教育教学能力而开设的各类培训课程的总称。

一、教师培训课程的含义

每个时代的教育都要解决两个基本问题：第一，怎样有效培养师范学生？第二，怎样使入职教师尽快成为行家里手，直至成为教育专家？为解决第一个问题而专门设置的课程是教师培养课程；为解决第二个问题而专门设置的课程是教师培训课程。教师培养课程主要功能是职业定向和专业启蒙，其教育形态是全日制学历教育，也称“教师职前教育”。教师职前教育以获得师范教育专业毕业证（毕业文凭）为标志。教师培训课程是师范生毕业进入教育行业后的进修课程，是“对具有教师资格的在职教师进行知识更新、补缺和提高的教育”，是非学历教育的“短训”，所以也称为“师资教育”。

当代教师培训课程是随着我国教师队伍建设工作的需要而发展起来的。1951年8月，全国首次师范教育会议在北京召开，本次会议确立了师范院校培养教师、教师进修学校培训教师的“双轨制”教师队伍建设路线。该会议还提出了正规师范教育与短期培训相结合，大量大规模培养中小学教师，5年培养100万小学教师的培养目标，这是我国大规模培训教师的发端。自此以后，我国就有了教师培养课程与教师培训课

程的分别。1980年，全国师范教育工作会议提出，培训工作要面向普通教育，全面贯彻党的教育方针，从教师的实际出发，通过多种培训形式，提高中小学在职教师的政治、文化、业务水平。1985年5月，第一次全国教育工作会议召开，中共中央决定强调“把发展师范教育、培训在职教师作为发展教育事业的战略”。会议把教师“短训”“在职教师培训”作为我国教师培训的主要路径与措施。1986年，教育委员会印发《关于加强在职中小学教师培训工作的意见》，要求因地制宜，采取多种形式，通过多种途径培训教师，使不具备合格学历和不胜任教学的绝大多数教师能够胜任教学工作并通过考核取得合格证书和合格学历；使少数不具备最基本的文化基础知识和初步教学能力的教师，通过教材教法进修，具有初步的教学能力；使已具有合格学历、胜任教学的教师，通过学习新知识，学习掌握新的教育理论和教学方法，总结教育、教学经验，不断提高政治、文化和业务水平，并从中培养一批各学科的带头人和教育、教学专家。该《意见》针对不同教师的实际情况提出了分类培训的要求。根据该文件精神，教师培训课程的开发逐渐展开。1999年6月，中共中央、国务院《关于深化教育体制改革全面推进素质教育的决定》提出，开展以培训全体中小学教师为目标、骨干教师为重点的继续教育，把提高教师实施素质教育的能力和水平作为师资教育的重点。该文件对教师培训的目标、培训内容、培训形式提出了要求，对教师培训工作具有重要的指导作用，教师培训课程逐渐凸显全员培训与重点培训、混合培训与分层培训、落实双基培训与实施素质教育培训的特点，使教师培训与师范教育各自的目标与任务更加明确。

2012年，教育部颁布《教师教育课程标准》，明确地把“教师培训课程”纳入教师教育课程范畴。该标准指出：“教师教育课程广义上包括教师教育机构为培养和培训幼儿园、小学和中学教师所开设的公共基础课程、学科专业课程和教育类课程。”“培养和培训”清楚地界定了“教师教育课程”的外延，即师范院校全日制学历教育的“培养课程”与教师教育机构为幼儿园、小学和中学教师所开设的培训课程。《教师教育课程标准》指出：“教师教育课程标准体现国家对教师教育机构设置教师教育课程的基本要求，是制定教师教育课程方案、开发教材与课程资源、开展教学与评价，以及认定教师资格的重要依据。”就在同一年，教育部、国家发展和改革委员会、财政部发布了《关于深化教师教育改革的意见》，该文件强调健全教师教育标准体系，宣布“制订教师培训机构资质认证标准、教师培训课程标准和培训质量评估标准体系”。根据该文件精神，2015年，教育部组织开展了《中小学教师培训课程标准》的研制工作，通过近3年的努力，2017年11月，教育部颁布了《中小学幼儿园教师培训课程指导标准》。该《标准》系列包括义务教育阶段的语文、数学、化学三个标准（以下简称《教师培训课程指导标准》），目的在于“深入学习贯彻党的十九大精神，培养高素质教师队伍，规范和指导五年一周期教师全员培训工作，分层、分类、分科组织实施教师培训，提高教师培训的针对性和实效性”。其他学科的《标准》也即将颁行。这些标准的实施，目的在于增强教师培训的有效性，改变教师培训效率不高的现状。

我国中小学教师培训，在很长一段时间，主要采用大班级集中培训，注重共性知识的传授，虽然便于系统地传授培训内容和大规模提升教师素质，但是大班化的教师培训课程在一定程度上忽视和弱化了参训教师的主体地位，难以满足参训者的差异化培训需求，难以高质量增强培训的有效性。每位教师都是独特的个体，由于性格不同、智力优势不同、内在素质结构不同，加上不同的教育背景和不同的学科背景，他们所需提高的知识和技能、所面临的专业发展问题、所偏好的学习方式等都是不同的。他们在培训内容、培训方式、培训时间上有多元的要求。集中培训难以满足教师个性化需求。《教师培训课程指导标准》关注教师个性化的专业发展需求，它的颁布与实施，在当前具有重要的现实意义。

综上所述，教师培训课程是教师教育课程重要组成部分，是教育主管部门及相关教育机构与组织，为培养高素质专业化创新型的教师队伍、提高学校教育教学质量，促进学生、幼儿健康成长，为中小学、幼儿园教师设计的培训计划、课程方案、教学活动及课程资源的总和。从培训结果来说，教师培训课程是为实现教师培训目标而建构的全部经验及其活动系统的总称。

二、教师培训课程的功能及价值

作为教师教育课程的组成部分，教师培训课程与教师培养课程的功能与作用是不同的，教师培养课程的作用在于帮助师范生学习教育教学的基本理论，进行专业基础知识与专业理论的启蒙，认识教学活动过程的性质和基本规律，形成科学的教育理念；研究优秀教师的教学实践、教学方法与教学经验，学习和掌握从事教育工作的基本方法；学习学科教学理论，熟悉学科课程标准及课程体系，形成学科基本素养，获得学科教育能力，树立从事教育的决心和信心。而教师培训课程的作用则在于使在职教师更新教学知识及教育理念，提炼教育思想，形成教育智慧，提升教育艺术，从而使在职教师能更科学、更有效地适应教育改革与发展的需要。《教师教育课程标准》根据培训课程的功能，把教师培训课程的功能分为“加深专业理解”“解决实际问题”“提升自身经验”等三类课程。该标准在“在职教师教育课程设置框架建议”中指出：“非学历教育课程方案的制定要针对教师在不同发展阶段的特殊需求，参照在职教师教育课程设置框架，提供灵活多样、新颖实用、针对性强的课程，确保教师持续而有效的专业学习。”“在职教师教育课程要满足教师专业发展的多样化需求，充分利用教师自身的经验与优势，进一步深化和发展职前教师教育的课程目标，引导教师加深专业理解、解决实际问题、提升自身经验，促进教师专业发展。”随后，该标准通过图表，将教师培训课程按“主题/模块”分为加深专业理解、解决实际问题、提升自身经验等三类课程。

就教师培训课程对教师产生的具体影响而言，教师培训课程具有以下功能或作用。

（一）更新教师的课程理念

对于中小学教师来说，树立新的课程理念非常重要，这些理念具有时代性、先进性与科学性。目前，新的课程理念主要有全面发展的素质教育课程观、生本教育课程观、多元发展课程观、知行合一的课程观等，教师培训课程应重塑先进的课程观。

1. 素质教育课程观

以人的全面发展或综合素质的发展作为课程目标，使教育回归原初意义，谋求发现人的价值，发掘人的潜能，发展人的个性，发挥人的力量，学校教育要促进学生智力与人格协调发展，培养德智体美劳全面发展的人；谋求学生个体、自然与社会的和谐发展，使教师懂得如何引导学生处理好学生与自我的关系、学生与他人的关系、学生与社会的关系、学生与自然的关系，致力人的自然性、社会性和自主性的和谐健康发展。自2000年开始的课程改革的一个重大的举措，是从小学三年级至高中设置非学科的综合实践活动课程。设置该课程的目的是，根据生活的丰富性、多样性，对传统的课程结构进行改造，克服基础教育课程脱离儿童生活和社会生活的偏向，推进课程的综合化，帮助学生选择自己感兴趣的生活领域学习，使教师清楚确立自身在知识生成中的合法身份，勇于质疑传统课程知识、更新课程知识、发展课程知识。

2. 生本教育课程观

以生命为本，以儿童为本，让学生的学校生活变得素朴而美好，学生在课堂中成为真正的主人，他们自己去体验和感悟真、善、美，课堂教学的课程知识内容和德育内容有机融合。课堂教学过程成为师生最自在的、素朴的、无形的教学过程。教学中的真善美最大限度地进入学生本体，让学校教育发挥最好的德育作用。生本教育提倡减少学习成长期的频繁统一考试，不干扰学生成长期的成长。教师应清楚认识到学生是活生生的人，他们有欲望、有思想、有感情，有着巨大的发展潜能，正处于成长之中。学生是自主的学习者，是学习的主体，把考试评价的主动权还给任课教师或学生，把教学评价活动改为评研活动，削弱日常评价的比较、竞争功能。显然，生本教育是真正追求以学生为本的教育，是尊重人性的教育，是关注学生整体发展的教育。

3. 多元发展课程观

现代教育理论认为，每个人都有自身的智能优势，每个人都有个性特征，每个学生都有自身的发展潜能，每个孩子都有无限的发展可能性。美国学者加德纳提出了“多元智能理论”，该理论认为，每个正常人至少有7种智能，即语言、数理逻辑、音乐、空间、人际交往、身体运动、自我认识等，但不同的人形成不同的优势智能和弱势智能的组合，他们在不同的学习环境中表现出不同的学习效能。因此，好的教育应该促使学生在优势智能方面得到充分的发展的同时，使学生的其他方面也不同程度地得到发展。教师的专业发展亦有相似性，但不同的是，教师已经基本通过自身所执教的“专业学科”将专业发展方向确定下来，但并非除此之外“身无长物”，有可能发展其他特长或潜能，或许这些特长或潜能就是学生发展所需要的。例如，四川某中学校一位专家型校长对本校的教师专业发展提出了“精通自己执教的专业学科，掌握一门技能型绝活”的要求，几年实践下来，学校涌现一大批名教师，他们不仅有执教的专业学科，而且每位教师都有一门绝活，可以为全校师生开设“校本课程”。全校几十位教师就有几十门校本课程。这所学校通过这些拥有绝活的教师，全面提升了学校的教育质量，学校由一所偏远的乡村学校发展为远近闻名的特色学校。所以，教师培训课程既要着眼于中小学教师所从事的“专业学科”，也要关注教师的特长与爱好，使教师具有多元发展的机会，有更广阔的发展空间。

4. 知行合一的课程观

基础教育阶段的课程融知识教育、思想教育、能力训练、生活教育于一炉，是人类认识和改造世界过程中积累下来的间接经验及相关的直接经验的特殊组织与承载形式。课程知识是对生活世界的概括与反映，生活世界是知识的来源，因此，学校课程要突破学科疆域的束缚，把如何处理自然、社会与自我的关系作为课程内容的基本来源，统筹生活世界和科学世界，推进课程的生活化。追求科学知识同生活世界的融通、理性认识同感性经验的整合，努力实现教学做合一。教师作为课程的开发者与使用者，应清楚认识自身作为学生学习和成长过程中的合作者、引导者、参与者和促进者的身份，深刻认识知行合一的重要性，把教材、教师、学生和教学环境作为重要的课程资源，善于创造性地把多种课程资源整合到课堂教学之中，善于对教材进行创生和开发，提升课程资源开发与使用的科学性，从而取得最优化的课程实施成效。

（二）更新与补偿知识

信息通信技术带来了人类知识更新速度的加速。近年来，随着新职业的不断产生和传统职业的快速消亡，教师职业的专业特征日益凸显，作为一种专业性很强的工作，需要不断学习，教师培训课程可以根据师范教育的不足查漏补缺，通过培训，专业精神不断重塑，专业知识不断拓展，专业理念不断更新，专业技能得到提高，这是教师培训课程的补偿作用。联合国教科文组织一项研究成果指出：在18世纪时，知识更新周期为80～90年；19世纪末20世纪初，缩短为30年；20世纪六七十年代，一般学科的知识更新周期为5～10年；而到了20世纪八九十年代，许多学科的知识更新周期缩短为5年；进入21世纪，许多学科的知识更新周期已缩短至2～3年。知识如此高速地更新，迫使教师需要不断学习、终身学习才能适应教育工作的需要。更新与补偿知识的需要，使教师必须成为终身学习者。

（三）拓宽教师的文化视野

高科技的发展与知识的快速更替，冲击传统的世界观、人生观、价值观，各种复杂的社会矛盾给人类未来的生存带来极大的难题，需要师生关注现实问题，研究现实问题，共同探讨解决现实问题的策略、措施与方法。世界教育变革与发展，教育理论与教学经验也较快全球化，影响着人们的教育理念与行为，要求教师必须具有全球化视野；新科技新媒体使信息与知识的传播越来越便捷、直观、生动，使传统的信息传输方式土崩瓦解，形成强大的冲击力，新时代的这些变化需要教师不断学习，突破学科限制，拓宽文化视野。教师培训课程必须及时更新内容，拓宽教师的知识视野。如果教师培训课程落后，新知识缺失，教师专业视野狭窄，在很大程度上直接影响着教师专业能力的提高。专业知识的更替推动专业理念的更新，专业视野的拓宽推动教育理论的重建，从而推动自身不断学习不断实践不断反思。精心设计的教师培训课程可以拓宽教师的知识视野，丰富教师的专业素养，最终促进教师的专业成长。

（四）提升教师的专业能力

专业能力是教师做好教育教学工作的立身之本，教师培训课程必须将提升教师的专业能力作为课程的核心内容。教师的专业能力受制于教师的专业教育理念和教育技术等因素。教师的专业能力的提升需要内驱力和外推力的相互作用，缺一不可。根据“教师专业能力的构成”研究成果，教师专业能力的主要构成是教师的“教学能力”。专业能力低下在教学实践中常常表现为教学能力不足。所以，我国中小学《教师专业标准》倡导“以学生为本，以师德为先，以能力为重，以终身学习为典范”。其中，“以能力为重”强调了教师在教育教学活动中应具备的专业知识和专业技能的重要性。如《中学教师专业标准》设计了六个领域的“教师专业能力”，它们分别是“教学设计能力”“教学实施能力”“班级管理与教育活动能力”“教育教学评价能力”“沟通与合作能力”“反思与发展能力”，六个领域共提出了26条能力指标要求。显然“专业能力”是教师专业标准的核心内容。专业能力是教育活动中不可缺少的因素，是每一位优秀教师教学实践所体现的共同特征。

（五）提升教师的文化素养

教师的文化素养是一个教师开展高质量教育教学活动所必备的基础素质和基本修养，它最能体现出教师文化学养的深度和广度，决定着教师开展教育教学活动、科研活动的科学性和创造性的高低。现代社会的发展对学生素质提出了具有较高的道德修养、较强的创新能力、主动的合作精神等新的要求。教师是专业教育工作者，自身的文化素养、专业素质、学识、能力水平决定了其思想方法、教育方式及教育效能，直接和间接影响学生的思维习惯、行为作风及发展方向。教师专业发展不仅包含教学技术层面的内容，还包括素质层面的内容，如科学素养、理论素养等。科学素养即对科学的好奇心、求知欲与科学兴趣，以及由此生发的亲近科学、体验科学、热爱科学的情感，还包括科学方法、科学知识以及科学精神。理论素养是人们关于事物知识的理解和阐释所体现的文化素养，具有丰富的科学知识，对自然、社会、人、事、景、物有基本的科学认知；对真善美有合乎情理的价值判断，这些是理论素养的前提。教师要满足现代社会对人才素质的新要求，必须通过参加培训，接受继续教育，以全面提升自身的素质。教师通过科学合理的培训，更新教育理念，拓展知识、技能，重塑专业态度，形成终身学习的思想、行为、习惯，以提升教育的适应性，从而提高教学效率，增强教学的有效性。教师培训课程可以使具有不同教育价值观、不同教育信念、不同工作作风及习惯的人，按照培训课程的目标，进行文化养成教育，形成统一、和谐的教师团队或学习型组织。所以，通过提高教师的文化素养增强教学的有效性，使教学效率得到提高，教师的工作及生活质量得到改善，促进学生的全面发展与学校的可持续发展，是教师培训课程的主要功能和价值。

第三节　教师培训课程的内容及形态

任何课程的内容都取决于特定时期的科学技术和教育发展水平。教师培训课程也不例外，不同时期有不同内容、不同形态的教师培训课程。

一、教师培训课程的内容

教师培训分为职前与职后。从教师职后培训的发展历史来看，在职教师职后教育始于19世纪上半叶，当时各国政府举办短期教员进修班，大学举办“暑假学校”“函授教育”等，多以使教师获得资格证书和提高教学水平为目的。第二次世界大战后，特别是20世纪60年代以来，由于新科学技术迅速发展，教育教学趋势急剧变化。教育的巨变要求教师充实科学知识，改革教育方法，全面提高素质。各国都从自己的实际出发，进行多种日的、内容、形式的教师培训，探索把职前教育与职后学历教育、继续教育结合起来，构成师资培训的科学体系。1938年，国民政府颁布的《师范学院规程》规定，师范学院应该附设中小学教员进修班，授以一年的专业训练。中国共产党在革命根据地和解放区也办有短训班、列宁暑假学校，并以巡回辅导、假期讲习、抽调训练等形式对教师进行培训。中华人民共和国成立后，各省市相继建立教师进修院校对教师进行培训。20世纪80年代以后，逐渐形成教育学院、教师进修院校、师范院校的培训部与函授部、广播电视台、教育（教学）研究室等机构。它们分工明确、密切配合，形成的培训课程内容主要有以下几种。

（一）文化补习和系统学习

在职教师系统学习文化专业知识是我国教师培训课程的一个优良传统。中华人民共和国成立之前，教师培训课程的主要内容是对在职教师进行文化补习和业务指导。1980年8月颁发的《关于进一步加强中小学在职教师培训工作的意见》和1986年9月印发的《中小学教师考核合格证书试行办法》等文件规定：凡小学教师未达到中等师范毕业程度，初中教师未达到师范专科毕业程度，高中教师未达到大学本科毕业程度者，都要参加系统的文化进修。入学前要经过严格考试，择优录取。入学后必须按照国家规定的各级教学计划系统学习，并申请参加专业合格证书文化专业知识考试。考试分为高中、初中和小学三种，要求教师分别系统学习和掌握国家规定的与所教学科密切相关的高等师范学校、师范专科学校和中等师范学校的文化基础知识，考试合格获得毕业证书者方为学历合格教师。教师可根据自己的实际情况，自愿申请参加全部或部分科目的考试。考试及格科目累计计算，全部及格后，可取得专业合格证书。获得专业合格证书标志本人已具有担任某一学科教学所必须具备的文化专业知识和能力，并能基本胜任所教学科的教学工作。

（二）单科培训与学科培训

单科培训是对在职教师进行的单一学科的培训。最初多用于学历不合格教师。通过培训，受训者在较短时间内掌握一门学科的基本内容，考试合格者可取得单科结业证书。教师修完规定课程，达到合格学历的要求，可取得毕业证书。单科培训作为学历合格培训的措施，每一次集中培训一门课程，直至将规定的课程修完，参加学历证书考试成绩合格，最终获得相应的毕业证书。单科培训往往与国家的大学专业课程自学考试相配合。20世纪80年代，国家自学考试一般一年考两次，上半年安排4门专业课、下半年安排4门专业课，第二年再循环安排一些上年的旧专业课，再增加一些新的专业课。教师培训机构根据学员考试需求情况，对考试课程进行集中的、系统的串讲辅导，学生根据串讲内容系统学习课程后，再去参加考试。考试通过则报考其他专业课程。如果没有通过，或者再接受一次系统串讲，或者继续自学复习参加考试直至通过。单科培训在中小学教师学历提升培训中被证明是成效显著的，单科培训与自学考试配合安排，循环进行，一般3～4年，大多数学员都能拿到专科或本科毕业证书，且每个学科的基础相对比较夯实，这种培训课程的实施经验值得我们借鉴。

学科培训一般指针对教师当前执教的特定学科进行的专业培训。如高中语文课程培训、小学数学教学培训、初中英语教学培训等。这种培训通常结合《学科课程标准》或者《学科教学大纲》进行。当新的《课程标准》或《教学大纲》颁布，很快就会形成学科培训的热潮。培训的内容包括课程标准的理念、课程标准研制的背景、课程标准的特点、课程标准的新内容、课程标准的实施原则、课程标准的目标及其实现、课程目标的实施策略、课程标准解读、课程标准各部分内容的实现、课程评价、课程资源开发。

（三）教材教法合格考试培训

1986年9月，教育委员会颁发《中小学教师考核合格证书试行办法》规定，凡不具备国家规定合格学历的中小学教师，工作满一年以上者，可申请参加教材教法合格证书的考试。考试分为高中、初中和小学三种。对考试及格，并通过思想品德评定、教学能力考查合格的教师，可发给教材教法考试合格证书。考试内容、要求和办法，由省、自治区、直辖市的教育行政部门制定。取得合格证书，标志着本人已初步学习并掌握所教学科的教学大纲、教材及基本的教学方法。教材教法合格考试培训对于教师尽快掌握学科教育的基本理论，尽快成为合格教师，缩短新手教师与专家型教师的距离，起到了促进作用。

（四）教育行政干部培训

我国对教育行政干部和学校领导进行培养训练，旨在培养一支忠诚社会主义教育事业，熟悉教育规律，具有一定专业知识、管理能力以及艰苦创业精神的教育干部队伍，造就一批政治与业务并重、理论与实践结合的教育专家。内容有思想政治、教育理论、科学管理、现代科学技术和文化知识。

从1956年起，绝大多数省、自治区、直辖市建立了培训机构，主要进行短期轮训。1980年至1981年转入系统培训。

二、教师培训课程的类型

教师培训课程的分类形式多种多样，划分标准不同，分类的视角不同，都会有不同的分类结果。近20年来，我国中小学教师培训课程主要有以下类型。

（一）《教师教育课程标准》的分类法

《教师教育课程标准》是明确划分教师培训课程类型的一个部颁文件。它将教师培训课程分为三类：第一，加深专业理解的课程。关于这类课程，《教师教育课程标准》提出了相应的课程名称，如当代教育思潮、教师专业伦理、学科教育新进展、儿童研究新进展、学习科学新进展等，并建议“也可以选择哲学、人文、科技等研究领域的一些相关专题”。这类课程是对教师培养课程的拓展、补缺、深化。既可以系统化为教材，也可以以“专题”的形式展开，具有一定的理论性，灵活性较大。第二，解决实际问题的课程。这类课程具体表现为学科教学专题研究、特殊儿童教育、青少年发展问题研究、学校课程领导、校（园）本课程开发、综合实践活动设计与指导、档案袋评价、学生综合素质评定、教学诊断、课堂评价、课堂观察、学业成就评价、信息技术与课程的整合、校（园）本教学研究制度建设等。这类课程针对教育教学的某个方面或某个问题的解决，是基于问题的培训课程设计。第三，提升自身经验的课程。这类课程包括教育行动研究、教育案例研究、教育经验研究、教育叙事、反思性教学研究以及有关教师专业化的各种专题研究等课程。“提升自身经验”既是培训课程的功能与价值，也是培训的效果。当然，除了上述课程，提升自身经验的方式还有很多，如学员论坛、教学经验分享、学习收获的交流等，作为“课程”内容，其系统性、理论性及教学性具有更高的要求。

（二）理论课程与实践课程

“国培计划”课程标准把培训课程分为理论课程与实践课程两类。理论课程的课程内容是基于学理研究的“知识”，包括学科知识、学科教学知识以及与核心能力直接相关的各学科通用的教育教学知识。实践课程是指向特定研修主题、落实特定内容要点的研修活动，包括名课研习、名师经验分享、共同备课、现场作业、课例评析、问题研讨、教学反思等。

（三）集中培训类课程与网络培训类课程

根据培训的形式或区域所采用的课程，分为集中培训类课程与网络培训类课程。

1. 集中培训类课程

集中培训将接受培训的教师集中在特定的时间内，利用外部或内部的培训设施进行培训的一种集体学习方式，也叫“脱产培训”或“离岗培训”。集中培训统一进度，有计划分阶段性分专题重点学习。如在特定时间内学习师德、教育理念、教育教学理论、教学名著、儿童学、教育学、心理学、教育科研方法、教学政策与教育法规、心理健康与心理咨询等内容。集中培训需要解决的最大问题就是学习内容的选择和学习节点的把握，以确保学习的及时性、同步性、实效性。通过集中学习这种同频共振的培训形式，在教育思想、教育理论、教学行为上可以做到与时俱进。集中培训可以营造良好的学习氛围，让置身其中的每一个人受到熏陶和感染，引导大家自觉学习、主动学习。集中培训使学员对自身的专业程度有较为客观的认识，增加教师之间的了解，也能更好地体现教师的能力。集中培训可以促进大家互相学习，取长补短，互相激励。在一个学习的集体和氛围中，让学习成为常态，让人们在集中学习中找到归属感，可以强化制度约束，将集体所推崇的特定传统、习惯及行为方式内化于每个教师的心中，对全体教师起到提醒、督促、约束的作用，从而形成学习型组织，发挥学习型组织的优势和集体的智慧，大家协作互助，合力攻关。

2. 网络培训类课程

网络培训类课程是基于网络技术，利用互联网平台在线上开发的，或者通过线上传播的教师培训课程。网络教师培训课程有很多优点：第一，课程类型丰富，课程储藏量大，为学习者提供了丰富的、多样化的学习资源，打破了以往教师培训场所封闭、资源不足、内容单一等局限。第二，给教师提供了自主、灵活、个性化学习的条件，解决了教师的工学矛盾问题。网络培训课程给教师提供了自主选择学习地点、时间和学习形式，灵活安排学习计划、学习内容和学习进度的条件。第三，可以重播、下载，反复查看自己感兴趣的内容，强化学习效果。网络教师培训课程的意义重大，它不仅使教师培训从传统单向教学、被动接受知识转变为自主学习，而且可以满足学习者个性化的学习需求，真正提升教师培训课程的有效性。

（四）反思型培训课程与研究型培训课程

1. 反思型培训课程

反思型培训课程是培养教师的反思行为与反思习惯、形成反思能力的教师培训课程。对一个优秀教师来说，对自己的教学思想、教学设计、教学行为以及由此所产生的结果进行审视和分析，或者运用一定的理论对自己的教学活动进行检视，以判定教学行为是否科学、教学成效如何、教学目标达成情况等，是非常重要的能力。反思型培训课程旨在培养学生的这种能力。反思型培训课程着眼于对教师教学行为及行为依据的回顾、诊断、自我调控，以达到对不良教学理念、策略和方法的优化或改善，以提高教师自身的教学素养和教学效能。教学反思能力的重要性在美国心理学家波斯纳的教学理论中得到体现。他提出了教师专业化成长公式，即成长=经验+反思，得到教育界的普遍认同。学术界普遍认为教学反思是促进教师更加主动地参与教育教学、提升教育教学效果和专业发展能力的重要手段，是教师专业化成长的必由之路。反思型培训课程将教学反思的理论原理、内容、规律和方法作为课程的核心内容，具有重大的实践意义。反思是思维的批判性成分，是驱动思维活动的基础，它是对自身获得的经验、信念、价值观的审视与回看。教师教学反思的内容，主要包括教育理念是否清晰，教育目标是否合理，教育策略是否恰当，教学活动是否科学，师生关系是否平等、融洽，教学过程是否可以进一步优化等。总之，反思型培训课程应提高参训教师对教学活动的自我觉察水平，促使教师深刻认识教学反思对于自身成长的价值，掌握教学反思的策略与方法，能运用反思的结果改进教育教学实践，使参训教师逐步形成良好的教学反思习惯，这是反思型课程的主要目标。

2. 研究型培训课程

研究型培训课程主要指以下两类课程，一是指提升教师教研科研能力的培训课程；二是指以中小学教育教学面临的主要问题为研究对象的培训课程。这两个方面的内容对中小学教师都很重要。中小学教育教学研究的主要内容包括课程教材研究、教法研究、儿童学研究、班主任工作研究等。课程教材研究既包括学生特定阶段课程任务的设置、课程目标的设定、课程内容的选择等，还包括课程实施的路径、课程评价、课程资源开发等。教法研究以课堂教学为重点，注重教学内容的把握、教学模式和教学方法的整体设计、知识间的内在联系与挖掘、教学重点难点的突破等。教法研究包括研究如何调动学生的积极性，怎样培养学生动脑、动手和实践操作等能力。儿童学研究包含的研究内容更宽泛，如儿童学习与发展的规律研究、儿童学习心理研究、中小学生年龄特征与教育的研究等。班主任工作研究包括班主任工作的任务、内容和方法的研究，德育的教育内容、德育的过程、德育的原则、德育的方法和途径研究等。研究型培训课程的设计应根据学习者的培训需求、特定培训主题和培训目标，选择中小学教育教学改革的难题或人们关心的热门话题，从真实的问题去思索、去研究，使其加深对教育基本问题的认识和理解，丰富教育教学理论素养，培养科学的思维习惯，掌握基本的教育科研方法，形成一定的教学科研能力。

（五）参与式培训课程与自主式培训课程

1. 参与式培训课程

“参与”指一个人是否参加群体活动，是否与其他成员进行互动。“参与”既指个人的外显行为，也包括个体内部认知、情感介入群体活动的状态与影响程度。“参与式教师培训”则是指教师是否身心投入教师培训活动。教师在培训活动中是否积极主动、自觉参与？是否参加真实的教育情境培训？是否针对实际教育问题进行思考？是否运用已有知识进行有意识的、深层次的学习？参与式教师培训课程需要在把握成人学习特点的基础上，根据教师的已有经验及培训目标设置课程，引导参训教师在交流过程中充分展现不同的思想观念和真实的情感，通过创设适宜的学习情境和提供生动的教学案例，帮助教师在真实的教育情境中转变教育观念，改变教育行为，优化知识形态，建构新的能力结构。

2. 自主式培训课程

近20年来，中小学教材的内容和呈现方式发生了根本转变，走向以学习者为中心，促进新的学习方式的产生。以往教材通过预先设定内容来安排教学活动和教学进程的状况已经发生改变，教材将由教学的主要内容转向为达到课程标准要求而选择的学习资源之一。以学习者为中心的教育理念要求教材设计必须充分考虑成人学习的特点以及他们已有的经验和知识，按照认知规律，不断拓展和深化学习内容。重视学科价值、观念和方法的认识与指导；将知识学习与问题、任务与活动结合起来；给受训者的思维和探索留下充分的空间和时间；促进师生之间和生生之间的合作，课程内容必须反映最新研究成果，体现时代精神。教师培训课程一定要有利于教师的自主学习，或者说为教师的自主学习创造便利的条件，教师培训课程必须激发教师内在的学习动机，使他们掌握一定的学习策略，会学而且能够坚持学下去。

3. 教师培训课程的现实问题与解决

纵观中华人民共和国成立以来的几十年教师培训进程，中小学师资培训总体上是成功的。中华人民共和国成立之初，师资学历低，以中等师范生为主，数量不足，代课教师数量庞大，在如此低的起点上，经过七十多年的发展，中小学教师的学历结构发生了很大的变化，许多地区中小学普及了师资大学专科或者本科学历，教师数量不足的问题基本解决，当前教师队伍建设正在向高素质专业化创新型的高标准目标迈进。没有这几十年的教师培训的成就，也就没有今天的教师队伍建设高度。

当然，我国的教师培训也存在不同程度的问题。仅就教师培训课程来说，主要有以下问题。第一，课程内容设置不合理，课程内容与实际需求有距离，缺乏针对性。有学者指出，教师培训课程涉及教育教学科研的内容较少，达不到提高教师教研水平的目的。反映学科前沿发展的课程内容少，达不到开阔教师眼界的目的。教师培训中，有时为了追求所谓的“名家”“大家”，因人设课的现象屡见不鲜。第二，课程与课程之间缺乏整合，有的教学内容缺乏针对性、指导性。部分专家学者缺乏沟通与交流，缺乏对教师需求的准确分析，不同专家讲座在内容上存在重复现象。部分课程内容理论脱离实际，脱离教学改革现实，缺乏示范性和操作性。第三，培训机构开设的课程内容庞杂，有的培训主题和目标的设置不聚焦，显得空泛分散，培训课程较少具备职业生成特征等。第四，教师培训课程成人教育的特点不突出，课程结构缺乏系统性。第五，课程内容注重共性的知识传授，一定程度上忽视了参训教师的主体地位，难以满足教师的个性化、差异化发展的需求。因此，需要加强对教师培训课程设计、开发、实施的指导。

第四节　教师培训课程及培训资源的开发与利用

课程是重要的教学资源，优质的教师培训课程是保证优质的教师培训的先决条件。教育课程与教师工作表现的研究成果表明，有什么样的教师教育课程，就有什么样的教师专业素质；有什么样的教师专业素质，就有什么样的基础教育。所以，教师培训课程的建设十分重要。那么，怎样有效开发优质的教师培训课程及相关课程资源呢？我们在此做一些探讨。

一、升级更新培训课程及相关资源

科学技术快速发展，社会政治经济建设不断给教育提出新问题新要求，它们推动教育工作不断发展变化。教育工作的发展变化，促使新的教学观、教育思想、教育理论不断涌现。新的教育观和教育理论推动教师培训课程重建。近几十年的教师教育和教育科学研究累积了大量师资培训课程及课程资源，它们是教师培训的宝贵财富，教师培训课程必须在其基础上继承创新。对积存的教师培训课程及相关课程资源及时升级更新，是开发优秀课程资源的一条重要途径。例如，我国2001年推行的中小学课程改革以及2010年推行的“国培计划”，推动了教师培训课程的建设与课程资源开发，催生了一大批教师培训课程。世界各种教育理论和课程理论纷纷被引进我国。在课程改革及“国培”背景下，培训课程百花齐放，我国大多数中小学教师受到各种新的教育教学理论的洗礼，许多中小学教师更新了教育理念，开阔了眼界，提升了专业素养，促进了专业成长，也丰富了我国中小学教师培训资源宝库。

2011年以后，教育部陆续颁布了《教师教育课程标准》《“国培计划”课程标准（试行）》（2012）《国培计划”资源库推荐课程资源目录》《中小学教师专业标准》等文件，基于“标准”的教师培训课程、学术论文、学术专著大量产生，除了教育部组织编写和推荐的教师培训课程及相关课程资源外，不少师范大学、教师培训专业机构、教师专业发展学校、师培专家及相关单位与个人，对标“课程标准”与“专业标准”，编写了一大批教师培训课程，这批培训课程专业性、实用性更强，受众的认可度越来越高。但新的教师培训课程还有一个难题需要突破：培训课程的内容是基于“每一位参训教师都需要的课程”的假设而设计的，仍然对受训教师的能级差异、年龄与教龄差异所产生的培训需求差异缺乏科学的研究，无法根据受训教师的能力层级提供分层分类的高水平培训，因此，设计分类分科分层的培训课程，是增强教师培训工作有效性的根本措施。

2017年11月，教育部颁布了《中小学幼儿园教师培训课程指导标准（义务教育数学学科教学）》《中小学幼儿园教师培训课程指导标准（义务教育语文学科教学）》《中小学幼儿园教师培训课程指导标准（义务教育化学学科教学）》等文件，通过开发的能力自测量表，将参训教师分为四个能力层次，以便于实施分层培训。上述系列标准又将引起新的教师培训课程建设及培训资源开发潮流，而旧的教师培训课程则可以通过不断修订，升级更新，成为教师培训精品课程，成为一种优秀的教师教育文化而持续留存，继续发挥中小学教师培训的特有功能与价值。

二、推动教育学术著作的课程化

教育学术专著是教育研究的理论成果，作者针对某一教育问题进行了较深入的研究，在理论上或实验上有所发现，具有较高学术水平和一定的创新性，对教育科学的发展或建设有重大贡献和推动作用。一般情况下，教育学术专著研究的问题比较集中，表述形式理论化，常常带有比较明显的个人色彩。教材是依据学科课程标准编制的系统反映学科内容的教学用书，具有综合性、层进性、基础性和系统性特征，体现的是一种综合性的教育理论、教育知识、教育实践案例和教育研究方法体系。教材的综合性体现在教材内容是一个学科领域主要内容及多个方面理论研究与实践探索的汇总成果，能基本反映某学科某领域的全貌；教材的层进性表现为内容设计由易到难，根据受众的受教育程度设计教材内容；教材的基础性表现在教材要反映该学科的基本范畴、核心内容及基本结构，是该学科该领域原理或规律的集中表达；教材的系统性是学科知识、原理、规律的有序化、结构化表达，使学科概念、事实、理论、策略、原理等知识内容分属于不同的系统层级或系统序列，从而有利于教材内容的组织与传输，更利于提升教学效率，增强教学效果。所以，教师培训工作者可以依据现有培训课程标准研发培训课程，对我国教育学术专著进行学术论证和教材化改造，使教材不断吸收新的学术研究成果，增强教材的教学性。

三、众筹课程，征集累积各类优质培训资源

“众筹”，原指大众筹资或群众筹资支持创意性项目，发起人可获得资金。筹资项目回报方式可以是实物，也可以是服务。如果项目筹资失败，那么已获资金全部退还支持者。“众筹课程”是借用这种方式，向教师培训专家广泛征集教师培训课程。教师培训专家向培训课程征集平台上传自己的课件，同时获得平台提供的培训课程使用权的回报。这种方式可以征集和保存大量的经典课程，可以避免因专家流失、退休、去世等引起的课程丢失或者失传，从而保存一大批优质课程资源。

中华人民共和国成立以来，我国中小学师资培训工作从未间断，取得了举世瞩目的成就。教师培训课程除了教育委员会（现教育部）组织开发外，全国各地师范院校、教师培训机构及相关领域的专家，于不同时期，在各级各类教师培训中，开发并使用了大量的教师培训课程资源。由于当初科学技术没有发展到今天的高度，文字输入技术、录音技术、摄像技术和信息储存技术都有待提高，大量宝贵的课程资源未能进行收集整理，20世纪八九十年代的部分优秀课程资源，主要是以纸质书籍、纸质讲义、录像带、录音带的方式保存的；2000—2015年，教学资源主要是以磁带、光

盘、U盘、硬盘、网盘等方式储存。但无论何种储存介质，除了少数公开出版发行的诸如教材、教案、教学实录以及论文、学术专著以外，大多数教学资源则以私人纸质讲义、Word电子文档、PPT课件的形式存在。每次培训活动，只有一部分教师主动分享课件，许多优秀的培训课件，授课者以拥有知识产权或者其他理由不愿分享。这些优秀的课程资源，除了拥有者继续通过自己的教学工作小范围传播外，那些因工作变动、离职、退休而不再从事师培的专家学者们，他们开发的教师培训课程及相关课程资源基本上就终止传播了。所以，我们倡导“众筹课程”，主张建立和完善教师培训课程及资源开发与应用平台，建设教师培训课程资源库，广泛征集优秀的教师培训课程资源，给优秀课程资源提供者一定的酬劳回报，建设教师培训课程及资源研发共享机制，形成优良的教师培训课程升级更新系统。

四、建设“互联网+教育”教师培训课程体系

“互联网+教育”是互联网科技与教育领域相结合的一种新的教育形式。互联网拥有巨大的资源、方便快捷的使用方式和良好的交互性能，通过互联网技术，可整合文字、图表、声音、动画视频等制作网络多媒体课程，为教育提供动态的、鲜活的、生动的教学形式。通过线上线下教学平台，师生可以进行多向即时交流、解疑答惑、作业考试，形成交互式学习等。有专家认为，“互联网+教育”等于智慧教育。祝智庭教授深刻阐释了智慧教育的功能与价值：“智能教育的真谛就是通过构建技术融合的生态化学习环境，通过培植数据智能、教学智能及文化智能，让教师能够施展高成效的教学方法，让学习者能够获得适宜的个性化学习服务和美好的发展体验，使其由不能变为可能，由小能变为大能，从而培养具有良好的价值取向、较强的行动能力、较好的思维品质、较深的创造潜能的人才。”基于互联网的教师培训课程，第一，致力使教师掌握网络获取、传递、加工和处理各种有益信息的能力，使教师熟练使用互联网，掌握教学工作与学习、生活的重要工具软件，让互联网为每位教师赋能，成为每位教师教学与管理、学习与生活的好帮手。第二，通过培训课程，使中小学教师学会微课制作，引导中小学教师在教学实践中录制优质微课、示范课，建设覆盖每个学科，每个阶段，能满足师生不断增长的学习资源需求的优质教学资源库。第三，利用虚拟现实技术大力开发VR、AR教师培训课程，增强教师培训课程的情境性、直观性、故事性与趣味性。第四，学习借鉴发达国家互

联网教育的先进经验，秉承“国际视野，本土行动”的比较教育理念，进行本土化改造。

五、开发基于“人工智能”教育的未来课程

2019年5月，我国与联合国教科文组织在北京举办国际人工智能与教育大会。大会通过了《北京共识》，规划了智能时代教育发展的共同愿景。《北京共识》从智能时代的教育政策规划、教育管理和供给、教学教师、学习评价、价值观和技能、全民终身学习、公平包容的应用、性别平等、伦理、监测评估和研究以及筹资和国际合作等方面，分别对教科文组织会员国政府和利益攸关方、国际组织及合作伙伴、教科文组织总干事提出建议。其中第2条、第20条建议对当下我们的教师培训课程建设具有重要的指导意义。《北京共识》第2条倡导“……我们致力于引领实施适当的政策应对策略，通过人工智能与教育的系统融合，全面创新教育、教学和学习方式，并利用人工智能加快建设开放灵活的教育体系，确保全民享有公平、适合每个人且优质的终身学习机会，从而推动可持续发展目标和人类命运共同体的实现。”人工智能的主体是人，人工智能与教育的系统融合需要依靠广大教师才能完全实现，所以必须造就既懂教育，又掌握人工智能技术的优秀教师。“全面创新教育、教学和学习方式”需要高素质的教师才能达成。高素质的教师从培养和培训中来，他们需要培训、需要训练，教师培训课程是教师培训的重要依凭。教师培训课程必须立足现在，面向未来，培养培训未来教师，建设终身学习的环境，营造良好的终身学习机会。怎样培养？《北京共识》第20条指出：“……采用人工智能平台和基于数据的学习分析等关键技术构建可支持人人皆学、处处能学、时时可学的综合型终身学习体系，同时尊重学习者的能动性。开发人工智能在促进灵活的终身学习途径以及学习结果累积、承认、认证和转移方面的潜力。”即采用人工智能平台关键技术、基于数据的学习分析的关键技术等，开发人工智能促进学习的功能和潜力，建设综合型终身学习体系，形成人人皆学、处处能学、时时可学的良好的学习型社会环境，这也是基于人工智能教育平台的教师培训课程的功能与价值追求。

第十二章　教师培训方法

教师培训方法是在教师培训过程中，培训者基于学员学习需求和工作要求，遵循成人学习规律、学科教育发展规律和教师培训规律等，所选择的具体培训手段。随着教师培训理论的不断发展和培训实践的不断创新，各种培训方法日益成熟。

第一节　教师培训方法的发展

教育是随着人类社会的发展而发展的。教师培训作为教育的重要组成部分，也随着教育的发展而不断丰富。

在原始社会和奴隶社会，承担教育责任的主要是父母、老人和官员，没有专门的教师，因此，也没有专门的教师培训，教育者的成长和发展主要依靠教育者自己生活经验的积累和日常教育经验的交流。

到了封建社会时期，教育开始逐渐打破学在官府的状态，普通百姓的子女开始接受教育，涌现出一批又一批的学术大师，他们通过讲学宣传自己的治国思想和教育理念。春秋战国时期有百家争鸣、稷下学宫，这极大地促进了我国文化的繁荣和发展。《学记》系统地总结了教学方法，奠定了我国教师培训法的基本框架。

鸦片战争以后，西方的文化、科技、教会学校逐步传入我国，我国的有识之士逐渐认识到自己的不足，开始向西方学习。西方的教育体制传入我国，我国开始了班级授课制。为了培养适应时代发展的教师，清政府开始开设师范类学校，并形成师范教育制度，正规的教师培训正式开始。

一、清末教师培训

鸦片战争以后，中国的大门被西方打开，随着民族危机的加深，亡国灭种的危急形势迫使一些先进的中国人开始寻找新的救国救民道路，维新派提出一系列文教改革举措，师范教育是其中的一项重要举措。1895年，盛宣怀创办南洋公学，设立师范学院，这是中国最早的师范学院，我国正式开始了准教师培训。南洋公学主要聘请熟读四书五经的中国人和物理、化学等西方近代学科教师进行教学，采用讲授法。1902年，清政府颁布了《钦定学堂章程》，该章程中规定设立与中等学校相对平行的师范学堂和与高等教育相对应的师范馆；1904年，清政府又颁布了《奏定学堂章程》，该章程规定建立与中等学校相对平行的初级师范学堂和与高等学校相对平行的优级师范学堂。至此，我国近代师范教育体系完全建立。梁启超作为中国师范教育的第一人，强调设立专门的师范学校，设立专门的课程来培养新教师，教学法主要采用《礼记·学记》中的教学法。他同时强调，设立师范院校附属学校，附属学校的教师由师范生担任，师范生可以学以致用，在实际的教学中提升自己的教育教学能力。

二、国民政府成立初期的教师培训

1912年，辛亥革命爆发，清政府被推翻，中华民国建立，蔡元培担任教育总长。在蔡元培的主持下，教育部提出新的教育方针，即“注重道德教育，以实利教育、军国民教育辅之，更以美感教育完成其道德”。较之清末教育具有本质的进步，有力地促进了民国初期教育的发展。继续设立初等师范学校和高等师范学校，初级师范学校的课程为：修身、教育、语文、外国语、历史、地理、博物、理化、法制、经济、习字、图画、手工、音乐、体操等，各地视实际情况增加其他课程；高等师范学校的课程为修身、教育（普通心理学、伦理学大要、教育理论、教授法、保育法、教育制度等）、语文、习字、英语、历史、地理、数学、博物、物理、化学、法制、经济、图画、手工、农业、乐歌、体操等，至此民国时期师范教育课程设计基本框架形成。蔡元培强调师范课程在设置的时候，一年级、二年级、三年级、四年级的课程设置应该是不一样的，要遵循循序渐进的规律；他主张教育与生产劳动相结合，在实践中提升师范生的教育教学能力。

1919年，新文化运动兴起，我国一些进步人士对传统教育进行了猛烈的抨击，提倡学习西方的教育。如陈独秀提出“中国教育必须取法西洋”。在这种思潮的影响下，师范教育发生了巨大的变化：在内容上，师范教育的内容要与社会实际相结合；在方法上，强调师范教育的方法要科学，以科学的方法研究教育，以科学的方法进行教育。此时，设计教学法、道尔顿制、文纳特卡制等西方教育法引入我国。20世纪

30年代后，我国涌现出一大批教育家。陶行知提出生活教育理论：生活即教育，社会即学校，教学做合一。其中，“生活即教育”是实质，“社会即学校”是课堂，“教学做合一”是实施的办法，在克服传统教育的弊端方面发挥了积极作用。陈鹤琴提出“活教育”理论：做人，做中国人，做现代中国人；大自然、大社会都是活教材；做中教，做中学，做中求进步。在一定程度上通过教育改革推动了整个社会的发展。

三、中央苏区的教师培训

1934年，毛泽东提出苏维埃文化教育的总方针，即在于以共产主义的精神来教育广大的劳苦民众，在于使文化教育为革命战争与阶级斗争服务，在于使教育与劳动联系起来，在于使广大中国民众都成为享受文明幸福的人。抗日战争开始后，出现了革命根据地教育体制，分为干部教育、群众教育和儿童教育三个部分。教学方法多采用启发式、研究式、实验式和活的考试。

四、中华人民共和国成立后的教师培训

中华人民共和国成立以后，我国设立了从小学到大学完整的学制，学校如雨后春笋纷纷建立起来。为了解决全国中小学师资短缺的问题，1949年全国教育工作会议上，要求“加强教员轮训和在职学习”，1951年召开首次全国初等教育及师范教育会议，要求师范学校必须“调整和发展，特别是要多办各种短期培训班和速成班，以达到供应师资的目的”。师范教育和教师在职培训从中华人民共和国成立之初就受到极大的重视，并为我国基础教育注入了源源不断的师资和生命活力。中华人民共和国成立之初，考虑到成人的学习特点和当时的实际情况，教师的在职培训以自学为主。

1980年颁布的《关于进一步加强中小学在职教师培训工作的意见》指出，教育学院和教师进修院校是中小学教师在职培训的重要基地；1994年颁布的《中华人民共和国教师法》明确规定，“参加进修或者其他方式的培训”是教师的权利，“不断提高思想政治觉悟和教育教学业务水平”是教师的义务。2015年颁布《乡村教师支持计划（2015—2020年）》要求对全体乡村教师、校长进行360学时的培训。为深入贯彻习近平总书记关于教育的重要论述和全国教育大会精神，落实《中共中央　国务院关

于全面深化新时代教师队伍建设改革的意见》《国民经济和社会发展第十四个五年规划和2035年远景目标纲要》，推进教师培训提质增效和教师队伍高质量发展，教育部、财政部印发《关于实施中小学幼儿园教师国家级培训计划（2021—2025年）的通知》，国家政策文件的支持使得各地的在职教师培训开展得轰轰烈烈。大规模的在职教师培训，促进了教师培训形式和培训方法的创新，教师培训的形式和方法开始多样化。形式上有集中学习、跟岗学习、送教下乡、名师工作室、骨干教师工作室、学区联片教研、顶岗置换、分层培训；方法上有讲授法、演示法、案例分析法、现场演练法、跟岗实践法、讨论法、问答法等。随着信息技术的发展，人类进入人工智能时代，信息技术在教师培训中广泛使用，如线上线下混合式研修。

第二节　教师培训常用方法

按照不同的维度，可以把教师培训方法分成不同的类别。比如，从培训内容的维度，可以分为讲授法、视听法等以传授知识为主的培训方法，实践法、案例法等以开发技能为主的培训方法，角色扮演、拓展训练等以改变态度和行为为主的培训方法；从学员学习方式的维度，可以分为集中讲授、自主学习、学历进修等脱产学习，行动学习、参观考察等半脱产学习，师带徒、工作现场学习等在职学习；从培训技术和手段的维度，分为讲授法、研讨法、传递法、自主学习法、团队建设法、远程学习法、拓展训练法、混合式培训等。

一、讲授法

讲授法是培训者通过简明、生动的口头语言向教师传授教育教学知识、教育教学情景知识，发展教师的教育教学能力的方法，是一种比较常用的培训方法，通常在以上场景中采用：（1）向学员介绍系统理论知识和新的教育教学技能。（2）阐明和强调培训学习内容的要点和重点。（3）介绍培训内容的相关背景知识。（4）澄清学员学习中的困惑和问题，提供问题解决办法。（5）在培训时做开场白和培训后总结。

讲授法一般包括以下三种讲授方式。

1. 灌输式讲授法

即教师在讲台上讲解，学员在台下听讲。这种培训方法主要是通过教师单方面传递信息，学员只是被动接受。

2. 启发式讲授法

即培训者以提问方式让学员思考和回答，然后进行总结。在讲授过程中，培训师和学员之间有一定的交流，学员有一定的参与。善于提问和引导学员思考是启发式讲授成功的关键。

3. 点评式讲授法

即培训者课前将讲课讲义、辅助材料、学习要点等提前发给学员，要求学员充分预习和完成学习任务，上课时培训者只讲解重点、难点和回答学员的问题。相较于上述两种讲授法，点评式有利于提高学员学习的自主性、参与性和针对性，但其培训内容的信息量相对有限。

整体而言，传统的培训主要采用讲授法，其优点主要表现为经济高效、易于操作和培训者主导。但也存在一些弊端。一是学员被动学习。培训过程由培训者掌控，师生之间交流和反馈不够，学员之间也缺少相互作用和学习交流，过多的讲授容易使学员产生抵触情绪。二是缺少直观体验。讲授法仅仅利用语言，从理论上传授知识和技能，学员认识不够，可能无法很好地理解培训内容，实现知识迁移。三是不利于记忆。单纯的知识灌输，不利于学习内容的消化和记忆。四是针对性不强。讲授法针对学员的普遍性问题，采用同一内容、统一方法进行培训，难以照顾到每个学员的具体需求、个别问题和学习方式的差异。

二、研讨法

研讨法是培训者组织学员站在相互平等的立场上发言，彼此倾听他人讲话，同时把自己的知识和见解讲给他人听，通过集体交流的形式共同解决问题的培训方法。通常在以下培训情况中采用研讨法：（1）顺应成人学习心理需要，为学员提供表达自己观点的机会。（2）收集大家的观点，挖掘集体智慧。（3）澄清事实，加深对问题的理解，达成共识。（4）通过相互交流，促进学员学习反思，加深对知识的理解和记忆。（5）激发学员的学习兴趣，营造课堂学习气氛，作为讲授课的辅助方法。

研讨法也是培训师常用的培训方法，常用的研讨方式有“头脑风暴”“世界咖啡”“案例研讨”“主题辩论”等。

1. 头脑风暴

头脑风暴法，亦称“智力激励法”“智囊法”。通过专家之间的交流，引起“思维共振”，产生组合效应，形成宏观的智能结构，进行创造性思维。

头脑风暴法又可分为直接头脑风暴法（通常简称为“头脑风暴法”）和质疑头脑风暴法（也称“反头脑风暴法”）。前者是尽可能激发学员群体决策和提出创造性观点，产生尽可能多设想的方法。后者则是对前者提出的设想、方案逐一质疑，分析其现实可行性的方法。

采用头脑风暴法组织集体研讨时，培训者作为活动主持人和书记员，一般按照以下操作程序来组织活动。

第一，准备阶段。培训者应事先对所议问题进行一定的研究，弄清问题的实质，找到问题的关键，设定解决问题所要达到的目标，然后将培训时间、地点、所要解决的问题、可供参考的资料和设想、需要达到的目标和事宜一并提前告知学员，让大家做好充分的准备。

第二，热身阶段。这个阶段的目的是创造一种自由、宽松、祥和的氛围，使大家得以放松，进入一种无拘无束的状态。

第三，明确问题。培训者简明扼要地介绍有待解决的问题。介绍时须简洁、明确，不可过分周全，否则，过多的信息会限制学员的思维，干扰思维创新和想象力的发挥。

第四，重新表述问题。经过讨论，大家对问题已经有了较深的理解。这时，为了使大家对问题的表述能够具有新角度、新思维，培训者或书记员要记录并整理大家的发言，找出富有创意的见解以及具有启发性的表述，供下一步畅谈时参考。

第五，畅谈阶段。畅谈属于头脑风暴的创意阶段。为了使大家能够畅所欲言，尽量避免私下交谈，不妨碍他人发言，以免分散注意力和影响他人思考。同时，发表见解时要简洁明了，一次发言只谈一种见解。

第六，筛选阶段。培训活动结束后的一两天内，培训者应进一步了解学员培训后的新想法和新思路，以补充培训记录。然后将大家的想法整理成若干方案，经过多次反复比较和优中择优，最后确定 1 ~ 3 个最佳方案。这些最佳方案往往是多种创意的优势组合，是集体智慧的结晶。

总体而言，成功的头脑风暴除了要严格遵守程序要求外，还要体现出以下几个特点。

一是自由畅谈。参加者不应该受任何条条框框的限制，应身心放松，从不同角度、不同层次、不同方位大胆地展开想象，尽可能提出独创性的想法。

二是延迟评判。头脑风暴必须坚持当场不对任何设想作出评价的原则。既不能肯定某个设想，也不能否定某个设想，另外，不能对某个设想发表评论性意见，一切评价和判断都要延迟到会议结束。

三是禁止批评。禁止批评是头脑风暴应该遵循的一个重要原则。参加头脑风暴活动的每个人都不得对别人的设想提出批评意见，同时，如果发言人进行自我批评，应注意尺度，避免破坏会场气氛，影响自由畅想。

四是追求数量。头脑风暴的目标是获得尽可能多的设想，每位学员都要抓紧时间多思考，多提设想，产生的设想越多，其中的创造性设想就可能越多。

五是善于激发。主持讨论的培训者，要熟悉所讨论问题的背景，掌握头脑风暴的处理程序和处理方法。主持者的发言应能激发参加者的灵感，促使学员感到急需回答培训师提出的问题。

2. 世界咖啡

“世界咖啡”由美国人朱安妮塔·布朗和戴维·伊萨克共同创造，本是在商业界、教育界、政府机关和国际组织中采用的跨界式的深度会谈的会议模式。如今，世界咖啡作为一种有效的集体讨论方式，已被应用于各种培训活动中。

一般而言，“世界咖啡”活动适用于以下几种培训情况：（1）帮助大家获得各自观点，集体生成对问题的认识。（2）加深小组成员的相互关系、彼此了解和对结果的共同责任。（3）让培训师与学员之间建立有意义的良性互动。（4）聚集集体智慧来解决共同难题，激发创造性思维。（5）让第一次参与集体会谈者体验到集体性智力劳动和民主式学习气氛，实现价值教育目的。

一旦确定要通过“世界咖啡”形式组织培训活动，培训者应该提前做好相关准备，包括确定培训对象、规模、时间、主题、场地布置、培训设施和其他方面的培训服务支持等。同时，要注意以下活动原则：一是明确会谈内容；二是创造热情友好的氛围；三是探索相关问题；四是鼓励每个人的投入与贡献；五是吸收多元文化，接受不同观点；六是共同审议不同的模式、观点和深层次的问题；七是收获、分享共同成果。

3. 案例研讨

案例研讨来源于20世纪初哈佛大学创造的案例教学法，即围绕一定的培训目的把真实的情景加以典型化处理，形成供学员思考分析和决断的案例（通常为书面、视频或现场形式），通过独立研究和相互讨论的方式来提高学员分析问题和解决问题的能力的一种方法。案例研讨有一个基本的假设前提，即学员能够通过对这些过程的研究与发现来进行学习，在必要的时候回忆并应用这些知识与技能。

一般而言，案例研讨包括以下两种讨论方式。

一是分组案例研讨。其实施程序包括组成学习小组、决定分组讨论时间、开始讨论阶段（提供实施纲要）、实施过程（进行巡视和检讨分组讨论情形）。小组分组案例研讨一般在全班讨论之前开展，其目的是为学员提供更多公平的讨论发言机会，或者在案例过于复杂、具有高难度时进行预热。

二是全班案例研讨。实施程序包括开始讨论阶段（提出案例症结或确定案例的事实和议题），综合讨论阶段（运用“问”与“答”的方式，针对“分析的问题、挑战的问题、行动的问题、假设的问题、预测的问题和与课程相关的问题”，进行自由开放的讨论活动），归纳结论阶段（归纳学习者的不同观点和想法，并做总结，提出综合、概要的说明）。

全班案例研讨既是案例讨论的核心，也是案例教学经常采用的方式。

案例研讨的优点：一是实现教学相长。培训者是教学活动的主导者，掌握着教学进程，引导学员思考，组织讨论研究，进行总结、归纳。同时，也通过和学员的共同研讨，获取大量的材料并发现自己存在的不足。二是能够调动学员学习的主动性。由于不断变换教学形式，学员大脑兴奋不断转移，注意力能够得到及时调节，有利于学员始终保持最佳的精神状态。三是生动具体，直观易学。案例研讨的最大特点是真实，由于教学内容是具体的案例，加之采用形象、直观、生动的形式，给人身临其境感，易于学习和理解。四是能够集思广益。培训者在课堂上不是“独唱”，而是和大家一起讨论思考，有利于积聚集体的智慧和力量。

案例研讨也存在不足之处，主要表现在两个方面：一是案例的来源往往不能满足培训的需要。研究和编制好的案例需要较长的时间、相当高的技能和丰富的经验，因此，很多案例可能与现实情况不符，具有局限性，这是阻碍案例研讨推广和普及的一个主要原因。二是案例研讨需要较多的培训时间，对培训者和学员的要求比较高。

因此，培训者在组织案例研讨时应注意以下几个问题：（1）案例研讨应尽量摒弃主观臆想的成分，培训者要引导讨论方向，具有驾驭和引导培训现场的能力。（2）案例研讨耗时较多，因而案例选择要精练，开始组织案例讨论时要做好充分准备。（3）学员一般都具有实践经验，不必担心讨论过程，但要在理论学习的基础上进行。

4. 主题辩论

主题辩论是以学员为主体，以反向思维和发散性思维为特征，组织小组或全体成员围绕特定论题辩驳问难，各抒己见，互相学习，在辩论中主动获取知识、提高认识的一种研讨方法。

相较于传统课堂教学，主题辩论把辩论赛引入培训教学，采用外部强化手段，能够激发学员内部学习需要和动机，营造外部的竞争和合作气氛；强有力的任务驱动，能促进学员的交往合作。其教学特征主要表现为：（1）能为培训者提供交流和反思机会。（2）能将课堂预设和生成有机结合。（3）激发出创造的火花，使课堂变得更生动。（4）能将培训者主导与学生自主有机结合。（5）能将竞争和合作有机结合。（6）提高学生的逻辑思辨能力、表达能力，增强其民主意识。

整体来看，研讨法的优点包括：（1）为每个人提供表达意见的机会，有利于学员积极思考、培养学员分析问题和语言表达的能力。（2）多向式交流，培训师与学员、学员与学员之间相互交流、启发，容易生成新的观点，习得新知识、新技能。（3）通过提问、回答、辩论、总结、倾听等方式，相互启发，加深对培训内容的理解，激发学习兴趣和动力。（4）小组讨论能使学员产生归属感，集体讨论容易使学员感受到集体的力量和智慧。

研讨法的缺点包括：（1）重讨论的形式，轻讨论的内容。（2）讨论不易深入，很多发言没有经过慎重考虑。（3）与讲授法相比，讨论花费时间较长。（4）整个学习方向容易被少数人带偏。

为了提升研讨效果，培训者要发挥设计、组织、引导、激励、促进、掌控等方面的积极作用，使得研讨法的运用能够扬长避短。对此，培训者要做到以下几点。

（1）选择合适的研讨题目。研讨题目要体现培训主题，应与学员实际工作紧密联系，反映实际工作中普遍存在的问题或亟待解决的问题；题目要具有启发性，能引导学员开展丰富的思维活动，激发学员的创造性思维；题目难度适中，要适当结合培训目标和内容，根据学员知识和能力水平确定；题目陈述要简明扼要，不要因为表达不清而影响讨论的方向。

（2）做好充分准备。培训前要制订研讨计划，准备研讨材料，明确研讨问题，预计研讨过程中可能出现的问题并制订各种应对措施，准备研讨总结。

（3）创造良好的学习气氛。培训者要引导大家允许不同意见、观点的存在，使学员感到自己受尊重；要让学员自由讨论，培训者的介入要恰到好处，避免过度与不及；培训者要发挥对研讨的引导作用，如讨论偏离主题时，应及时纠正，出现冷场时，可以提出引导性问题帮助学员思考与辩论。

（4）鼓励学员踊跃发言。培训者要注意观察研讨现场，鼓励每位学员积极参与研讨，鼓励学员发表独到见解，并及时给予肯定。

（5）掌控好研讨时间和节奏。培训者要根据研讨任务，指导学员合理分配研讨时间，提醒研讨活动进度，引导研讨按照预期设计的时间和发展轨迹进行。

三、传递法

传递法指培训者通过特定的实践活动传递教育教学技能、态度、能力的培训方法。一般应用于开发特定技能，理解技能和行为如何运用于工作之中，亲身经历任务完成的全过程，或处理工作中产生的人际关系问题。传递法通常包括行为示范法、角色扮演法、现场法等。

1. *行为示范法*

行为示范法是向受训者提供一个演示关键行为的示范者，然后给他们机会去实践这些关键行为的培训方法。行为示范法以社会学习理论为理论基础，强调学习是通过观察示范者演示的行为及替代强化情境而发生的。行为示范法适合学习某一技能或行为，而不太适合理论知识的学习。

一般而言，行为示范法包括以下三个活动步骤：（1）介绍。例如通过录像演示关键行为；介绍技能模型的理论基础；组织受训者讨论应用这些技能的经历。（2）技能准备与开发，例如观看示范演示、参与角色扮演。（3）应用规则。例如设定改进目标、明确可应用关键行为的情形、承诺关键行为在实际工作中的应用。

在教师培训实践中，行为示范培训方法更多地被应用在体育、美术、音乐、英语、语文、通用技术和信息技术等学科领域之中。每期行为示范培训都包括关键行为的基础理论讲解，观看示范者演示关键行为的录像带，使用角色扮演的实践机会，对录像中示范者的行为进行评价和用于说明如何将关键行为应用于工作当中的规划过程。在实践过程中，培训者向学员提出反馈，让学员知道他们的行为与示范者所演示的关键行为的接近程度。

行为示范培训项目开发包括以下四个核心任务。一是明确关键行为，二是设计示范演示，三是提供实践机会，四是促进培训成果转化。

2. 角色扮演法

角色扮演法是在一个模拟真实工作的情境中，由学员扮演不同的角色去处理各种问题，以此帮助学员获得学习体验和提高行动能力的培训方法。

角色扮演法是由集体心理疗法发展而来的，适用于达成以下培训目标：（1）通过营造真实的问题情境，强化学员的职业角色和专业发展需求，激发学员的学习动机。（2）通过换位和多位思考，重塑和调整学员的心智模式，转变学员的态度和思维方式。（3）通过“做”获得体验和行为调整，培养学员问题解决能力。

一般来看，角色扮演法包括以下三个操作步骤。

第一步，培训准备。培训者在实施角色扮演法之前需要确定演练的主题和内容、设定角色、准备资料等。

第二步，演练准备。为了保证演练达到预期效果，使作为观察者的其他学员获得有价值的学习情境和足够的研讨分析信息，演练前的准备十分必要。有经验的培训者通常会注意做好背景介绍、角色分配、演示指导、预热活动等几个方面的准备。

第三步，演练活动。这是角色扮演法的主要部分，一般通过以下六个主要环节完成。第一，培训者介绍演练的特定情境和角色特点；第二，演示者开始表演；第三，表演结束后，观察者组织小组讨论，对演示者的表演活动进行分析评价，评价内容包括两项以上优点和不足以及今后角色应该注意的问题。各小组对于讨论内容加以整理；第四，各小组代表发言，最好采用“优点＋不足＋改进建议”的结构进行发言；第五，重新演出，或重播录像，对问题予以确认，培训者对各组评论进行评价；第六，角色扮演者发表对自己和对方角色的感想及今后的改进方法，各组讨论该活动的学习成果。

为使角色扮演更有效，培训者需要在角色扮演前、扮演期间、扮演后从事许多活动，以下几点需要特别注意。

第一，明确角色扮演中三个重要角色的主要任务。一是导演。培训者作为导演，指导整个演练过程，起着组织和指导作用。二是演示者。学员无论是自愿还是被指定，其积极主动的情绪非常重要。三是观察者。多数学员承担仔细观察整个表演过程并进行分析、评价的任务，是演示法培训课程的主角。

第二，在角色扮演之前，培训者需要向学员说明活动目的、角色扮演方法、各种角色情况及活动时间安排，帮助扮演者迅速掌握扮演方法和要求。

第三，在培训活动期间，培训者需要把握好活动时间，监控受训者的感情投入程度及各个观察小组的关注焦点。

第四，在角色扮演结束时，培训者要组织好提问，学员相互讨论和交流角色扮演活动的感受、对待问题情境的见解、学到的东西、获得的经验、实践工作中采取的行动，以及演示情景和结果与实际工作情况之间的联系等。

第五，角色扮演法需要进一步借鉴电影、戏剧、小品等文艺形式所具有的感人魅力，深入挖掘培训环境和表演情境对学员产生的感染力和影响力，同时，角色扮演法可以辅以讲授、研讨、案例研究等方法，强化培训的效果，提升教育价值。

3. 现场法

现场法又称“现场培训”，是指组织学员在教育教学工作现场（如中小学课堂、教学实验室、课外活动、同行办公室和其他教学与管理活动现场等），通过观察并仿效同事、同行或师傅工作时的行为来学习的培训方法。教师培训中采用的追踪指导、课例研修、传帮带等培训方式都属于现场培训。

现场法主要适用于以下五类学员：（1）新入职教师。他们具备系统的专业知识，但缺少教育教学的实践经验和相关技能，不熟悉工作环境。（2）新任务教师。在推行新课程标准、数字化教学等教育改革计划时，培训有经验的教师进行专业能力升级，以适应新的工作需要。可以在同一个单位开展，也可以采取外派岗位挂职或访学等形式。（3）新岗教师，即有一定教育教学工作经验，但原先从事的工作与现在从事或兼任的工作完全不同的换岗或晋升的新岗教师。包括那些首次成为班主任、教研组长、年级组长、毕业班教师、跨学科教师等的专任教师和兼职管理人员。（4）有相关工作经验的新聘任教师。（5）需要提升工作绩效的其他教师。

现场法可以帮助教师直观感受优质教育资源的发展现状。使用现场参观法要注意以下三点。

第一，在组织教师进行参观的过程中，一定要明确参观的主题，重点是校园外观环境、学校的一日活动安排、学校的特色活动、教师的教育教学方法，还是学生的学习状态。

第二，教师在参观学校的过程中，可能会出现只看表面现象的情况，为避免教师在参观的过程中走马观花，流于形式，培训者在使用现场参观教学法的过程中要就观察的主题进行讲解。

第三，及时组织学员就观察内容进行讨论。为了增强教师参观的主动性，在教师参观之前提出参观的要求，等参观结束后，培训者组织教师进行讨论，并由小组代表发言。培训者通过小组代表的发言情况，既可以掌握教师的参观情况，又可以查漏补缺。

总体而言，上述几种传递法具有以下优点。

第一，与讲授法和研讨法相比，传递法与学员的实际工作联系更加直接和紧密，学习过程更加直观和真实，对学习内容的理解和记忆更加深刻，并能及时获得学习结果的反馈。

第二，传递法中呈现的案例故事、行为模仿、任务驱动、现场观摩和真实问题，容易吸引成人学习者，比较符合成人的学习心理规律，具有基于工作经验、注重培训实效、热衷活动参与、关注学习结果和行为转化等特点。

第三，传递法有助于受训者理解技能和行为如何运用于工作之中，亲身经历工作任务完成的全过程，或亲自处理工作中遇到的实际问题，容易在掌握工作技能的同时提高工作认识，端正工作态度，形成相应的工作能力。

第四，无论是示范行为、角色扮演，还是现场培训，都有利于学员之间加强合作，增进学员之间的理解、交流，营造同行切磋以及同伴之间相互学习、相互分享的培训情境。

第五，传递法比较活泼，形式不拘一格，而且为培训者和学员学习活动方式留有较大的创造空间，容易激发学员的学习动机和积极性。

相较而言，传递法还存在一些不足。

第一，传递法不适用于传授系统的理论知识和深入研讨系列问题，单位时间内呈现给学员的新知识、新理念等信息量有限。

第二，传递法需要特定的学习条件、环境和资源，不像讲授法和研讨法相对简单。示范行为和角色扮演的培训准备工作费时较长，现场培训对工作现场和同行指导者的要求比较高。

第三，传递法往往受非计划因素影响，个别或少数学员的消极心理情绪和不配合行为容易干扰其他学员的学习状态，可能会为培训带来风险。这对培训师的个性心理品质、人际交往能力、应变能力都是很大的挑战。

整体而言，传递法在实施过程中要注意以下几点。

第一，培训任务要适合。传递法适用于实现开发特定技能、转变学习者行为和态度、形成一定工作能力等目标，所以，从一开始选择传递法作为主要培训方法时，就要明确培训目的和任务是否适合。

第二，培训计划要周密。传递法的适用范围有限，干扰因素较多，需要周密计划。

第三，培训现场和环境要做好设计。传递法的成效很大程度上取决于学员对学习环境的良好感受和学习环境的积极建构。培训者对培训地点选择、活动空间布置、培训时间安排、培训设施和培训资料准备等方面，都要考虑如何为学员提供适宜的学习环境，各个要素都可能对参与式培训带来积极的或不利的影响。

第四，培训者要有灵活的应变能力。传递法既是对培训师组织协调和沟通交流能力的考验，也是对其灵活应变能力的挑战。培训者要备好可供替换的互动活动方案及备选指导内容，同时要善于观察，注重细节，随时留意学员的情绪变化和细微表现，学会灵活地处理偶然性，在偶然中引导出必然。

另外，传递法要与讲授法、研讨法等其他培训方法配合使用，取长补短。

四、自我指导学习

自我指导学习又称“自我导向性学习”，是指由学员全权负责学习，什么时候学习、学习什么具体内容、如何安排学习进度等都由受训者决定。培训者只是提供辅助，包括负责评估他们的学习情况、回答提出的问题、提供学习参考资源和建立学习平台。自我指导学习的适用范围主要包括：从培训内容看，比较适用于知识的习得和技能的练习；从培训体系看，既适用于岗前培训，又适用于在岗培训，新老教师都可以通过自学掌握必备的知识和技能。需要注意的是，自我指导学习并不是放任自流，而是实施培训计划的一种方法，一般采用阅读指导、网络学习等方式进行。

阅读指导是培训者在培训需求分析基础上制订培训计划、确定培训目标，指定与培训项目需求和培训目标相匹配的学习材料让学员自学的培训方法。通常，培训者在指导学员阅读活动时需要注意几个方面。第一，选定合适的学习资料。这些学习材料要切合培训目标和学习需求，可以是培训项目组选编的学习资料，如教学设计模板、课程标准文本、学校规章制度、教育法律法规等，也可以是书籍、杂志和音像制品等。第二，规定学习的完成时间和具体要求。如果阅读活动作为嵌入培训项目中的一部分，那么，学习时间就需要根据整个培训计划安排的进展节奏作出规定。培训者提出相关阅读学习要求，以便阅读学习与前后培训内容衔接起来。第三，监控学习过程与结果。阅读任务布置好以后，培训者需要采取积极的措施和办法，如举行学习交流会和座谈会让学员交流学习心得，要求学员定期提交学习报告，采取网络答疑、考试评价等方式，监督和促进学员顺利学习。

网络学习是指通过计算机网络开展教学和传递学习课程的方式，包括网络培训、远程学习、虚拟课堂、任务支持、仿真模拟培训等多种方式。网络学习需要具备以下具体条件：一是建立便捷的学习管理系统平台，作为学习资源与信息管理的工具；二是学员拥有个人电脑及上网条件，便于超越学习时空限制；三是提供丰富的网络课程，包括根据培训需求建构课程体系、提供课程内容和学习指南；四是配备在线培训师和网络教务人员，保证必要的教学指导、信息管理、技术服务；五是形成网络学习的激励机制和各项评价制度，保障网络学习的质量和预期效果。

网络学习虽然不完全是自我指导学习，但是可以作为自我指导学习的重要实施方式之一。它具有以下学习优势：（1）学员可以在自己选定的时间学习。（2）学员可以在自己选定的空间学习。（3）便于学员与指导者交流。（4）信息量大，学习资源丰富，选择性强。（5）学习内容易于保存。（6）学习成本相对较低，且有利于解决工学矛盾。

然而，网络学习也有自身的劣势，如培训目标受限，主要适合知识方面的培训，其他方面的目标较难实现；课程内容比较呆板，很难根据学员的具体情况进行调整；学习进程主要依赖学员自觉，难以统一控制；缺少学员与同伴之间、学员与培训者之间的面对面沟通。

总体来看，自我指导学习的主要优点是能够让学员自行制订学习进度并接受有关学习绩效的反馈。这对于教师专业发展来说有着特别的意义和价值，主要体现在以下五个方面。

第一，自我指导学习有利于激发和保持教师专业发展的积极性。自我指导学习能使教师根据自己的基础、兴趣和需要，自主地确定学习的目标、内容、方式以及学习的发动、监控和终结等，使教师拥有充分的专业发展自主权和决策权。这种以教师为本位的思想和活动，能充分尊重教师的自主意志，尊重教师的感受，尊重教师的需要，尊重教师的人格，尊重教师的行为习惯和行为方式，也就能有效地激发和维持投身教师专业学习和发展的积极性和主动性，而且教师的积极性、主动性和自主性的充分的发挥，反过来也会增强对自己的选择负责、对自己的行为负责的责任意识，促使教师努力克服各种困难和障碍，使学习和发展能持续不断地进行下去。

第二，自我指导学习有利于适应教师专业发展的个性化需求。由于每位教师的遗传素质、个性特征、认知风格以及受教育水平、知识结构、家庭环境、生活经历、志向抱负等方面都有不同之处，教师之间必然存在一定差异。而且，每一位教师所处的专业发展阶段不同，所处的工作环境不同，所关注的问题不同，也会导致教师之间存在差异；同时，教师又是一个不断变化与发展的个体，其特点、爱好、兴趣和需要也是不断变化与发展的。这一切必然使教师在学习与专业发展上表现出很大的不同。因此，只有适合教师个体的风格、特点与需求的学习与发展活动，对教师来说才有意义。自我指导学习能够最大限度地满足和适应教师的个体需要和特点，能充分考虑教师的实际情况，由教师按照自己的意愿来作决定，也必将更具个性化、更有针对性。

第三，自我指导学习有利于教师建构个人实践知识。教师的教育理论知识和学科专业知识都不能直接对教学质量起决定作用，只有将这些知识转化为教师的个人实践知识，才能对教师的教学产生影响。教师的个人实践知识一般指教师真正信奉的，并在其教育教学实践中实际使用和表现出来的对教育教学的认识。教师的实践知识通常呈内隐状态，难以通过传授或从旁观察的方式来学习，它的形成是一个逐渐积累的过程，是一个需要教师主动建构和反思的过程。而教师的自我指导学习可以克服知识传授的局限，发挥教师建构知识的积极性和创造性，由教师自己选择学习的问题，在自己已有知识和经验的基础上，按照自己的方式去反思经验、诠释理论，从而生产和建构出能有效指导教师实践的个性化的知识和理论。

第四，自我指导学习有利于提高教师参与专业发展的可能性。长期以来，培训经费不足和教师的工学矛盾是影响教师参加在职培训的两大影响因素。教师的自我指导学习以教师自我为导向，由教师自己实施，其费用支出也比集中接受统一培训少，政府、学校和教师的负担会轻很多，也可以有效地缓解教师的工学矛盾，提高学习与发展的效率。

第五，自我指导学习有利于增强教师专业发展活动的实效性。传统教师在职培训和专业发展的规模化、标准化与统一化等外在性特征无法顾及教师个体状况和实际需要，因此带来了专业发展目标单一、针对性不强、效果不佳等问题，在相当大的程度上影响了教师的专业成长与发展。自我指导学习是由教师自己确定目标、选择内容，教师可以根据自己的意愿，针对自己的实际状况进行学习。这种基于问题的学习，需要教师对问题情境进行深入的分析之后，搜集与问题相关的知识、经验、案例和各种相关信息，并调动高级思维能力，综合运用各种知识、技能和方法，加深对问题的理解和认识，从而提高解决问题的能力。

整体而言，自我指导学习的主要不足在于：（1）它要求受训者必须愿意自学，即受训者要有学习动力。（2）培训者的主体作用会受到限制，往往处于被动指导状态，团队学习、集体氛围、同伴互助、情境体验等培训活动很难有效组织起来。

五、团队建设法

团队建设法是用以提高受训者技能和团队工作有效性的培训方法，其目的是通过让受训者共享各种观点和经历，建立集体统一性，了解人际关系的力量，并审视自身和同事的优缺点，从而高效实现心智模式的转变与发展，这是演示法和传递法不可比拟的。团队建设法注重帮助团队提高技能，以保证有效的团队合作。这种培训方法中的大多数培训技术都有助于提高团队工作绩效，建立新的团队，促进团队之间的理解和联系。所有培训都包括对团队功能的感受、认知、信念的检验，集体讨论和制订行动计划，将培训内容用于工作以提高团队绩效。一般而言，团队建设法主要包括体验学习、行动学习等。

1. 体验学习

体验学习的相关理论研究可追溯到杜威、皮亚杰、勒温、詹姆斯、荣格、罗杰斯等人，但集大成者是美国的体验学习专家大卫·库伯（David A. Kolb）。库伯从哲学、心理学、生理学等多种不同学科详尽地阐述了自己对体验学习的看法。

库伯把体验学习看作由具体体验，经反思观察、抽象概括与行动应用并再回到具体体验所组成的完整过程。在这个过程中，学习者首先通过亲身的参与产生了感觉或感受；接着通过对刚才亲身经历或是通过交流、讨论观察到的感觉或感受进行分析、思考和评价，明确自己刚才学到了什么、发现了什么。然后，学习者把反思和观察到的结果进一步抽象化，形成一般性的结论或理论，或者是对刚才所发现的现象和问题进行因果解释。最后，学习者还要在新的情境中检验结论或理论假设的正确性、合理性。如果检验得以证实，学习暂时结束，即在新的情境下应用新的概念和原理。如果检验未得到证实，将会导向新一轮的具体体验，一个新的学习循环又开始了。因此，体验学习过程又被形象地称为“体验学习圈”。

需要注意的是，学习可以在“体验学习圈”的任何一点进入，学习者不必总是从具体体验开始。“体验学习圈”需要学习者的体验、反思、思维和行动的全部参与，并要对学习情境和学习要求做出相应的回应。因此，体验学习理论把学习看作对情感、知觉、符号和行为的整合，是对知、情、意、行的统一，同时还把学习看作一个开放的系统，是学习者的内部经验与外部环境不断交换的结果。“体验学习圈”只是一种理想化的学习过程。学习者由具体体验经反思观察、抽象概括与行动应用，再回到具体体验中，这是一种理想化的学习模型。在实际的学习过程中，很少有学习者能解决所有的辩证对立冲突，而经常习惯于以一种固定的方式对外部环境做出反应。

体验学习理论对有效组织成人学习活动和开展教师培训项目有着重要的启发和指导价值。

第一，具体体验架起了社会知识向个人知识转化的桥梁，有助于提高学习者的学习实效性。学习者在课堂上的学习可以看作由社会知识向个人知识转化的过程。然而，仅靠简单的识记和储存是不能完成这个转化的，学习者必须把此时的社会知识还原成当初的个人知识才可以理解其意义。也就是要找到社会知识产生时的情境或类似情境。这就是体验的必要所在，它可以帮助学习者建构理解社会知识所必需的经验。具体体验通过把感觉、心情与情绪融入真实的环境之中，并与之相互作用进行体验。

第二，兼顾直接经验与间接经验的学习，通过体验达到经验与理性的统一。体验学习在重视具体体验或直接经验的同时，并没有否认抽象概括或间接经验在个体学习和发展中的重要性。事实上，库伯一直试图通过体验的转换来达到经验与理性的统一。在体验的转换中，学习者需要辩证解决具体与抽象、反思与行动之间的双重对立。在体验学习理论看来，任何单一方面都难以获得事实的真相。

第三，有效学习是由具体体验、反思观察、抽象概括与行动应用所组成的完整过程。在体验学习中，我们不是简单地停留于学习者的体验，而是要通过学习者对体验进行反思和观察，以形成富有意义的结论。至此，学习者的学习并没有结束。一个完整的体验学习过程还要求学习者把所得的结论应用于新的情境，在新的情境中检验结论的正确性。这样，学习者势必又会产生新的体验，从而使原有的结论或得到证实，或被修改，或形成一个新的结论。

第四，有效学习是由学习者选择自己最适合的学习方式实现的。体验学习要求学习者能够运用四种不同类型的学习能力：具体体验能力使得个体能够超越实际的情境；反思观察能力允许个体对各种不同的体验进行反思；抽象概括能力用于符号表征或对过去的体验进行解释；行动应用能力用于检验建立在先前理论解释基础上的假设，以期能够解决实践中的问题。

体验学习培训项目要获得成功，培训者需要遵循以下几条原则。

第一，保证培训与一个要解决的具体问题相联系。这个问题可能是我们在组织教师教研活动中应着手解决的，也可能是培训需求调研发现的。如果我们把学员们亟待解决和共同关注的工作实践问题作为体验学习的进入情境，那么团队学习的氛围就很容易营造。

第二，唤起学员积极的学习情绪和探究意愿。培训要让学员处于并不轻松的状态，但不能过度紧张。既要鼓起学员的学习士气，又要帮助学员理解学习的意义。学员彼此从学习探究角度互相质疑，容易产生深刻高效的观察与反思效果。

第三，培训者要组织多种形态的学习活动。学员有充分的机会在讨论、交流和反思中学习，这是经验学习的重要条件。既要有聆听、观察、阅读、记录等信息输入式的学习活动，又要有叙说、质问、演示等信息输出式的学习活动。

第四，帮助学员理解体验学习的方式和项目期待。培训一开始就要明确项目目标、学习结果和学员的学习角色，广泛征求学员对学习目标、活动安排、组织形式等方面的意见和建议。

第五，需要对培训项目进行评估。培训项目若采用体验学习法，则必须把该项目学习与学员态度、行为变化以及其他工作绩效结合起来，检测出本轮学习的成果和收获。每一轮体验学习圈中的学习成果和收获都将成为下一轮学习提高的基础和准备。

2. 行动学习

行动学习通过一套完善的框架，保证小组成员能够在高效解决实际存在的问题的过程中进行学习和实现发展。行动学习的力量来源于小组成员对已有知识和经验的相互质疑和在行动基础上的深刻反思。因此，行动学习可以表述为以下公式：AL=P+Q+R+1，即：行动学习（Action Learning）=结构化知识（Programmed Knowledge）+质疑(Insightful Questions）+反思（Reflection）+执行（Implementation）。

行动学习是一种综合的学习模式，包含四类重要的学习过程：（1）学习知识：从已有的知识中学习。（2）体验经验：从个人的经验中学习。（3）团队学习：从小组其他成员的经验中学习。（4）探索性地解决问题：在解决实际问题的过程中学习。

行动学习的适用范围比较广，特别是运用在建设学习型组织、促进个人专业发展、提升组织领导力、加强团队建设和解决组织问题五个领域，已成为世界范围内人才培养的重要途径。

行动学习法一般分为问题选择、成立行动学习小组、行动学习启动会、澄清问题并制订方案、执行行动学习方案、总结和评估、固化与分享等7个关键步骤。

第一步，项目发起和问题选择。由发起人向全体成员说明组织面临的困难、存在的问题及所要执行的任务。

第二步，成立行动小组。行动学习团队一般由4～8人组成，可以是涉及同一问题的各部门代表，也可以是来自组织的不同职能部门，带着各自需要解决的问题。

第三步，行动学习启动会。由召集人组织各小组分析所面临的问题，思考解决问题的行动计划，并与其他小组交流。

第四步，在培训者的指导下，各小组进一步澄清所要解决的问题及其症结所在，并就小组行动目标、活动安排、策略方法、预期成果等内容达成共识，最终制定一份行动学习的实施方案。

第五步，执行行动学习方案。各小组采用讨论学习与工作实践交错的形式，反复举行聚会、研讨、学习、实践活动，直到问题解决。

第六步，总结与评估。各小组可以在催化师和专家的指导下进一步总结反思小组工作经验和事物发展规律、问题解决原理。通过小组内自评和外部组织评价方式，评估行动学习的效果。

第七步，固化与分享。各小组采取小组或个体形式，把行动学习过程中的经验提炼出来，以供全体成员分享。思考这些经验和做法能否推广应用到同类问题的解决中，特别是思考能否把本次学习收获应用到个人专业成长、团队建设和组织发展中。

以上七个步骤体现出行动学习中需要六个角色，即发起人、召集人、催化师、小组成员、组长和专家。每个角色的主要作用、来源和行动学习对其的基本要求都有所不同（见表12.1）。

表12.1　行动学习的六个角色

角色名称	主要作用	来源	基本要求
发起人	在组织内发起和推动行动学习	组织的高层领导，很多情况下是最高领导	深刻认识行动学习的意义和价值，具有推动组织变革的决心
召集人	具体管理和监督行动学习过程，为行动学习提供资源	一般由发起人委派，发起人也可以是召集人	认识行动学习的价值，具有良好的沟通和协调能力

续表

角色名称	主要作用	来源	基本要求
催化师	行动学习的设计和过程把握	可以来自内部，也可以外聘	具备催化技巧，良好的沟通和协调能力，做事认真，有热情，有稳定的心理素质
小组成员	解决问题的主体，并致力于自身的学习与发展	以组织内部为主，有时候也从外部引进少量小组成员	对问题有基本的认识，关注问题的解决，有学习的承诺，专业背景体现互补性
组长	在催化师的指导下，具体组织小组研讨，负责行动学习小组行动计划的落实	组织内部，一般由相关职位的经理人员或业务骨干担任	掌握一般催化技巧，具有负责精神和协调能力
专家	阶段性为行动学习小组提供理论或专业支持的人	一般来自外部的咨询公司、科研院所、政府主管部门、行业协会，也可以来自组织内部	对所请教的问题有很深的理论功底或了解最新的发展动态和信息

整体来看，与传统培训方法相比，团队建设法的主要优点表现为：（1）既便于学习者个人专业能力的提升，又有利于组织工作绩效的提高。（2）既能从学习者的实践经验出发，注重调动和发挥学员的主动性、积极性，体现培训的针对性，又能超越个体经验，关注学习者的态度转变和心智模式形成，体现培训的实效性。（3）既吸收了讨论法、模拟法、案例法和讲授法等传统培训方法，又可以整合现代远程学习或在线学习方式。

但在教师培训领域，团队建设法还未得到广泛重视，其原因主要包括以下三点。

第一，对培训者要求严格，要求培训者能够组织、协调学员进行一系列有效的学习活动，通过对培训过程的设计，激发、促进和辅助学习者内部学习过程的发生和进行，使有效的学习发生在每个学习者身上。

第二，难以获取系统知识。作为一种重在解决问题、提升学员能力、转变学员态度的培训方法，团队建设法在知识传授方面并不具有优势，虽然团队建设法并不排斥对知识的学习，但学员所学的知识，仅仅是团队建设需要用或可能用到的知识，而不是较为系统的、全面的知识。所以，团队建设法所呈现的知识是零散的、片段的，并不利于系统知识的学习。而且，每个学员在团队建设法学习中形成的缄默知识，具有很强的个性化色彩，很难与他人共享。

第三，对学习者要求很高。如果学员从进入培训班开始，就抱着原有的观念甚至错误观念，那么团队建设法可能会受到学员的抵制。体验学习和行动学习对学员提出了相当高的要求，例如要求学员要有工作经验，并善于交流。在体验和行动过程中，每一个学员都要运用自己的生活和工作经验来发现问题，提出解决问题的种种方案，然后进行分析、讨论。

综上，每种教师培训方法都有各自的优缺点，培训者在选择教学方法的时候，除考虑自身特点和教学方法本身的优缺点外，还应该考虑培训目标、参训者实际水平、参训者人数等因素。同时，为了提高培训质量和学习效果，培训者可以把几种培训方法结合起来使用。

第十三章　教师培训技术

13

随着信息技术的普及和智能化技术的迅猛发展与广泛应用，以人工智能为代表的智能化技术正快速渗透到各个社会领域，教师培训也受到信息技术的深刻影响，利用信息技术解决教师培训发展中的问题，推动教师培训变革已成为社会共识。如何推进信息技术与教师培训的深度融合？如何通过信息技术促进教师培训生态的重构？这些问题已成为当今教师培训变革的热点。目前各种信息化教师培训正逐渐走进我们的培训和学习中。“以互联网、云计算、大数据等为代表的新技术，已对培训方式、培训资源、培训环境、主体关系、人与知识之间的关系等产生了重大影响。”步入教育信息化2.0时代后，网络化（移动互联网+培训=培训）、数字化（大数据+培训=培训数字化）、信息化特征（信息技术+培训=培训技术化）等将会成为教师培训的新趋势。

第一节　现代培训技术概述

在学习型社会的理念逐步深入人心的时代，在教师专业发展越来越受到重视的今天，教师的学习成为关注的焦点和研究的热门话题。教师学习在具备成人学习一般特点的同时，还包含着自身职业的鲜明特征。

以案例为支撑的情境学习。20世纪90年代以来的研究，特别是情境学习理论的研究表明，学习就是情境性的认知，“知什么”和“怎样知”是融为一体的。知识的学习离不开知识运用的情境；离开情境的知识学习，只能是记忆一些没有意义的呆滞知识，不可能和个人经验与现实社会产生联系，因此也不可能产生迁移和实践运用的效果。所以，基于建构主义的学习观，学习不是获得某种认知符号，而是参与到真实情境中去的活动。

以问题为驱动的行动学习。雷格·列文在20世纪50年代提出行动学习的概念，当时在许多企事业单位的培训中得到广泛的运用，流行至今。教师的职业富有挑战性，社会、学校、学生及其家长几乎不约而同地要求教师全面发展。高负荷的日常工作和为了专业发展的学习往往在时间瓶颈面前矛盾重重，所以针对教学实践中的问题进行专业发展性的行动学习，很好地把实践和学习结合了起来，学习成为工作中的一个部分，实践中的诸多问题又在学习中得到解决。因此，教师的学习就是基于问题的行动学习。

以群体为基础的合作学习。在社会建构主义看来，“学习就是知识的社会协商”，学习的过程也就是一种合作和交往的过程。苏联心理学家维果茨基认为，人类的学习是在人与人之间的交往过程中进行的，是一种社会活动。首先是作为社会合作的活动出现，然后才是个体内部进行的思维活动。学习的本质就是人与人之间的交往，是他人思想和自我见解之间的对话。

在这样的背景下对于教师的培训就需要研究技术手段去提升教师培训工作的有效性，本章节重点介绍的是在教师培训工作中的技术以及技术应用。

一、培训技术的内涵

前面的章节介绍了培训，特别是教师培训的相关内容，下面我们提出了“现代培训技术”的概念，那么，什么是现代培训技术?

我们可以理解为运用现代科技手段，满足我们培训行为的一些新的方法和模式，这些技术主要包括信息技术、互联网+、数字化学习、人工智能、大数据采集、虚拟现实和增强现实、视频采集技术、数据分析技术、行为仿真技术等。这些技术是近代培训工作中随着科技水平和应用设备的发展不断发展起来的，其核心是以科技手段为支撑基础来辅助教学和培训行为。现代的培训行为往往是跨边界地同时学习多个知识的一个过程，所以培训的过程中间是以学习知识并且转化成应用能力为中心的，通过一些技术可以对培训工作产生积极有效的支撑作用，使得培训呈现出诸多新特征，如个性化（根据个人职业发展方向、兴趣爱好，选择学习内容和学习方式）、敏捷化（员工可以在任何时间、任何地点学习任何内容，知识在“时间—空间—形式”中产生多元组合）、沉浸化（通过模拟实际操作场景，从认知—运用—理解三步式进行学习）、共享化（员工可以彼此交流，且与专家进行直接交流，及时获取第一手学习资料）等。

将现代科学技术应用于教师培训是时代发展的必然要求，有利于缓解工学矛盾、满足个性化学习需求、增强培训效果、降低培训成本等。现在的培训技术已广泛应用于各种培训场景，培训行为和传统的教育行为是有一定区别的，培训更强调成人职业行为中所需要的一些职业能力的培养和提升，那基于这样的一个目标要求培训技术，更多的要立足于让受训者快速有效而且准确地掌握培训行为所带来的各种知识点、操作方法、流程规范等，并且以最快的，最有效的方式转换成自我的认知体系和指导自己行为动作的认知能力，现在培训要大量地使用各种培训技术。

二、培训技术的分类

培训技术的主要分类是以其技术分类为主体的，大体可以分成主导型技术和辅导型技术，如图13.1所示。

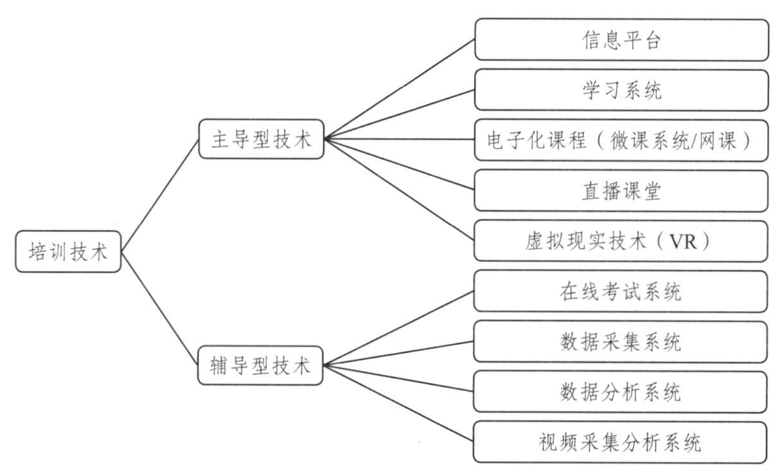

图13.1 培训技术分类

（一）主导型技术

在技术应用过程中，能够以学习者为中心主导其学习行为，在培训过程中作为一个知识和技能传播的主体。其包含信息化平台、在线培训系统、学习平台、微课（视频）系统、空中直播课堂、虚拟现实技术（仿真环境）、各种学习App等，可以直接承载培训中所需要的知识点和内容，并通过技术传递给学习者。从某种角度上，我们可以把它理解为一个知识传递的主体，甚至可以起到和培训师类似的作用。

主导型技术概念一般包含三个主要部分：以多种媒体格式表现的内容；学习过程的管理环境；以及由学习者、内容开发者和专家组成的网络化社区。运用培训技术的教学属于新技术教学与传统教学优势互补的混合式教学，并不是一种全新的教学方法或理论，而随着教育信息化的深入，人们的教育思想观念从表面上看是在回归，而实际上是按螺旋方式上升的一种体现。

1. 信息技术

信息技术是指在计算机和通信技术支持下用以获取、加工、存储、变换、显示和传输文字、数值、图像以及声音信息，包括提供设备和提供信息服务两大方面的方法与设备的总称。在企业、学校和其他组织中，信息技术体系结构是一个为达成战略目标而采用和发展信息技术的综合结构。它包括管理和技术的成分。其管理成分包括使命、职能与信息需求、系统配置和信息流程；技术成分包括用于实现管理体系结构的信息技术标准、规则等。信息技术的应用包括计算机硬件和软件、网络和通信技术、应用软件开发工具等。计算机和互联网普及以来，人们日益普遍地使用计算机来生产、处理、交换和传播各种形式的信息（如书籍、商业文件、报刊、唱片、电影、电视节目、语音、图形、图像等）。而E-Training（培训学习系统）就是在信息系统应用下所产生的可以提供给学习者一种全新的学习方式，增强了随时随地学习的可行性，从而为终身学习提供了可能。

2. E-Training（培训学习平台）

英文全称为Electronic Training，中文译作“数字（化）培训”“电子（化）培训”“网络（化）培训”等。不同的译法代表了不同的观点：一是强调基于互联网的学习；二是强调电子化；三是强调在E-Training中要把数字化内容与网络资源结合起来。三者强调的都是数字技术，强调用技术来对教育的实施过程发挥引导作用和进行改造。网络学习环境含有大量数据、档案资料、程序、教学软件、兴趣讨论组、新闻组等学习资源，形成了一个高度综合集成的资源库。E-Training改变了教学者的作用和教与学之间的关系，从而改变教育的本质；E-Training是利用网络技术传送强化知识和工作绩效的一系列解决方案。E-Training要基于三大基本标准：第一，基于计算机应用技术，能即时储存、利用、更新、分配和分享教学内容或信息；第二，利用标准化的网络技术，通过电脑传送给处于网络终端的学员；第三，注重最宏观的学习领域同时也注重微观的课程内容，是超越传统培训典范的学习解决方案。

3. VR（虚拟现实技术）

虚拟现实技术是利用计算机形成的一种虚拟的空间环境，通过多种传感设备的引入，使得用户能够直接融入相应的虚拟环境之中，从而实现用户与虚拟环境之间的自然交互的技术。在此虚拟环境下，所提及的虚拟化空间环境就是通过计算机产生的具有表面色彩的立体化图形，其可以是某一种特定的现实空间的真实表现，也可以是完全的构思世界。传感设备主要包括立体头盔、数据手套、数据衣服等，在进行人机交互的过程中，将传感设备穿戴在用户的身上，从而来实现现实环境与虚拟环境的自然交互。自然交互是指用普遍的使用方法对环境内的事物进行操作，从而得到实时立体的反馈。在教师的培训过程中，通过这样的虚拟环境让教师可以感受到一个现实教学场景下教学手段对应的体验，从而去寻找和发现自己在教学过程中的缺陷和可以改进的优化之处，这样的一个场景化不会由于在实际应用中的体验而造成对于真正学生的影响，因此，对场景训练过程中的培训效果有着非常重要的积极意义。

4. 微课（网课）系统

“微课”的核心组成内容是课堂教学视频（以知识点作为课例片段划分），同时还包含与该教学主题相关的教学设计、素材课件、教学反思、练习测试及学生反馈、教师点评等辅助性教学资源，它们以一定的组织关系和呈现方式共同“营造”了一个半结构化、主题式的资源单元应用“小环境”。主要提供在时间碎片化的场景下让知识通过碎片化的场景满足学习者在个性化和临时化的背景下有效地结合自己的时间、地点，通过设备在线来完成学习的过程。因此，“微课”既有别于传统单一资源类型的教学课例、教学课件、教学设计、教学反思等教学资源，又是在其基础上继承和发展起来的一种新型教学资源。

5. 直播课堂

通过在现场架设独立的信号采集设备（音频+视频）导入导播端（导播设备或平台），再通过网络上传至服务器，发布至网址供人观看。与传统教师培训最大的不同是，授课方式打破地面教师培训常规，将学习转移到网络上。教师仅需坐在电脑前，既不耽误教学工作，也不需要外出学习遭受旅途奔波之苦，同时可以享受到全国范围的顶级教学专家“面对面”的教学指导，和专家名师网络面对面交流，轻松提高教学水平。直播课堂形式可为远程的学校教师提供集体培训，学校只需提出培训目标，直播团队就能根据学校的师资情况营建出一支最匹配的培训课程体系。

（二）辅导型技术

在培训过程中，辅导型技术能帮助培训活动的组织者或授课者准确地了解学习者对知识和技能的掌握程度，从而对整个培训行为进行优化和调整。

1. *在线考试系统*

考核是检验教学效果的重要手段之一，传统的答卷形式在信息技术的推动下已经完全可以实现网络化。在线考试系统采用功能强大、高效灵活的NET/MS SQL架构和B/S模式，具有高度的可扩展性，被授权的考试用户不管身处何地，只要可以使用网络浏览器，就可通过网络登录在线考试系统，参加在线考试、在线调查、在线报名、在线练习等；该设计实现了按题型随机抽题组卷、在线考试、题库管理、系统管理的功能，能够对客观题在线评分。用户登录成功后，阅读考试须知，之后选择考试科目进入考试页面，完成相应科目考试，自动给出考试成绩。系统管理，实现了对题库、考生信息、考试成绩、考试科目的管理。题库管理，实现了对试题的添加、编辑、删除功能；考生信息管理可以批量添加、修改、删除、查询考生信息，成绩管理可以删除成绩信息，科目管理主要是修改考试科目信息，科目数量不限，层级不限。在线考试系统具有以下几大特性。

（1）科学性。依据考核内容的难度及对知识点掌握要求将试题划分为不同分值，并依此制定组卷策略。考试时，系统可随时依据组卷策略从题库中随机抽取试题进行自动组卷，自动生成考生个人试卷。

（2）准确性。客观题自动评分，主观题采用逐人或逐题两种方式进行评分，并且系统在阅卷评分后增加了审核步骤，只有经过审核的评分，考试系统才会将其作为考生的得分进行确认，以便与客观题得分进行累计汇总，使评阅误差得到有效控制。

（3）精确性。提供强大的报表分析功能，为教学效果评价提供科学的依据和及时准确的反馈。此外，还可以将所有参加网上考试考生的答题信息和教师阅卷信息悉数存储起来，以便查询和存档，这大大节约了人力、物力和财力。

（4）高效性。整个考试流程完全由系统自动完成，因而避免了因这些环节的疏忽而造成的失误，大大降低了考试过程的错误率，也极大地提高了工作效率。

（5）灵活性。考生的考试时间不必要求同步，可以分批进行，考试地点也比较灵活，避免考生考试时间、地点矛盾等问题。在考试管理、资源调配等方面也比较机动灵活，大大降低了考试对场所的硬件要求，同时也能更好地满足考生灵活多样的个别化考试服务要求。

（6）安全性。采取随机出卷的模式，每个考生的试题都不同；对于要求试卷内容一致的考试，还可以打乱试题及选项的顺序，让考生无法互相抄袭，也防止了考生死记硬背答案。

2. 数据采集技术

数据采集系统始于20世纪50年代。1956年，美国首先研究了用在军事上的测试系统，测试中不依靠相关的测试文件，由非熟练人员操作，测试任务由测试设备高速自动控制完成。由于该种数据采集测试系统具有高速性和一定的灵活性，可以满足众多传统方法不能完成的数据采集和测试任务，因而得到了初步的认可。而随着应用技术的不断发展以及采集方法的不断进步和更新，现在对人的行为的采集和分析开始应用在教育领域。事实上，通过各种形式的数据采集手段，我们可以在采集一个人的学习行为的动作数据后进行数据对比，通过相应的数据分析，我们可以了解一个人的学习过程中的行为习惯对他学习结果的影响，这种技术将有助于在培训管理过程中对学员的行为及学习过程进行有效的管控和优化调整。

（1）大数据分析技术。所谓大数据，一方面是指在一定时间内无法被常规信息技术和传统数据库管理软硬件工具感知、获取和处理的巨量数据集合；另一方面，是指形成、管理、挖掘大数据，快速搜集、处理、分析大数据的技术和能力。大数据的主要特点是海量、非结构化和半结构化、实时处理。大数据技术，或大数据分析技术，就是对这些数量巨大的数据进行搜索、整理、分析、加工，以便获得有价值的产品和服务，以及提炼出具有深刻见解和潜在价值信息的技术和手段。大数据技术在教师培训工作中的应用，使得培训组织者可以对其数据资源采取完全数据筛选的方式来分析、挖掘隐藏在数据背后的规律，从而能够让我们更真实、更全面地了解学习者，有效地选择基于学习者特点的课程、案例、方法等，从而更好地促进学习者的发展。

（2）视频采集技术。视频采集技术建立在大数据采集及大数据分析的基础上，培训者只是把视频采集的画面转换成相应的行为数据，将其应用于学习管理。视频采集分析主要特征是采用计算机视觉方式，在几乎不需要人为干预的情况下，通过对摄像机拍录的图像序列进行定位、识别和跟踪，并在此基础上分析和判断目标的行为，从而做到既能完成日常管理又能在异常情况发生的时候及时做出反应，智能视频采集分析系统的主要优势有：群体行为分析、动作检测和运动目标跟踪、有效扩展视频资源的用途（见图13.2）。

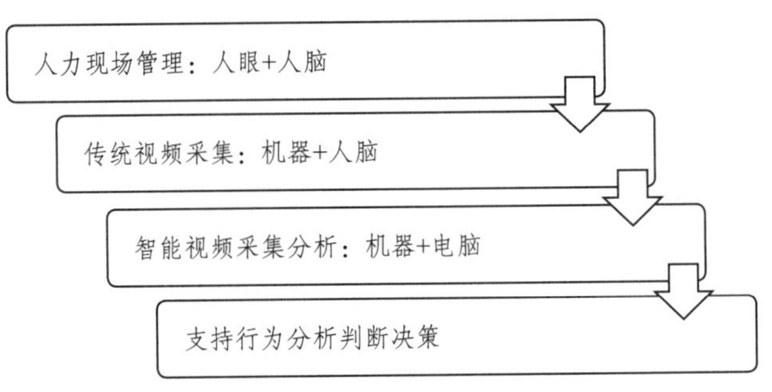

图13.2　数据采集技术之视频采集技术步骤

（3）沙盘模拟技术。沙盘模拟技术可以运用于培训教学中的各种系统化场景，例如教师教学环节（教学计划、课程体系设计、学习目标、知识点分解、教学研发、教学组织、教案设计、教具配置、课程教学与管理等），把教育行为所处的内外环境抽象为一系列的规则，由受训者组成六个相互竞争的模拟教学单元，模拟5~6年的教学过程，通过学生参与—沙盘载体—模拟行为—对抗演练—讲师评析—学生感悟等一系列的实验环节，融理论与实践于一体、集角色扮演与岗位体验于一身，使受训者在系列的活动中，参悟科学的教学与管理规律，获得真实的培训体验。沙盘模拟作为一种体验式的教学方式，是继传统教学及案例教学之后的一种教学创新，可以强化学员的管理知识、训练管理技能、全面提高学员的综合素质。沙盘模拟教学融理论与实践于一体、集角色扮演与岗位体验于一身，可以使学员在参与、体验中完成从知识到技能的转化。

第二节　培训技术的发展

培训技术的发展本质上是技术理念与技术手段应用的发展。技术理念的发展实际上是随着科学技术的应用发展，技术理念的发展推动了培训行为在技术应用方面的发展，技术手段的发展主要依托技术本身的应用。

一、技术理念的发展

在技术理念的发展过程中，人们最开始关注的是知识点的传递，逐渐地，通过技术的应用，更加关注知识点的转化和应用。从技术理念的发展来看，技术促进了整个培训行为的改变，所以，理念是基于从技术本身能够实现的一些行为和改变越来越多，原来的技术只是从技术的本身去思考，当技术运用于培训行为时，技术的理念才更多地朝着实现培训的目的方向发展。我们会发现，越来越多的培训理念来自人们的认知习惯，其基于现实技术支撑可以实现的行为方式而发展。所以，从这个角度来看，技术应用的发展改变了人们对知识的认知方式，以及评价学员在学习过程中对原知识的理解、消化转化和应用的能力方面的认知；从另一个角度来说，技术理念的发展是从培训行为，也就是教学行为本身对教学过程中知识的传递所造成的对个体的影响而来的，基于对学习者的影响的分析。在这个分析过程中，我们需要大量的关于学习者学习行为的数据，学习者在学习过程中所接受到的知识，以及他们对知识的消化和后期运用，反过来促进了从技术层面上分析满足和获取对学习者本身内在学习行为以及学习动力的影响。从这个角度来看，技术的发展如何去满足培训理念的发展就成为其在发展过程中的一个非常重要的方向。

二、技术手段的应用发展

技术手段的发展主要依托技术本身的应用。从早期的幻灯片的使用，到后来的学习平台的应用，我们的教学形式变得更加丰富。尤其是学习平台的应用，在电脑（智能终端）上把培训所要传递的内容聚集于一个平台，方便学习者在利用一些碎片化的时间去满足一些基础内容的学习需要的同时，通过系统的学习过程的数据采集，我们还能够有效地提升个人的能力，促进知识结构的调整，从而有效地推动培训目标的实现。

技术手段应用从早期的单一性向多元化和多维度的深度演变。也就是说，对培训工作有帮助的应用技术整合起来形成一种平台型的技术手段，那在这个平台型的技术手段演变过程中，E-Training平台发展历程最长，内容设置最齐全，如设计了讨论区、专题区、学习记录等多种板块以实现不同的功能；还有将内容与制度相结合，实现学习驱动同时又保证最基本的培训学习安全。此外学习App、微信学习平台、QQ交流群等多种方式作为补充传播途径，可以通过分享、讨论等方式进行相关理念、技能的宣传交流，方便受训者通过各种平台随时随地学习。

20世纪后期到21世纪初期，平台技术已大量地应用于教育领域。现在的平台可以实现以下功能：学习、互动（交流分享）、采集（学员在学习过程中的所有行为数据）、分析（组织及个人学习情况统计）、分享等。完成学习是最重要的功能之一，通过丰富、高质量、定制化的课程内容设计能够实现更好的学习功能，可以提供包含多样课程的"知识树"。分析功能包括组织培训显著性与个人培训现状、特点分析等。网络平台还有利于实现共享功能，共享不仅包括内部共享（所有内部成员均能看到通用课程），也包括外部共享，如某一个组织可以与所有的联盟组织（单元）甚至个人分享部分免费课程。

在一个学习平台上，通过把各种学习者需要的学习内容进行编译和制作，让受训者在任何时段、任何时间都能够根据自己的场景去学习、理解相关的内容，这就是将学习系统和微课系统结合起来应用的一个过程。

进入21世纪，虚拟现实技术不断发展并应用于众多领域，也包括教育领域。VR虚拟现实增强技术可以应用于一些非现场培训，实现现场场景体验，也就是说，在操作技能的培训过程中，能够有效地模拟现实的场景，使学习者在学习过程中，虽然是坐在教室或者是非实际应用场地，但是能够感受到在实际应用环境中它的真实场景，从而能够促使学习者很快地掌握在培训过程中所需要掌握的操作技能和应用。这就有效解决了场景限制的问题，使得培训工作能够突破环境和设备条件的限制，从而有效地提升培训的有效性和实用性。

虚拟现实技术的特点主要为：沉浸性、交互性、构想性。沉浸性就是指计算机操作人员作为主导者，很好地沉浸在虚拟空间中，利用多维的方式以及计算机所创造出来的虚拟环境进行人机交互，从而使参与者全方位地沉浸在计算机所产生的三维虚拟空间中，使其感同身受。交互性就是指操作人员和虚拟环境中所遇到的不同类别对象之间的相互作用能力，其是影响人机交互的关键性因素。交互性包括目标对象的可操作程度及用户从虚拟环境中得到的反馈程度、虚拟场景中事物依据物理规律的运动程度等。构想性就是指运用虚拟现实技术，从定性和定量的环境中相互结合，从而引导人们对相应的概念进行深刻理解并萌发出新的想法，激发其创造性思维。

在培训辅助工作方面，主要是考虑通过各种技术手段将学员的学习行为数据化。通过对相关数据进行有效的分类和分析，从而了解学习者在学习过程中对所学知识的掌握及转化程度。从某个角度来看，这样的辅助技术还可以通过远程采集视频扫描对学习者的大脑的思维状态进行，数据采集和分析，通过特定的分析方法和模型，推演出学习过程中学习者大脑的反应能力，通过分析，能够有效地帮助培训者实时地调整培训方法和知识点的传输手段。

第三节 技术对培训的影响

培训技术对培训行为的影响是显而易见的，由于现代科学技术的发展，从教育的角度来说，知识的传递和学习的行为都发生了一些质的变化，归纳起来有几个特质性的变化，从培训的角度来分析，主要是知识的网络化、学习的随时性、学习内容不断更新、培训的即时性。

过去的培训方式以讲师为中心，知识的传递主要靠讲师的讲授，作为认知主体的受训对象在教学过程中自始至终处于被动状态，培养出来的受训者缺乏批判精神、创新精神和实践能力。在新的培训模式的基础上运用信息技术教学手段，拓宽了时空的概念，激发了受训者的学习积极性，把抽象的内容具体化、清晰化、形象化、丰富化，使学生的思维活跃，有助于发挥受训者的主体地位，优化培训过程，增强培训效果。

一、培训技术对学习对象的影响

培训技术对学习对象的影响主要体现在对其认知能力以及所学的知识点的深入理解方面。

大数据技术已经被广泛运用于培训。通过大数据分析，根据学习者的学习偏好和能力差距，匹配艾宾浩斯遗忘曲线，形成下一阶段的学习推荐。VR与AR技术被尝试采用。采用elab（在线虚拟实验室）和VR/AR两种方式对培训对象进行技术培训，将教学内容与实际业务场景相结合，在标准、安全的环境下反复动手演练。

AI（人工智能）技术也被部分采用。AI技术可以实现在培训过程中打造个性化学习。个性化学习主要通过自适应学习实现，而自适应学习来源于AI引擎对行业标杆数据和历史学习数据的训练。在打造个性化学习的过程中，通过构建学习云平台，为学习者提供个性化服务，同时可以支持组织大规模在线学习，在规模化中实现精准学习。

在这样的培训场景下，受训者变“听”为“学”+“用”，其承担了更多的责任，具有更大的主动性和创造性。教材与教师不是唯一的知识来源，受训者除了从课堂上学习知识外，更重要的是掌握运用知识的技能，从丰富的学习资源中探索与汲取知识并将其转化成行为能力。这种建立在受训者兴趣与自觉性上的学习，受训者获得的知识将会更加丰富，巩固转化能力效果更好。

二、培训技术对教学者的影响

培训技术在应用过程中，能够非常有效地辅助教学者，可以有效地提高在教学行为中的准确性和内容的实际要求。通过对学员的前期行为和他所具备的基础条件的分析，找到最适合学员理解和掌握要教授的内容的呈现方式，这样可以帮助教学者科学地、合理地制订培训计划和内容，便于学习者更加有效、快捷、方便地吸收和理解。

通过培训数据技术的采集，我们可以找到更加符合实际需要的培训内容，基于实际需要培训组织者对于学员的培训需求会有一些预判分类，从而设计不同模块的培训、提供多样化的课程。而学习者会根据自身情况自行判断需要参加哪一类课程，做出合适的选择。

文字出现以前的很长一段时间里，教育的形式主要是以口授为主，辅以面部表情和手势动作等。这种局限于语言和动作表情的原始教育方式越来越无法适应教学发展，特别是当人们需要把教育内容中的知识、经验、思想等长期保存、随时再现或大范围同步传播时，那种原始语言技术教育的局限性凸显出来。在迫切的教育需要下，文字和印刷技术出现了，书面语言加入到以往只能借助口头语言和动作语言进行的教育活动中，不仅扩展了教育的内容和形式，而且大大提高了学生的抽象思维和自学能力。随之产生了课堂教学形式，与此同时，课本也得到了推广。由此推动了文化的传播和近现代教育的普及。

20世纪90年代，随着信息社会的不断发展，以计算机技术和通信技术为基础的发明使得传统教育越来越不能适应社会的发展要求。信息社会对教育的要求以及信息技术对教育的影响促使传统教育发生彻底变革，这种变革的当务之急是改革教育的结构、内容和方式。首先要破除传统的教育思想，树立现代化的教育思想和观念。在现代培训课堂教学中，培训师由知识的讲解者和传递者变成受训者意义建构的帮助者、指导者、促进者。还有一部分培训师将由直接教学转为间接教学，由幕前转为幕后，成为培训内容及模式的编制者、管理者、服务者。

现代培训技术的出现使得教育者的工作方式和职能发生了一系列的变化。传统培训（教学）过程仅注重教育者课堂中的教学行为，仅把课堂上的活动看作是教学；而现代培训过程突破了时空的限制，培训者的活动从课堂内延伸到课堂外，他们不但关注课堂上的教学活动，而且关注如何利用信息技术搜索、加工、整理和创造培训信息；他们面对的不仅是课堂上的受训者，而且包括网络空间中的受训者；他们不仅要指导课堂上受训者的行为，也要指导课后受训者的能力转化活动等。当今教师培训工作者必须树立现代培训教学思想，才能适应现代培训工作的需要。

三、培训技术对教学过程的影响

在传统培训教学中，强调培训师的“主导作用”，现代培训技术进入课堂教学后，培训师的角色特征、职能等方面发生了变化，他们不再是受训者获得知识的信息源，培训师的角色从单纯的讲授知识转变为培训辅导行为的设计者、培训活动的导演者、受训者获得能力的转化者。培训师作为知识的传授者、教学过程的组织者和管理者，以及言传身教作为学习者的榜样的角色可以得到更好地发挥。同时，应根据培训目标和受训者的需求设计制作供受训者学习用的教学软件（课件）。此外，教师必须研究在现代培训技术影响下学习者学习的特点和规律，构建新型的教学模式。

现代培训技术进入培训行为后，改变了受训者对培训师的依附，录音带、录像带、计算机软件、光盘、多媒体技术（如虚拟现实、微课系统）、网络及智能终端等现代教学媒体（渠道）以各自特有的优势，为受训者提供了多样化的外部刺激和丰富的学习资源，也为受训者提供了多种参与机会，充分发挥了受训者的主体作用，使他们有机会主动地参与、发现、探究知识。知识来源渠道多了，学习的时间、内容、进度可以自行掌握，受训者从被动的学习转变为自主的学习，提高了自身的注意力和学习兴趣，培养了受训者的多方面能力，提升了学习效果。现代培训技术进入培训过程，传统的培训方式发生了极大的改变，除运用原有的培训方法外，培训师应该更注重引导受训者在理解培训内容和转化培训内容上的应用，培训和传统的基础教学有一些本质性的区别，培训主要针对成人，其对知识和技能的理解、掌握能力和一般的学生是有区别的，这就要求培训师要基于他们的学习特点进行指导，要建立师生双向参与、双向沟通、平等互助、共同受益的教学相长关系。

培训技术的引入使教学媒体成为受训者认知的工具，而在教学过程中，我们要改变原来的仅仅是知识点传递的模式，更多的是以引导的方式去构建受训者的学习过程，这个学习过程主要是基于他对知识和技能的理解掌握及应用，在传统教学中，教学媒体是教师完成教学任务、传授知识的工具，现代教育技术进入课堂教学后，以计算机为核心的信息技术、通信技术、网络技术给课堂教学提供了新的手段，注入了新的活力，改变了传统的教学方法和教学模式。多媒体课件、电子作业系统、虚拟现实、电子出版物、超媒体技术、远距离教学、网上学校等现代教学媒体能根据教学内容、教学目标和学生认知水平直接介入教学活动过程，以丰富多彩的表现手段，具体形象地再现各种事物、现象、情景、过程，不受时间、空间、场景、状态的限制，帮助学习者充分感知、理解、运用相关知识和技能。同时，学生可以利用现代教育技术的高度交互性进行自主学习，挑选名教师和专家进行指导。但必须指出，任何一种教学媒体都有其优势和局限性，在不同的场合下有自身存在的价值，各种教学媒体应该是相辅相成、互为补充的。

培训技术的引入使教学内容的结构发生了变化，培训活动更加重视培养受训者的学习能力，教学内容的更新和发展总是随着社会进步和科技的发展而进行的。当前，计算机网络技术和多媒体技术发展很快，以惊人的速度改变着人们的学习方式、工作方式和生活方式，它是培养受训者获取和加工信息能力、促进学习者终身发展的工具性课程。现代教育技术进入课堂教学，带来教学内容的变革，强调增强分析问题和解决问题的能力，这必然会促使原有的培训过程和形式进行调整。

从新的和更加广泛的意义上讲，“教育技术”是对教与学的全过程进行构思、实施和评估的系统方式，既包括技术的资源，又包括人的资源以及人机之间的交互关系，并以此来实现更有效的教育。

现代化教育培训不再仅限于传统的“现场授课制”这种单一的教学组织形式，而是多种形式并存，不同类型和层次并存，多种功能的培训模式相融合，重在个性化。

培训技术广泛应用使培训的效率大大提高，随着信息技术的发展以及信息高速公路的形成，多媒体技术将广泛应用，教学者不仅可根据教学需要，自己制作多媒体课件，而且可非常方便地从软件数据库中选择并提取相关的文字、声音、图片、图像等各种媒体信息，加以组合安排，供辅助课堂或受训者自学使用。这样，多媒体技术就成为人们进行有效学习的得力工具。（1）提供了多样化的学习方式。例如个别化主动式学习。这是一种多媒体鼓励以学习者为中心的学习模式，学习者可根据自己的兴趣、爱好、知识经验、任务需求和学习风格来使用信息，选择自己的认知环境。信息技术的发展为这种自主的个别化学习方式提供了物质条件和技术保证，作为用户、学校和学习者个人，只要拥有多媒体终端机，就可以从公用网络的资源数据库中，非常方便地获取所需的各种学习资源，使个别化的学习方式得以真正确立。再如结构化发现式学习。培训技术可以营造出由学习者控制的发现式环境，这种发现式环境允许学习者在特定的内容领域进行探索和检验假设，将有助于学习者获取信息社会所需的问题解决技能。（2）应用技术使技术培训更加方便有效。在飞速发展、不断更迭的现代社会中，知识更新的速度越来越快，人们只有不断学习才具有竞争力。培训技术不仅有助于各种职业技能培训，更重要的还在于满足技术更新、技术进步所要求的职业素质教育。不管是哪种情况，都不可能完全通过办校、办班来解决（尽管这是一条非常重要的途径），大量的要依靠在职自学或远距离教育来补充和提高。而后一种途径，又正好可发挥信息技术与信息高速公路的优势，学习者不仅可以通过多媒体终端机不断补充与更新自己的知识，还可以通过国家开放大学和模拟训练，来获取某方面的系统知识，强化与提高某种技能，从而使继续教育和技术培训更加方便和有效。（3）网络教学日益发展。随着网络技术、通信技术的快速发展，互联网在我国日益普及，人们在尝试网络通信的同时，也想到把互联网技术应用于教育培训实践，出现了网络教学模式。这种教学模式主要有开放性、协作性、交互性、共享性、实时性、个别化等特点。

在教学过程中广泛地运用各种培训技术，会大大地提高教学的有效性和深入性，但不同的技术对学习者产生的刺激是有一定差异的，因此，我们可以结合不同种类、不同形态的培训方式，综合运用，达到培训目的。由于技术的发展导致教学过程发生了本质的改变，以前的培训的主要任务是传递传统的行为动作，但往往忽略了在培训过程中对受训者的知识理解和转化的考量。随着技术的发展，我们会发现各种教学行为的差异，可以通过学员的学习数据进行定性定量的分析，从而有效指导培训者在设计和组织培训活动时针对不同的科目和对象的特点制定不同的教学形式，甚至是具有差异性的教学目标。这样一来，教学过程更加灵活，教学效果更加明显，不再局限于传统的固化的模式。

四、培训技术对课程内容呈现的影响

有研究者对文本、视频两种网络课程内容呈现方式与认知风格对学习效果的影响进行了实验研究，最终得出结论认为，对于不同认知风格的学生来说，文本与视频这两种呈现方式没有显著差异。由于之前的研究只是针对一门课程来进行实验，因此笔者进一步思考，不同内容呈现方式的网络课程对不同认知风格的学生来说其有效性是否会随着课程性质的变化而变化。

培训技术的应用极大地提高了课程内容呈现的可视化，培训具有差异化、个性化特征。采用大数据技术，提供针对个体的培训推荐方案，体现个性化差异。

可以运用一些现实技术对培训课程内容的呈现方式进行优化。从学习行为的角度来看，本身可视化的呈现和文字语音的传播就具有很大的差异性，随着技术的发展，我们可以将授课内容以更容易理解、更直观的视频动画特效的方式呈现，这样既减少了教师的语言叙述的过程，同时也能够给学习者留下深刻的印象。

培训技术的深度应用使得培训具有便捷性。互联网时代的信息分享具备随时、随地等特点，各组织也努力对培训内容进行便捷化设计，可以基于不同的培训目标组合不同的培训内容，利用不同的培训方式为受训者提供相应的学习模式。事实上，学习者在学习过程中会表现出明显的个性差异，其中认知风格的差异是个性特征在学习中的基本表现。为进一步提高培训课程的适应性，必须充分考虑认知风格对教学过程的影响，并在相关理论的指导下对学习目标及任务、学习内容、学习环境等核心要素做出综合考虑，形成完整的个性化教学策略。

五、培训技术对学习效果的影响

培训是面向成人的能力教育，所以大多时候，无论是偏于理论型的课程还是侧重于操作型的培训课程，采用何种内容呈现方式都会对学习者的学习效果产生明显的影响。这主要和受训者对培训目标的理解和参与培训的意愿有关。成人的学习和学生学习有所不同，它侧重于对实际操作的理解和把握，所以在呈现形式上和培训技术就有很强的关联性。

从学习效果的角度来看，多维度的技术是学习的辅助手段，能够有效地提升学习者对知识的理解、吸收、消化能力，从而有效地提升学习效果。它可以创设生动逼真的教学情境，融合图形、影像、动画、声音、文字等信息，通过以景激趣、创境激情、启思激悟的教学活动，使学生在动中学、动中练、动中习得语言技能，把学习当成一种愉悦的体验和感受，养成自主学习的好习惯。

第四节　常用几种技术的特点和应用场景

信息技术运用于教师培训有其技术的特点和应用场景，现对几种常用的技术特点和应用场景进行介绍，它们主要是信息技术应用、视频直播技术、虚拟现实技术、在线考试应用以及数字媒体技术等。

一、信息技术应用

信息技术的应用主要体现在学习平台的创建，通过系统的学习平台创建，可以让培训者通过远程和在线学习，学习和掌握通常我们需要在线下面对面进行传授的一些基础内容，同时，在学习平台上可以通过大量的视频的交互技术直接完成相关学习内容的学习。

在线学习平台主要是学习者通过网络学习的一种学习媒介，学习者可以在在线学习平台上获取学习资源，跟老师进行互动，或者与其他学习者进行交流讨论。在线学习平台通过记录学员在线上参加学习的课程进度、课后练习巩固程度、模拟考场考试、场景应用、答疑解惑、互相交流等情况，实现对学员学习情况的全程跟踪管理和对学员学习需求的全面掌握，可以通过对学员学习数据的分析进行学习进度及方向上的调整，让学习者更加系统、全面、科学地学习。

在线学习平台主要可以分为以下几类：

◆ B2B2C平台型

◆ B2C服务型

◆ 辅导工具（多为App形式）

1. 在线学习平台的多样性

我们说的在线学习平台是基于互联网的，相对于传统的学校或培训机构的课堂教学。基于不同的目标，线上学习的方式也是多种多样的：（1）虚拟课堂，即在网上模拟线下课堂的教学模式。特点是继承了课堂教学的生动活泼的形式，对地域没有要求，但对时间有要求。（2）录像点播平台，即把教师的教学过程进行录像，把录像文件放在网上供学生点播。（3）多媒体互动课程学习平台。这类平台一般会采用符合SCORM标准的课件，这类课件具有很强的互动性，能够合理运用各种素材，学员的学习记录都能很好地保存下来，有利于学习进度、效果的跟踪。

2. 在线学习平台的特点

（1）友好界面，优化的学习环境。

无需安装系统软件，登录在线学习平台，开通账号即可学习，简洁清楚的学习界面，向学习者提供友好的在线学习环境。

（2）受训者的个性化选择。

在线学习平台可以设置特色学习模块，受训者可以根据自己的实际岗位或学习的需要选择模块进行学习，按需自主选择自己偏好的训练课程。

（3）课程质量高，形式多样化。

在线学习平台的课程设计遵循岗位素质模型，围绕职能和职级两个维度开发，每个课件中都设置了（不限于）思维导图、自测题、案例分析、实施计划、常见误区等内容。课程形式更加丰富，融知识讲解类、应用体验类、角色扮演类、互动游戏类、动漫情景类、电子杂志类、流媒体类、Web3D等多种类型课件于一体。

（4）课程及时更新。

根据培训目标的实际情况，有选择地整合各类培训内容，并不断更新，确保课程的时效性和前沿性。

（5）功能全面，便捷学习。

一次注册，账号终身有效，学员可以在线掌握学习效果，在学习互动区进行互动。

二、视频直播技术

一些培训会受到场地和区域的限制而无法很好地开展，而视频直播技术的出现使得我们可以建立起所谓的“空中课堂”，学员可以通过远程终端，利用视频同步学习所有的远程课程，同时，培训者和受训者还可以通过视频直播技术进行实时的互动交流，有效地解决了场地和区域的限制问题。

运用多媒体组合形式。在直播视频教学中，教师应该善于利用多媒体的各种组合形式，简化教学方式，让教学内容更加形象、直观地展现在学生面前。多媒体技术与教学的结合，打破了传统的教学模式，为教学带来了方便，教学环节衔接更加自然流畅，各种媒体的交互面趋于合理逼真。教师在编制教学课件时，应该注重开发新的演示方式，教学内容的呈现不再拘泥于文字、图片等平面形式，更多地融入二维、三维动画，使教学更加形象化，能更多地反映客观实际。

直播视频教学虽然受时间和空间的限制小，但是仍然存在一些弊端，例如师生之间缺少面对面交流的机会。一般来说，现在的视频直播教学大多数是一对多的，教学时间非常紧张，教师很难回答每一个学生的问题。在这种情况下，教师可以在完成当堂教学任务的基础上，设置15～20分钟的课堂答疑环节。教师在课前将学生分成若干小组，然后由小组里的同学轮流提问，学生在提问的时候，其他学生不要发弹幕，以免影响教师答疑。教师在回答学生问题时一定要注重把控时间，突出重点，这就要求教师要在课前做好充分的准备，随机应变。

互动视频也能起到提升学习者的互动性与参与度、优化资源导航、丰富教学视频内容、补充知识等作用。单机软件方面，Adobe Captivate的前身RoboDemo 4 and eLearning Edition于2003年开始提供选择题功能；2004年的Macromedia Captivate则增加了个性化的小测验功能；到了2005年，正式成为Adobe Captivate后开发了导航、互动对话框、菜单等功能；直到现在，Captivate已为用户提供种类庞多的互动组件，并可直接生成HTML5格式，运用于个人网站。在线视频网站方面，在2008年，YouTube为其视频用户增加了一项“添加互动视频注释”的服务，使其可以在互动信息层中添加弹出式可点击文字气泡、热点视频（用于突显视频中的区域，当用户将鼠标移动到这些区域时，就会显示用户输入的文字）、标签（用于创建一个标签，以便调出和命名用户视频中的某个特定部分）等元素。许多主流视频网站已开始着手开发或者已经成熟运用互动视频技术。除此之外，一些三方技术团队也通过开发特殊播放器代码、制作插件、脚本等形式为个人或公司网站提供三方互动视频技术或平台。一些在线站也开始尝试。Zaption提供了11种互动组件，包括文字层、图片层、选择题、勾选题、数值题、填答题、涂鸦题、内嵌论坛、公告提示、跳转与导航等。eduCanon的互动组件包括选择题、勾选题、暂停提问、填空题、填答题、跳转等。一些Coursera课程也在教学视频中嵌入了弹窗小测验以及针对学习活动的指导文本，如当授课教师在刚才的视频中提出了一个问题，屏幕上即显示“花10分钟写下你的答案，并在课后与同学们分享。”当学习者书写完毕，即可点击“继续”从而继续接下来的教学视频。视频中的小测验可以极大地提升学习者与教学视频之间的互动。

若设置得当，一个好的问题或小测验可以帮助学习者举一反三，进行学习迁移。

即使是简单的单选题也可以帮助学习者掌握相关信息。此外，得益于互动视频组件的数据采集功能，教师可以更科学地了解及评估学习者观看教学视频时的反应，并通过分析学习者互动测验的作答情况了解其知识的掌握情况。

三、虚拟现实技术

在知识传授的过程中，虚拟现实技术有着不可替代的应用前景，因为它允许学生与现有的各种信息发生交互作用，学生可以在仿真过程中经历不同的时间和空间，可以与各种仿真物体接触，还可以与虚拟境界的各个部分接触，其科目范围可以从历史到科学。在教学模式方面，有利于情境创设和大量知识的获取与保持；在教学手段方面，以一种直接的信息传递方式，提供直观形象的思维材料；在教学内容方面，用文字、语音和三维实景虚拟现实过程协同描述。总之，其应用非常广泛。

1. **虚拟现实技术的基础**

（1）认知。发现学说认为，发现学习过程中的直觉思维同人的行为把握—图像把握—符号把握的认知发展阶段紧密联系在一起。直觉思维通常采取图像的方式进行，不受时间顺序和逻辑顺序的束缚。另外，直觉思维大多是图像把握或图像之前的情绪性感知，是难以言传的，具有非语言的性质，因此直觉思维可以先于分析思维对事物进行认知，在发现中起到逻辑分析思维所不能起到的作用。根据这个理论，虚拟现实应用于教育教学时，可以给学习者在虚拟系统中提供大量逼真的图像信号刺激，把用语言难以描述的内容栩栩如生地展现在学习者面前，给予学习者大量直觉思维的感知。

（2）建构主义。建构主义认为，知识的建构来自个人体验。虚拟现实的沉浸性打破了参与者与计算机之间的界限，为个人了解世界创设了一种体验，有助于材料的学习。虚拟现实为学生进行非符号系统的学习创设环境，从而避免学生学习建立在符号系统的学科时失败。

（3）模拟法则。模拟法则中有一类物理模拟，即以模型与生活原理之间的物理、化学机理相似为基础的模拟方法，是虚拟现实与教育相结合的主要理论依据。通过设计与原型（自然现象或过程）相似的模型，并利用该模型来间接地研究原型规律模拟一些尚无简单有效的仪器可以演示的实验，模拟一些不易观察或不能从外部直接观察其内部状态规律的系统，重视稍纵即逝的自然现象或过程。使学习者如同感受真实世界一样，为其提供直观、有效的交互，使之能从空间和现象的内部角度来观察物体，更好地理解所掌握的信息，提高抽象思维能力。

2. 虚拟现实技术在教育中的应用

虚拟现实技术为学习者和教学者提供了丰富的学习资源以及选择学习材料和学习方式的机会。利用虚拟现实技术，教师和学生一起经历虚拟环境，观察一些关键性问题，还能让学生自己“进入其中”进行详细观察，大大提高了学生的理解能力和掌握能力，同时也提高了教学质量。

（1）虚拟实验室。所谓虚拟实验室，就是利用虚拟现实技术仿真或虚构某些情境，供学生观察与操纵其中的对象，使他们获得体验或有所发现。虚拟现实实验室是由虚拟现实技术创造的一种虚拟环境。在这个环境中，学习者有逼真的感觉，似乎是在真正的实验室里近距离进行现场操作。虚拟实验室的真正实现，将彻底解决以往远程教育模式中理论教学的远距离性和实验教学的近距离之间的矛盾，使整个教育完全远程化和真实化。

（2）虚拟仿真校园。虚拟校园是虚拟现实技术与网络教育最早的具体应用。随着互联网的迅猛发展和智能手机的普及，网络教育发展迅速，国内一些高校已经开始逐步推广、使用虚拟校园模式，展示高校教学设施、宣传校园学习环境。但由于缺乏全面的考虑和大胆的尝试，其实际用途比较单一，目前三维虚拟化校园的建设还没有达到虚拟化校园生活的程度。模拟、仿真校园的教学环境需要多方面的努力，真正意义上的虚拟化校园还有待进一步提高。

（3）特殊教育。在虚拟现实技术的帮助下，残疾人能够通过自己的形体动作与他人进行交流。在高性能计算机和传感器支持下，残疾人戴上数据手套，就能将自己的手势翻译成讲话的声音；配上眼动追踪技术后，就能将眼镜的动作翻译成可识别的信息等。

四、在线考试应用

1. 考试设计

考试设计包括知识点管理、题型管理、题库信息管理、考试类别管理、试卷管理等功能。

（1）知识点管理。知识点是题库的分类目录，管理员可对其进行添加、修改、删除，支持无限级分类。

（2）题型管理。根据实际业务需要，在题型模板的基础上，进行题型设置，以适应不同行业、不同业务的需要。系统提供六大基本题型模板：单项选择题、多项选择题、判断题、填空题、问答题、组合/综合题。

（3）题库管理。对题库信息进行添加、删除、修改、预览、导出、导入、下载等操作，对数据的操作，用户可根据实际情况选择手工添加、批量导入。

（4）考试类别管理。对试卷类别信息进行新增、修改和保存等操作。

（5）试卷管理。对试卷信息进行管理，试卷包括随机试卷、手工试卷、固定（随机）试卷，管理员可以对试卷、题型进行设置，以及对抽题规则进行设置。学员进行考试时，系统将根据试卷设置和试卷规则形成一份完整的试卷。

2. 考试管理

考试管理包括考试安排、练习安排、课程表管理、人工评卷、成绩管理、准考证管理等功能，只有具备相关权限的用户才可以进行操作。

（1）考试安排。授权用户在进入考场后，将根据考试安排的参数设置等信息进行考试。管理员安排考试，设置考试参数，对考试进行授权。系统可以对需要考试的人员和该考试的评卷人员进行授权。考试结束后，将根据考试安排设置的成绩发布时间发布成绩。

（2）练习安排。管理员安排练习，设置练习参数，进行练习用户授权。系统可以对参与练习的部门、岗位、人员进行授权。授权用户进入考场后，将根据练习安排的参数设置等信息进行练习。

（3）课程表管理。对课程进行管理，例如查看、修改、删除。

（4）人工评卷。填空、问答、论述等题型可以进行人工评卷、备注。

（5）成绩管理。对用户成绩进行查看、导出、管理。

（6）准考证管理。针对要参加考试的用户自动生成准考证。

五、数字媒体技术

信息技术的飞速发展为数字媒体技术的传播带来了新的机遇。数字媒体技术的应用范围越来越广泛，其在教学培训中也发挥着重要的作用。

1. 丰富教学方式

传统的教学方式比较单一，往往通过书本、板书呈现。数字媒体技术的应用使课堂教学越来越生动，大大提高了教师的讲课效率，激发了学生的学习热情，学生能够更加快速地捕捉到课堂教学的精髓，从而增强了教学效果。

2. 丰富教学场景

教学场景一直是困扰教育工作者的问题，在数字媒体技术的促进下，教学场景从单一化转变为多元化。借助数字媒体技术，教育资源匮乏的地区有了更多的教学场景选择，真正实现了教学场景的多元化。借助3D技术，学生直观地进入模拟的教学环境中。尤其是近些年的VR、AR技术的运用。通过佩戴相应设备，利用VR、AR技术，学生能够在高度真实的场景中充分学习，能够使枯燥的学科知识变得丰富有趣，增强了教学的趣味性。

3. 增强师生交互

数字媒体技术的广泛应用很大程度上提升了教师传递信息的途径。教师可以把单向的知识传授模式变得更具交互性。在传统的多媒体教学中，简单播放幻灯片课件的交互性很差，且传统的幻灯片展示软件属于线性教学，教师无法突破课件，只能根据预先设定好的内容进行讲授，灵活性较差。而数字媒体技术的不断发展使得画布式课件开始流行，如交互式电子白板。电子白板具有较丰富的功能，一方面，可以设计多种多样的教学活动，集中学生的注意力，激发学生的学习兴趣；另一方面，电子白板在视频教学中的应用较为灵活，能够融合多种多媒体课件，并与学生进行互动。

第五节 教师培训的技术要求

教师培训与信息技术之间存在着融合问题，也就是说，教师培训对信息技术有一定的要求。即信息技术要适应教师培训的教学特点，教师培训需要了解信息技术的价值。要正确处理教师培训与技术的关系。

从教师培训的教学特点来看，教师培训具有专业化过程的特点：清楚地定义专业的功能；掌握理论知识；解决问题的水平；实际知识的使用；为维护前途而实行超越专业的自我提升；在基本知识和技术方面的正规教育；对能胜任实践工作的人授予证书和其他称号；专业亚文化的创建；用法律手段强化专业特权；公众承认的独特作用；处理道德问题的道德实践和程序；对不符合标准的行为的惩处；与其他职业的关系；与服务的用户的关系。霍尔认为这些特点是每个职业的共同目标，在每个职业中，专业化的特点构成了预备职业教育和继续职业教育这个连续体的目标。专业教育包括各种途径，通过这些途径不但增强了个人与集体的努力以阐明与上述特点相关的实践标准，而且能提升与上述特点相关的专业人员自身的熟练水准。这样，它既包括了掌握对专业实践关系重大的程序，又考虑到了为之奋斗的目标和标准。所以，专业教育的目标就是要促动职业专业化的过程。

教师的专业教育必须服从教学工作专业化的要求，为教学工作专业化水准的提升服务。因而，教师专业教育的基本功能和意图在于改善和提升教师的专业水平，通过促动教师的专业发展而达到专业化的目标。

教师的专业教育理念应以专业化为取向，教师专业教育的方案应根据教学工作的性质和教师专业化的要求实行规划和实施，即根据教师专业发展的阶段来规划教师专业教育，教师专业教育应为教师专业发展的整个历程提供全程支持，它包括职前教师的专业预备教育、新教师的入职辅导教育和在职教师的专业发展教育三个方面。根据教师的专业发展内涵来规划教师专业教育，教师的专业教育应从三个领域为教师的专业发展提供协助，即知识的领域、技能的领域和情意的领域。

教师培训和传统的企业培训在目标和形式上是有一定的区别的，基于教师培训的特点，教师培训的技术特点的要求应包括以下几点：

（1）以诊断为基础——按需施训，扬长补短，促进学员高效成长。

（2）以成长为导向——关注过程培养，目标引领专业发展。

（3）融研训于一体——科研教学同步成长，形成良性循环。

现代培训技术与教师培训的深度融合是教师培训变革的内在要求。当教师培训越来越期待突出实效性、适应性、个性化要求时，传统的培训手段显然难以奏效，而现代培训技术所具有的信息聚合、数据整合、快速传播、仿真模拟、大数据存储等优势，以及已经在教育中所产生的重要作用使我们有理由相信，它可以成为培训专业化旨归下创新实践的重要力量。

第十四章　教师培训管理

MBA智库百科对“教育管理”的解释是，对教育资源（包括人、财、物、时间、空间、信息）进行合理配置，使之有效运转，以使其实现组织目标的协调活动过程。依据教师培训工作的特点，教师培训管理指教育行政部门和承担培训工作的单位依据国家和地区的（政策）要求，充分整合各类教师培训相关资源，以项目推进为线索，采取恰当的培训方式以实现培训项目的目标。

开展教师培训管理，首先需要明晰教师培训管理的主客体。教师培训管理的主体一般指从事教师培训项目规划设计、组织实施、总结评估的管理人员或部门。教师培训管理的客体即与教师培训相关的各类资源，也就是管理对象，主要包括参训对象、培训师资、培训制度、培训方案、培训课程、培训经费、培训场地等。为实现培训目标，教师培训管理的主体要坚持培训管理的原则，积极地履行相应的管理职责，对客体开展计划、组织、整合、协调、沟通、激励、评价等系统化、流程化的活动。

本章通过对教师培训管理的目标和原则及内容的阐释，以期读者掌握教师培训管理的基本概况，并提出优化教师培训管理的主要途径，旨在探索教师个体专业发展与教师培训管理的内在联结。

第一节　教师培训管理的目标和原则

本节主要阐释教师培训管理的目标和原则，以期让读者了解教师培训管理的总体目标与具体目标，以及几个主要原则。

一、教师培训管理的目标

教师培训管理主要通过项目制管理对培训目标、内容、过程等有目的地开展计划、组织、整合、协调、沟通、激励、评价等系统化、流程化的活动，其目标即为教师培训管理的目标。

1. **总体目标**

教师培训管理的总体目标是促进教师培训管理主体和客体的发展，包括主体和客体的课堂教学能力、课堂管理能力、道德品质、个人专业成长等方面的发展，旨在采用各种有效的措施充分、科学、合理地发挥教师培训主体和客体的潜力，进行有效的资源配置、素质提升、能力开发等，有质量地完成教师培训任务。

2. **具体目标**

（1）经济目标。通过卓有成效的管理使人力与物力保持最佳比例，并使人力和物力有机结合，充分发挥最佳效应。

（2）社会目标。促进教师开展个人职业发展规划，推动教师专业成长和师德养成，全面提升新时代教师队伍素质，努力构建一支政治过硬、品德高尚、业务精湛的新时代高素质教师队伍，以持续推动教育改革。

（3）技术目标。充分使用并不断完善信息技术应用、培训需求分析工具、培训质量监测与评估工具等工具、技术手段和方法，以此提高教师培训管理工作的效率。

二、教师培训管理的原则

教师培训管理中最关键的是人，一切培训相关资源的运用都与实际操作者的积极性与智能水平相联系，因此，教师培训管理应坚持以人为本的理念，规范性和创新性相统一，推动教师培训支持服务体系的建设。

1. **以人为本的原则**

人本管理是管理学原理之一，要求人们在管理活动中坚持一切以人为核心，以人的权力为根本，强调人的主观能动性，力求实现人的全面、自由发展。教师培训管理同样依据人本管理理论开展工作，以人为本的教师培训管理理念是在管理中把教师培训的客体中的人作为管理的核心，作为培训的出发点和归宿，强调人作为行为主体的价值和意义，是以关心人、尊重人、理解人、激励人、解放人、发展人为根本指导思想来进行培训管理，充分利用和开发教师的潜能，从而为实现组织目标和个人目标而进行的管理。

具体来说，教师培训管理从项目设计、方案研制到实施与评估都应体现以人为本的管理理念。如在项目设计过程中，与培训委托方反复沟通了解需求；在方案研制过程中，通过问卷了解学员现状和培训需求，根据反馈信息修改、完善培训方案，在培训实施中，通过课堂即时反馈、分组讨论、个人展示等多种途径关注每位学员的学习状态，不断激发学习热情，尽力达成培训预设目标；培训评估应充分尊重学员对项目整体安排及任课教师水平等细节的评价，围绕预定目标对每位学员实行成果监控、检查与指导，并建立培训效果的长效跟踪机制。在培训管理中注重氛围文化，例如通过结业总结专题片的方式把每个学员的培训感悟同学员照片一起逐一展示，把每个学员的培训表现通过课堂观察并以抓拍照片的方式展现，使每个学员都深深感受到被尊重、被关注、被感动、被鼓舞。

2. 规范性原则

教师培训管理的规范性贯穿教师培训工作的前期策划、中期实施和训后总结全过程，其中，每个环节、每个岗位都有一定的规矩和标准。对于教师培训管理工作而言，规矩和标准不是僵化不变的，可根据需要进行适当调整。教师培训管理的规范性主要涉及方向和途径两个方面。

（1）规范性的方向。

教育行政部门制定的教师培训制度为培训工作的规范性提供了依据，国家层面颁布的《中华人民共和国教师法》《中小学教师继续教育规定》《中共中央、国务院关于深化教育教学改革全面提高义务教育质量的意见》《国务院办公厅关于新时代推进普通高中育人方式改革的指导意见》《中共中央、国务院关于学前教育深化改革规范发展的若干意见》《中共中央、国务院关于全面深化新时代教师队伍建设改革的意见》《教育部等五部门关于印发教师教育振兴行动计划（2018—2022年）的通知》，从法律保障、宏观政策、制度建设和教师发展的角度完善了教师职业发展的管理要求，为教师培训管理工作提供了规范性方向。

（2）规范性的途径。

秉持“以终为始”的结果导向管理理念，运用信息技术手段，采取“一页纸管理”“思维导图”管理等方式，建立可视化的培训管理流程是规范教师培训管理的重要途径。以培训筹备阶段任务分工为例，通过“一页纸管理”明确培训工作模块、具体内容、相关要求、时间节点、负责人和团队成员等，以明确团队工作进度。

3. 创新性原则

教师培训工作是依据政策支持、教师需求不断动态变化的，这要求管理者进行有效的管理创新。管理的创新性包括管理理念、管理知识、管理方法和管理工具等的创新。以新疆教师培训管理工具的创新为例，2014年新疆建立“新疆教师培训信息化云平台”，该平台充分利用信息技术开展新疆各级各类教师培训项目管理，从教师培训项目设置、项目申报、项目评审、项目实施、项目总结、学员选派、学员评定、课时登记等培训全过程实现有效管理，很大程度上解放了人力，同时也建立了新疆教师培训的信息化档案。

第二节　教师培训管理的主要内容

教师培训管理是一个系统、复杂的过程，从时间的先后顺序上看，主要有培训策划管理、过程实施管理，以及培训总结管理。

一、培训策划

1. 培训需求调查与分析

培训需求调查与分析是培训策划的基础，是确定培训目标、设计培训内容、有效实施培训的前提，也是教师培训绩效评估的重要依据。

（1）培训需求调查。

培训需求是培训项目开展的原动力，做好需求定位是搞好培训工作的前提。当下对于参训教师培训需求的把握往往采用两种方式，一种是自下而上的方式（在培训项目开展前通过问卷、访谈等调查方式获得教师培训需求），一种是自上而下的方式（培训设计者根据自身教育教学经验预测学员培训需求，通过一系列培训活动引领教师培训需求）。培训前期通过问卷、访谈等调查方式进行需求调查有助于厘清培训问题和课程内容；培训中期通过“UMU”互动学习平台、“问卷网”等信息化平台可追踪参训者的需求变化，有助于为参与式、体验式培训活动提供研讨主题，在反思性活动中引领教师培训需求；培训后期也可通过在调查问卷或访谈中设置开放性问题捕捉参训学员参训后的潜在需求，为后续培训的设计和改进提供重要参考。

教师的培训需求包括外部需求和内部需求两个方面，外部需求是指教育行政部门或培训实施方结合时代发展及教育工作本身对教师提出的培训要求；内部需求是指教师结合自身专业发展对自己提出的培训要求。从教师培训的内在机制来看，只有满足教师内在学习需要的培训，才能产生持续而稳定的学习动机，才能激发教师学习的主动性和积极性。因此，真正有效的培训应该建立在教师内在学习需要的基础之上。

培训需求调查的步骤主要包括：①编制需求调查提纲；②选择调查方法（问卷法、访谈法、观察法等）；③实施培训需求调查。

（2）培训需求分析。

进行培训需求分析是进一步明确培训目标、培训内容和培训方式的基础。培训需求分析的关键不仅仅是对数据的处理和呈现，还包括对数据信息的逻辑分析，因此，需求分析是一个主观性与客观性并存的环节。培训需求分析，实际上应侧重于对教师内在学习需求的分析，并积极将外部需求有效转化为教师内部需求，以提升教师学习的质量和层次。另外，需求分析还应注意个别需求和普遍需求、当前需求和未来需求之间的关系。

需求分析的基本步骤：①对培训需求调查信息进行归类、整理；②选择有效的数据分析模型呈现调查结果；③对数据信息进行科学分析；④撰写培训需求分析报告（主要包括调查背景、概述需求分析实施的主要方法和过程、阐明分析结果、主要建议与说明、附录、报告提要等）。

2. 培训方案设计

培训方案设计是培训实施的指南，培训目标、培训课程、培训方式、培训师资、管理人员、经费预算等都是培训方案设计的要素，下面就围绕培训方案设计的六个要素进行分析。

（1）明确培训目标。

培训目标是指培训活动要实现的目的和预期成果，是衡量培训有效性的基础。培训目标是培训实施的助推器，为整个培训活动的开展提供方向性指导，在整个培训中起到丈量作用。明确的培训目标不仅为培训管理者提供了项目实施方向，也为受训者提供了学习抵达方向。培训目标与培训方案其他要素是有机结合相互统一的，只有目标明确，才能科学设计培训方案的其他部分。培训目标的确定应建立在培训需求分析基础上，并且是具体、可衡量、可操作、可达到的。培训目标一般可分为总目标和阶段性目标，阶段性目标是总目标的层次化、具体化。例如线上线下混合式培训项目需要明确培训总目标和线上线下分阶段目标；而跨年度的培训项目则需要明确培训总目标和分年度目标。

（2）研制培训课程。

培训课程是实现培训目标的重要载体，研制培训课程不仅要聚焦培训目标，还要考虑培训的性质、时间和对象需求。课程研制者需要针对培训性质（知识培训、技能培训和素质培训）、培训时间（短期和长期）、对象需求（专业要求和专业期待）合理安排培训课程，并着力关注理论性课程与实践性课程的比例，以强化培训效果。现有的培训课程设计指导纲要是培训课程研制的重要指南，已开发或生成的培训资源、培训教材、培训成果是培训课程研制的重要参考。

（3）选择培训方式。

培训方式有多种，如专题讲授、情境演示法、案例分析、主题讨论、微格教学等。每种培训方法都有其自身的优缺点，授课者可结合具体的培训目标、课程内容、自身性格特点选择合适的培训方式。在实际培训中，往往需要灵活采用不同培训方式来达到培训目的，以突显课程的有效性。受训者的参与度和满意度往往呈现出一种正相关关系，通过强化参与式、体验式活动的创新设计，不仅有利于提升参训教师的满意度，还有利于动态生成性成果的产出，如通过采用世界咖啡、六顶思考帽、问题便签、思维导图等方式，开展学术沙龙、主题研讨、经验汇报等活动，彰显分享的力量，发挥学员自身资源价值。

（4）筛选培训师资。

理想的培训师资团队一般由省内外专家名师、特级教师、教研员、一线骨干教师及优秀学员构成。筛选培训师资可以采取“校内选优、校外聘优、优势互补”的教师选聘原则，从培训目标出发，聚焦课程内容设计选择一支师德高尚、教育教学理论水平高、有一定科研能力和实践经验的教师队伍，为课程的有效实施奠定优质师资力量。随着教师培训专业化发展，“教师培训师”已成为培训师资中的重要力量。“教师培训师”是一种复合型培训者，是指在教师教育机构中接受过长期专业教育和专门训练，掌握系统教育科学知识和培训专业技能，能够运用现代教育培训理念和手段，开发、管理教师培训项目，制订、实施教师培训方案，监测与评估教师培训质量，从事教师培训的需求分析、课程设计、教学组织、管理服务、领导咨询活动的专业人员。

（5）配备管理人员。

为强化培训过程性管理，每个培训项目都应配备若干名管理人员。一般来说，管理人员的角色有项目负责人、首席专家、项目执行负责人、教学教务负责人、安全负责人、后勤负责人、班主任等。管理人员的每一个角色都有相应的岗位职责，管理人员明确分工合作，有助于项目精细化运行。

项目负责人岗位职责：①负责与上级教育行政部门、委托方的对接协调工作；②负责做好项目的申报、实施的统筹工作；③负责协调教学资源的调配工作；④负责策划培训项目开班与结业典礼等相关事宜；⑤负责项目实施的过程监控和评估工作；⑥负责项目的财务审批工作；⑦负责应急突发事件的处理。

首席专家岗位职责：①撰写《项目实施方案》，申报立项项目；②开展需求调研分析；③设计培训课程及培训活动；④聘请授课师资，组建管理团队；⑤做好教学质量监督工作；⑥审核并修改各类过程性材料；⑦指导班主任做好班会、班级活动的策划；⑧做好项目的总结工作，及时提交绩效报告等总结性材料。

项目执行负责人岗位职责：①协助项目负责人做好对内、对外沟通协调工作；②组织落实项目申报工作；③统筹项目实施过程管理：对接其他管理人员、各类材料起草与下发、班主任培训、任务分解、规范流程、贯彻制度；④做好项目外出观摩考察等事宜；⑤做好项目实施的过程监控；⑥做好项目的财务支出统计工作和报批工作。

班主任岗位职责：①负责班级管理群的组建及组织管理工作；②负责开班前联络学员，确认参训信息，告知训前要求及相关事宜；③协助组织完成学员报到、开班结业、项目活动等相关工作；④做好日常事务管理工作，跟班跟课，做好项目组与学员之间信息的上传下达；⑤编辑班级宣传信息、简报；⑥负责结业证书发放、优秀学员遴选、网络测评等相关事宜。

教学教务负责人岗位职责：①负责与授课专家沟通，上课信息的通知与确认；②负责学员信息的审核、反馈、更换；③协助首席专家做好教学计划实施、教学效果评估；④做好项目实施过程中教务管理和专家库的建立与更新；⑤做好教学工作量的统计报送工作；⑥质量监控，跟踪成果。

安全负责人岗位职责：①办理专家、学员、车辆进出培训场地相关手续；②做好学员社区（宿舍、宾馆）的值班安排和动态反馈工作；③负责各类培训活动的安保人员配备和安全保障工作；④按要求做好各类安全检查工作。

后勤负责人岗位职责：①负责培训场地申请、培训教室布置，班级门标、横幅制作等工作；②负责学员食宿安排和相关协议签订工作；③负责各类培训设备租借、归还工作；④负责学员手册、学员证、结业证书等培训材料印制与发放工作；⑤负责培训期间车辆申请、租用等工作；⑥负责伙食补助、交通费、课时费等相关经费的发放和报销工作。

（6）培训经费预算。

培训经费预算是培训财务工作的基本依据，也是项目顺利实施的重要保证。培训经费预算项目主要包括培训期间的师资费、住宿费、伙食费、培训场地及设备费、培训资料费、交通费等，具体内容如表14.1所示。

表14.1　教育部“国培计划”——示范性项目培训经费预算表

预算项目		经费（元）	计算说明
师资费	讲课费		
	住宿费		
	伙食费		
	城市间交通费		
住宿费	学员住宿费		
	工作人员住宿费		
伙食费	学员伙食费		
	工作人员伙食费		
培训场地及设备费	场地租用费		
	设备租用费		
培训资源费	学习资料费		
	办公用品费		
交通费	考察、调研等交通费		
其他费用	现场交学费		
	班主任费		
	文体活动费、医药费及与培训有关的其他支出		
合计			

3. 培训服务落实

培训服务是指针对培训活动提供支持和条件。在教师培训管理场域中将培训从“管理”视角向“服务”视角转变，有助于提升培训管理的水平和管理能力。

（1）检查场地和设备。

为了确保培训顺利开展，培训项目启动前需要对报到场地、教学场地、观摩实践场地、文化活动场地等进行提前考察，对教学相关设备进行检查。对于培训中所需特殊教学环境和设备，需要提前布置环境和安装设备。此外，为了有效地管理、使用好场地设备，避免场地设备在使用过程中出现故障，还需要提前做好应急预案，并在设备使用过程中进行登记、维护、调配、添置等管理工作。

（2）完善生活服务。

完善生活服务主要是指为学员日常学习和生活创设和提供必要的环境和条件，如加强培训基地建设、改善办学环境、优化服务项目等。在开班前，应结合项目实施方案做好相关服务指南，并提前下发给学员，为培训实施奠定良好的学习生活基础。

（3）召开准备会议。

为强化培训服务落实，在项目启动前需要召集项目管理人员组织开展项目筹备会议，进一步明确责任分工，针对培训的各个环节进行对接、沟通和交流，确保各环节的衔接和细节管理。此外，还应组织开展班主任培训会，进一步明确项目操作流程，了解班主任工作方法与技巧，学习必要管理工具的使用方法。

4. 下发培训通知

（1）撰写培训通知。

培训前的各项准备工作完成后，就可以起草下发培训通知了。培训通知需要说明开班的相关事宜并加盖公章，重点说明事宜主要包括：①培训对象及时间；②报到时间及地点；③相关要求，包括教学准备、需要携带的物品和材料、收费标准、费用报销注意事项等；④管理人员姓名及联系方式；⑤报到地点乘车路线；⑥必要生活服务指南。

（2）落实培训对象。

培训通知下发后，需要安排专人负责落实培训对象，确保每个参训学员都能获悉开班相关事宜，为培训实施奠定良好的开端。落实培训对象一般由班主任负责，以做好和学员的初次沟通交流，进一步建立良好关系。落实培训对象可采用电话确认、回收回执、短信确认等方式开展，如有特殊情况不能前来参加培训的人员应在学员名单备注栏中记录原因，以便后续集中反馈给项目组或委派单位。

二、培训实施

培训实施阶段就是把培训方案付诸行动并力图使其变成现实的阶段。报到注册、举行开班仪式、组建学习小组、推进日常班级活动、开展特色文化活动、学员考核评价等是培训实施的重要环节，下面就围绕培训实施重要环节进行说明。

1. 报到注册

报到注册工作主要包括缴费、发放培训资料、安排食宿等手续。每位学员需按照规定时间进行报到注册，一般需持本人身份证、照片和有关参训证明进行报到注册，凡未经请假批准，逾期未到者，可按照培训相关要求取消其本期培训资格。培训院校（机构）应根据培训内容提前布置好报到场地，准备好相关领取材料，并做好相应报到物品材料领取登记表，安排好住宿床位、学习和就餐桌席。

2. 举行开班仪式

举行开班仪式有助于使参训学员了解项目实施意义、明确学习任务和要求、端正学习态度、转化身份角色，从而妥善处理好工作、学习、生活的关系。开班仪式的程序包括：①主持人介绍出席开班仪式的领导和嘉宾；②承训院校/单位主管继续教育的领导致辞；③上级教育管理部门领导讲话；④学员代表讲话。领导讲话的具体内容应按实际情况而定，一般来讲，主要包括项目实施的意义、教学安排、培训班概况、培训管理制度要求等；学员代表讲话主要从学习期待、行动落实等方面表明自己的学习态度和信心。

3. 组建学习小组

为增强学员的交流合作意识，承训院校要在培训实施之初，结合学习目标尽早为参训教师搭建一个沟通、交流、展示的平台，即通过一系列团队文化建设活动打造班级学习共同体，组建若干学习小组，形成互助乐学的良好学习氛围。团队建设可采取头脑风暴、小组交流研讨、经验分享等一系列参与式、体验式的活动方式开展。

学习共同体成立后，不仅要建立班委会，选举或指定班长、学习委员、生活委员、宣传委员、文艺委员及小组长若干人（根据组数确定），协助班主任做好班级管理工作，保证培训期间教学工作的正常进行。学习小组成立后，要制订严格的学习制度、执行周密的学习计划，每个小组成员都应在学习中承担相应的义务，有明确的责任与分工，以增强主体的参与意识，避免少数人袖手旁观。

4. 推进日常班级活动

班主任是推进日常班级活动的重要角色，日常班级活动管理事务内容非常琐碎，主要包括教学联络（告知授课专家上课时间地点，获知课前准备，学员基本情况等）、做好项目组与学员之间信息的上传下达、解决学员日常学习生活困难和问题等，因此，抓住班级的“关键少数”——班委，实现全局管理，对于推进日常班级活动非常必要。

推进日常班级活动需要班主任用心做好发言人、宏观协调者和策划者这三个角色。用心做好一个发言人，即关注自己的每一次发声。例如提前想好如何进行专家介绍，小结课程，每一天进行专家对接；在班级群里通知任何的信息都要做到准确清晰，内容多时要分条罗列，尽量避免反复通知或多次更改通知内容；适时在群里进行天气等温馨提示，和学员进行必要的互动和温馨对话。用心做好一个项目的宏观协调者，即抓住培训各阶段的主要任务、关键环节和时间节点，在培训期间做好信息的上传下达和任务驱动工作，遇到突发事件，要及时向首席专家或项目管理者汇报，同时灵活应对突发情况。用心做好一个策划者，即根据归档总结材料内容，提前进行设计规划，以便及时在培训期间有意识地捕捉重要素材。

5. 开展特色文化活动

“教师培训”是促进人发展的重要活动，具有重要的文化价值。从培训文化的层面去审视教师培训工作不仅是对“人的文化发展”的关注和重视，更是对教师培训内涵式发展的价值诉求。为了深化培训文化、丰富学员业余文化生活，培训期间，项目组可针对培训学科特点开展一系列特色文化活动，如主题演讲比赛、讲课大赛、微课程制作比赛、舞蹈创编大赛、教具制作比赛等，为参训教师们搭建相互交流学习、展示学习成果和自我风采的平台，丰富实践性课程的内涵，达到以赛促教、以赛促训、以赛促用的目的。

6. 学员考核评价

为保障培训质量和培训效果，激发学员学习的积极性和主动性，项目管理者应提前制定考核评价标准和优秀学员评选标准，并将其编入学员手册或培训指南。学员考核评价一般以学习表现、考勤情况、学习任务完成情况、学习成果等要素作为评定标准，对于考核评价优秀的学员应表彰奖励，树立典型。评选优秀学员是培训管理工作的重要内容，通过这一教育手段，可以让学员们进一步树立学习标准，引导学员学习先进，传播正能量。

三、培训总结

培训总结是培训过程的重要环节，主要包括结业仪式、工作总结以及培训成果提炼等方面。

1. 举行结业仪式

结业仪式可采取会议、汇报演出、成果展示等形式举行。会议型结业仪式的程序包括：①主持人介绍出席结业仪式的领导和嘉宾；②承训院校/单位主管继续教育的领导做培训总结；③上级教育管理部门领导讲话；④学员代表汇报学习体会。领导讲话的具体内容应按实际情况而定，一般来讲，主要包括项目实施主要特色、培训成效等；学员代表讲话主要说明培训期间的收获、训后行动目标和计划等。

2. 开展工作总结

开展培训工作总结的目的是反思培训实施中存在的问题，为今后培训策划与实施提供宝贵经验。培训工作总结的内容主要包括：①梳理培训过程性材料，整理建档；②总结培训实施中的优秀工作经验和培训成果；③总结培训实施中存在的问题，针对问题展开交流研讨，以寻求解决途径；④进行培训经费决算。

3. 凝练培训成果

培训结束后，项目组应及时凝练培训成果，总结培训经验。新开发的课程、编制的培训教材、比赛文集、论文、制度汇编、培训纪实、简报、新闻报道、典型案例、图片、音像资料、绩效报告等都是培训成果的形式。

同时，培训单位应通过一定的形式进行宣传和成果推荐，以扩大培训的影响力，打造培训品牌。教师培训宣传工作贯穿教师培训项目实施的始终，具有“导培、助培、诊培、促培”的作用，明确宣传工作的意义有助于从整体上把握项目的实施效益，凸显培训项目的文化内涵。教师培训宣传的渠道主要分为内部渠道和外部渠道。内部渠道指承训机构内部的信息传递渠道，受众面往往较小，如一些高校教师培训项目的承训学院通过新闻报道等形式在校内进行宣传。外部宣传渠道指通过报纸、广播、电视、网站、手机、杂志、电影等进行宣传。由于网络媒体具有传播速度快、形式丰富、管理灵活、多维互动，受众面广等特征，因此，做好新时期教师培训宣传工作要注重发挥网络媒体的作用，积极拓展宣传渠道，加强宣传力度，不断加大宣传的影响力。

第三节　完善教师培训管理的主要途径

教师培训管理，既不同于教育行政主管部门对教师的行政管理，也不同于中小学校对教师的人事管理和岗位管理，是基于学习共同体的互助式合作管理。在培训过程中，学员既是培训实施的客体——接受培训的受训者，也是培训实施的主体——互助共育的施训者。如何推进基于学习共同体的互助式合作管理，强化学员主客体价值发挥，需要培训管理者做进一步思考和实践。本节主要从教师专业发展的制度完善、互联网与教师培训管理的深度融合、优化学习共同体支撑条件及培训评估四个方面，简要阐述完善教师培训管理的主要途径，旨在探索教师个体专业发展与教师培训管理的内在节点。

一、从生涯管理到专业支持，健全教师专业发展支持体系

教师的成长不是一朝一夕便可完成的，需要凭借一生持续不断的努力。这个过程需要职前培养的积极支持，但并不局限于此，也不可能依靠其他某一时间段来完成，而需要各阶段所涉及各种力量的支持，以实现各阶段间的积极衔接。因此，从教师生涯发展的角度完善教师专业发展相关制度，将有利于教师做到终身学习。

1. 重视教师职业生涯管理，构建教师生涯阶段的外在支持

教师的成长与社会环境密切相关，如职前教师的培养实践、职后教师的专业发展实践等都依赖于社会资源的供给。一方面，学校要充分了解教师在不同阶段关注的问题、面临的矛盾，将学校的工作、教师的个人特性和教师在职业生涯不同阶段的特征有机结合起来，以教师为主体设计职业发展的阶段性目标，提升教师工作和职业的满意度；另一方面，尊师重教的社会环境的影响。在一个强调个体生活尊严、信守良善价值的社会环境中，教师生涯阶段的展开进程无疑更有可能趋于良善。

2. 遵循教师专业发展规律，形成教师专业提升的螺旋上升系统

教师的发展是螺旋向上的过程，是从不成熟到成熟的有机统一体。科学的教师培训应该体现其对象、内容等连续性，循序渐进提高教师的素养。目前，很多地方的中小学教师继续教育培训更多的是围绕最新的教育思想、成果、经验等内容进行，培训

课程统一，效果不明显。应以教师发展阶段为基础，以能力诊断为依据实施培训课程分层，根据教师年度发展和周期性发展需求，进行递进式设计，推动教师持续成长。

3. 采取进阶式学分管理，推动非学历培训与学历教育衔接

针对当前教师培训中不同程度地存在的重项目设计、轻整体规划，重统一培训、轻教师选学，重短期学习、轻持续提升，重学时认定、轻结果应用等问题，教育部印发《关于大力推行中小学教师培训学分管理的指导意见》（教师〔2016〕12号），推行教师培训学分管理，深化培训管理改革。目前，由学员自主选择课程并主动学习换取学分已成为全国多省市采取的管理模式。各省级教育行政部门依据国家制定的教师专业标准、教师教育课程标准和教师培训课程标准等相关规定，结合本地中小学教育教学实际需要和教师专业发展需求，分层、分类、分科建立教师培训课程体系，合理设置必修课程与选修课程，对不同层次与类型的培训课程赋予相应学分。

二、从平台建设到数据管理，构建“互联网＋”教师培训生态圈

“互联网+”中小学教师培训工作的探索与实践，为教师培训打破时空限制、缓解工学矛盾、节省培训费用、共享优质教育资源、更新培训模式提供了可供操作的技术手段。互联网为教师自主学习提供了新平台、新方式、新策略，也为培训管理提供了新动能、新理念、新思路。

1. 提升管理效能，构建教师继续教育培训与管理网络平台

与现行培训工作的任务分工相一致，教师继续教育培训的网络教学与管理体系适应了线下中小学教师继续教育组织与管理，通过逐级安装远程培训教学与管理系统（培训平台），构建省、设区市、县、中小学校（含幼儿园和职业高中）四级远程培训平台，集硬件环境、操作系统、教学模块和管理模块于一体，为培训提供了远程教学、互动交流、综合评价、网络考试、结果统计等全方位的教学组织与管理功能，实现了学员从注册、学习、讨论交流、辅导到考试全过程的网络化。

2. 转型评价路径，搭建与大数据相适应的大数据管理平台

在大数据时代，每位教师备课、上课、团队研讨、网络研修、教学反思以及各种教研活动都会在各类终端上留下数据碎片，当大量的数据碎片被采集、汇总，随着数据收集与分析、处理与呈现技术不断改进，就可以对教师专业发展的轨迹做出过程性评估。例如，在教育部“国培计划”实施过程中，要求培训机构建立教师“个人空

间”，学员充分利用“个人空间”，加强交流研讨，组建学习共同体。培训管理者要及时采集教师学习行为、过程数据，为培训效果的评价提供大量有价值的数据信息。

3. 整合多元资源，建立多维度教师培训学分电子档案

学分制的引入不仅仅是对教师自主专业进修的促进，还是对整个教师培训制度的一种改革，在这个过程中，必然会涉及教育部门以及各级学校在教师培训中的人、财、物等各个方面，全方位的配套改革要同时配合，各个层面要及时进行资源调整和制度改革，重新架构整个教师培训的运行组织系统。在管理层面，部分省级教育行政部门探索建立多维度教师培训学分电子档案，记录和存储教师参加培训与自主研修的成果，支持培训学分的查询、累积和转换，为高等学校认可培训学分、纳入学历教育提供服务，并将学分管理情况纳入学校评估、校长评估和县级教育评估体系。以学校为中介，教育行政机构和第三方教师培训机构可通过课程联系和学分互认等方法，建立统一的多元培训成果转化整合机制，实现学分的三维互认，构建多元整合的教师培训成果报告渠道。

三、从事务管理到精准服务，优化学习真实体验和有效参与

作为互助式合作管理的桥梁，培训管理者不仅要“做培训”，更要“懂培训”。“做培训”指管理者承担了培训前的材料与环境准备、培训中的教务管理和教学评价、培训后的财务报账与资料归档管理等事务性工作，以此支撑培训活动有序开展。“懂培训”指管理者全程参与培训，懂得与学员主动、真诚、和谐地交往。例如组织学员参与小组活动、指导参与小组讨论、协助学员解决问题，甚至进行个别辅导，为学员营造民主、严格、有序、宽松的学习氛围。除此之外，管理者应注重教学情境的创设，在真实或模拟的教学过程中提升学员的教学实践能力。培训场地除了大学、培训中心外，假期培训亦可安排在中小学，利用中小学校的资源进行培训，让学员产生亲切感、现场感。一些时段较长的培训项目，可考虑给予充分的时间与机会，让学员深入中小学校探究与体验。培训环境就是教学环境，培训场所就是学校的教室、实验室，培训过程就是日常教学过程的一个部分，培训学员经历了真实的教学过程，参与真实的学习活动，实现培训与教学的“无缝链接”。

四、从单向管理到多维管理，客观评价教师培训效果

教师培训单向管理的优点是任务清楚、程序规范、目标达成度高，便于培训管理者有序地过程性掌控和问题发生后的应急性处理。但在中小学教师培训中过于偏重单向管理，培训效果评估通常由主办单位进行，可能会出现培训效果评价单一的问题，不够客观。评估工作允许第三方介入，由第三方评估机构按计划执行，提供评估报告，评价内容除教学内容、学员成就、教学课程、教学领导、专业发展质量外，还对学员每天培训的感受进行初步分析。可以说，这种制度安排将“运动员”与“裁判员”分开，与主办单位的自我评价相比，能较好地体现评价的客观性与公正性。

第十五章　教师培训评价

2010年，《国家中长期教育改革和发展规划纲要》（2010—2020年）颁布后，由教育部和财政部联合启动教育发展重大项目——“中小学教师国家级培训计划”（简称“国培计划”），以满足教师专业发展的需求为主要目标，积极探索创新培训模式。可以说，国培计划是建设高素质专业化教师队伍的一项重要举措。教育评价事关教育发展方向，有什么样的评价指挥棒，就有什么样的办学导向。为深入贯彻落实习近平总书记关于教育的重要论述和全国教育大会精神，完善立德树人体制机制，系统推进教育评价改革，2020年，中共中央、国务院印发《深化新时代教育评价改革总体方案》，指明了教育评价的方向性问题，通过改革教师评价，能够引导教师更好地履行教书育人的职责。

第一节 教师培训评价的目标和原则

教师培训评价过程可划分成四个基本的环节，即培训准备、培训实施、培训结果分析、培训反馈。评价准备内容主要有培训背景分析、构建评价组织、确定评价方案。评价准备阶段是实施培训评价的前提，而整个培训评价中，评价施行环节具备较大的影响力。通常而言，评价实施还可划分成信息收集、互相交流、整理汇总以及评分评议等内容。评价结果分析可谓是整个评价实施阶段的点睛之笔。评价结果分析是为了发现培训中的问题与不足，进行综合判断。评价反馈指针对评价过程做出反馈，并形成反馈报告，上交至上级部门，为其决策提供可靠的凭据，将反馈信息提供给被评价者，可帮助他们更好地改进自我和完善工作。学者周成平提出了教师再教育办班评估，即评估办班准备工作和施行效果等，重点从三大方面评价教师再教育。第一，评估培训活动准备工作以及施行项目后的结果，如培训课程、培训方案以及培训方向等。第二，评估培训过程，内容有培训流程、培训管理等。第三，培训效果评价，即对受训者成绩、后续跟踪、培训质量等进行评估与考量。学者黄彩娥等人提出了教师再教育效果评价模式，包括评价的方法、方式、内容以及原则等，指出开展继续教育质量评价必须始终坚持定量评价和定性分析相结合，并将定性评价作为主导，坚持可操作性与客观性等原则。有学者给出了中小学教师再教育质量评估的核心依据，即从教师继续教育的需求与目标出发，依托继续教育的现状与特性，根据国内外现有评价办法，对教师再教育进行综合评价。评价原则主要包括：互动化和合作性原则、能力化和发展性原则、科学化和教育性原则、系统化和过程性原则、多样化与针对性原则等。它能够真实、有效地掌握评价信息、贯彻评价意图、实现评价方案，能够做到定性与定量相结合，管理者、培训者、受训者等方面的评价相结合。中小学教师培训评价主体包括多项内容，如行政管理部门评价、培训机构评价、受训教师的自我评价、学生和学校的评价等。教师培训评价是为了确保培训项目成功实施，并为以后的培训提供相关的资料和经验；行政管理部门的评价则是为了验收和检查培训效果，提供制度上的保障与帮助，如此一来，就能够规避教师培训的形式化问题。此外，非专业的评价机构很难科学、客观地做出评价，它们通常会通过简单的数据分析和观察比较就得出结论，如此一来，很难对整个培训项目做出合理的评估，显然不利于培训质量的提升。必须创新评价主体，替代传统的培训评价主体，确保评价的专业性和公正性。评价主体，一种是教育评估中心，一种则是参加培训的教师。培训评价机构与其他的评价主体相比更具有权威性，主要表现为：第一，公正客观性。由培训评价机构充当评估裁判员，能够从内部评估者角度出发，找出培训中的问题，还可从外部评估者角度出发，检查和验收培训的结果。第二，评价指标权威性。从某些方面来说，专业的评价机构制定的评价指标具备较高的权威性。第三，评价技能水平高。专业的评估人员具备更强的专业技能与知识，他们研发的培训评估工具也十分高效可行，容易被受训者所认可和接受，从而提升信息收集的效率。所以，专业的培训评价机构能够有效发挥出它对培训的监督指导作用，在根据计划实施培训项目时还可以确保培训的高质量。一些研究者提出，应当成立专门的评价小组来作为培训评估的第三方，且评价小组的成员应当全面多样，如包括上级管理部门人员、优秀的培训师、培训机构成员、受训学员等。这样，由多方主体构成的第三方小组能够更全面、客观、公正地评价培训项目。在评价时，应将重点放在培训的管理效果、资源利用以及课程设置上。培训评价小组应对培训过程全程跟踪和监督，各阶段工作结束之后均应进行细致的数据分析，并制定评价报告，如此才能够更好地评价培训活动中所产生的问题和不足，从而做出改进和调整。学者廖晶提到，多元化的评价主体有助于从多个维度、多个层次对培训项目的质量做出综合评判，从而更好地发现培训中的缺陷与问题，激发各方利益主体的评价积极性与主动性，有助于更加客观、全面地收集评价资料，提升评价效率。

教师培训评价的主体应该是多元化的，由管理部门、培训单位、受训教师以及第三方评价机构共同构成。在诸多评价主体中，授课教师和受训教师是最关键的评价主体，他们最有发言权，对教师培训活动做出理性评判，目的在于使整个教师培训活动更加有效。首先，评价者评价不应只从自我观点出发，而应当尊重受评价者的感受与价值观，和他们一同商定评价内容；其次，受评价者处于评价中较被动的地位，但也有发言权，应和评价者一同担负评价职责，积极参与和发表观点，将自身需求表达出来，从而实现自我发展需求与管理者需求的有机融合，共同发展。中小学教师培训评价可通过问卷调查与绩效自评等方式来评价与监控自身行为及培训的整个过程。受训教师是培训活动的直接对象，也是受益方，他们全程参加培训学习，感受最深，在培训活动的有效性与针对性评价方面，可以自由发表自己的观点与意见。而第三方培训评价主体，如教育部所组织的评估专家小组、教授学者、学校代表和其他人等，则从专业角度审核和评价培训方案、培训活动的开展情况以及培训结果等，并给出相关的指导性建议与意见。

第二节　教师培训评价常用的方法

教师培训评价对提升教师培养质量具有重要意义。2018年发布的《中共中央国务院关于全面深化新时代教师队伍建设改革的意见》中指出："要大力振兴教师教育，不断提升教师专业素质能力。改进培训内容，紧密结合教育教学一线实际，组织高质量培训，使教师静心钻研教学，切实提升教学水平。"同年，教育部等五部门印发《教师教育振兴行动计划（2018—2022年）》，强调开展教师教育质量保障体系构建行动。建设全国教师教育基本状态数据库，建立教师培养培训质量监测机制，发布《中国教师教育质量年度报告》。教师培训评价有助于为教师教育发展与改革提供证据支撑和方向指导。通过评价发现培训存在的问题，找准原因，总结规律，使教师培训工作有的放矢，从而健全教师专业发展体系。

教师培训需要科学的评价方法。教育是培养人的社会实践活动，人和社会需要不断发展变化，也不断向教育提出新的要求。教师作为教育活动的核心参与者，其培养培训更具挑战。教师培训的效果如何？教师培训过程中存在哪些现象和问题？教师培训过程中蕴含哪些教育思想和观念？教师培训有何规律？教师培训是否形成教育改革与发展的理论和对策？教师培训改革和发展的未来方向如何？要解释和回答这些问题，均离不开科学的教师培训评价方法。

当前教师教育领域原创的培训评价方法尚缺乏细致的研究，规范的教师培训评价体系尚未建立，导致教师培训评价工作的实践缺乏指导。当前教师培训采用的评价模型多源于企业培训中的案例研究，围绕评价展开的理论探讨也多借鉴人力资源管理和商学领域的相关理论。虽然教师培训与企业员工培训存在差异，鉴于两者都属于成人教育与学习的范畴，在某些方面存在共性，因此，在教师培训领域中引入成熟的培训评价模型作为参考，有助于解决当下教师培训评价中存在的部分问题，从而完善教师培训的评价机制，促进教师培训的健康发展。本节将介绍几种广泛应用的培训评价模型，总结各个评价模型的操作规范，以期为教师培训评价提供方法参考。

一、柯氏评估模型及其拓展

1. 柯氏评估模型

20世纪60年代，美国威斯康星大学教授唐纳德·L. 柯克帕特里克（Donald. L. Kirkpatrick）和詹姆斯·D. 柯克帕特里克（James D. Kirkpatrick）提出了柯氏四级培训评估模式（Kirkpatrick’s Four-level Training Evaluation Model），简称“柯氏评估模型”，对当前培训评估领域产生了巨大的影响。

“柯氏评估模型”从四个层次对培训效果开展评估，分别为“反应”“学习”“行为”“结果”（见表15.1）。第一层次“反应”，即在课程结束时，评估受训者对培训项目的主观感觉，如对培训资源、环境、方式等的看法和满意度。第二层次“学习”，就是测定受训者在知识、技能和态度等方面的变化。第三层次“行为”，就是考察受训者的工作行为方式的改变。第四层次“结果”，就是通过各种可以度量的指标（如数量、质量、成本、利润、投资回报率、安全等）来计算最终产生的效益。

表15.1 柯氏评估模型

评估层级	评估维度	评估重点
Level 1	反应（Reaction）	受训者的满意程度
Level 2	学习（Learning）	受训者的学习获得程度
Level 3	行为（Behavior）	受训者的知识运用程度
Level 4	成果（Result）	培训产出的绩效

我国不少教师培训项目基于柯氏评估模型来开展评价工作。例如在一项国培项目中，将评估的目的从奖惩转向促进行为改进和实践优化，综合评估学员对项目的感受、在项目过程中知识技能的习得、培训前后教育教学行为的变化，以及对学生及学校发展的影响力（见图15.1），探索基于专业化流程的“国培计划”项目质量控制策略。①

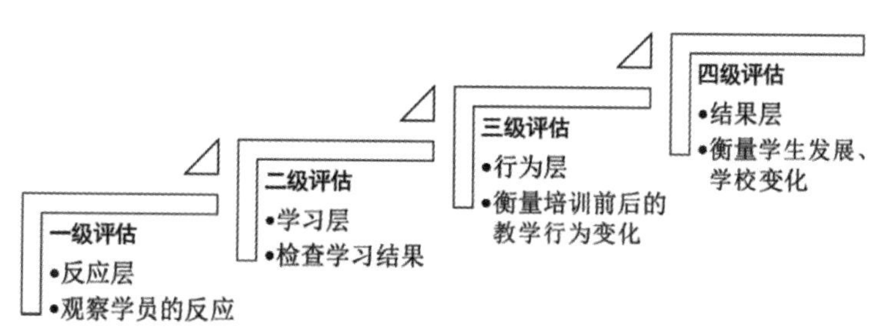

图15.1　柯氏四级评估模型

柯氏评估模型在培训领域有较大影响，但也存在一些质疑。如四级评估的层次依次递进无法证实，即高一层次的成果是否都由前一个层次引起，各个层级的重要性是否依次升高存疑；该模型没有考虑培训效果评估的目的，培训评估所用的成果必须与培训需求、项目学习目标和培训战略出发点相联系；培训资料的收集是否可以同时进行，而不必要按照四个层次依次展开。②

2. *考夫曼五层次评估模型*

1979年，考夫曼补充改进了柯氏四层评价模型，在第一层增加了培训资源获得的可能性评估，并在最后增加一个新的层次——培训的社会效益，将培训成果分为组织效益和社会效益，由此形成了考夫曼五层次评估模型，称为“Kaufman模型”（见表15.2）。其内容包括：第一，培训的可行性，表示资源投入（财力、物力、人力）程度与回报率。第二，掌握，表示组织、个体对技能知识的习得和胜任能力。第三，运用，即组织与个体的工作表现与效用。第四，组织效益，表示对于组织所做的贡献及回报。第五，社会效益，表示客户与社会的结果、反映以及回报等。

① 蔡京玉．基于专业化流程的“国培计划”项目质量控制策略研究[J]．教育研究，2018，39（06）：119~123．

② 余新．教师培训师专业修炼[M]．教育科学出版社，2012：240．

表15.2　考夫曼五层次评估模型

评估层次		评估内容
1	可能性和反应评估	可能性针对确保培训成功所必需的各种资源的有效性、可用性、质量等问题
		反应旨在说明方法、手段和程序的接受情况和效用情况
2	掌握评估	评估学员的掌握能力情况
3	应用评估	评估学员在接受培训项目之后，在工作中知识和技能的应用情况
4	组织效益评估	评估培训项目对组织的贡献和报偿情况
5	社会效益评估	评估社会和客户的反映，以及利润和报偿情况

3. 菲利普斯五级评估模型

菲利普斯在柯氏评估模型的基础上增加了一个层次的评估——将投资回报率作为评估的第五层，并将无形收益作为第六类评估指标，由此构成菲利普斯五级评估模型。该模型的五个等级分别是：反应和既定的活动、学习评价、岗位应用评价、对组织的影响评价以及投资回报率（见表15.3）。

表15.3　菲利普斯五级评估模型

评估级别	评估内容
第一级：反应和/或满意度，以及所计划的行动	培训项目、培训人员和评选结果将如何得到应用
第二级：学习结果	重点在于学员及有利于学习的支持性机制
第三级：工作中的应用和/或实施	重点在于学员、工作环境和有助于学习内容得以应用的支持性机制
第四级：对业务的影响	重点在于培训对组织绩效所产生的影响
第五级：投资回报率（ROI）	重点在于培训所产生的用货币形式来体现的收益
无形收益	重点在于用非货币形式体现的因素来衡量培训的价值

菲利普斯培训评估的流程总共分为十个步骤：制定培训目标、确定评估计划和基础数据、培训期间的数据收集、培训结束后的数据收集、培训效果鉴别、将数据转化

为货币、确定培训成本、确定无形收益、计算投资回报率、实施业务影响研究。

在教师培训项目中，可以借鉴菲利普斯的五级投资回报模型，全程监测和控制培训质量。[①]首先，关注学员在培训现场的学习反应，了解学员对培训项目的满意度和与此相关的工作计划。其次，关注学员经过培训后掌握了哪些知识和技能及其掌握程度。再次，关注学员学习成果在工作中的运用，了解学员回到工作岗位后是否按照学到的知识技能进行工作，培训中提倡的态度和价值观是否改变了学员看待和处理问题的方式。最后，关注“业务结果”和“投资回报率”。所谓“业务结果”，即了解培训对学校教育教学质量、工作效率是否产生变化，以及变化的方向和程度。

二、CIPP评估模型

1967年，美国学者斯塔弗尔比姆基于泰勒行为目标模式提出了另一大培训评价模型，即CIPP评估模型。在此模型中，他把培训项目当作研究对象，该模型包括四个部分，即情境评估（Context Evaluation）、投入评估（Input Evaluation）、过程评估（Process Evaluation）和产出评估（Product Evaluation）。其中，情境评估的主要内容有培训需求分析、特殊问题诊断、环境分析、培训机会甄别以及培训目标的确定等。投入评估的内容主要有培训资源信息的收集与整理、培训资源的评价、明确培训资源的运用方法以及项目设计与规划策略。过程评估是为培训项目负责人提供反馈信息，从而协助他们更好地改进和完善项目过程。结果评估就是解释与衡量培训活动的目标实现程度，它可以分为对预期目标以及非预期目标的解释与衡量两种。

三、Guskey教师专业发展评价模型

美国肯塔基大学教授Thomas R. Guskey提出了教师专业发展评价模型，这一模型源于柯氏四层评价模型。Guskey认为，柯氏四层次评价模型有助于解决众多的“什么”问题，但无力解决培训评价中的“为什么”问题[②]，因此，在教育中的使用比较有限。为此，Guskey根据教育的特点和对教师专业发展的理解，提出了五层次的教

① 余新．有效教师培训的七个关键环节——以“国培计划——培训者研修项目”培训管理者研修班为例[J]．教育研究，2010，31（02）：77～83．

② Thomas R. Guskey．教师专业发展评价[M]．方乐，张英，等，译．北京：中国轻工业出版社，2005．

师专业发展评价模型。它将培训评价划分成五大模块，即学员反应、参与者的学习、组织支持和变化、学员应用新知识和新技能、学生学习结果（见表15.4）。①

表15.4 Guskey五层次教师专业发展评价模型

层次	要解决的问题	信息收集方法	评价内容	信息使用
学员反应	他们喜欢（培训安排）吗？ 培训材料有意义吗？ 培训者知识渊博吗？对学习有帮助吗？ 点心新鲜可口、椅子舒服吗？	阶段结束时发放调查问卷； 焦点小组； 访谈； 个人学习日志	对于经历的初始满意度	用来改善项目设计和传播
参与者的学习	参与者习得了所期望的知识与技能了吗？	笔纸测试； 模拟和演示； 学员档案袋； 案例研究分析	学员的新知识和新技能	用来改善项目内容、格式和组织
组织支持和变化	它影响了组织的氛围和程序吗？ 实施得到倡导、组织和支持了吗？ 问题得到了快速和有效的解决了吗？ 可以得到充足的资源吗？ 成功得到了认可和分享吗？	学区和学校记录； 后继会议记录； 调查问卷； 焦点小组； 与学员、学校等结构式访谈； 学员档案袋	组织的倡导、支持、适应、促进和认可	用来证明和改善组织支持； 为未来变化努力提供信息
学员应用新知识和技能	学员有效地应用新知识与技能了吗？	调查问卷； 与学员及其导师的访谈； 学员档案袋； 直接观察； 录音或录像带	实施的程度与质量	用来证明和改善项目内容的实施
学生学习结果	对学生有什么影响？ 它影响学生绩效或成就了吗？ 它影响学生身体或情感了吗？ 学生成为更加自信的学习者了吗？ 学生出勤率在逐步提高吗？ 辍学率在逐步降低吗？	学生记录； 学校记录； 调查问卷； 与学生、家长、教师和管理人员的结构式访谈； 学员档案袋	认知的（绩效与成就）； 情感的（态度和气质）； 身体运动的（技能和行为）	关注和改善项目设计、实施和后继工作； 证明专业发展的全部影响

① 陈霞．教师专业发展效果评价模型评析——以Guskey教师专业发展评价模型为例[J]．大连教育学院学报，2010，26（01）：12~16．

这五个层次由简单到复杂，后一个层次都建立在前一个层次的基础上，也就是说，前一个层次的成功是后一个层次成功的必要条件。前四个层次关注的是参与者及参与者所处的组织，最后一个层次关注培训参与者的教学对象，即学生。Guskey强调，每个层次都提供了重要信息，代表了评价过程中一个独一无二的维度。

第三节　教师培训评价的运用

教师在职教育对教师终身学习的系统化支持已成为世界各国的共识与行动。在此背景下，我国在职教育也取得了显著成绩，并形成了分类、分岗、分层的全员培训体系。整体上，当前的教师培训工作已从规模化发展转向内涵化发展，教师培训项目的质量监督也需要更为精细的评价体系作为支撑。而从专业评价来看，我国教师在职教育的评价体系尚未建立。评价目标、内容、方法比较单一，多数局限于学员出勤率、课程满意度和学员作业量等方面。[①]事实上，教师培训评价贯穿培训工作的全过程，从项目承办机构和团队的遴选，到培训的实施、培训结果和绩效的反馈，即在项目的初始阶段、实施阶段和结束阶段，都涉及培训评价工作，评价的重要性毋庸置疑。

本节将从培训评价指标体系的建构、评价的实施、评价结果的反馈三个方面介绍教师培训评价的运用，探索有效的教师培训评价策略和工具，以体系化和专业化作为教师培训评价的要求，为评价工作提供实践指导。

一、建构培训评价指标体系

建构教师培训评价指标体系是开展评价的核心任务之一，其目的主要是解决“评价什么”的问题，从而使评价工作有据可依。针对“评价什么”，需围绕培训的需求和目标任务，制定相应的评价指标体系框架。由于不同类型、岗位和层次的培训，其培训需求和目标任务自然有差异，因此，难以建构普遍适用的评价指标体系。本书以培训规模最大的“国培计划”项目为例，从明确评价标准、细化评价指标点、建立指

① 余新，王婷．改革开放40年我国教师在职教育的回顾与前瞻[J]．课程·教材·教法，2018（07）：21~26．

标点标准层级、评价指标的有效性检验四个方面出发，阐述教师培训评价指标体系的建构思路。

（一）明确评价标准

2020年3月，教育部教师工作司印发《教师培训者团队研修指南》（以下简称《指南》）等文件，阐述“国培计划”有关项目的目标任务和考核评价等内容，供教师培训组织在实施工作中参照执行。以“新教师入职培训项目”为例，该项目以从教经历不足三年的农村特岗教师、公费师范生为主要对象，遵循基于学校、师德为先、分类施训、知行合一原则，经过二至三年递进式培训，引导新教师树立立德树人理念，自觉遵守职业规范，掌握教育教学理论，研习学科教学方法，形成教学基本能力，扣好职业生涯“第一粒扣子”，适应教师岗位要求。项目的目标任务和考核评价如表15.5所示。《指南》建议坚持过程性考核与终结性评价相结合的原则，采取量化评价与定性考核相结合的方法，分类实施，从整体上为项目评价提供了一定参考。

表15.5 “新教师入职培训项目”培训目标任务及考核评价要求

培训目标任务	考核评价
引领新教师坚定职业信念，增强职业领悟，规范职业行为，修炼职业形象，为立德树人奠基	对培训机构考评。由省级教育行政主管部门组织实施。采用调研座谈、问卷抽查、现场展示、第三方评估等方式，对培训机构的组织管理、教学计划、课程设置、师资配置、资源建设、后勤保障、经费使用、跟踪指导等方面进行考核
指导新教师掌握基本教学规律，学会教材分析、学情分析、教学设计、课堂管理和教学评价，为教书育人赋能	对任职（跟岗）学校考评。由县（市、区）教育行政主管部门组织实施。采用新教师访谈、问卷调查、实地考察、资料抽检、绩效考核等方式，对学校领导重视支持程度、指导团队建设、培训组织实施、新教师工作学习环境及满意度等方面进行考核
帮助新教师形成教学研究意识，熟悉观课议课、教学反思、案例研究等教研方法和途径，掌握信息技术基础应用能力，为专业发展助力	对培训指导教师考核。由县（市、区）教师发展中心和所在学校组织实施。采用领导评价、教师座谈、问卷调查、成果展示、绩效评估等方式，对培训指导教师自身能力提升、问题诊断分析、培训指导履职、结对帮扶效果、成果提炼总结及持续跟踪指导服务等方面进行考核
探索标准化、体系化、制度化的新教师入职培训机制，打造新教师入职培训示范模式，汇聚优质资源，为项目实施增值	对新教师个人考评。由教师任职学校和指导团队组织实施。立足新教师工作实际，采取指导教师评价、与学生及其家长访谈、成果展示、基本功测评、考试考核等方式，对新教师师德表现、自主学习、教学常规、班级管理、沟通协调、教研意识及能力等方面进行考核

评价标准的制定，除参照教育部门提出的培训目标和任务外，在培训前，还需要开展培训需求分析，从而了解培训的起点，为评价标准的制定提供更加细致准确的信息。《指南》中流程建议的第一步就是开展需求诊断。通过问卷调查、实地访谈、课堂诊断等形式，围绕职业理解、教学常规、班级管理、教学反思、家校沟通等内容，进行岗位适应能力诊断，形成诊断报告，为制定培训方案和课程设置提供事实依据。

在实践过程中，研究者也强调重视培训需求分析，张海珠提出了基于“教师专业标准”的教师培训需求分析模式。模式中包含五个环节，即构建标准、收集信息、确认差距、需求分析和确定需求。依据“教师专业能力检核标准”开发的“教师专业能力自我测评与提升需求调查问卷”的统计结果，能够诊断出教师专业能力现状和提升的需求，并通过对不同水平层级和不同需求的分析，确定教师专业能力的显性需求和隐性需求特点，最后确定教师专业能力的优先需求和能够优先缩短的距离与优先学习的课程（培训）资源，选择优先需求的学习（培训）方法，设计优先需求的评价策略，形成科学的、有效的教学计划和培训方案。①

宋萑和朱旭东基于教师专业发展理论和培训需求分析理论，提出包含公共分析、发展分析、组织分析、工作分析、人员分析、培训准备分析在内的教师培训需求评价模型，分别从国培、地培、校培三个层面梳理其教师培训需求评价路径。②参考并合理应用这些评价需求分析模型，可以帮助建立更加完整且科学化的评价指标体系。

（二）细化评价指标

明确了培训的需求及起点，并初步建立起培训评价指标体系的大框架，接下来就需要分解细化评价内容，把“宏观的”评价内容具体化为各项“微观的”可测量的指标点，使评价指标由抽象转为具体。

以“基于‘教师专业标准’的教师培训需求分析”为例，研究者在研读教师专业标准的基础上，通过分解、细化构建了包括6个能力领域、33个基本要素和85个可观测的能力要点的“教师专业能力检核标准”（见表15.6）。

① 张海珠．教师培训需求分析模式研究——基于“教师专业标准”的探讨[J]．课程·教材·教法，2017（12）：109．

② 宋萑，朱旭东．论教师培训的需求评价要素：模型建构[J]．教师教育研究，2017，29（01）：1~7．

表15.6　教师专业能力维度的能力领域

维　度	领　域
教师专业能力	教学设计能力
	教学实施能力
教师专业能力	班级管理与教育活动能力
	教育教学评价能力
	沟通与合作能力
	反思与发展能力

通过研读教师专业标准的相关理论和国内外研究进展，走访教育专家、中学教师和教学管理人员等，将6个能力领域分解细化形成了33个基本要素和85个具体的、明确的、微观的、可测量的能力要点。以教学设计能力领域为例，研究者将教学设计能力分解成了6个基本要素和16个能力要点（见表15.7）。

表15.7　教学设计能力领域的基本要素和能力要点

领　域	基本要素	能力要点
教学设计能力	（一）教学背景分析能力	教材内容的分析能力
		教学重点和难点的确定能力
		学习特点和学习需求的分析能力
	（二）教学目标设计能力	三维目标表述能力
		目标动词选用能力
		课程目标细化成课时目标的能力
	（三）教学方法设计能力	教学方法选择能力
		教学方法运用能力
	（四）教学媒体设计能力	教学媒体选择能力
		教学媒体运用能力
	（五）教学过程设计能力	教学流程设计能力
		学生实践活动的设计能力
		课后作业的选择和设计能力
	（六）设计成果评价能力	教学方案的分析和评价能力
		教学过程的观察和评价能力
		教学效果的测评和分析能力

（三）建立指标点标准层级

评价指标确定后，需要对各个指标点划分等级，并对各个等级应达到的水平进行解释。例如在问卷调查中，调查者需要对观测点划分等级，可使用李克特五级量表或七级量表收集信息。

通过查阅国内外相关研究资料，研究者将可以观测的85个能力要点解析成“不合格、合格、良好和卓越”4个层级。以“教学方法运用能力”为例，标准层级的解析如表15.8所示。

表15.8 “教学方法运用能力”标准层级

能力要点	层级解析			
	不合格	合格	良好	卓越
教学方法运用能力	不知道教学方法的优缺点，不知道教学方法使用的注意事项。只会运用几种简单的以教师为主体的教学方法	知道教学方法的优缺点，知道教学方法使用的注意事项。不会灵活地运用多种教学方法，只会将不同的教学方法进行简单的组合，不能调动学生学习的积极性	熟悉教学方法的优缺点，熟悉教学方法使用的注意事项。能够灵活地运用多种教学方法，并能将教学方法的优缺点进行有效的整合，调动学生学习的积极性	熟悉教学方法的优缺点，熟悉教学方法使用的注意事项。能够根据教学目标、教材内容、教学方法的特点、学生特点、教学环境、教学条件和学生核心素养培养的要求等运用不同的、个性化的教学方法，追求教学方法多样化向教学方法艺术化的升华

（四）评价指标的有效性检验

在开展评价之前，还需要对评价指标进行检测，即对指标体系的信度和效度进行检验，论证评价指标体系的专业性和科学性。可以通过问卷调查、专家访谈等途径对评价指标进行充分的调研、检测、交流、反馈、修改和完善，最终形成具有一定信度和效度的评价标准。

在实践中，问卷调查被广泛用于评价指标的信效度检验。在建构的指标体系基础上编制问卷，并开展问卷调查，对调查结果进行效度和信度检验，进一步确定评价指标的权重，可以得到有效的培训实效评估指标体系和评估量表。[①]

① 殷蕾，许放．高职教师培训实效评估指标体系构建研究[J]．中国高教研究，2018（10）：98～103．

二、依据评价标准开展评价

培训评价实施过程中主要涉及评价资料的收集和分析。评价者需要根据评价内容选择恰当的评价工具和策略，收集有效的评价资料，在培训过程中动态开展评价工作。

随着信息技术的发展，培训中可以应用的评价工具呈现出多样、多元的状态，这使得依据评价内容选择与之匹配的评价工具成为可能。例如，在远程培训中，广泛运用了嵌入式问题、家庭作业、单元测试、周测试、期中考试、期末考试、论坛参与情况、视频课程浏览情况等。①

宋萑和朱旭东提出的培训评价模型对各个评价要素都给出了评价路径，使用了文本分析法、文献法、德尔菲法、问卷调查法、观察法、访谈法等多种方法开展评价（见表15.9）。

表15.9　分析类型与评价方法对应表

分析类型	评价方法
公共分析	文本分析法
发展分析	文献法、德尔菲法、问卷调查法
组织分析	文本分析法、问卷调查法、焦点访谈法
工作分析	德尔菲法、个案研究法、访谈法、观察法
人员分析	观察法、访谈法、问卷调查法、测验法
培训准备分析	访谈法、问卷调查法

当学习有了技术支持时，教师的学习过程可记录，数据可追踪，评价变得直观且更具操作性，然而，我们的评价设计却不能流于形式而止于经验，仍然需要遵循学习评价的理念、目标而进行深度思考，在理论、技术、方法以及培训目标中取得恰当的平衡。②此外，需要注意的是，评价的路径应紧密围绕评价内容，力求精简高效。过

---

① 郑志高，张立国，张春荣．xMOOC的学习评价方法调查研究[J]．中国电化教育，2014（11）：44～49．

② 魏非，肖立志．教师远程培训中的学习评价设计：现状问题、内涵意义及优化策略[J]．中国电化教育，2016（11）：94～99．

于复杂烦琐的评价策略会给评价工作带来额外的阻力，不仅会给评价实施者增加工作量，还会给受训者带来额外的负担，激发负面情绪，导致评价工作混乱无序，也会影响评价结果。

三、反馈评价结果

评价反馈的重点在于其真实性、及时性、指导性和激励性等方面。

首先，培训评价反馈的真实性是指评价能够真实反映培训的实际情况，如培训方案的质量、培训团队的教学服务保障工作情况、学员的学习生活情况、培训的绩效、送培单位的支持情况等。如实反馈评价结果，有助于教育主管部门掌握培训的实施情况，从全局上把握培训资源的分配和培训工作的整体安排，调整培训政策，完善培训制度。对培训团队而言，准确的评价有利于制定合理的培训方案，在培训实施过程中根据评价反馈的问题，不断调整培训方案，保障培训质量。此外，通过评价反馈总结经验，为后续的培训工作提供参考。从学员的角度来看，培训评价的反馈，有助于学员了解自己和同伴的学习情况，发现不足并及时改进，从而指导学员的专业发展。对于送培单位而言，评价结果的反馈有利于单位掌握教师的培训情况，为教师后续的职业发展提供针对性的指导和支持，促进教师的专业成长，从而提高单位的整体教学水平。

其次，培训评价反馈的及时性强调评价结果反馈的实效性。在教师培训过程中，培训评价反馈滞后，不利于教育主管部门和各方参与人员把握最新的培训进展情况，发现问题并及时做出调整。一些培训项目只在培训结束时反馈培训评价结果，忽视过程性的动态评价反馈，且评价结果呈现的形式多是问卷统计结果、自陈式报告和作业测评等，大多以文字的方式呈现，反馈的时效性和生动性均受到影响。有研究者建议，在大数据时代，针对传统教师培训效果评价中存在的这些问题，教师培训管理者可以搭建与大数据相适应的采集平台，构建以大数据为支撑的培训评价指标体系，开展全样本、全过程收集培训信息，尝试基于测评的培训评价，提供与大数据相适应的保障与支持等，以实现教师培训效果评价的有效转型。①

就培训评价的指导性而言，针对一个具体的教师培训项目，培训投资方或组织方系统地收集和分析资料，对培训效果、培训质量、培训目标、课程与方法的有效程度

---

① 徐建华. 大数据时代教师培训效果评价方式转型[J]. 中小学教师培训，2016（07）：6~8.

等进行判断，其目的在于指导今后的培训决策和培训活动。①

在培训评价的激励性方面，有学者指出，培训评价存在缺乏激励性的问题。②例如，对于参训教师的评价参考往往只局限于考勤记录和作业成绩，而这些多流于形式，培训考勤和培训教师往往都会网开一面，达不到评价对参训教师的督促和激励作用。对于参训教师的培训效果评价倾向于简单的终结性评价，以量化的标准衡量所有参培教师，单一的评价方式忽视了参训教师在培训中是一个发展的个体，同时，教师评价缺乏持续性和连贯性，往往培训结业证书拿到手就意味着培训终结，而培训实际效果无人问津，这也严重影响着教师的参训心态。对于培训项目本身的评价更是缺乏或走过场，一个培训项目结束，谁来对这个培训项目进行评价、评价结果如何运用等没有一个正式的评价机构来负责，多是象征性地让参训教师填写一个关于培训或各个培训教师的评价表，而评价表多反馈给培训项目负责人，但却没有对项目负责人的评价制约机制。对于培训专家的评价，由于缺乏严谨的教师培训者的资质标准，当前对于培训专家的评价多是由参训教师对培训专家满意情况进行一个问卷调查，并不能准确地评价培训专家的培训质量，而参训人员提交的作业情况也难以反馈给参训教师。

① 余新．有效教师培训的七个关键环节——以“国培计划——培训者研修项目”培训管理者研修班为例[J]．教育研究，2010，31（02）：77～83．

② 张嫚嫚，魏春梅．乡村教师培训存在的问题分析及对策思考[J]．教师教育研究，2016，28（05）：74～79．

第十六章 国外教师培训

近年来，我国通过多种措施不断完善我国的教师培训体系，健全教师培训机制，在教师培训事业上取得了巨大的成就。但是仍然面临着一些问题，这些问题影响着教师专业化水平的提高。他山之石，可以攻玉。本章通过对部分发达国家的教师培训基本情况进行梳理与分析，以期了解国际教师培训的整体形势，并对我国的教师培训改革和完善提供借鉴。

第一节 国际教师培训的发展

主要发达国家的教师培训发展时间差异很大，如法国在17世纪便产生了教师培养与培训，而日本却在19世纪才产生。因此，严格按时间来划分国际教师培训发展阶段是十分困难的。我们尝试从主要资本主义国家教师培训发展入手，将国际教师培训发展概括为产生阶段、体系建立与制度化阶段、开放发展阶段，以此来加以阐述，分析教师培养与培训的发展演进。

一、教师教育的产生（17世纪末—19世纪中叶）

1681年，法国拉萨尔创立教师讲习所，但教师缺乏；1688年，拉萨尔又在巴黎建立了两所同样性质的学校。这些教师培训学校的教学内容简单，所学课程包括读、写、算以及唱歌等普通教育科目，宗教训练及教授法教育实习等。在拉萨尔的努力下，到1719年拉萨尔去世时，基督教学校兄弟会已有数所师范学校和实习学校。法国产生教师培养与培训后，其他主要资本主义国家也相继产生了教师培养与培训。

（一）英国教师培养与培训的产生

英国的资产阶级革命较早，但其建立的君主立宪制度保留了许多封建社会的文化和传统。教会仍然长期掌控着教育，教师由教职人员担任，没有严格意义的教师培训，直到18世纪末，英国才萌芽了教师培养与培训。

英国“模范学校”中的“导生制”的“导生”培训往往被看作是英国教师培养与培训的初始形态。1798年，兰喀斯特在伦敦南沃克地区创办了一所学校。学生人数不断增加，但经费和教师数量却不能满足需要，于是兰喀斯特开创了“导生制”来解决这一问题。“导生制”就是挑选一些成绩较好、年龄较大的学生先向教师学习，然后再由他们去教其他的学生。被挑选出来的学生就是“导生”，他们既是学生又是教师。“导生”接受老师的培训，这种培训其实是一种教师培训活动。“导生制”对解决教师短缺问题十分有效，成为许多学校仿效的榜样，所以实施“导生制”的学校被称为“模范学校”。在英国，教会一直以慈善的形式开办学校，政府一直想把教育纳入掌控，政府与教会在教育上的角逐十分激烈。为扩大各自的教育规模，他们都开办学校，并培训学校任教的教师。1810年，非国教派成立“皇家兰喀斯特协会”，他们提供资金，采用训练“导生”的办法训练了近400名16～18岁的青年，并安排他们到西印度群岛、非洲等殖民地的学校担任教师。1811年，国教派成立了“全国贫民教育促进协会”，进一步推动“模范学校”与“导生制”的发展。

“导生制”培训的教师质量不高，数量也仍然不能满足教育对教师的需求，英国又出现了“见习教师制”，亦称“教生制”，这是在“导生制”的基础上发展起来的一种教师培训模式。其具体做法是，在初等学校中选出优秀的13岁左右的少年作为见习教师，由接受国家视察的学校的校长以带徒弟的方式把他们培养成教师。见习教师一般订立为期5年的契约，他们在这5年中充当校长的助手，跟随校长见习学校事务与教学，5年见习期满，即可成为助理教师。

除教会和政府主导的“导生制”和“教生制”教师培训外，19世纪初期，还出现了私人组织的教师培训。1808年，由私人开办的伯勒·罗德学院开始了其教师培训活动。同一时期，威尔士的里佛兰德·格里菲斯也在“巡回学校”开设了短期教师教学课程。1837年，苏格兰教育家戴维·斯托创办“格拉斯哥师范学校”，采用不同于“导生制”的方法培训初等学校教师，教师培训质量得到社会广泛认可。到1847年，类似“格拉斯哥师范学校”的学校从3所增至20所。另外，1852年，曼彻斯特大学率先为初等学校教师开设了夜校课程。到1890年，这类学校又增加到43所。

综观这一时期的英国教师教育，英国在“导生”培养的基础上，发展了“见习教师制”和教师培训的私人机构、教师培养课程班等，教师教育在英国产生，奠定了英国的教师培养与培训发展的基础。

（二）德国教师培养与培训的产生

14世纪，脱离罗马教皇的统治后，德国长期处于封建割据状态，是一个由300多个大小城邦组成的封建联邦制国家。中世纪的德国，主要是由教会办学，中世纪后期出现了世俗学校，这种学校主要招收平民子弟入学。1517年，马丁·路德进行宗教改革，其非常重视教育，学校教育得到进一步发展，规模扩大，但是这些新学校的教学内容主要还是宗教内容，教师仍然是神职人员。随着资本主义的发展，教育规模扩大，教师的需求不断增加。但是，在这一时期的德国，不管是教会学校还是世俗学校，其教师都是由没有经过培训的神职人员担任，不存在正式的教师培养和培训。

在德国的邦国中，普鲁士势力最为强大。普鲁士为了强化统治和扩大军事实力，积极采取重商主义的经济政策。为了培养适应重商主义经济体制需要的技能人才，普鲁士率先进行了教育改革，重视教育发展。如1717年，普鲁士帝国国王威廉一世颁布的《义务教育规定》，规定所有未成年人，不分男女和贵贱，都必须接受教育；1763年普鲁士国王腓特烈二世颁布法令，进一步规定5～12岁的儿童必须到学校接受教育，否则要对家长进行刻意罚金。面向全体国民的义务教育首先在德国产生，虽然由于经济原因，推进缓慢，但其实施对教师的质量和数量仍然提出了很高的要求。德国以普鲁士为代表的邦国重视教育，教师教育却发展缓慢，他们为了满足教育对教师的需求，往往直接利用现成的僧侣和手艺人为教师，后来也以伤残军人为教师，没有建立专门的教师培训机构。

随着教育规模的继续扩大，现存的僧侣和手艺人数量和质量都不能满足教育的需求。1696年，弗兰克于在哈雷创办了德国最早的私立教师培训机构——实践研究会，这可以看作是德国教师教育产生的标志。后来，普鲁士出现了许多这样的私立教师培训机构，但这些教师培训机构培养的教师人数少，教师学习时间短，培养质量不高。1748年，赫克在德国柏林建立了“教堂司事与教员养成所”，这也是一所私立的学校，但政府给予其一定的财力支持。1753年，政府将“教堂司事与教员养成所”收归国有，这所学校便演变成了国立教员养成所（皇家学院），这就是德国最早的国立教师培训机构。受普鲁士的启发，1770年，奥地利在维也纳建立了第一所师范教育机构。但是，由于国家分裂，各公国各自为政，相互征伐，国家财力不足等原因，德国教师培训的发展十分缓慢。

在资本主义发展和对教育日趋重视的背景下，德国先后产生了私立和公立教师培训机构，培训质量低、数量有限是教师教育初创期的主要特点。

（三）美国教师培养与培训的产生

殖民地时期，美国教育基本上是其宗主国——英国教育的移植，学校也主要受教会控制，教育目的在于培养殖民地居民的宗教信仰，教学内容主要是简单的读、写、算和宗教内容，教师的选择以宗教信仰为主要标准，教师通常由神职人员担任。

18世纪中叶，创立于英国的文实中学传入美国，迎合了美国经济发展对中等水平的技术人员的需求。1751年，富兰克林在费城设立了第一所文实中学，其中包括了师资训练班，这是美国最早的师资培训尝试。后来，各州的文实中学基本都内设师资训练班，培养了大量初等学校教师。18世纪末，始创于英国的“导生制”也在19世纪初传入美国，1818年，兰卡斯特亲自到美国推广这种制度。由于“导生制”教师培训模式花费低，可以节约大批经费开支，很大程度上满足了平民子女接受初等教育带来的教师需求，因而“导生制”在19世纪初期的美国盛行一时，并从小学扩展到部分中学。

1823年，霍尔在佛蒙特州创办了美国第一所私立师范学校。学校修业年限为3年，并设有附属小学供学生实习之用。学习课程包括公立学校所教的科目和一些教学艺术方面的训练。以后，各地相继办起了不少此类机构。到1880年，这类私立师范学校已达114所；1900年为118所，在校生达20 000人，该年毕业生人数为1 600人。1838年，马萨诸塞州立法机关颁布了全美第一个《师范学校法》，决定拨款筹建州立师范学校。1839年7月，马萨诸塞州在莱克星顿建立了美国第一所州立师范学校，标志着美国公立师范学校运动的开始。1839年9月、1840年9月，又相继开办了巴尔师范学校和桥水师范学校。此后其他各州相继设立师范学校培养初等教育师资。到南北战争前，全国已有12所公立师范学校。

综观这一时间的美国教师教育，美国在英国文实学校和导生制的影响下，产生了教师培训，到19世纪初，也先后产生了私立和公立师范学校。移植英国教师教育模式，开始教师教育是这一时期美国教师教育的主要特点。

（四）日本教师培养与培训的产生

日本明治维新前的教师主要是经验型教师，教师的养成方式主要是通过个人经验的积累、自发地学习与模仿等。此外，一些技能教师主要是靠师徒制的培养方式。19

世纪中叶，英法等主要资本主义国家已经完成了产业革命，科学技术和生产力达到了相当高的水平，而日本却处于封建幕藩体制末期，生产力落后，虽然社会内部商品经济有较大发展，但是资本主义生产关系远未成熟。这个时期，日本国内骚乱不断，国外各帝国主义列强也虎视眈眈。为解决内外矛盾，日本掀起了一场影响深远的资产阶级改革运动——明治维新运动，确立了日本新的政治体制，提出了“富国强兵”“殖产兴业”和“文明开化”三大国策。

对于当时的日本来说，引进西方先进科技，树立与“富国强兵”目标相适应的思想道德观念，以及为发展资本主义经济而培养大批专门人才等都要靠大办教育来实现。于是教育改革成了明治维新各项资产阶级改革中最重要的改革之一。伊藤博文在《国是纲目》中提出：在京城设立大学，郡村设立小学，务期做到不分都市农村，“人人享受知识之光辉”。日本政府明确提出“邑无未学之户，家无不学之人”“养伟器在大学，开民智在小学”的教改指导思想。在其影响下，大学和小学陆续开办，但是教师成为一个关键问题，特别是小学生数量大，小学教师奇缺。于是日本移植美法教育制度，创立了师范教育。1872年4月，文部省在《建立学校教员指导场的呈文》中指出了设立师范学校的紧迫性；1872年8月颁布了《学制》，其中规定：“小学之外，要有师范学校，在此种学校教授小学教学原则和教学方法，实乃当务之急；小学教员，不论男女，必须是年龄20岁以上、具有师范学校毕业证书。”文部省根据文件精神，在东京设立师范学校，这是日本近代教育史上第一所师范学校，文部省视其为“教导小学师资之所”，这也是日本师范学校制度的起源。1873年7月，文部省向太政官提出建议，要求每一大学区本部设立一所师范学校，以培养小学校师资。以东京师范学校为楷模，日本先在第3大学区的本部大阪和第7大学区的本部宫城设立师范学校；1874年2月，第2大学区名古屋、第4大学区广岛、第5大学区长崎、第6大学区新潟分别设立了官立的师范学校。这些大学区设立的师范学校修业年限为2年，主要满足日本小学教师需求。

19世纪末，日本产生了教师培养与培训，由于日本当时资本主义经济发展滞后，教师教育是在政治改革的背景下由国家强行推进的，日本的教师培养与培训机构产生之初基本都是官办的。

二、教师教育体系的建立与制度化（18世纪—20世纪初）

在许多资本主义国家，教师教育体系的建立是伴随着教师培养与培训机构公立化进程而不断展开的。随着资本主义的发展，主要资本主义国家的政府对教师教育日趋重视，教师教育进入了公立化和体系建立时期。

（一）法国教师教育体系的建立

早在16世纪法国宗教改革时期，加尔文就主张在教育方面建立新的学校制度，实施初等义务教育，使用本族语言教学等。经过18世纪资产阶级启蒙运动家的宣传，到了大革命前，“国民教育”的概念已经深入人心，其核心就是国家应负责全体国民的教育事务，这也是国家对人民的基本义务。1789年7月，法国爆发了资产阶级革命，波旁王朝被推翻。制宪会议颁布了“废除一切旧义务”的“八月法令”，后来又通过了著名的《人权宣言》，庄严宣布了“人身自由，权利平等”的原则。资产阶级政权建立后，封建制度土崩瓦解，教育权收归国家，法国开始建立国民教育体系，逐步推行普及义务教育。随着国民教育的推行，教师教育的发展也成为必然。1794年，国民公会下令创办巴黎师范学校，1795年，法国在巴黎设公立师范学校并招生。由于政局动荡、经费不足等原因，半年后该校便不得不关闭，但其建立的师范教育模式却成为法国后续师范学校的典范。1808年，帝国大学建立，恢复了巴黎师范学校，并将其办学目标改为培养国立中学教师；同时，公布了培养初等学校教师的法令，并规定“每个学区要在市立中学或国立中学设立附属于它的一个或几个师范班，用以培养初等学校的教师。1811年，在斯特拉斯堡建立了法国第一所公立初等师范学校，各地仿照斯特拉斯堡的做法也陆续开办师范学校。到1830年，法国有14所师范学校，到1833年，法国各地建立了48所师范学校，初步形成了法国的教师教育体系。

法国教育具有“因袭的英才教育的形态”的特点，目的就在于选拔及培养政府、教育以及其他各种行业的领导人才。法国师范教育制度从产生最初就是为了适应法国特殊的双轨教育制度而具有两条平行的师范教育轨道。基佐担任法国教育部部长期间开始着手解决师范学校散漫的问题，统一法国师范教育制度。他先后主持颁布了《师范学校条例》（1832年12月）和《教育法案》（1833年6月），其中，关于教师的相关规定有：所有小学教师都必须接受师范教育，每省要设立或与邻省合办1所男子师范学校；男子师范学校招收的学生需年满16岁，持有本市镇颁发的品行优良证书，通过入学考试，并保证在公共教育领域服务10年；师范学校学业两年，课程包括道德和宗教教育、阅读、算术、法语语法、线条绘画、丈量和实用几何学的其他应用、物理科学基础及其在生活中的应用、音乐和体操、法国地理和历史基础、户籍证明的起草、树木嫁接和修剪、最优教学方法学习等；师范生升级要经过严格审定，结业要经考试取得能力证书；省立师范学校属于国家管理，国家直接掌握教师资格的标准。基佐颁布的条件和法案结束了法国长期不管理初等教育教师培养的状况，统一了师范学校的培养要求，如招生、课程设置、学业年限等，基本确立了一个统一的法国师范学校系统的制度基础。在此基础上，法国的师范学校从1830到1838年由13所增至76所，并在1845年出现女子师范学校。

1840年，反动势力攻击师范教育制度，认为师范学校并没有达到真正的标准，训练流于形式，毕业生也没有对社会做出多大的贡献，应该关闭师范学校。如1850年法卢担任教育部部长时颁布的《法卢法案》，赋予教育总长以随时关闭师范学校的权力。公立学校的发展受到巨大的冲击。后来的教育部部长逐渐纠正错误做法，公立师范学校教职员有所增加，待遇水平也有所提高。19世纪70年代末到80年代初，共和派掌握了第三共和国的权力，资本主义发展比较迅速，法国师范教育也迎来了一个发展的黄金时代，这一时期正式确立了两条平行的法国师范教育制度。1879—1883年，儒勒·费里三次出任法国教育部部长，颁布了一系列法令，规定：每省设男女师范学校各1所，以保证市镇男女小学教师的录用；男女师范学校在招生标准、学业年限、教学组织等方面的要求一样，只在具体的课程和课时总数方面略有差别；师范学校全部为公立机构，由过去只向部分学生颁发奖学金改为全部免收学费，教师只有持有能力证书才能获得任教资格，工资由国家支付。从1889年始，法国教师正式成为国家公务员，一直延续至今。这样，在第二次世界大战前，法国初等教育教师培养制度基本确定。

1881年，在巴黎西郊建立了塞夫勒女子高等师范学校，该校招收女生。1880年、1881年分别在巴黎附近的玫瑰泉和圣克鲁建立了两所高等师范学校。在中等教育教师资格认定方面，由于1921年确定的教师会考难度太大，学生成功率很低，于是在1922年设立“中等教育教学能力证书”，通过者称为“证书教师”，由于水平略低于会考教师，故证书教师在法国中学较多。至此，法国中等教育教师培养的格局也大致形成，法国师范教育终于由分散多样走向整齐划一，师范教育制度基本确立。

（二）英国教师教育体系的建立

随着教育对社会的作用逐渐为人们所认识，英国政府也认识到教育的重要性，并采取更有力的措施与教会展开教育控制权的争夺，加强发展公立教师体系。1835年，英国下议院提议拨款1万英镑创办4所类似的教师训练学院，以便掌握师范教育的控制权。但是，这个建立公立师范教育机构的方案因教会的强烈反对而搁浅。英国政府并没有放弃，而是采取了一种变通的方式——“公助私立”，即政府不再设立专门的教师训练学校，但以拨款补助私立学校的方式间接控制教师培训。于是，一些私人组织在政府的经费支持下开始筹办师范学校。1839年，英国枢密院教育委员会建立，其首任主席凯-沙图华兹于1840年在巴特西开办了一家教师训练学院，这就是英国教育史上著名的巴特西教师训练学院，也称“圣约翰学院”，是英国近代第一所正规的师范学校。由于资金问题，1844年，凯-沙图华兹将巴特西教师训练学院交给“国民协会”开办，从此这所学校归国会管辖。

19世纪中后期，英国采取一系列措施，加强对基础教育的控制。例如，1870年，《初等教育法》颁布后，学校委员会的建立使政府对地方教育的影响日益加大；1888年，建立了郡议会和郡级市议会之下的教育委员会，并由此委员会管理初等和中等教育；1899年，在英格兰和威尔士成立了教育委员会，负责领导初等、中等和专业教育；1902年，《教育法》规定地方教育当局对公私立教育统一管理，并负责对公、私立教育进行补助，将私立教育纳入了政府的统一管理体系。在师范教育领域，许多师范学校仍然是私立性质或教会办学，如1900年43所训练学院中，30所属于英国国教派，2所由其他各教派开办，虽然政府采取补助的办法对其加以控制，但是教会和私立师范学校培养的教师一般为教会学校服务，与政府大众化的方针不符。因而，在政府强化大众化教育的背景下，地方教育当局设置公办师范学校的条件已经成熟。其间，政府通过渐进式的方式推进公立师范教育，主要采取的措施有：（1）1902年，《教育法》中规定了有关师范教育的条款，如第二十二条授权郡和郡自治市地方教育当局，在必要时利用地方税建立培养初等学校师资的师范学院。（2）教育委员会发布教师培养的管理条例。1903年7月，教育委员会颁布管理条例，要求地方教育当局补助师范学校来增加教师培养人数，或直接建立师范学院，为师范学院提供校舍。（3）地方政府或教育当局为公立师范学校的开办提供基建费及其他经费，伦敦的公立师范学校一般由政府提供经费，其他地区一般由地方教育当局提供经费。

在国家的强力推进下，1902年，“伦敦地区大学郡议会师范学院”正式成立，它是第一所由地方教育当局和大学联合创办的师范学院，院长由大学教授兼任。由于很多师范学院接受非住读学生，所以当时很多师范学院都被称为“走读师范学院”。1904年后，地方教育当局开办的第一所师范学院是赫理福德师范学院，第二所为谢菲尔德师范学院。1906年，自由党政府提出了一项提高补助金额的计划，即“为地方教育当局开办学院提供高达四分之三的基建费。此后，博尔顿、利兹和朴次茅斯等地的师范学院相继设立。到第一次世界大战爆发以前，已有20所地方公立师范学院。公立师范学院的开办使各教会所属学院面临竞争，师范学院的每一步发展都体现了教会与政府对教育领导权的权力斗争。英国逐步形成了由大学附属的走读师范学院、地方教育当局开办的师范学院和地方私立师范学院三种不同性质的现代师范教育体制。这三种不同的师范学校在政府的宏观控制下，由大学、地方教育当局和教会团体三方负责开办。

大学与地方教育当局联系培养教师是有基础的。英国大学介入师范教育始于19世纪中期，其目的是为中学教师提供短期培训课程。1852年，曼彻斯特大学率先为初等学校教师开设了夜校课程。到1890年时，这类学校又增加到43所。这种普通大学办师范教育的模式是英国师范教育有别于其他国家师范教育的一大特点，为今后的教师教育一体化奠定了基础。1911年，附属大学的走读师范学院成为大学教育系后，大学教育系和地方师范学院成为英国师资培训的两种主要类型。

以大学教育系、地方师范学院为主的英国教师教育体系基本确立，但是由于这些教师训练学院规模较小、修业年限短，在数量上根本无法满足英国初等教育发展对教师的需求，因此，20世纪，英国仍然主要采用“导生制”和“见习教师制”来补充初等学校的师资。不过，随着各种师范学校相继建立，小学教师的培养主体开始逐渐转向师范学院和走读师范学院（1911年后称“大学教育系”）。中学教师所受普通教育层次要求比小学高，主要实行以大学教育系为主的培养模式。1922年，训练中等教育师资的机构共22所，其中15所为大学教育系，师范学院为5所，其他为2所。1926年后，英国中小学师资培训渐趋统一，只是大学教育系以培养中学教师为主。这样，到20世纪初，英国已建立了较为完善的教师教育体系，国家加强了对教师教育的控制。

（三）德国教师教育体系的建立

1763年，德国颁布的《初等学校及教师通则》对初等学校教师的任职要求、从业标准等方面做了详细的规定。由于各种原因，此通则并未付诸实施，但该文件明确提出教师的任用要经过考试，教师要取得合格证书，可见对教师的任职规定较以前更加严格了，也为后来教师资格证书制度的实施打下了基础。1794年，腓特烈·威廉二世又制定了一项普通法，规定教师不经国家许可不得在被选之列，教师委任权属于国家而不属于教会或其他组织。1810年，普鲁士颁布了教师资格考试令，规定中学教师只有通过国家考试才能获得教师资格证书，牧师不可以担任中学教师，考试不合格者也不得被聘用为中学教师，考试科目包括文科中学讲授的全部科目，因此，要想成为中学教师必须在大学里接受全部的课程教育，才能得以任用。这种考试制度将普鲁士中等学校教师提高到专业工作者的地位。随着这一考试制度的颁布，国民教育制度得以确立，德国教师教育走向了制度化。

1871年，德意志结束了四分五裂的状态，实现了国家的统一。德意志统一后，更加认识到教育的重要性，于是大力发展教育事业，政府给予了大量的财力支持，教育由原来强迫教育时期发展为真正的国民教育时期。随着产业革命的发展，德国资本主义也迅速发展起来，德国的实科学校、中等学校得到了巨大的发展，而且教育内容也扩大了。随着教育规模的扩大、实科学校和中等学校的发展，教师需求巨大，教师的质量要求也需要提高。德国统一后，加大了教师教育的投入，师范学校的数量和质量都增长明显。1850年，德国的教员养成所仅有156所，到1910年，仅普鲁士的教员养成所就达到了176所。到第一次世界大战前，这种师范学校已经有450所。随着教师培训机构的增加，教师培训体系基本建立起来。

魏玛共和国成立后，1919年2月颁布的《魏玛宪法》第一百四十三条明文规定“根据对高级中学教育的普遍有效的原则，全国统一协调师范教育。公立学校的教师享有和履行国家官员的权力和义务”，其宗旨是希望通过统一国民学校、中间学校和完全中学的教师培养来实现统一学校的目标和思想，并且把国民教师的培养提高到高等教育层次，这就为教师教育的改革揭开了序幕。1920年，帝国学校会议对宪法第一百四十三条做了进一步说明，指出所有教师都应有统一的职业水平，各类学校教师都应在大学培训，这就为教师教育改革奠定了基础。在《魏玛宪法》的基础上，德国各地的教师教育先后实行了改革。1922年，图林根第一个通过了教师教育法，为教师教育向高等教育过渡奠定了基础，萨克森在1923年颁布了教师教育法等。到1933年，大多数州已经通过改革，采用新制，大致分为两类：一类是大学及工科大学的教育学院。工科大学开设了以培养小学教师为目的的课程，称为“教育学院”。另一类是独立设置的师范学院。1926年，在当时教育部部长贝克尔的领导下，普鲁士取消了师范学校，建立了第一批师范学院（也有人译为“教育专科学校”），共三所。到1931年，仅在普鲁士就已经设立7所师范学院。但是，由于当时经济危机的爆发，普鲁士在财政上出现困难，于1932年开始关闭一些师范学院，这一年共关闭了8所，使全部师范学院只剩下7所。无论如何，到20年代末，除了巴登和巴伐利亚还存在中等教育形式的师范学校外，大部分地区都采用了高等师范教育培养师资。尤其是师范学院的建立，被称为“德国教师教育史上的一次革命”，使德国师资培养水平提高了一个层次。

（四）美国教师教育体系的建立

始于马萨诸塞州的公立学校运动迅速扩大到各州，公众对公立教育体系的支持和各州立法机关对师资培养工作的重视，为师范学校从私立教育机构转为公立教育机构并在数量上得以迅速增长提供了可能性。南北战争以后，师范学校的发展进入一个繁荣时期：资本主义经济发展突飞猛进，工农业的现代化发展更加迅速，工农业对劳动者素质提出了更高的要求，推动了义务教育的全面普及。自1852年马萨诸塞州通过第一个强迫义务教育法之后，各州纷纷效法。经济的迅速发展和全国性的普及义务教育运动为师范学校的发展注入了一剂强心剂。1874年时，全美有67所州立师范学校，其中4所私立师范学校；到1886年，有州立师范学校103所、市立师范学校22所、县立2所；而到1898年，州立师范学校发展到166所、私立师范学校165所。师范学校的招生数从1870年的1万增至1900年的7万。这样，经过数十年的发展，到19世纪末，美国师范教育的雏形已经逐步形成。各州基本上都有了州立师范学校，公立师范教育制度已经在各州确立。

随着公共教育制度在各州的确立，公立学校教师的供应和选拔显得越来越迫切。对进入公立学校当教师的人进行统一考核、统一发放教师证书，以确保他们掌握基本的教育教学知识和技能。俄亥俄州于1825年建立了美国最早的教师资格证书制度。随后，各州纷纷仿效俄亥俄州的做法。1845年，佛蒙特州在各县任命了一个县督学，由督学负责考核教师的待聘者和在各县发放有效期为一年的教师资格证书。至1860年，美国普遍建立起了这种县府管理机构，并且建立了考试委员会。内战之后，各州教育主管或州教育委员会开始确立各州教师从教的最低标准，并相继确定了由州教育委员会来颁发教师资格证书的制度，教师资格认证制度在美国确立起来，也体现了美国教师教育制度化取得了标志性的成绩。

（五）日本教师教育体系的建立

1880年12月，日本政府公布《改正教育令》，以对明治时期的师范教育加以完善。根据此令的精神与原则，文部省于1881年8月19日颁布了《师范学校教则大纲》。该大纲是明治政府根据《改正教育令》的精神与原则制定的一项旨在整顿师范学校的一般教育课程的单行法规。《师范学校教则大纲》规定，师范学校应把小学教员放在其所学的学科中培养。在师范学校内设1年制的初等师范科、2年半制的中等师范科和4年制的高等师范科。其毕业生分别担任小学初等科、小学中等科、小学高等科以下的教员。初等师范科开设修身、读书、习字、算术、地理、物理、教育学、学校管理法、实地教学、唱歌、体操等11个科目。中等师范科除了开设初等师范科的章程外，还开设历史、图画、生理、化学、几何、簿记等科目。日本形成了中小学校教师的培养体系，并规范了课程内容。1886年，在森有礼的主持下，文部省颁布了《师范学校令》，其在日本师范教育发展史上具有重大意义，使师范学校在学制上独成体系。《师范学校令》共十二条，它规定了师范学校的目的和学校教育制度等。1897年，文部省撤销了1886年的《师范学校令》，颁布了新的《师范学校令》。其对高等师范学校、女子高等师范学校和师范学校的任务做了明确规定：师范学校分为寻常师范学校和高等师范学校两级，前者招收高中毕业生，每府县各设一校，后者招收寻常师范学校毕业生，只在东京设置一校；师范学校学生必须按照国家规定学习，学生享受公费资助，但毕业生必须到指定的教育岗位工作；女子高等师范学校负责小学校的教师培养；师范学校设置预备科、小学教员讲习科、幼儿园保姆讲习科等负责教师培训。

1907年，文部省制定了《师范学校规程》，比较详细地确定了师范学校的规章制度。规程指出，师范学校的首要任务是培养学生“忠君爱国”的气质。师范学校分为预科和本科，本科分为第1部和第2部，预科修业1年，招收14岁以上的2年制高等小学校毕业生。本科第1部修业4年，招收15岁以上修完预科课程者或3年制高校毕业生；男生本科第2部修业1年，招收17岁以上的中学毕业生；女生本科2部招收16岁以上的高等女学校的毕业生，修业2年，或者招收17岁以上的5年制高等女学校毕业生，修业1年。1903年以前，日本全国只有1所高等师范学校，即东京高等师范学校。关于高等师范学校的学科编制。高等师范科除了开设中等师范科所有的课程外，还开设经济、本邦法令、心理等科目。教则大纲还规定了1年36周的教学时数。教则大纲的颁布，使师范教育制度走向了规范化、法制化。教则大纲具有以下特点：第一，进一步明确了各级师范科的培养目标，把师范教育课程与小学课程对应开设，即除了心理、教育学、学校管理法、实地教学等有关教职的科目外，其他的教育课程均与小学各科的教育课程一一对应。第二，第一次在法令上明确规定师范学校必须开设教职专门科目，使师范教育的目的在课程设置上得到了具体体现。第三，第一次规定了师范学校的年周教学时数和修业年限。这也正是日本政府试图以规范化、法制化的师范教育代替以往那种速成式师范教育的一次意义重大的尝试。①

三、教师培养与培训的开放发展时期（20世纪初至今）

20世纪，特别是第二次世界大战后，各国的教师教育开始深入发展，教师教育的大学化、职后培训的常态化、制度化成为这一时期教师培养与培训发展的主要特点。

（一）英国教师培养与培训的发展

战后教育的重建以及出生率的增加，使得英国师资缺乏的矛盾变得尖锐起来。1944年5月，英国发布了《麦克奈尔报告》调查报告，对中小学教师和继续教育学院以及青年工作者的资格认定、供应、培训做了全面的调查研究。报告书提出了增加教师数量、提高教师准入标准、改革师范教育的课程、改革师范教育体制等40条关于改革发展英国师范教育的原则与建议。《麦克奈尔报告》的一些建议由《1944年教育法》通过法令的形式确立下来。政府开始制定政策，落实报告和《教育法》，师范教育在数量和质量上稳步提升。

1970年，英国首相撒切尔夫人任命时任约克大学副校长詹姆斯勋爵（Lord James of Rusholme）为首的师范教育委员会调查英格兰、威尔士地区师范教育的课程内容与结构、学生状况及其作用。1972年1月，政府发布了《教师教育与训练》（Teacher Education and Training），即《詹姆斯报告》。报告重要内容之一是提出了师范教育新模式——师资培训三段制，将师范教育分为普通高等教育阶段、专业训练阶段和在职培训阶段三个连续的阶段。

1972年，政府公布了教育白皮书——《教育扩展的构架》，接受詹姆斯报告的如

① 江丽云. 日本近现代教师教育发展研究[D]. 武汉：华中师范大学，2004.

下建议：（1）全力将师资训练水准提升到大学程度；（2）大量提供在职教师进修机会；（3）加强试用教师的专业辅导工作；（4）设立两年制的高等教育文凭；（5）改组地区师资训练组织为区域委员会。教育白皮书公布之后，英国政府开始了对师范教育机构的整顿。主要表现在三个方面：一是教育学院数量的减少及改组；二是高等教育学院的涌现；三是教师在职进修制度的改进。1975年8月，教育和科学部宣布，在英格兰的约110所地方教育学院的前途需要重新考虑，要求12所学院关闭，但允许四分之一的教育学院继续以师资培训为单一目标存在下去，其余的并入多科技术学院，或与继续教育学院合并，或各教育学院之间相互合并。1977年1月和7月，教育和科学部又提出进一步削减师资及受训学生数，并公布了一批必须关闭的教育学院名单。于是从20世纪70年代中期起，师范教育开始改革。当时全国约160所教育学院中有40多所并入多科技术学院，约60所相互或与继续教育学院合并成为多学科专业的院校，还有一小部分并入大学或在扩充专业后仍单独设立或关门停办。经过几年的调整，非定型师范教育体系得以确立。这样，从1975年起至20世纪80年代前半期，作为“高等教育双重制”中公共部分的地方公立教育学院就经历了漫长而痛苦的整顿和改组过程。在政府的压力下，再加上生源不足，一所接一所的教育学院被迫关闭，有的并入大学教育系，有的并入多科技术学院，而大量的则与继续教育学院合并，也有一些与另一些教育学院合并。至20世纪80年代初，英国基本上不存在独立的师资培养的专门机构，师范教育已作为一个专业并入大学教育院系、多科技术学院和高等教育学院。改组后的英国师范教育只作为一个专业，而不是一个专门学校机构，存在于英国的大学或继续教育实施机构之中。20世纪70年代，教育学院逐渐消亡，英国出现了另外一种进行教师培训的高等教育机构。一些地方教育当局或私人办理的高等教育学院也为已取得技术资格的学生提供1年的教师证书课程，培养中学职业技术教育师资。[①]

（二）德国教师培养与培训的发展

这一时期是德国教师教育的大发展时期，主要标志是小学教师的培养由中等教育程度（教员养成所）提高到专科教育（教育专科学校）甚至本科教育程度（教育学院和大学），并且教育专科学校得到了迅速发展。1925年，普鲁士公布了《新师范教育法》，正式以独立的“教育专科学校”全面代替已存在一个多世纪的“教员养成所”。至此，

① 李先军. 英国近现代教师教育发展研究[D]. 武汉：华中师范大学，2006.

初等学校的教师教育进入了高等教育领域。1926年，在当时教育部部长贝克尔的领导下，普鲁士取消了师范学校，建立了第一批师范学院。师范大学和师范学院培养的不仅是初等教育的“基础学校教师”，也培养属于中等教育的国民中学教师。因此，把国民中学教师的学术水平提高到文科中学教师一致的水平成为一种必然的要求。在《总纲计划》提出不久，德国教师联合会于1960年发表了《不来梅计划》，主张不同学校教师分开培养的体制应该取消，反对区分学术性教师和非学术性教师，教师培养机构应该统一起来。因此，许多人认为，只有在综合性大学才足以保证师范教育的学术化与科学化。在这种情况下，师范教育的综合大学化趋势已成为一种必然。到20世纪60年代末，在具有高等教育水平的100多所师范大学中，有70多所并入了综合性大学。

1974年4月，联邦各州内务部长、财政部部长和教育部部长经协商通过了《报告和建议》，该文件要求各州教师教育都遵循统一的规定培养教师，即初等教育和中等教育第一阶段的教师必须是三年制师范院校的毕业生，师范院校学生毕业时应参加国家考试，参加工作后应有18个月的见习期，见习期满后还应参加国家第二次考试，合格者才能正式获得教师资格，这些措施对保证教师质量起了积极作用。20世纪80年代后，联邦德国继续采取教育改革措施，其中教师教育改革主要改变了以前只有师范院校培养教师的模式，综合大学开始承担起培养各级学校教师的任务，这一改革提高了教师的质量。1985年，德国修改了《高等学校总纲法》，其中规定师范院校不是唯一的师范院校模式，综合性大学承担培养各级学校教师的主要任务，有些师范院校被纳入综合大学。20世纪80年代后，联邦德国继续采取教育改革措施，涉及初等教育、中等教育、高等教育以及教师教育等许多方面，这一时期最主要的改革是教师教育的一体化改革。两德统一后，面临着如何使民主德国与联邦德国教育体制接轨的问题，根据统一条约规定，东部地区五个州分别制定了学校改革法、学校法或临时教育法，按原联邦德国模式进行教育改革。在教师教育方面，德国东、西部各州已大致统一，主要表现在教师教育综合大学化、教师教育学术化、职前培养以及在职进修一体化，并且把各州教师教育培养分为专业训练与实践训练两个阶段。①

（三）法国教师培养与培训的发展

20世纪中叶开始，法国教师教育在强化职业培训和大学化方面，表现突出。

---

① 李金玉．德国教师教育发展历程研究[D]．兰州：西北师范大学，2014．

首先，法国的教师教育强化了职业培训。战后，法国政府对初等教育的教师培养进行了5次较大的改革，提高了师资培养的等级规格。战后的五次改革分别从师范学校的招生、修业年限和师范学校自身地位上提高了等级，使得法国初等教育师资培养从原来的中等教育程度提高到中学后教育程度，并继续发展到高等教育水平。1946年，师范学校实行两种学制：第一种是招收初中毕业生，经过两年的普通教育学习后参加高中毕业会考，然后再进行两年的职业准备，是为“2+2”模式；第二种是招收高中毕业生直接接受两年的职业培训。这种做法实际上已经包含了把师范学校的教育延长到高中后教育水平的倾向。由于“2+2”模式在学制安排上不合理，实际实行中被改为“3+1”模式，即用3年普通教育+1年职业培训。1969年，职业培训再度增加到两年，这标志着法国师范学校的性质由以普通教育为主的中等教育机构变成了以职业教育为主的中学后教育机构。战后，“职业教育”的概念逐渐被“职业培训”所取代，并逐渐以职业培训来定义师范学校的全部工作内容，与此同时，普通教育在师范学校的课程比重中急剧下降，1977年降为2.94%，1986年降为2.64%。普通教育科目也逐年减少，并逐渐被划为选修课。1986年，法国教育部决定明确指出，师范学校在大学第一阶段基础上实施的两年培训为“高等职业培训”。

其次，法国的教师教育走向大学化。一般认为，1979年法国大学与师范学校开始合作从事教师教育，大学开始参与师范学校的培养工作。在大学的参与下，原来师范学校的周课时制改为“培训单元制”。在总共30个培训单元中，大学负责6个必修单元和4个选修单元，师范学校负责17个必修单元和3个选修单元，结业时分别考核，颁发证书。这种做法无疑为1989年改革中大学级师范学院的成立奠定了基础。1989年，法国政府公布了《教育方向指导法》及附加报告，规定：建立教师教育大学学院，由这种学院向所有的教师提供一种将基础知识与教育知识的学习、专业能力、教学法的掌握和基础研究能力结合起来的职业培训。教师教育大学得到各领域称职的培训者的支持。自1992年起，所有的教师将从至少持有学士学位者中间招聘，在被聘用后将接受职业培训。从教育大学入学条件来看，一般要具有大学3年或相等学历以后，才可以提出申请，经过档案审查和必要的面试后，进入师范学院接受两年的培训。从学业时间看，这相当于综合大学的研究生学业时间。①

① 薛凌芸．法国近现代教师教育发展研究[D]．武汉：华中师范大学，2006．

（四）美国教师培养与培训的发展

第二次世界大战后，美国教师教育发展的一个重要特点是把教师教育逐步纳入综合大学或文理学院，师资培训开始朝着主要由综合大学的教育学院或文理学院的教育系培养的方向发展。

美国综合大学（University）和文理学院（Liberal Arts College）素有培养中小学教师的传统。1832年，纽约大学首开先例，设置教育讲座培养中小学师资。1850年，布朗大学设置“师范部”培训中小学教师，此后其他一些州立大学也设立了类似部门。1893年，原纽约教师培训学校改为师范学院；1898年，该校并入哥伦比亚大学，成为美国大学中第一所师范学院以及高等教师教育和教育科学研究的中心。20世纪初，随着中等教育的迅速发展，一些中等师范学校先后升格为教育学院或师范学院。然而，刚刚升格的师范学院不论在课程设置、师资条件或是经费设备等方面，都不如综合大学和文理学院。在激烈的竞争中，提升质量和水平成为独立的高等师范院校生存的保证。于是，从20世纪40年代开始出现了高等师范院校扩充或归并于综合大学的趋势。第二次世界大战后，联邦政府通过了退伍军人法案，资助退伍军人接受教育。在入学压力下，各州被迫将师范院校扩充或改组为文理学院、综合大学或综合大学的组成部分——教育学院，以满足数量及质量的需求。此外，1957年，苏联第一颗人造卫星成功发射，震撼了全美各界，引起了美国人的反思。美国舆论认为，美国落后的原因在于教育，在于缺乏称职的教师来培养优秀的高级科学技术人才。而且，当时美国教师教育出现一系列不良倾向，如偏重教材教法，忽视普通文化知识的养成，致使教师的学术性水平偏低，直接影响到学生的培养质量。美国公众与教育界对此反应强烈，要求改革现有的教师教育。于是教师教育首当其冲，受到了尖锐的批评及关注。

在这些因素的综合影响下，从20世纪50年代起，美国教师教育开启了主要由综合性大学或其他普通高等学校的教育学院或教育系培养教师的大门。到20世纪60年代，美国独立的高等师范学院基本完成了它的历史使命，绝大多数师范学院已演变为综合大学的教育学院或文理学院的教育系。据1960年的统计，当时全美共有1 319所中小学师资培养机构，其中，大学占221所、文理学院占891所、技术学院及初级学院占122所，而师范学院仅占85所。文理学院与综合大学成为师资培训的主体，非定向的教师培养体制在美国初步形成。①

① 张丹．美国教师教育发展研究[D]．武汉：华中师范大学，2007．

（五）日本教师培养与培训的发展

日本在第一次世界大战期间大发战争财，资本主义经济出现了空前的景气与繁荣。一战后，世界上兴起的新教育运动波及日本，师范教育制度也面临了自创始以来的几次重大改革。例如，1929年颁布《官立文理科大学官制》，设立东京文理科大学和广岛文理科大学，把以往的高等师范学校改为其附属学府。师范教育在日本历来属于初级中等教育程度，这一改革使中等学校师资培养的机关升格为大学，提高了师资培养在学制上的地位。日本为了适应其扩张政策和经济发展的需要，进一步加强了大中小学的教育，师范学校作为普通教育的工作母机，得到了显著的发展。为提高师资质量，1943年修改了1897年颁布的《师范学校令》，新令带来了教师教育中的许多新变化：原来只有中等学校程度的师范学校升格为具有高等教育水平的专门学校，取消了明治以来一直强调培养师范生“顺良、信爱、威重”气质的规定，师范学校的目的被改为“遵守皇国之道，炼成国民学校教员”；原来培养小学师资的师范学校升格成为师范专门学校（相当于现在的短期大学），招收普通中学毕业生；规定师范教育机关是国立的，全国开办56所官立师范学校。至1944年，日本全国各类师资培训机构总计137所，在校学生共有81 542人。

1946年，教育刷新委员会开始对新的师资培养形式进行探讨，12月提出了改革的基本方针，即“在综合大学和单科大学设置教育学部以培养教师”。1947年3月，教育刷新委员会设立第8特别委员会，开始正式研究师资培养制度和师资培养机构的具体方针。11月6日，教育刷新委员会正式推出《关于教员养成的决定（一）》。这一文件规定小学和初中的教师主要来源于三方面：（1）学艺大学的结业者或毕业生；（2）修满教师必修课程的综合大学或单科大学的毕业生；（3）从兼修教师必修课程的音乐、美术、体育、家政等专门教育机构的毕业生中挑选，高中教师则从大学毕业生中录用。这一文件表明了刷新委员会不设置师资培养专门机构的改革立场。其方针是，为了培养大批教师，除了一般大学外，再设置学艺大学，并将原来某些教员养成学校改为学艺大学。1949年5月，颁布的《国立学校设置法》标志着新制国立大学诞生。该法规定：（1）按原则定为1个府县设1所大学，但北海道、东京、爱知、京都、大阪、福冈、奈良等例外，可以设立单科学艺大学；（2）在设有文理学部的19所大学内，设置学艺学部，这些学艺学部的前身都是原来各府县的师范学校和青年师范学校；（3）在另18所设有文理学部的大学内设置教育学部。这样，以师资培养为主要任务或与此相关的机构总计为：7所学艺大学、19所学艺学部、26个教育学部。我们可以看到，日本在新制国立大学设立的同时，也进行了对师范学校体系的合并和改编。各级各类师范学校或合并成以培养教师为主要目的单科制的学艺大学及教育大学，或编入综合大学中设立教育学部或学艺学部。这标志着开放型、非定向型的教师培养制度在日本正式确立。

第二节 当代部分发达国家教师培训的概况与特点

联合国教科文组织在1996年发布的《教育——财富蕴藏其中》报告中提到："如果一个儿童或成年人遇到的第一位教师是位未经过充分培训并且缺乏积极性的老师，那么他们未来进行学习的基础本身就缺少坚固性。委员会认为各国政府应努力重新确认基础教育师资的重要性并提高他们的资格。"[①]提高教育质量是各国普遍关注的问题，"学校教育的生存发展则无疑取决于我们能否保持其'质量'和'针对性'"。[②]在报告的附录中，教师培训被认为是提高学校教育质量的一个重要手段。在职培训是终身教育中备受推崇的一种形式，它有助于教师队伍中的所有成员提高其理论和实践方面的教学能力。该报告并没有对教师培训提出系统的论述，但是提出了两点建议："制订各种在职培训计划，每位教师可借助合适的传播技术经常得到培训。""学校的课程设置应与教师培训的内容相一致。"作为一份有着相当国际影响力的报告，其中关于教师培训的认识代表了国际社会对教师培训的期待和认识。教师培训是实现教师专业发展的基本路径，随着各国对教师专业发展价值与意义的普遍重视，教师培训也自然受到各国政府的重视。教师培训被纳入国家制度与政策的视野范围，许多发达国家在教师培训模式、培训课程、培训形式等方面不断探索，寻找适合本国现实情况和发展需要的教师培训路径，并且建立了具有自身特色的教师培训体系。

国际上，教师培训是伴随着各国现代学校教育制度逐渐建立的过程而产生的，

① 联合国教科文组织：教育——财富蕴藏其中[M]．北京：教育科学出版社，1996：139．

② 联合国教科文组织：教育——财富蕴藏其中[M]．北京：教育科学出版社，1996：196．

并随着教育发展而发展，由于各国的教育发展轨迹以及国情等不同，各国的教师培训也呈现出不同的特点。但教师培训作为教育事业发展中的一个重要内容，它自身发展也存在一定的规律性。各国在教师培训上的探索经验会不断地增加人类对教师培训的科学认识。一些行之有效的共同做法内蕴着某些规律性的要素。因此，探索各国教师培训中的普遍性的和共性的经验和做法，对于我国探索更加完善的教师培训体系具有不可忽视的作用。其中一些教育发达国家的先进经验尤其值得我国反思、参考和借鉴，它为我国未来教师培训改革提供了国际视野和行动经验。当前，国外教师培训主要有以下几个方面的普遍性做法和共性特征。

一、教师培训通过立法和政策推行走向制度化

教师培训制度化已经成为当前国际教师培训的一个特点和各国教师培训的共同经验。教师培训制度化是教师质量和教育质量发展的必然趋势，它保证一个国家在教师培训事业的持续性和效率，避免教师培训中的随意、杂乱无章以及不可持续。教师培训的制度化主要体现在国家相关法律及其政策对教师培训事业的规定、教师培训专门组织与机构的成立、教师培训标准的制定、教师培训管理的规范等方面。政府代表国家作为教育事业的治理主体，促进教师培训制度化是各国应对教育质量问题的基本举措，它彰显了国家对教育及教师质量的重视。

1. 通过立法和政策方式推动教师培训的规范

发达国家中小学教师培训制度化的最主要特征体现在将教师培训纳入法律与政策的视野。通过法律与政策的颁布推进教师培训的有章可循是各国的普遍性做法。各国通过立法并颁布相关政策规定参培教师和培训机构双方的权利和义务，为教师培训制度的形成、完善与实施提供法律保障和政策支持，从而科学有序地推行教师培训工作。

美国是一个地方分权制的国家，联邦政府不直接负责教师的培训，但经常以经费补助或政策建议的形式间接影响教师培训的发展。教师培训工作主要由各州教育委员会和地方学区委员会负责，因此，教师培训的政策因州而异。[①]但是，20世纪80年代以来，在教师专业化目标的推动下，为提高教师专业发展水平，美国联邦政府投入大量资金，组织有关协会和教育专家研讨师范教育改革和在职教师素质的提高问题，制定了一系列具有重大影响的教育报告。先后发表了《国家在危急中》（1983）《准

① 郑百伟．教师继续教育模式研究与探索[M]．北京：中国人民大学出版社，2009：78．

备就绪的国家》（1986）、霍姆斯小组的《明日的教师》（1986）《明日的学校》（1990）和《明日的教育学院》（1995）、全美教学与美国未来委员会的《什么最重要》（1996）和《做什么最重要》（1997）、“教师质量大学校长高峰会议”和全国教师教育认定委员会公布的《2000年标准》（1999）、美国教育部颁布的《力争上游计划》（2009），以及旨在全面促进教师专业化发展的教育改革计划《认识教育成功、专业卓越和协作教学的蓝图》（2013）。通过上述报告和文件的宗旨来看，自20世纪80年代以来，美国教育改革和教师培训始终围绕着学校教育质量或者学生学业成绩的提高，不断重视教师的继续教育及其专业性技能开发，要求所有教师接受培训，以更好地教育学生。在教师专业教学标准和教师专业发展标准的指导下，美国的州和地方教育委员会采取种种措施以提高教师培训的质量。美国通过各种报告和政策文件，为教师培训改革提供了政策基础和改革方向，并建立了一系列的配套制度。如美国各州也建立了教师岗位入职许可证制度，将教师培训作为教师入职许可证获取的基本条件。美国各州规定教师任职年限一般为5～7年，一旦超过了该年限，教师就需要重新进行专业在职培训，修满教师需要的课程学分，并接受严格的考试，考核通过才能继续任教，重新拿到教师任职许可证。

英国政府在完善教师培训制度上频繁制定相关法律与政策，几乎每隔一两年都会出台一项具有法律效力的教育法规，旨在通过建立连续的政策法规，以法律的形式来推进教师准入标准、完善教师资格认证、建立教师培训制度、保障教师培训权利、促进教师的专业发展。[①]英国从20世纪80年代开始出台了一系列的教师培训政策报告或文件。如1983年英国政府颁布《提高教师质量》白皮书，其中对脱产、半脱产和不脱产等不同的进修形式都有严格的要求，如具有五年以上教龄的教师才可以申请脱产进修。[②]随后于1984年出台《学校教师在职培训与专业发展》，1985年发布《把学校办得更好》等文件明确了建立教师培训制度、促进专业发展的重要性。1987年制定《教师工资待遇法》，1988年颁布《教育改革法案》，都指出应加强师资的在职培训，改善对教师的管理与使用。1989年出台的《教师证书制和教师试用期制度》等法规则进一步对教师资格证、在职培训、晋级加薪、培训经费划拨与使用等做出了具体规定。[③]1998年，英国政府颁布《教师：迎接变革的挑战》。该报告把教师的职业生

① 陈静安．英国中小学教师培训特点及其启示[J]．继续教育研究，2015（05）：123～125．

② 杜静．英国教师在职教育的特点探析[J]．教育研究，2010（12）：103～106．

③ 辛冬磊．英美中小学教师学习保障机制比较研究及启示[D]．曲阜：曲阜师范大学，2011：13～21，24～26。

涯划分为五个阶段：获得合格教师资格、进入见习期、申请业绩关口评定、取得高级技能教师资格、成为学校领导，其中前四个阶段都属于教师在职培训阶段，由此确立了在职培训在整个教师教育中的重要地位。此后，英国政府又连续出台一系列文件推进和落实中小学教师在职培训工作，如《专业发展：教与学的支持》（2000年）《学校：取得成功》（2001年）和《教学与学习：专业发展战略》（2001年）《入职教师与在职教师的训练标准》（2002年）和《为了每一个人的成功——继续教育与培训改革》（2002年）《教师专业发展计划》（2004年）以及《教师专业标准》（2007年）等，这些法律文件或其中的保障中小学教师培训的条款，立足点都是促进中小学教师培训与专业发展，提高中小学教育质量。其中，《教学与学习：专业发展战略》阐述和明确了教师学习的权利和义务，指出教师是一个“学习的专业”，并要求为教师参加各种学习与专业发展活动从培训经费、学习机构、网络体系以及中小学校等方面提供支持与保障。[①]英国通过及时的制度和政策调整，推进了英国中小学教师培训的制度化和规范化建设，为促进中小学教师的专业持续发展提供了法律依据和制度支持。

德国历来重视教师培训。早在1970年，德国就颁布了《1970年教育报告》，其就教师继续教育体系提出组织化的构想，“建立一种可以使教师在一切场合均可进行连续进修的体系”，以此促进教师队伍素质的提高。21世纪以来，为了提升教师队伍的整体质量，德国与其他发达国家一样，制定了教师专业标准，重视教师培训。德国于2004年颁布了《教师教育标准：教育科学》，并于2008年做了修订，以标准为引领评价和培训教师。在德国教师教育体系中，教师在职培训被称为“第三阶段的师资培训”，由于德国实行联邦制，各州和地方政府享有较大的自治权，教师培训的具体政策多由各州自行制定。为了规范教师培训工作，德国各州的法律都做了相关的规定：教师在入职后必须接受继续教育。教师每年有5个工作日可以带薪脱产进修。[②]

法国是当代国际教师培训制度较完善的发达国家之一，为了确保教师培训更好地促进教育质量发展，法国曾经多次对教师继续教育进行立法，法国政府颁布了《继续教育组织法》，对每个教师享受继续教育的权利、义务、待遇、时间、教材和培训等做了一系列规定。法律规定教师进修是教师的权利，并推行进修假制度，规定教师每

① 单中惠．教师专业发展的国际比较[M]．北京：教育科学出版社，2010：60～63．

② 高春香．德国教师培养培训的透视[J]．继续教育，2007（05）：60～62．

年有两周的进修假，教师在一生的职业生涯中可以享受总计两年的进修假。为了切实抓好教师继续教育，法国政府成立了职业教育部，下设继续教育局主管全国教职人员的培训，负责全国教师继续教育的立法和管理，各地区设立教师继续教育机构。1989年，法国政府颁布了教育改革的新法律——《教育方针法》，对培训机构和培训经费等做了规定。①法国教师培训制度的一个显著特点在于内在的体系完整并且规定细致。为了落实教师进修制度，法国不仅将在职进修作为一种法定权利，而且通过具体的措施来落实权利的实现。如法国教育部对教师参加脱产式进修过程中遇到的工作与学习问题做了明确的制度安排②，这使得原本教师外出培训可能导致工学矛盾的问题在制度层面上也有了保障。

日本在第二次世界大战后创造了经济恢复发展的奇迹，原因之一就是高度重视教育在国民经济发展中的作用。第二次世界大战后，日本实行了新的教育体制，在体制完善的过程中，诸如教师地位、选拔和义务等问题被人们广泛关注并逐渐成为国家法律规定的内容。1949年，日本通过了《公共教育服务人员特别规章法》（即《教育公务员特别法》），这是日本在第二次世界大战后有关教师的一项基本法律，它对包括教师在职培训等诸多问题进行了法律上的规定。《公共教育服务人员特别规章法》规定：教师必须不断地参加在职培训，教育管理者必须为在职教师提供这种机会，并督促教师参加。1956年颁布的《关于地方教育行政组织及营运的法律》规定，教师培训管理的重心转移到县一级教育主管部门，下级教育委员会对县组织的教师培训必须予以支持和配合。为此，从国家到地方，各级部门都制定并组织了多种培训计划。1988年，日本对《教育公务员特别法》做了修订，将新任教师的进修培训纳入法律。《教育公务员特别法》先后修订了20多次，至今仍是教师在职培训最根本的依据。③除此之外，其他的一些法律法规也从不同角度对教师培训做出规定。日本在《教育基本法》《学校教育法》等综合性法规中也强调了教师培训的重要性并规定将提升教师的基本素质和职业素养作为教师培训的主要内容。日本还出台了“新任教师研修制度”“海外教育情况实地考察制度”“各学科教学指导研究进修制度”“学校管理工

---

① 姚琳，彭泽平．当前法国中小学教师继续教育的特点[J]．继续教育，2004（03）：53～54．

② 马艳芬，曲铁华．法国教师继续教育制度对我国的启示[J]．外国教育研究，2009（05）：84～87．

③ 周南照，赵丽，任友群．教师教育改革与教师专业发展：国际视野与本土实践[M]．上海：华东师范大学出版社，2007：132．

作研究进修体制"等，有效指导和规范教师培训工作。[①]

澳大利亚也非常重视教师质量，努力促使国家整体教师的教学水平达到国际标准。2003年颁布《国家教师专业标准框架》；2008年，澳大利亚政府出台了教育发展纲要《澳大利亚2020》，提出教育改革和发展的宏伟目标，并提出"要以新教师标准来影响教育领域的全国统一改革"。[②]2009年，澳大利亚政府启动了新教师标准的制定工作，并于2011年颁布《全国教师专业标准》（2012年更名为《澳大利亚教师专业标准》），更新了原有的教师标准，提高了教师标准的现实适应性。该标准将教师专业领域划分为三个维度，教师的职业发展区分为四个不同阶段，并分别明确了教师发展不同维度和不同阶段的专业要求[③]，用教师专业标准来引领教师培训的努力方向，衡量和评价教师培训的效果，而教师培训的具体政策则更多地由各州和地区制定。

通过上述部分发达国家的教师培训的相关立法和政策推进工作情况，可见它们都很重视通过法律和政策的措施推进教师培训工作的发展，让培训有法可依，有章可循。法律和政策规定了教师培训的权利和义务，确保了教师培训的合法性和强制性，从制度上推动了教师不断地、及时地更新知识技能，实现自身专业素养的提升，从而适应学生发展和社会发展的需求。

2. 通过组织与机构的建立保障教师培训的制度化

制度的实施必定依托一定的组织，专业的教师培训管理组织与实施机构的建立是实现教师培训功能的基本载体，是教师培训制度化的组织基础。各国基于教师培训事业上的发展需要，纷纷建立了各种组织机构，既有官方的机构，也有行业协会的机构，还有各种基金会等，它们以不同的方式参与到各国教师培训的政策制定、管理、组织与实施的过程中。不少国家的相关机构还因为教师培训职能的转变而对机构本身进行调整和改革，以此促进教师培训的发展。

美国在20世纪80年代开启了教师教育改革的序幕，基于学校教育质量的提升或学生学业成绩的提高，把教师培训作为教师教育改革的基本内容。许多组织与机构参与了美国教师培训的相关活动。如20世纪80年代，卡耐基公司成立的卡耐基教育与经济

① 关松林．发达国家中小学教师培训的经验与启示——以美国、英国、日本为例[J]．教育研究，2015，（12）：124~128．

② 贾爱武，钱晓霞．澳大利亚中小学外语优秀教师专业标准解析[J]．外国中小学教育，2012（11）：12．

③ 梁泉宝，胡继飞．澳大利亚教师专业标准：框架、实施与启示[J]．课程教学研究，2018（04）：43~47．

论坛及其有关的专门针对教师和教学改革的小组提交了《准备就绪的国家：21世纪的教师》报告，率先推动了美国教师教育政策的发展，并最终推动了美国“全国委员会资格教师”的产生，而随后由美国大学教育学院的负责人所建立的霍姆斯小组所发布的系列报告也极大地推动了美国教师培训的发展，尤其关于建立“专业发展学校”的建议，“专业发展学校”后来成为美国广泛使用的教师培训模式，以此加强中小学和教师培训机构的合作与联系。1994年，由洛克菲勒基金会和卡耐基公司资助的由政府官员、企业人士、社区领袖、教育专家等共同组成的非营利性机构“全美教学与美国未来委员会”成立，它们在教师培训的政策制定上产生了很大影响。作为老牌的机构“美国国家教师教育鉴定委员会”则通过标准对教师培训机构及其课程计划进行认定。美国的教育学院是美国实施教师培训的专门机构，但许多综合性大学也为教师培训提供了各种课程以及培训服务工作。

英国的教师培训管理工作是由包括政府和非政府在内的多个组织或机构共同参与的。英国政府主要负责政策制定和财政拨款，其教育与就业部负责落实教育大臣的标准和要求，并实施教育法。教师“培训管理局”是根据1994年的教育法规定而成立的一种非政府部门的执行性机构，该机构主要负责认证各种教师培训机构的资格，并评估教师培训的质量。1992年成立的“教育标准办公室”是“女王的首席学校督导官”的办公室，独立于教育与就业部，主要针对学校质量进行常规性的督导检查地方教育局、高校中的职前教师培训课程及质量等。英国的教师培训工作主要由教师培训管理署与教育标准办公室两个部门相互配合、共同管理。教师培训管理署认证职前教师培训机构，并负责分配政府资助资金。教育标准办公室则对培训机构的质量进行检查并评级。①近几年，地方教育局还普遍设立“教师中心”，使英国的培训管理的纵向体系建立起来。在英国从事教师培训的机构有高等院校、专门协会和地方教育局、中小学和其他非教育部门。作为高等院校的综合性大学、教育学院和综合技术学院等仍是教师培训的主要承担者，尤其是各种类型的教育学院，但是这类机构改革朝着以教师专业化发展为目标的、整合的、统一的培训机构发展。

德国的教师培训管理主要是由各州教育行政部门管理。各州主要是由综合性大学和教育学院以及少量的师范院校对教师进行培训。在两德统一后，随着培训机构的改革，教育学院和师范院校的数量不断减少，综合性大学在教师培训中发挥主导作用。

① 刘儒德．英国的教师培训管理体制与机制[J]．外国教育研究，2002（07）：57~59．

在巴登-符腾堡州，有一个针对普通学校教师专业进修的州级教师进修学院。除了进修学院提供的专业外，高校和培训机构也设计了若干培训课程供教师选择。这类培训基于教师实际需求，以提高教师能力为主要目标。比如，海德堡大学“关键能力与高效教学法中心”研究建立了教师关键能力模型，并开设了教师关键能力培训课程。① 巴伐利亚州则是由迪林根教师进修学院和州“学校质量与教育研究所”共同承担全州中小学教师和校长的培训任务。②

在法国颁布《教育方针法》之前，法国的教师培训机构主要由省级师范学校、地区教学培训中心和学徒师范学校等机构承担。1989年《教育方针法》规定要建立统一的、专门化的大学层次的教师培训机构，在此背景下，教师培训大学院成立，它由国民教育部直接领导，具有整合资源、教师教育和教育、教学研究功能，原有的教师培训机构被整合为它的分支机构，教师培训大学院承担法国中小学教师培养、教师培训等职能的教师培训机构。但是随着教师培训理念的发展，2013年，法国设立高等教师教育学院，致力完善教师的专业化培养与多样化培训方式相结合的教师培训模式，为一线教师提供多样化、全方位的在职培训。法国教师教育机构转变，标志着“教师团队研修”式教师成长方式的转变。从教师培训大学院到高等教师教育学院的法国中小学教师教育机构的演变，体现了在职培训以及教学主体等方面的突出特质：在职培训由“普遍性”到“差异性”的转变，显示出一线教师的实际需要；教学主体由“杂糅化”到“专门化”的转变，展现出机构演变进程中对培训教师的有机整合。③

日本在探索教师培训发展的过程中，已经形成以行政组织实施为主，多形式、多层次格局的教师培训管理与实施体系。从教师培训的组织实施机构看，可分为中央（文部省）与地方（都道府县）两级，文部省主要组织校长、各学科教学教研骨干培训、新学科教学改革实验讲座、教师国外中长期考察进修等，召集全国各类教育教学研究学会、协会的研究会议等。文部省教师培训机构主要有国立教育会馆、国立特殊教育综合研究等。各都道府县教育委员会均设有教师研修中心，有的还设有特殊教育中心，负责所辖区域的各类教育管理人员的培训、各科教师的业务学习、不同教龄教师的轮训。都道府县教委还负责全国培训进修人员的选拔，国外短期教育考察进修人

① 王薇．德国中小学教师培养制度特点探析[J]．基础教育课程，2020（03）：108～113．

② 陈全英．德国教师培养培训探析[J]．中小学教师培训，2012（04）：62～64．

③ 范士龙，孙扬．法国教师“培训—研修”模式转变研究[J]．比较教育研究，2019（05）：67～75．

员的派遣以及各种学科教研活动的组织。[①]2006年，日本设立“教职研究生院”，以在职教师为对象，旨在培养“学校领导者”和“高度实践型教师”。

澳大利亚的教师培训工作是各州的责任，澳大利亚教育、就业、培训与青年事务部则负责全国的政策指导，制定了国家统一教师标准和教学专业标准等。2004年，澳大利亚政府成立“全国优质教学与学校领导协会”，主要功能包括专业标准认证、专业学习与课程认证、研究与交流，以及促进专业发展。澳大利亚教师的培训工作一般由各州（地区）教育培训部、高等院校共同承担，各州（地区）的教育培训部均有专门负责教师在职培训的机构与人员。澳大利亚的高等教育学院是各州在职教师培训的主要机构，综合性大学也为教师提供学术性进修课程。除此之外，州教育管理部门、中小学教师中心或教育中心、教育专业团体，以及公共教育机关、宗教团体、公私立中小学等机构也会参与提高教师业务能力。一般而言，高等学校主要提供正规的、较为系统的中、长期进修教育，而其他机构和团体则主要组织一些跟教育实际工作关系较为密切的、短期的进修、研讨活动。在新南威尔士州，天主教会和一些非政府的公立学校也承担着少量的培训任务。[②]

组织机构是实现组织目标的主体，教师培训管理与实施机构的设置是实现教师培训目标的基础，也是教师培训制度化的要求。通过上述部分发达国家相关机构的设置情况可以看出，很多发达国家都非常重视教师培训管理与实施机构的设置，实现培训管理与实施的专门化和制度化。发达国家通过机构的重设和功能更新，使组织机构承载教师专业发展的新使命。当然，当前各国的教师培训机构由于受到多重利益相关者力量的交汇影响，呈现多组织、多部门参与的特征。这些机构由政府、高校、社会团体等组成，甚至一些国家引进市场的力量，让营利性机构参与教师培训，这些机构在不同国家发挥着不尽相同的作用。在全球范围内，当代教师教育的机构设置情况因国家、州、省、地区或环境而异。因此，几乎不可能对所有国家教师培训结构和组织做出全面的介绍。有些国家的培训机构也会随着新功能、新理念的调整而不断地重建。西方许多实行地方分权制的国家，由于其教师培训往往是地方性或地区性的事情，因此在教师培训上缺乏全国统一的机构名称。此外，不同的国家或地区的教师教育体系存在很大的差异，有些国家在结构上相对比较简单，如新加坡、韩国等；有些国家则

---

① 朱文学．日本中小学教师培训的特点、进展与现行体系[J]．外国中小学教育，1996（01）：17~18+23．

② 陆为群．澳大利亚教师教育的现状、特点及其启示[J]．盐城师范学院学报（人文社会科学版），2001（01）：112~117．

相对比较复杂，如德国、瑞士、美国等，后者类型的国家存在着教师培训决策层次分散的情况，它们的教师培训机构也是多种形式的。

二、教师培训目标从单一走向多元化

教师培训是当前各国教师教育体系的重要组成部分。在根本目标上，各国教师培训都致力教师队伍整体专业素养的提升。然而，由于对教师培训对象的差异性的接纳，价值预设的多元化以及相关研究的深入，目前很多发达国家的教师培训在具体培训目标，尤其是教师培养目标的设置上呈现出一定的多元化、多层次性特征。例如，美国就将中小学教师培养的目标设置为“多角色”型，即通过培训使教师真正成为教育专业的学者，成为能够运用深厚的知识储备与人生经验为学生的学习生活做出良好判断的决策者，成为言行举止、思想品德都可以引领学生的示范者。近年来，英国将培训目标放置在培养“完整型”的教师上，“完整”体现为培养目标结构的完整，也即教师素质结构的完整，主要包括个体品质、教学能力和学习能力三大维度。法国将培训目标转向处理培训中的共性和个性需求，而从培训机构的调整来看，高等教师教育学院更强调教师的差异性需求，期望更有效地解决教师的实际问题。由于中小学教师存在层次和类型上的发展差异，有效的培训是基于不同层次和类型教师的需求，为此，法国的教师培训目标因人而异，有提升学历的培训，有使新教师尽快适应的入职培训，有使老教师超越经验水平的培训，有深入某一学科知识的单科培训，有为了使教师掌握新教学大纲和教材的备课培训，有为了全面提高教师各方面素质的一般性培训等。从20世纪80年代以来，法国不断对其教师培训目标进行调整与完善，主要强调两个方面：一是不断适应教学与教育质量提高的需要，适应社会环境的变化及其对教师的新要求；二是完善教师的人格。①德国教师参加培训的目标也是多样的。有的希望通过培训解决工作中的具体问题；有的希望通过培训熟悉新的教材或教学内容；有的希望取得新课的任教资格或校长任职资格；有的则满足自己的兴趣等。日本近年来提出，中小学教师培训不能仅仅局限在积累专业知识、提高专业技能方面，更要注重教师在教育科研上的探索与研究，以及个人的思想品德教育，尤其是良好的个人修养、积极的工作态度与科学的教学理念的培养。

---

① 姚琳，彭泽平．当前法国中小学教师继续教育的特点[J]．继续教育，2004（03）：53~54．

通过上述发达国家教师培训目标的树立分析，可以看出，国外对中小学教师培训结果的期待在迭代和升级。教师培训目标上的整体趋势已经有所转向：由对教师在教学工作上的合格和胜任要求逐渐升级至追求卓越和促进教师更加全面的专业发展。美、英、法、日及其他发达国家对中小学教师培训目标的设定已经由最初的帮助教师完成教学任务转变为当下的促使教师自身得到发展，教师的专业知识、专业技能、专业认同、专业道德、综合素养、学历提升、适应变化等都是培训中的发展目标。不同国家、不同时期的教师培训目标的变动会引起培训内容、培训方式等各环节的变革，因此培训目标的设置对整个教师培训具有指导意义。①整体上，国际教师培训的目标从单一走向多元意味着教师培训具有开放性，教师多样化的培训需求得到了相对的重视；它也意味着人类对教师培训认识的新高度，通过对人发展价值的新发现探索培训的新可能。在教师培训走向个性化的未来，这种多元化的培训目标将继续成为常态，它是教师培训走向精准有效的必然要求。

三、教师培训课程与内容突出针对性和丰富性

教师培训内容的设定受到教师质量发展理念以及社会与教育发展要求的影响。同时，由于教师存在学科、学段、教学经历、发展阶段等差异，教师培训的内容不可能千篇一律。有针对性的培训内容是提高培训实效性的保障，这是国际教师培训的共识。对培训内容进行分门别类是各国的普遍性做法。由于培训目标和培训对象的多元化，当前各国的教师培训在内容上也呈现出丰富性的特点。当前，发达国家中小学教师培训越来越重视以教师为中心，不断改革教师培训内容，以教师能力提升为目标，开发和设计培训课程。教师培训的课程兼顾教师的个性化需求和知识本身的完整逻辑；既有通识文化和道德修养课程，也有学科教学专业课程。改革之后的教师培训内容分布与课程体系设置更为合理，更大程度上满足教师对发展自身专业能力的需求。②

在美国，不同教师培训机构提供不同的培训课程。培训课程有教育行政部门主办

① 关松林．发达国家中小学教师培训的经验与启示——以美国、英国、日本为例[J]．教育研究，2015（12）：124～128．

② 关松林．发达国家中小学教师培训的经验与启示——以美国、英国、日本为例[J]．教育研究，2015（12）：124～128．

的学习研讨班，教师中心举办的活动以及大学和学院为中小学教师开设的学术课程、学位课程。教师中心设有各种讲座、研讨班，组织各种讨论会，使广大中小学教师能够通过专家和同伴学习新知识、新技能。[①]美国在教师培训过程中，一些机构也提供跨文化教育的课程内容。一般的教师培训课程通常包含以下几个方面的内容：（1）通识教育课程，包含自然科学、社会科学、人文科学方面的内容，目的是弥补中小学教师学力不足。（2）学科专业课程，主要是和教师学科及相应的教师资格证相对应的课程。（3）教师教育课程，主要包括教育学、心理学、学科教学法以及其他帮助教师掌握教学方法、与学生沟通技巧、提高教学水平的课程。（4）实践课程。通过教学观摩、评比等实现教师师德、文化知识、科学理论、教育理论、教育技能的综合运用，是对教师教育教学能力的实践检验。（5）游学形式（本州、外州、国外），一般以15～30人为一个小组，参加为期一周以上的游学课程，主要是实地考察和课外活动，给教师提供良好的交流机会，考察各地中小学教师在职培训的先进做法，开阔教师视野，更新教师教学观念和知识储备。[②]

英国不同的培训机构也开设不同的课程，尤其针对不同的学历层次开设不同的学位课程。学位课程是为教师的学位提升服务的，学位课程具有学习时限较长、课程较为系统的特点，可以有效地拓宽教师的专业视野，建立更为扎实的知识体系。英国有些教师入职较早，尚未取得国家规定的本科学位，需要通过学位课程的培训，取得相应的证书。如英国的研究生教育证书、教育学士等培训都是学位课程培训的一种类型，现在英国已有几十所大学设立了硕士学位的教师进修课程，努力提高教师的专业素养。以伦敦大学教育学院为例，在职教师进修课程主要有教育学士荣誉学位课程、高级文凭课程、合作与特殊课程以及短期课程这四种类型。在职教师可以根据工作与职业发展需要选择相应课程。[③]

法国不同级别的教师培训机构提供了有差异的课程内容。学区一级的教师培训内容涉及专业知识和教学方法。省一级的教师继续教育，除了学科教学和普遍教育等常规内容外，还有许多跨学科的内容，如中小学衔接、中小学测量技术与应用、移民与跨文化等培训内容。国家级的教师继续教育的内容的重点除各科教学内容和方法外，

---

① 徐雯．美国和澳大利亚中小学师资培训体系比较[J]．中小学教师培训，2001（01）：60～62．

② 王秋云．美国中小学教师培训理念及措施对我国教师培训的启示——以中央密苏里大学及当地中小学为例[J]．才智，2016（24）：164+166．

③ 周青，杨辉祥．英国伦敦大学教育学院在职教师培训课程的研究[J]．外国教育研究，2002（03）：60～63．

还涉及农村和落后地区的教育、困难及残疾儿童的教育、技术教育、计算机的应用、教学评估等亟待解决的问题。其内容既有一般文化业务水平的提高，又有师范专业课程的训练；既有单项科目、综合科目和专题的研究，又有多学科系统的学习、提高学历的进修课程，从而能充分满足各类教师的不同需要。[①]

德国把入职培训和在职培训作为教师教育体系的第三个阶段。从入职教育的内容上来说，各州提供的入职培训主要集中在教学活动的开展、对学校及教育体系的了解、对教师职业生涯的认识以及对教师保持健康重要性的认识等方面。如巴登-符腾堡州教师入职教育的内容就包含教师角色及其多样化、教师健康、专业性的沟通与合作能力、冲突解决、在学校需承担的教育教学职责、教学与学生指导能力的拓展、学会寻求支援、认识学校系统并参与学校活动等；萨克森州的则包含自我管理与时间管理、教师健康、沟通能力、与同事的合作、与学生家长的沟通与合作、教学活动被打扰的情况的处理、学生群体异质性等问题的处理等。[②]除了入职培训外，教师的在职培训方面还有以获取新的资格类证书为目的的课程内容，如新一门学科的教学资格，硕士、博士学位等；还有基于教师能力提升的短期培训课程，如海德堡大学"关键能力与高效教学法中心"根据研究结果所开设的教师关键能力培训课程，包括环境分析能力、解决问题能力、终身学习能力和社会交往能力4个维度，在具体课程模块的设置上包括自信、执行力、健康、语言、声音、姿态等。[③]总之，德国教师由于在培训课程选择上具有很大的自主性，他们可以根据自身的实际需要选择相应的机构和内容进行学习。

日本教师培训分为初任教师培训和在职教师培训，在内容上具有差异性和针对性。日本的初任教师培训包括校内研修、校外研修和自我研修。校内研修主要是在有经验的指导老师帮助下，针对班级管理、教学指导、学生指导等进行实践性的指导；校外研修是指初任教师参与校外教育研究中心等机关组织的包括讲座、讨论和野外活动等形式的课程，接受职业道德、教育研究、实际教学技能等方面的培训。在职研修是针对有一定教学年限的在职教师，研修内容包括三大类：适用于所有研修对象的基本研修内容；针对不同研修对象的具体内容；针对中小学的某些具体问题开展的专题研究。在职研修旨在促进教师加强理论学习和经验交流，提高对日常教育教学问题的

① 姚琳，彭泽平．当前法国中小学教师继续教育的特点[J]．继续教育，2004（03）：53～54．

② 覃丽君．德国教师教育研究[D]．重庆：西南大学，2014：142～143．

③ 王薇．德国中小学教师培养制度特点探析[J]．基础教育课程，2020（03）：108～113．

认识和处理能力。[①]2006年设立的教职研究生院也面向在职教师提供较长时间的培训课程，包括通识类课程的“共通科目”（课程编制与实施、学科教学、学生指导和咨询、班级管理和学校管理、学校教育与教师的应有状态），根据各教师的专业和所擅长的领域以培养成某一领域的专才的“选修科目”和“教育实习”。

通过上述国家的培训内容考察，很多国家基本上形成了一个入职与在职、合格与提高等分类齐全的培训内容体系，各国普遍重视教师培训中的教师主体地位，具体培训内容能满足教师的需求、解决实际的问题，具有前瞻性、实效性和针对性。

四、教师培训形式通过创新实现多样化

由于受到教师培训理念、培训需求和培训内容多样化的影响，各国教师培训形式呈现出多样化特征，表现出多样化的培训模式、培训途径和培训方式。21世纪以来，各国纷纷探索教师培训方式与途径上的创新，以适应教师质量提升的要求。各国在教师培训上整体体现出了较大的灵活性。

从教师培训的实施机构来看，各国形成了拥有独立运行机制的培训机构，它们以自己的独特方式实施教师培训，如美国开办的“暑期学校”和建立的超过5 000个的“教师中心”、英国创建的大量的“教师中心”、法国创建的“高等教师教育学院”、德国海德堡大学内设立的“关键能力与高效教学法中心”、日本建立的“教育大学”、澳大利亚建立的“教师职业发展中心”等，这些机构都有自身的理念和相对成型的管理和运行机制，机构之间的实质性差异决定了他们在各自国家的教师培训系统中的地位和作用，也同样决定了它们在教师培训中所采用的具体方式。从工作与培训关系来看，不同教师根据自己的研修目标和培训要求，如选择学历进修的教师一般多选择脱产和半脱产的形式，如美国开办的学位课程和假期课程，而短期的专题培训、教材教法培训等多采用不脱产等形式。从教师学习方式来看，国外的培训有主题讲座、系统课程、学术沙龙、专题讨论、现场咨询、自主研修、小组研讨、调查访问、外出考察学校等。从培训时间上看，教师在职培训课程大致可分为长期培训和短期培训，并且根据教师的闲暇时间提供晚间培训、周末培训、假期培训等，如英国曼

① 房艳梅．日本教师研修制度及对中国教师教育的启示[J]．河南师范大学学报（哲学社会科学版），2013（01）：173～176．

彻斯特大学通过晚间和周末时间帮助在职教师在短期内迅速提升专业水平。从培训技术支持上看，随着信息网络技术的发展，各国除了传统的现场培训之外，也采用广播电视、网络远程研修等培训形式。

除了上述较为常规的培训方式和各国的一些特色方式之外，当前还有几种较为典型而普遍的培训模式值得介绍。

1. 校本培训模式

当前，教师培训的校本模式逐渐受到各国的重视。这是一种以中小学为本，在学校的情境中，以学校教师需求为本，旨在解决教师的发展需求的教师培训模式。英国、美国、德国等多数发达国家很早意识到传统的整齐划一的教师培训难以真正解决学校的问题，只有将培训的重心下移到学校，教师培训才能更好地满足教师的真实需要。因此，校本培训逐渐受到广泛的重视。英国自1992年开始大范围推行“以校为本”的教师培训，这种模式颠覆了传统的“高校本位”模式，它意味着教师培训组织重心的转移，学校成为培训组织的主体，教师真正被置于中心的位置。英国的校本研修彻底改变了中小学教师持续教育的方向：“从传统的强调由外界决定教师需要转变为由教师自己界定在职进修的需要，从完全意义上提供给个体教师的服务转变为实质上是提供给整个学校和团体的服务，从单一的校外进修转变为整合整个学校规划、评价和教师专业发展的校本进修。”①在培训中，教师培训不再是单向地由高校主导培训需求和培训课程，专家和教授更为注重教师的需求。校本培训中，教育教学的实际难题得到更多的关注，平等交流和共同讨论成为更受欢迎的形式。当然，校本培训可能因为校情、资金以及缺乏专业的设计导致培训效果参差不齐。

2. U-S合作培训模式

各国在鼓励校本培训的过程中也会遇到中小学本身的资源限制而陷入浅表化的培训困境。因此，另一种以高校和中小学协同合作的方式也逐渐成为国际教师培训的一种新模式。U-S（University-School）合作模式是指在教师培训中，高校与中小学采取合作的方式，以学校为服务对象，针对学校教师实际存在的重点问题和普遍关心的问题，双方通过协商的方式，确定共同的目标，共同开发课程资源，最终提高中小学教师发现和解决问题的专业能力。在U-S合作过程中，根据实际情况和协商结果，高校参与的程度不一，高校和中小学可能各自发挥的作用不一样，因此，U-S具体合作

① 朱艳．比较视角中的英国中小学教师培训[J]．教育研究与实验，2014（06）：73～76．

的模式也不尽相同。各国在探索过程中出现的合作模式也呈现自身的特色。如美国探索出来的教师“专业发展学校”就是一种典型的U-S合作模式，它是大学的教育学院和中小学协商而形成的一种促进教师教育发展的共同体形态。“专业发展学校”一方面为高校教育学院的实习生提供实践的场所和高校研究者提供实践性研究的场地，另一方面也为中小学提供在职教师培训和共同参与教育研究的机会，从而推动了美国教师教育的职前职后一体化发展，促进了教师在专业发展过程中的理论与实践的融合，从而实现了高校教师和中小学教师的共同发展，对美国教师教育发展起到了积极的作用。英国谢菲尔德大学教育学院设计了一种以中小学为培训基地，辅之以大学培训机构参与的“六阶段培训模式”，即确定需要、谈判、协议、前期培训、正式培训、结束。①大学把培训场所移至中小学，送培入校，将培训置于学校真实的情境中，激发教师在培训中的激情和主体性，提高他们的参与度，并且解决他们的真实问题。日本于2001年发表了《为了促进教师培养中大学与教育委员会的合作——大学、学校、教育委员会联起手来》的报告，这份报告极大地促进了大学、教育委员会和中小学在教师培养、培训上的合作机制的建立。其中，大学协助中小学进行校内研修是重要的组成部分。针对传统校本培训中存在的理论知识薄弱的问题，在日本国家政策的引导下，大学和中小学合作，大学也越来越多地参与到中小学的校内培训，如宫城教育大学已经与仙台等7个地方的中小学建立了帮扶协议，派遣专业人士对这些学校进行专业指导和援助。②

3. 研训一体模式

研训一体模式是指教师在校内将研究和培训结合在一起，以培训促进研究能力的提高，以研究促进教学水平的提升，实现科研、教研和培训成果的互相转化。这种研训一体可以借用高校和中小学合作的机制，也可以学校为本进行自主探索。这也是当前发达国家在教师培训中采用的一种新型模式。美国的“专业发展学校”本身也内含着研训一体的模式，通过高校和中小学合作研究，通过合作的行动研究，解决学校中存在的实际问题，将研究成果应用于教学改进和学校改善。教师作为研究者的理念贯穿其中，教师在参与研究的过程中实现自身的专业发展。澳大利亚各州都设有各学科的研究协会。州教育部为协会的活动提供专门的场所和部分经费。学科研究协会负责

① 宋乃庆，李森，朱德全．中国义务教育发展报告（2012）[M]．北京：教育科学出版社，2013：281．

② 曲铁华，郝秀秀．日本教师继续教育的特色及对我国的启示[J]．中小学教师培训，2016（06）：74～78．

各地区学科带头人的培养，并在培养结束后由这些学科带头人发挥示范和引领作用。协会利用自身的研究优势有时也直接参与中小学的培训，以他们的研究成果对中小学教师进行指导和培训。

4. 远程培训模式

远程培训模式指运用现代通信与网络技术，打破时间和空间的限制对教师进行培训的模式。在现代通信与网络技术的支撑下，英美等发达国家率先尝试远程培训，远程培训具有面向受众广、成本低、突破时空限制的优点，因此，在各个国家被广泛应用。美国的“SRI International TAPPED IN”计划从1997年实施以来，已经利用网络为广大中小学教师提供远程课程和学习服务。美国国家教师培训协会The National Teacher Training Institute（NTTI）通过建立网站、录制并上传培训视频，为教师提供灵活学习的资源，并指导学员有效使用在线资源进行学习。同时，根据一定条件征召当地优秀教师作为主讲教师，负责线上培训的组织和线下的讨论，使线上线下学习活动有效结合。除此之外，还有以大学为主体推行教师远程培训的方式。哈佛大学教育学院开发了名为TFU（Teaching for Understanding）的网络培训课程，在线指导教师设计并修改自己的教学内容。还有以具体的项目为依托开展教师远程培训的方式。如美国肯塔基州专门针对新入职教师的培训CEO项目。在英国，英国开放大学、莱斯特大学和诺丁汉大学都用远程教育的形式开展研究生层次的在职教师培训。英国东部高质量教师培训中心专门开设了在线学习网站，为教师教育者、培训人员和受训教师提供大量网络培训资源。加拿大安大略省的教育网络，以所有一线教师为培训对象，为课程改革服务。澳大利亚政府把网络培训作为教师入职培训的重要补充。教师通过网络论坛、博客、电子邮件、语音聊天室、视频会议等在线平台，与有经验的教师、指导教师以及其他新教师结成学习共同体，通过在线交互，获得专业成长所需的培训。在韩国，国立开放大学在教育部的支持下开设了丰富的网络课程。此外，韩国开放大学还联合LG电信、Hanbit网络成立了Eduville网络联盟来实施以网络为媒介的教师继续教育计划。①

社会发展日新月异，上述培训形式与途径等介绍可能不够详尽，但我们相信，随着教师使命的变化和科技的发展，更多的教师培训形式将会出现。

① 梁文鑫，毕超．国外教师远程培训的实践及启示[J]．北京教育学院学报，2012（01）：41~45．

五、教师培训评价机制建立并趋向科学化

教师培训的制度化走向在某种程度上意味着政府在教师培训中更多的责任。各国也为此设立了各种行政管理机构确保教师培训质量。评价是管理的一种有效机制，通过评价了解教师在参与培训后所取得的效果是当前各个国家所关注的一个焦点，它甚至影响到教师培训的政策制定。对此，各国通过建立教师培训管理机构、建立教师质量标准、培训机构的资格认定与评价、培训机构培训质量评估、教师培训者的资格认定、学员评价培训效果、第三方评价等多种方式建立教师培训评价体系。近年来，很多发达国家越来越重视教育中的问责机制，通过建立评价机制来促进教师培训的发展。

英国自1979年就开始强调教育质量与标准，政府以经费拨款为杠杆，将经费与绩效挂钩，以此促进教师培训质量提升。《1988年教育改革法》从法律上推动教师督导评估制度的发展，对教师胜任能力提出更高要求。1994年，英国成立“教师培训管理局”，负责教师培养质量的评估和对教师培养机构的资格认证。1998年，英国成立“教育标准办”，专门负责向“教师培训管理局”提交评估结果报告。评估结果被作为下一轮财政拨款的依据，并反馈给所有教师培训机构以促进培训质量的改进。英国除了通过加强对教师进行评估外，也非常重视对教师培训机构的评价和督查。2006年，英国教育标准办对144个教师培训机构进行了评估。2007年，英国在《教师资格认定标准》中提出明确要求：教师培训必须在国家框架下有效实施。①英国近年来不断发布的政策文件都表示“在加强对教育和教师教育的控制和督导方面，英国改革力度大大超乎人们的想象”。②可以看出，英国通过严格的评价和督导机制，客观上促进了教师培训的发展，既提高了学校教师和校长对培训的重视程度，同时促使了培训机构不断改善培训效果。

美国在探索教师培训质量评价的过程中出现了三种较有影响力的评价模式。第一种是柯克帕特里克（Donald L. Kirkpatrick）和古斯基（Thomas R. Guskey）（2002）提出的水平模式，这是一种质性评价，通过收集证据来证实培训效果，它包括五种层次的证据收集：教师进修体验，教师学科教学知识进步，学校支持力度，教师的课堂教学变化情况，学生学习能力、成绩、态度是否发生了积极变化，并将评价的核心聚

① 杜静．英国教师在职教育的特点探析[J]．教育研究，2010（12）：103～106．

② 洪明．教师教育的理论与实践[M]．福州：福建教育出版社，2002：373．

焦在学生学习结果上。第二种是西纳科雷（James M. Sinacore）和图尔平（Robin S. Turpin）（1991）提出的“多站点评价”模式。它是一种适用于多变量、多情境的定量评价方式，后来被应用于教师培训质量评价。在苏波维茨等的案例中，人们应用该模式对不同学区的24个项目进行整体评价，从教学实践和课堂文化2个结果变量以及教师基本信息、教师改革态度、教师知识储备、校长支持、教师资源条件和学校资源条件6个预测变量通过问卷形式来收集数据，并向相关部门提供反馈的数据。第三种模式是坦普林（Mark A. Templin）和邦博夫（Ruth Bombaugh）（1997）针对由美国太空总署、国家海洋和大气局、国家科学基金会联合实施的“造福环境的综合学习和观察”（GLOBE项目）中教师培训所开发的“行为学”评价模式（见表16.1）。该模式吸收了“情境”及“批判”两种理论视角，突出合作性、行动性、反思性、情境性四个特点。[①]该模式从培训学员的六大基本行为领域中，拟出12个培训者与学员存在或潜在的议题进行探讨，二者同时在行动中进行批判性反思。评价者通过收集学员行为信息，并对二者的反思进行质性分析，对培训质量进行质性评价。该模式的视角和框架新颖，关注学员的过程体验，具有一定的合理性，但操作起来工作量较大，因此在实践中应用较少。

表16.1　行为学模式评价框架[②]

行为领域	协商议题	评价与反思
探究模式化：培训者将探究实践模式化以帮助教师理解探究	1. 清单：列出一份探究的教学策略清单。 2. 提问：识别促进探究设计及实施的提问。 3. 实验：思考探究所需资源和实验方法	教师以何种方式从事探究教学？
2. 组织教师：引导教师成为长期性的主动学习者	4. 强化：将注意力集中于专业发展学习经历。 5. 持续性：长期专业发展学习	教师以何种方式参与专业发展活动？

① 姜涛，蔡培阳，郑薇薇．美国教师培训质量评价模式及启示[J]．教学与管理，2015（27）：122～124．

② 姜涛，蔡培阳，郑薇薇．美国教师培训质量评价模式及启示[J]．教学与管理，2015（27）：122～124．

续表

行为领域	协商议题	评价与反思
3. 教师参与：培训者帮助教师改进他们的专业实践	6. 具体学习任务：设计相关的学习活动。 7. 基于教师的课堂经历：使专业发展活动与学校中真实发生的事情相一致	教师是怎样改变他们的教学实践的?
4. 聚焦提高：培训者提升教师的科学知识和方法水平	8. 专业知识：为加强学科知识做好准备。 9. 技能：为提升科学方法水平做好准备	教师是如何参与到为指导探究而做的有关准备中去的?
5. 基于标准：培训者帮助教师在标准的框架内定位他们的活动	10. 专业发展标准的一般规定：利用与本州及国家科学教育标准的联系。 11. 将师生合作与专业发展标准联系起来：利用与教师发展标准的联系	教师是以何种方式参与到学校中更大的改革计划的?
6. 与改革相联系：培训者帮助教师寻找将专业发展活动与更大的改革努力联系起来的时机	12. 与学校变革的其他方面相联系；利用与更广泛的学校发展计划的联系	通过本计划，教师是以何种方式参与到学校中更大的改革计划的?

德国在职教师培训成果的评估是通过德国的教师教育委员会进行的，该委员会由德国文化教育部管辖，由教育行政官员和学科专家组成的，每四年对在职教师进行一次教学评估，并把结果由低到高分为7级。教师的教学评估影响到培训机构的声誉，评估的结果也成为培训机构改善培训的努力方向。

近年来，韩国政府也发挥评价对教师培训机构的促进作用。2011年，韩国首次对全国教师培训机构进行了评估，并构建了一套包括教育培训院所取得的成就、发展前景、活动内容、优秀案例等内容的评估指标体系。[①]这种评估机制取得了较明显的效果，提升了韩国教师培训的质量。

建立教师培训质量评价机制是加强教师培训事务管理的重要手段，评价机制是重要的，但要建立一个科学的评价体系是困难的，目前各国都非常重视教师培训评价制度，虽然存在各种缺陷与不足，但是通过研究和改进，教师培训评价体系将会不断趋向科学与合理。

---

① 金香花，孙启林．韩国教师培训机构评价的现状与展望[J]．外国教育研究，2012（02）：56~60．

第三节 当代部分发达国家教师培训的启示与借鉴

前面通过对部分发达国家的教师培训状况的考察与介绍，从教师培训制度、培训目标、培训内容、培训形式与培训评价几个方面管窥国际教师培训的一些特征和做法，以此了解国际教师培训发展的大致脉络与趋势，作为我国教师培训改革的国际经验和背景。通过上述的梳理与分析，国际教师培训的经验和做法对我国具有以下几个方面的启示。

一、以促进学生发展作为教师培训的根本宗旨

教师培训如果没有一种更崇高的价值作为引领，它必将因为对意义的理解缺乏而发生异化，教师将在培训过程中沦落为“被培训”的“受压迫者”。因此，教师培训的发展始终需要一种根本价值的引领，需要培训者与参训教师理解为何培训这一根本问题并找寻到答案与意义。从当前国外教师培训的制度与政策宗旨来看，西方将教师培训与学生发展关联起来，把促进学生发展作为教师培训的根本宗旨。21世纪以来，美国的教师培训几乎是在《不让一个孩子掉队法案》的政策背景下进行的。正如法案名称一样，美国诸多的教育与学校改革都要求体现对学生发展的核心价值追求。“促进所有学生的成功”“促进每个学生的学业成功和幸福”“确保学生是有能力的、起作用的社会成员”[①]。这些都是教师教育以及专业标准中的理念性措辞。作为教师专业发展的路径之一的教师培训，它也同样指向并服务于学生的发展。《不让一个孩子掉队法案》通过标准化的测验来检测学生的发展情况，也以此来检验教师培训质量的结果，通过标准化和问责制的两大措施促使教师培训的发展。当前我国教师培训也是基于“服务于学生的发展”的培训理念，但在实际实施过程中，理念在诸多方面贯彻得还不够彻底。教师培训的结果与学生的发展关联不够密切，缺乏类似的问责制，二者之间存在一定的断裂。如果不及时审视与反思这种断裂，将导致培训目标

① 理查德·亨特，等．学校治理[M]．北京：北京师范大学出版社，2017：62．

模糊。因此，关注教师和学生的共同发展将是贯穿我国教师培训改革中一条不变的主线。

二、推进教师培训制度和政策建设的科学化

教师培训与教师质量以及学生学业质量之间的逻辑关系已经被各国高度重视，因此，各国从国家人才培养战略的角度对各国的教师教育体系进行了改革，教师培训被纳入各国的法律和政策的范围，以此推动教师培训的规范化、有序化。然而，制度与政策建设并不是轻而易举的，绝不是拍脑袋而成的。制度与政策建设在某种程度上是行动的工具，教师培训制度与政策的建设最终要落实在教师质量与学生学业质量的切实提升上。西方在教师培训制度和政策建设上的以下几点做法值得我国借鉴。

1. 通过科学研究为教师培训改革提供新理论

近年来，我国教师培训研究在国内获得了较快的发展，成果也越来越多，然而，从现有的成果来看，其中不少研究陷入个体经验的总结、浅表的思考或者简单的线性思维，对于更有效培训的内在机制研究仍然不足，研究没有在理论上实现实质性的突破，培训形式的改革难以真正突破瓶颈。只有通过科学而扎实的研究才可以摆脱经验主义的束缚。当前，在教师培训中的重要问题，如教师培训与学生成绩之间的关系研究、培训效能的影响因素及影响机制、教师培训与专业发展之间的关系、教师培训成果转化、成人的学习机制等问题研究仍然显得理论深度不足。西方发达国家在研究过程中，部分学者提出的教师发展阶段理论、培训对学生成绩影响的连锁生效理论、教师连续性发展理论、参与式学习理论等都产生过较大的影响，它们或多或少成为西方国家培训政策的制定依据。德国早在1970年颁布的《教育委员会报告书》里专列一章有关教育研究的内容，该章开头写道："只有通过科学研究，才能识别并分析当前教育制度失败的种种原因，以及新结构和新内容的种种结果。"[①]瑞典的胡森（1984）分析了教育研究与教育政策的关系，指出研究者与决策者受到两种不同文化的影响而出现教育研究与教育政策的割裂，他强调信息交流对二者之间良好关系的重要意义。由此可见，各国都希望教育研究更好地为教育改革与教育政策制定提供理论依据，并缩小教育研究与政策之间的裂缝。从现有的教育研究对教育政策的贡献情况来看，美

① 刘复兴. 国外教育政策研究基本文献讲读[M]. 北京：北京大学出版社，2013：107.

国的许多有关教师发展与教师培训的政策都基于许多组织与机构的支持，其中一个重要的路径就是以支持大学以及科研机构的研究作为政策的基础，如卡耐基基金会、福特基金会、洛克菲勒基金会等支持的研究报告成为影响美国教师教育政策的基石。美国的教师政策研究者数量大，研究成果颇丰，这对美国的教师培训质量提供了极大的支撑。2018年，中共中央、国务院颁布的《关于全面深化新时代教师队伍建设改革的意见》，它表明了我国教师队伍建设进入了一个新的关键时期。作为一份重要文件，它突显了我国政府对教师队伍发展的高度重视，但教师培训作为面向实践的活动，我们仍然亟须推进教师培训具体政策和制度的科学化和合理化发展，而科学研究是推动这种发展的基本动力。因此，新时期，我国仍然需要加强对教师培训等相关问题的研究，以此推动教师制度与政策建设的科学化，最终实现教师质量的内涵式发展。

2. 制度与政策建设注重内在的逻辑性与贯通性

教师培训制度与政策的建设需要回应纵向和横向两个方面的问题。所谓纵向问题是指教师培训在历史纵轴上的内在承续性，而横向问题是指制度与政策在横向上要素之间的协调性。在纵向上，制度与政策的发展具有内在的历史逻辑。通过对部分发达国家近几十年来不同历史时期的政策与制度演变的简要历程来看，西方的教师培训制度绝不是全部推翻重来，而是在坚持原有制度合理性基础上的改革，教师发展和培训政策具有内在承续性与发展性，尤其是对教师质量发展的追求上，是教师培训政策稳定的价值取向。在横向上，教师培训制度与政策涉及教师培训的权利与义务、培训管理与实施机构的设置、培训的设计与实施、培训与绩效关系等，可以说内在地构成了一个体系。从系统论的角度来看，这个体系内在的协调与贯通影响到制度与政策本身的效果。西方的制度和政策制定关注了内在要素的细节，既注重理念与具体措施的一致性，也注重各条款之间的协调，如英美等国都将教师资格、在职培训、晋级加薪、培训经费划拨与使用等相互联系起来，以此增进教师通过培训推动自身专业发展的外在动力机制。因此，在我国教师培训制度与政策建设上，我们需要整体性和系统性思维，在宏观原则和实施细节设计上保持一定的平衡，注重制度与政策的双向内在逻辑与内在协调。

3. 借鉴国外制度与政策须因地制宜

随着我国在教育上的开放以及与国际教育交流的加强，学习与借鉴国外相关的教师培训制度与政策成为我国教师培训制度与政策建设的一条基本路径。然而，每个国家的国情不同，任何一个国家都无法照搬照抄他国的经验和做法，各国的教师培训制度和政策是各国根据自身的实际情况制定的，这也决定了我国在学习和借鉴国外教师培训制度与政策时的基本立场和态度，我国在学习和借鉴国外先进教师培训制度与政策时必须考虑背景性因素，避免制度与政策水土不服。

三、健全分层次、分类别的教师培训体系

西方国家很早就开始了教师教育的职前与职后一体化的历程，将教师质量提升作为整体目标，将教师专业发展作为推进学生学业发展的基本手段。发达国家的教师教育一般划分为职前教育、入职培训以及在职培训。各国在推进职前职后一体化的过程中，虽然仍化分阶段，但却注重教师培养的整体谋划。每一个阶段既突出培养重点，极具特色，又相互之间存在有机性和连贯性。我国近年来也在推进教师教育的职前与职后一体化，然而，在教师培训机构改革以及具体措施上仍然反映出教师教育的阶段存在一定的裂缝，存在着不愿改革、沟通不足、无法割舍部门私利等问题，而这在一定程度上造成了职前职后培训的重点不明、培训内容重复、理论与实践失调等问题，从而影响了教师教育的整体培训效果。因此，鉴于国外的经验，我们应该进一步增强教师培训的体系化和分类化。政府一方面围绕教师专业发展的目标促进职前与职后教育的一体化，从顶层设计上对教师教育做整体性和长久性的规划，将教师的职前教育与在职教育在目标、内容、评价等环节实现有机衔接，避免培训的随意化、无机化和碎片化。另一方面，促进培训目标多元化，进一步细化培训的类型。如针对不同发展水平的教师，既可提供学历补偿、学历提升的培训课程，也提供以提高教师的综合素质为目标的培训课程；另外，根据教师在不同发展阶段和不同工作领域中的需求，将普通培训与专项培训相结合，设计相应的培训模式，开发学科教学培训、学生管理培训、课程设计与开发培训、教师领导力培训等培训课程。总之，在完善教师培训体系中，根据教师发展的个性化需求，尽可能地提供不同类型的课程以满足他们的选择和需求。教师在培训中的选择自由增加了，教师才能更好地改变被动培训的状态，教师个体对培训的内在驱动才可能更好地实现。

四、完善教师培训中的合作协调机制

教师培训虽然是教师发展中的一个具体措施，但是，它本身涉及诸多部门，如政

府（既涉及横向的教育部门、财政部门等不同部门，也涉及纵向的不同级别的政府部门）、学校、培训机构等多方的协作。它们各自具有不同的优势与资源。政府通过权力与资金，为教师培训提供政策支持和资金保障；学校在管理上直接影响着教师的培训机会等，以及当校本培训成为基本的理念时，学校本身既是培训主体又是培训资源；培训机构为教师培训提供专业课程和学习平台。同时，在市场化机制下，越来越多的社会机构也将更多地参与到教师培训中。在当今国际上，没有一个组织能够单独完成所有的教师培训事务。各国在教师培训上也呈现出了教育治理主体多元化特征。教师培训的参与主体多元化并不意味着各自争权，争权可能导致更多的无谓损耗，相反，协作才是教师培训走向成功的根本路径。欧美国家至今基本上都建立起了各种合作关系。有中小学与高校进行的合作性研究与培训，有教师培训机构之间的合作关系，有政府委托知名高校对薄弱中小学进行包括教师培训在内的全面改进项目；也有中小学之间进行的互相扶持的教师培训项目。合作的具体形式也呈现了多样化的形态，如英国设立的教师培训委员会对教师培训进行管理，美国设立有多方合作的教师专业发展学校，日本的现场培训机构与远程培训机构之间的合作等。总之，协作是教师培训发展的必然趋势，我国目前也出现了大量合作的案例，但是由于政校关系尚未发生改变，一些教师培训机构过分看重经济效益，存在功利化思想，忽视教师素养的提升，一些高校在与中小学合作过程中，角色和思维难以摆脱学术本位的束缚，这些导致了虚假的合作或者不公平的合作，致使合作尚未令人满意。因此，我们可以进一步研究和借鉴西方国家中更有效果的合作模式，改善我国教师培训的合作质量。

五、凸显培训内容的实用化和过程的实践性

20世纪初的“实用主义哲学”成为影响美国乃至全世界的一个思潮，这种思潮在教育中也产生了广泛的影响。它在很大程度上克服了西方传统经院哲学所带来的教条主义和机械主义。当前国际上教师培训也呈现了实用主义的特征，表现为培训内容对解决实际问题的实用性和过程以行动为指向的实践性。教师培训是针对教师专业发展的实践性活动，它不是纯粹的思辨游戏，而是在具体情境中面对不同对象的实践性活动。因此，教师培训需要以现实问题为导向，有效性和针对性是教师培训能否成功的基本判断标准。西方许多国家随着教师学历的提升的大体完成，教师培训转向将解决教师的实际问题和提升素质和能力作为培训的重心。教师培训越来越凸显实用化和

实践性。他们在教师培训的课程设计上紧密贴近教师的日常教学和管理，并能融入真实的课堂情境，针对教师实际教学中反映出的问题进行培训。美国的教师专业发展学校、英国的校本研修等都是解决教师培训的有效性问题。[①]同样，西方国家在教师培训的过程中重视教师实践能力的提升，注重在实践情境中进行培训和研究，“实践性知识”“教师即研究者”“行动研究”等概念的出现与勃兴就是一种明证。英国教师培训改革为解决实践性不足的问题，还设置奖学金鼓励以实践为导向，凸显“在实践中研究，在反思中成长”的培训核心理念。[②]目前，我国教师培训缺乏评价机制和问责机制，对培训的实效性难以监测，导致培训中的课程良莠不齐。为了凸显培训的针对性和实践性，我国教师培训应该在不同的环节突出这些特点，在培训目标设计中，增加对教师实际问题的解决能力；在需求调研中，切实做好教师的教学活动需求和实际问题等；在教师培训实施过程中，善于创设实践性情境或模拟真实情境增强学员的体验；培训内容上，适当增加活动性与体验性课程，让教师在活动中感悟与体验，同时，对于师德师风等普遍关注的问题也在培训内容上有所回应和体现；培训后的成果转化上，强调培训成果的实践转化，切实解决教师关心的热点问题和重点问题。

六、建立科学的教师培训评价机制

评价是一种价值判断，它具有导向、激励、诊断、调节、监督和管理等作用，对于教师培训的现代化进程而言，评价在教师培训中的应用将必不可少。通过上节中部分发达国家的教师培训评价机制的建立来看，有加强教师培训评价机制完善的趋向，以期寻求一种能够促进教师质量有效发展的评价机制。从教师培训评价的对象来看，教师培训评价包括对教师培训机构的评价，也包括对教师培训后的发展情况进行评价。不管是对谁的评价，一旦评价具有高利害性时，评价本身必须具有科学性。然而，这种科学性要在理念与技术上体现目前仍然有困难，在实践中也仍然存在着各种分歧。在评价方式上，当前评价存在定性评价和定量评价两种方式。受实证主义的影响，定量评价则越来越被看作是一种“更科学”的方式，因此，人们

① 关松林．发达国家中小学教师培训的经验与启示——以美国、英国、日本为例[J]．教育研究，2015（12）：124～128．

② 曹梦．英国教师培训政策的变革历程及对我国的启示[J]．当代继续教育，2014（02）：38～40．

越来越倾向于用各种量化的指标来测量，并通过数字呈现最后的结果。这种量化方式相对于模糊的定性评价确实具有明确性，但是它的科学性受到指标体系和操作技术的影响，由于影响教师培训效果的复杂性因素中存在着大量难以测量的因素，如教师的默会知识、实践性知识、教师的情感变化情况、教师的道德发展情况。在一定程度上，这些因素的价值远远超过可观察和可测量的因素。因此，它可能造成评价的不完整甚至以外在的因素僭越内在的核心价值的问题；同时，在培训机构效能、教师发展质量和学生发展质量之间的内在关系是否存在简单的线性关系也是有争议的。鉴于国外在评价上的经验，我国教师培训评价目前尚不适合作为一种教师与培训机构的高利害评价，而对西方早先出现的唯量化趋向同样需要保持一定的理性，将定量和定性评价相结合，既测量可观察的指标，又通过访谈和行为结果的改变做出综合性评估。对于评价的导向功能，教师培训评价要在总体方向上与学生发展和教育质量发展保持一致。这也是当前国外教师培训评价机制建设中的基本价值共识。

教师培训事业事关我国教师队伍的整体专业素养以及我国教育的整体发展质量。在我国推进教育强国、教育现代化的伟大征程中，教师培训不是可有可无的，而是我国教育发展的一个重要引擎。科学有效地加强中小学教师培训，是我国实现教育强国梦想的必经之路。在改革开放的浪潮中，学习与借鉴国外中小学教师培训的经验和做法，加强国际的合作与交流成为一种趋势。同时，因地制宜、因时制宜是一切学习与行动的基本智慧，国情决定了学习的程度和方式。国外教师培训的经验与教训可以开阔我们的视野和思路，但不能照搬照抄。在立足我国国情的基础上，我们更需要对我国教师培训的问题保持清醒的认识，同时挖掘我国教师培训领域的各种资源和优势，通过不断地实践与总结，走出一条有中国特色的可持续的教师培训发展道路。

第十七章　新时代教师培训改革

17

2010年，教育部、财政部启动实施“中小学教师国家级培训计划”①（简称“国培计划”），旨在提升中西部农村教师整体素质，示范带动、有效推动地方教师培训改革发展。2010—2019年，中央财政累计投入“国培计划”经费172亿元。其中，“中西部项目”和“幼师国培项目”投入159亿元，占比92%左右，“国培计划”成为我国教师专业发展实践中最具典型意义的国家行动。②综观世界教育的发展历程，没有一个国家能像我们一样，对教师培训作出如此巨大的投入和如此系统全面的设计、组织和推进。以“国培计划”为推动力的全员教师培训是发生在中国大地上的人类最为广泛的教育实践，理应能够为世界贡献出相应的具有普适意义的知识思想和理论体系。③为此，在教师培训改革发展的历史背景下，从不同角度回顾分析十年来“国培计划”取得的成绩、总结“国培计划”改革创新的经验、发现“国培计划”项目实施中存在的问题，尝试对未来“国培计划”项目实施和改革发展取向做出预测和评估，对于“十四五”期间教师培训的改革发展具有重要意义。

第一节 新时代教师培训面临的机遇与挑战

任何一项改革都会有其社会历史发展动因。当生产关系滞后或不适合当前生产力的发展时，改革便势在必行。教师培训领域的改革，其发生发展也与社会生产力迅猛发展有关。社会生产力的发展会给教师培训带来诸多便利和条件，助推教师培训改革和创新，并获得快速发展；同时必然会彰显出传统教师培训的弊端和低效，使培训行为合理性受到质疑，为传统培训项目实施带来挑战，要求其不断改革创新，适应形势发展。

---

① 2010年启动时名称为“中小学教师国家级培训计划”，2014年更名为“中小学幼儿园教师国家级培训计划”。

② 联合国教科文组织教师教育中心．“国培计划”蓝皮书（2010-2019）摘要[EB/OL]．[2020-09-04]（2020-10-01）http：//www.moe.gov.cn/fbh/live/2020/52439/sfcl/202009/t20200904_485104.html

③ 李瑾瑜．国培十年话“培训”：反思教师培训的走向[R]．上海：“借鉴‘国培计划’经验提高教师培训品质”交流研讨会，2020-09-30．

一、新时代教师培训面临的机遇

伴随着时代的发展，信息技术对学习化社会形成、知识经济产生与发展的作用日益彰显，并深刻影响着教育领域和教师研修学习。近二十年来，我国教师教育和教师专业发展理论研究如火如荼，教师学习理论和教师教育理论发展对教师培训的规范和发展起到了积极的推动作用。21世纪以来，国家对教育的投入不断增加，并持续高位保持，反映了国家对教师队伍建设和教师培训的持续关注，也对教师培训质量提出了新的要求。所有这些，在客观上都给教师培训的改革创新带来了新的机遇。

（一）信息技术和人工智能迅猛发展为培训方式改革创新带来机遇

互联网、大数据、人工智能、5G技术的发展，改变了人们的生活和消费环境，改变着人们的思维方式。在线资源的存储性、资源搜索与共享的便捷性、在线交流的泛在性（信息技术所支撑的网络教育，使时时、处处、人人学习成为可能），推动了人们学习方式的转变。自2007年教育部组织万名骨干班主任网络培训开始，网络培训正式登上我国中小学教师国家级培训的舞台。2010年，“国培计划”启动实施后，网络培训作为中小学教师国家级培训的主要方式之一，在面向边远贫困地区中小学幼儿园教师实现优质培训资源共享上发挥了积极的作用。2013年，为主动适应深化基础教育课程改革、全面实施素质教育的现实需求，教育部下发《教育部关于深化中小学教师培训模式改革 全面提升培训质量的指导意见》，开始深化和推进中小学教师培训模式改革。在学员学习方式上，要求“积极推进教师网络研修社区建设，推动教师网上和网下研修结合、虚拟学习和教学实践结合的混合学习”[①]。此后，在培训中逐渐出现各类长周期、分阶段、递进式培训项目，如“农村校长助力工程项目”“‘国培计划’——示范性工作坊高端研修项目”等，网络研修社区逐渐成为学员共享线上资源和进行在线交流的载体，并成为“国培计划”——中西部项目及幼师国培项目方案评审的重要参考指标，要求“能很好利用网络研修社区（自建平台、购买服务或开放平台），为参训学员培训期间的学习和训后跟踪指导提供有效服务”。[②]伴随着项目

① 教育部关于深化中小学教师培训模式改革 全面提升培训质量的指导意见（教师〔2013〕6号）[Z]. 2013-05-06.

② “国培计划”项目办. 中西部项目及幼师国培项目（乡村教师访名校培训、乡村校园长培训）中标院校（机构）培训方案评审标准[S]. 2016-10-09.

实施和经验积累，网络研修与集中面授、现场诊断有机衔接，已经成为教师混合式研修模式的重要组成部分。2021—2025年，“国培计划”实施的目标任务明确提出：推进自主学习、系统提升、持续发展为导向的“国培计划”改革，实行分层分类精准培训，建立教师自主发展机制，探索教师自主选学等模式，推进人工智能与教师培训融合发展。[①]我们可以看到，未来教师队伍建设策略，将会是以教师继续教育激励机制为支撑，以教师继续教育学分管理为保障，以教师职场（任职学校）教育教学问题解决为抓手和驱动力，以教师专业发展规律为指导，以网络研修社区、人工智能技术为资源交流与分享平台，鼓励教师根据自身的专业发展阶段和实际需求，自主选学相关教师培训项目和培训资源平台提供的课程，进而实现自身持续的专业成长。这种发展是常态化的，它伴随着教师教育教学问题的发现和解决而产生和推进，参加项目培训和自主读书、交流考察、课题研究、课堂观摩等一样，只不过是教师借以扩展知识、发展能力、优化思维、磨砺意志、陶冶情操、提升境界、扩充格局进而促进问题解决的一种自我发展方式。信息技术和人工智能为教师专业发展提供了技术支撑和远距离、异时空、碎片化、泛在化资源分享的便利和可能。它给教师专业发展提供的不仅仅是技术和资源，还在于发展观念的变革和发展的无限可能，是思维观念的解放，是生产力的解放，当然也必然带来生产关系（在教师培训中具体表现为培训模式）的变化。

（二）教师教育与学习理论的发展为教师培训转型升级提供了坚实的基础

在心理学研究领域，成人学习理论的丰富和发展推动了教师专业发展理论的发展。通过诺尔斯、凯德、诺克斯、雅柏斯、达肯沃尔德、布朗得基等众多学者的研究，[②]我们可以发现成人在学习中有如下特点。

一是成人具有自我导向的自我观念。这种认识，要求培训项目在设计中更加重视课程的可选性和丰富性，方便学员根据自身发展需要自主选学。这种理念，以“自主学习者”的培育为宗旨，有利于学习者元认知技能的提升。在学员自主选学的过程中，他们能够观察、评价与优化自身知识的获取，能够在学习过程中调整自身的情感与动机作用，更加善于管理学习时间，能够设定观察自身的特定目标。[③]二是成人有

① 教育部 财政部关于实施中小学幼儿园教师国家级培训计划（2021—2025年）的通知[Z]．2021-04-30．

② 董守文，张华，李雁冰．成人学习学[M]．东营：石油大学出版社，1994：59～63．

③ 钟启全．深度学习[M]．上海：华东师范大学出版社，2021：65．

丰富的经验。这种认识，要求重视学员互动环节的设计，以挖掘利用学员作为教师的既有知识和经验，借助头脑风暴和思想碰撞与交融而产生的新的认识和知识；此外，培训新知的传授要基于学员原有的认知和经验，课前的提问以及问题和需求调研，就显得非常有必要了，毕竟基于建构主义的理念和奥苏伯尔的观点，影响学习最重要的因素是学习者已经知道了什么。三是成人学习与发展任务改变密切相关。这种认识，强调基于学员职场问题解决实际需要、所扮演角色的适应以及职场生存状态的改变来设计研修任务，进而驱动学员开展面向职场问题解决能力提升的常态化研修。四是成人学习以问题解决为中心，强调学后即用。这种认识，要求教师培训模式的设计关注工作场域实践情境的创设，以便学员在问题解决过程中，借助“知—行—知”的知能转化机制，实现知识技能的发展和素养的提升。五是学习动机多来自个体内在力量。这种认识，让培训者意识到，要使学员想学愿学，必须借助需求调研做到按需施训，使培训内容适合学员的学习需要，以吸引他们积极参与学习。六是师生关系更关注平等。这种认识，促进了学员平等交流互动环节的设计，使交流互动成为培训课程活动的必要方式和内容。这种交流互动也反映了深度学习的原理，深度学习重视学习的社会性。教育神经科学揭示，人是通过社会交互作用而展开学习的，学习的组织应该保持高度的社会性；适当地组织协同学习不仅有助于提高成绩，同时在行为与情绪方面亦可获得巨大效果。①七是成人学习具有非正式的特点。这种认识，拓展了教师培训活动的形式，参观考察、跟岗研修、世界咖啡、文化建设等环节的设计得到关注。八是成人喜欢学习有意义、有组织的学习材料。这种认识，要求课程设计坚持主题性、逻辑性原则，防止琐碎堆砌。这些认识的深化和广泛达成，对于培训项目实施指南的研制、实行教师培训需求调研分析制度、探索建立教师自主选学机制、以典型教学案例为载体创设真实课堂教学环境、借助强化学员互动参与增强培训吸引力等具有根本性的推动作用。

在教师专业发展理论领域，研究成果也在不断向纵深发展，先后出现了理智取向的教师专业发展理论、实践—反思取向的教师专业发展理论和生态取向的教师专业发展理论。理智取向的教师专业发展理论重视发展教师的知识、技能和价值观等，倡导教师向专家（如大学学者）学习某些学科知识和教育知识。实践—反思取向的教师专业发展理论强调教师通过自我反思或合作反思深入理解自己、自己的专业活动及其相

① 钟启全．深度学习[M]．上海：华东师范大学出版社，2021：65～66．

关事物，追求新的发现；倡导撰写日志、传记等单独反思或讲故事、教师晤谈、参与观察等合作反思式的专业发展，借此有效地积累、转化和发展实践知识。生态取向的教师专业发展理论认为教师在专业知识和技能等方面的专业发展不全靠自己，其教学策略和风格的改进更大程度上依赖于教学文化或教师文化，该理论倡导基于教师之间的开放、互信和支持的合作文化和教师专业发展方式。不同取向的教师专业发展理论，反映着对教师不同素质发展的关注。从知识、能力，到价值观、反思的意识和内省方式，再到合作意识与合作能力的发展，教师的素养不断走向深化和高端。教师由被动学习、孤立发展转向自主发展、反思内省，由知识传输转向知识生成，教师成为学习的中心和主体，教师的主观能动性、合作意识得以调动和激发，重视教师实践反思和合作交流的培训使教师发展走向理性和高效。

（三）社会对教师培训的关注和质量要求加速教师培训改革进入快车道

伴随着社会经济的发展，从2012年开始，国内生产总值用于教育的比例开始超过4%。为了提高教育经费的使用效益，国务院办公厅印发《关于进一步调整优化结构提高教育经费使用效益的意见》，明确提出“各地要完善中小学教师培训经费保障机制，不断提升教师专业素质能力”。[①]国家对中小学教师队伍建设的重视，在“国培计划”经费投入上明显体现出来。自2010年“国培计划”实施以来，已累计投入经费超过200亿元，受益教师超过1 800万人次，有力保障了基础教育教师专业发展与能力提升。国家对教师培训工作的重视，以及全社会对“国培计划”的期许，使得以“国培计划”为引领的各级各类教师培训质量问题得到充分关注。教师培训质量建设的过程，也是培训逐步走向专业化和现代化的过程。培训走向专业化，是指建立了国家级、省级和县级的“国培计划”培训专家库，与教师培训有关的期刊及其栏目得以创办和发展，成立了与教师培训相关的学术团体（如中国教育学会教师培训者联盟、中国成人教育协会教师继续教育委员会等），在一些学校开始创办和建设与教师培训和教师发展相关的学科等。所谓教师培训走向现代化，首先是指教师培训领域出现了诸多支撑教师培训实践活动的理论支撑，反思型教师、学习共同体、教师专业标准等对教师培训有深刻的影响；其次是指信息技术、大数据、人工智能、5G技术深刻影响

---

① 国务院办公厅．国务院办公厅关于进一步调整优化结构 提高教育经费使用效益的意见（国办发〔2018〕82号）[Z]．2018-08-17．

着教师培训的平台和环境建设，使教师培训成为泛在化学习，教师的学习和优质资源共享更加便捷、高效；再次是指教师培训项目管理已经根据培训项目实施的绩效管理原理进行优化，使教师培训过程设计更加合理和高效。伴随着培训项目管理者对实施中关键环节及其要求的研究和揭示，以及对各类项目实施过程的理性思考，项目管理办法相继出台，在各类项目实施方面还研制了具体实施指南[①]，培训项目的实施和管理越来越规范。

二、新时代教师培训面临的挑战

伴随着教师培训理论的发展、教师培训项目实施经验的积累、国家对教师培训工作的重视、教师队伍建设重心下移需要及教师自主发展意识等内外部环境的刺激与推动，教师培训与社会发展需要不相适应的诸多问题不断显现，使教师培训在新的历史时期面临诸多挑战，亟待改革和创新。新时代教师培训面临的挑战主要表现在以下几个方面。

（一）顶层设计与实施落地之间存在一定偏差

自2010年国家启动实施“国培计划”以来，国家层面高位推动项目实施，先后出台一系列政策措施确保项目实施成效，但由于省域之间、城乡之间、教师之间的不平衡性和差异性，各地在“国培计划”落地实施成效上依然存在一些问题，具体表现在：一是重项目设计、轻整体规划。这主要表现为培训项目在规划时并没有对教师队伍建设情况进行调研摸底，对处于不同发展阶段的教师的数量和规模缺少了解，在项目设计上是被动和盲目的，往往因为某位领导和专家的意见、建议而增减项目，缺少自己的专业判断和坚持。二是重任务完成、轻需求调研。这种问题主要出现在专业成熟度比较低的培训管理者身上。他们关注任务的顺利完成，至于学员对培训项目实施的满意度，就顾不上了。这种项目实施的过程，注重项目争取到以后的过程管理，而对于学员需求调研这一基础性环节却是疏忽的。需求调研环节缺失，容易使培训内容针对性不强，学员学习积极性不高，从而出现学员被动参训的现象。

① 教育部教师工作司关于印发《教师培训者团队研修指南》等11个文件的通知（教师司函〔2020〕11号）[Z]. 2020-03-27.

（二）目标定位与体系建设之间无法有效衔接

“国培计划”的实施，极大地促进了地方教师培训的改革发展，但我们也看到，个别区域因教师培训体系建设不健全，各级各类教师培训项目目标定位不清晰，难以推动教师队伍整体素质的提升。一方面，重骨干培训、轻全员培训。这主要是优质资源有限导致的，与社会资源分配效益性有关。由于资源的有限性，国拨经费主要用于骨干教师的培训，国家在教师队伍建设上也主要实施的是“由培训者培训骨干，再由骨干带一般”的阶梯式培训模式。这种方式使得绝大部分教师未能获得国家级培训的机会，不能够享受到顶级的优质资源。另一方面，重统一培训、轻培训选学。培训组织实施部门根据培训任务确定培训课程，很少考虑学员的具体需求，也不会为学员提供培训选学的内容。这种培训是忽视学员学习需求和自主导向性的培训，其项目设计思路是自上而下而非自下而上的，它忽视了学员的底层需要，也势必带来学员的消极被动参训。以上这些问题的存在有的违背了学员中心的理念，有的违背了培训学习的心理机制，有的追求效率而忽视了教育公平，有的则是缺少对于教师队伍建设的整体思考和设计。这些问题的存在，要求教师培训项目进行深刻反思和改革。

（三）培训理念与实践需要之间难以有效契合

教师作为专业工作者，要想满足社会发展和岗位需要，唯有不断学习，而培训作为教师学习的重要方式，发挥着重要作用。但我们也发现，不论是培训者还是参训者，都对培训存在着种种误解。一方面，重短期学习、轻持续提升。学员参训之后，虽然得到学时注册，项目设计者和组织管理者也都希望学员回到当地发挥辐射示范作用，但现实中，总有一部分人由于种种原因回到当地不做报告、不交流，未能发挥应有的辐射示范作用。缺少应用环节，项目学习和工作实践脱节，所学得不到应用，培训效果难以充分彰显，学员能力难以持续提升，进而导致培训高耗低效。另一方面，重因师设课、轻按需施训。所谓因师设课，就是有什么老师上什么课，根据自己所了解和掌握的师资信息而设置课程。这是专家信息不足造成的。在传统培训中，由于培训专家库和课程库尚未建立，导致培训组织者面对学员需求无动于衷，即使知道学员需要什么，甚至能够根据学员需求有针对性地设计出相应的课程，也不能据此找到能够胜任课程的培训师资。于是，就只能有什么师资、这些师资能够上什么课，就上什么课，导致课程不能够有效满足学员需要，不能学以致用，出现学员被动和消极参训的情况。

第二节　新时代教师培训改革的进展与成效

“国培计划”是对地方各级各类培训起着引领示范作用的国家级培训，其改革发展特征明显。本节内容主要聚焦于“国培计划”项目实施过程中的改革发展，管窥教师培训改革发展。

近十年来，国家以大强度的财政投入，为31个省份培训教师1 680万人次①，使“国培计划”成为全球最大规模的教师培训行动。“国培计划”打造了农村教师专业发展的国家平台，在“国培计划”项目实施中，中西部地区教师每人至少参训1次。陕西、内蒙古、甘肃、吉林、山西教师人均参训超过2轮，青海、西藏、海南和宁夏教师人均参训超过3轮。“国培计划”项目的实施，大幅度提升了中西部地区教师的专业素养：使参训教师提升了师德修养，增强了育人能力；加深了课程理解，提高了教学能力；提升了信息素养，培植了研究意识，扩大了专业交往，形成了互助网络。通过“国培计划”项目实施，构建了“国培—省培—市培—县培—校培”五级联动，教师进修学校、教育学院、师范院校、非师范院校、其他类型机构竞相参与的立体开放的承训体系；实现了育训一体的教师培养，构筑了中国特色现代教师培训体系。通过采取“中西部地区优先，推动区域教育均衡”“贫困地区优先，助力教育扶贫事业”等举措，有效推动了区域教育的均衡发展，助力了教育扶贫事业。②若是从培训事业本身的发展来看，我们还可以发现，“国培计划”项目的实施，其培训支持服务和保障体系、培训的形式与模式都取得了可喜成就，并带来良好的影响和结果，现择述如下。

一、从支持服务保障体系来看，项目实施更加标准化、制度化和规范化

（一）培训项目设置已由点状设计转向一体化设计

2010年“国培计划”全面启动实施以来，具体项目一直根据教育改革发展形势和

① 中西部项目和幼师国培项目参训人次约1 574万，占比94%；而示范性项目也有60%多的学员来自中西部地区。

② 联合国教科文组织教师教育中心．“国培计划”蓝皮书（2010-2019）摘要[EB/OL]．[2020-09-04]（2020-10-01）中华人民共和国教育部政府门户网站http：//www.moe.gov.cn/fbh/live/2020/52439/sfcl/202009/t20200904_485104.html．

社会发展需要不断增设。心理健康教育项目、幼儿教师项目、信息技术应用能力提升项目、传统文化培训项目等许多项目都是在社会发展的新形势下推出的，然后慢慢成为“国培计划”项目的“固定成员”。现在，国家在项目设置过程中已经形成了一体化设计的思路。从2020年“国培计划”项目设置情况（见表17.1）可以看到，既设有对地方各级各类项目起着引领示范作用的“示范性项目”、重点支持中西部地区中小学幼儿园教师发展的“中西部项目”“幼师国培项目”，也设有重在改革探索的“教师培训综合改革项目”；既有关注同一岗位角色不同成熟度的项目，如新教师、青年教师、骨干教师、名师以及新任职校长、骨干校长、优秀校长、名校长等项目，也有从不同岗位角度来设置的项目，如涉及骨干教师、教研员、校长、培训团队等。其中，既有常规的学科骨干教师培训，又有紧缺领域骨干教师培训；既有骨干教研员普通高中新课标培训，也有骨干教研员的统编“三科”新教材培训；既有面向培训团队的信息技术应用指导力提升培训、面向学校管理团队的信息化领导力提升培训，也有面向教师的信息技术应用能力整体推进试点项目。整个项目设计，既有常规培训工作安排，又结合教育教学改革发展形势需要，可以说项目设置做到了统筹规划、重点突出。以上项目设置说明，国家正在着力通过分岗、分层、分学科培训，追求实现东中西部城乡师资队伍的均衡、一体化发展。

表17.1　2020年“国培计划”项目设置情况

<table>
<tr><th colspan="2">示范性项目</th><th colspan="2">中西部项目</th><th>幼师国培项目</th></tr>
<tr><th>项目类别</th><th>子项目</th><th>项目类别</th><th>子项目</th><th>项目类别</th></tr>
<tr><td rowspan="3">培训团队高级研修项目</td><td rowspan="3">深度贫困地区培训帮扶团队研修
国培管理团队研修
师德培训团队研修
信息技术应用能力培训者团队研修</td><td rowspan="3">乡村中小学教师专业能力建设项目</td><td rowspan="3">新教师入职培训
青年教师助力项目
骨干教师提升项目
贫困地区一对一精准帮扶培训
培训者团队研修</td><td>幼儿园教师职业行为准则培训项目</td></tr>
<tr><td>幼儿园新入职教师规范化培训项目</td></tr>
<tr><td>非学前教育专业教师专业补偿培训项目</td></tr>
</table>

续表

示范性项目		中西部项目		幼师国培项目
项目类别	子项目	项目类别	子项目	项目类别
骨干教师校长培训项目	学科骨干教师培训 紧缺领域骨干教师培训 骨干校园长培训	中小学教师信息技术应用能力研修项目	培训团队信息技术应用指导力提升培训 学校管理团队信息化领导力提升培训 教师信息技术应用能力整体推进试点项目	乡村幼儿园教师保教能力提升培训项目 幼儿园骨干教师访名校浸润式培训项目
骨干教研员新教材新课标培训项目	统编“三科”新教材培训 普通高中新课标培训	乡村中小学校长领导力培训项目	校长任职培训 骨干校长提升研修 优秀校长深度研修	幼儿园园长法治与安全教育培训项目
教师培训综合改革项目				乡村幼儿园园长办园能力提升培训项目
名师名校长领航研修项目				民办幼儿园园长规范办园培训项目

（二）建立了强大的培训支持保障服务体系

1. 基本建立起教师研修的激励机制

《中小学教师继续教育规定》《关于大力加强中小学教师培训工作的意见》强调了中小学教师在五年一个周期内要接受360学时的继续教育。[①]而2013年8月印发的《中小学教师资格定期注册暂行办法》则将教师每年接受72学时的培训作为中小学教师资格注册的先决条件。教师参加继续教育不仅是教师的权利，也是教师必须履行的义务。

① 教育部．中小学教师继续教育规定[Z]．1999-09-13；教育部．关于大力加强中小学教师培训工作的意见[Z]．2011-01-04．

2. 遴选“国培计划”项目实施资质机构，提高了参训机构门槛

2010—2012年，教育部组织遴选了90所可以承担“国培计划”示范性项目的培训机构及其专业，并遴选了两批共33家远程培训项目培训机构，[①]并准许这些机构优先承担“国培计划”项目。这就为项目的高质量实施提供了机构保障。

3. 遴选了高水平专家，建立了培训评审与教学专家队伍

教育部、财政部于2010—2013年组织全国各省市区推荐高水平专家，并从中遴选了三批共1 500名专家，创建了“国培计划”专家库。[②]在此基础上，要求省级教育行政部门按照专家与本地区中小学幼儿园教师比不低于1：500建立省级教师培训专家团队，县级教育行政部门按照培训者与本地乡村教师比不低于1：30建立县级教师培训团队。[③]不仅为“国培计划”项目面向各种培训机构开放实施、按需施训（即按需设课、依课寻师、因学定教）提供了充足培训师资，还有力推动了地方各级各类培训项目的有效开展，为培训走向专业化奠定了坚实的基础。

4. 组织研制培训课程标准

为规范“国培计划”项目管理，提高培训质量，2012年教育部委托全国教师教育课程资源专家委员会组织专家结合《中学教师专业标准》《小学教师专业标准》《幼儿园教师专业标准》，研制了《“国培计划”课程标准（试行）》（以下简称《标准》），以便各项目承担机构根据《标准》及使用指南，设置“国培计划”培训课程，研制项目实施方案。2018年，教育部又开始组织研制《中小学幼儿园教师培训课程指导标准》（以下简称《指导标准》），以进一步规范和指导各地分类、分科、分层实施五年一周期的教师全员培训；引导各地对教师教育教学能力进行科学诊断，设置针对性培训课程，确保按需施训；促进各地按照教师专业成长规律，系统设计培训课程内容，持续提升教师专业能力与整体素质；推动各地遵循教师培训工作特点，创新培训模式，提升培训实效；探索建立教师培训学分结构体系，为推行教师培训学分

---

① 教育部办公厅关于公布“国培计划”——示范性集中培训项目培训机构的通知[Z]. 2012-05-18；教育部办公厅关于公布“国培计划”教师远程培训机构推荐名单的通知[Z]. 2010-08-06；教育部办公厅关于公布第二批“国培计划”教师远程培训机构的通知[Z]. 2012-05-31.

② 教育部办公厅关于公布“国培计划”专家库首批人选的通知[Z]. 2011-03-14；教育部教师工作司. 关于公示“国培计划”专家库第二批人选的说明[Z]. 2012-09-19；教育部教师工作司. 关于公示“国培计划”专家库第三批人选的说明[Z]. 2013-02-11.

③ 教育部 财政部. 教育部 财政部关于改革实施中小学幼儿园教师国家级培训计划的通知（教师〔2015〕10号）[Z]. 2015-08-25.

管理奠定基础。[①]目前，语文、数学、化学、师德修养、班级管理、学习与发展等学科领域的《指导标准》已经研制完成并颁布。

5. 研制《“国培计划”项目管理办法》，规范项目管理工作

2013年教育部办公厅、财政部办公厅研制下发《“国培计划”示范性集中培训项目管理办法》《“国培计划”示范性远程培训项目管理办法》《“国培计划”中西部农村中小学骨干教师培训项目和幼儿园教师培训项目管理办法》。这些办法从培训对象、培训内容、课程资源、培训机构、学员选派、培训管理、培训模式、教学与辅导管理、技术支持与服务、职责分工、绩效考核、经费管理等方面对相关项目的实施做出了具体安排和规定。[②]这些做法，为培训项目的规范实施提供了依据和因循，为教师培训走向专业化提供了管理方面的探索。

6. 推进优质资源建设

国家一直非常重视培训课程资源建设工作，不仅要求各项目承担机构在项目结束时及时推荐各类优质课程资源，还组建并委托全国教师教育课程资源委员会遴选教师培训课程资源并向各培训项目承担机构推荐。尤其是疫情防控期间，教育部教师工作司对各地培训项目实施做出要求，指导各地将培训适当转为线上培训，同时统筹整合各地各校资源，组织多方力量制作教师在线教学能力提升培训资源包，并分批公布，方便各地实施网络培训，助力中小学教师在线教学能力的提升，满足各地“停课不停学”的实际需要。优质培训资源建设，为教师培训质量的保障提供了基础性条件。

7. 出台经费管理办法，强化对于示范性项目和中西部项目经费的管理工作

2016年以来，国家先后研制和颁发《“国培计划”示范性项目资金管理办法》《中小学幼儿园教师国家级培训计划资金管理办法》。前者从管理办法适用项目、预算管理、支出管理、绩效评价与监督检查等方面做出了具体的规定；后者从资金所指及实施期限、资金管理遵循的原则、资金支持的项目、资金用途、资金管理主体及其责任分工、资金分配办法、补助资金申报管理、资金预算下达时间及资金下达方式、补助资金地方分配原则、预算绩效管理、补助资金监管等方面进行了具体规定，有效保证了项目资金使用的安全管理。

---

① 张烁．中小学幼儿园教师培训课程指导标准出台[N/OL]．人民日报，2018-01-04（12）．

② 教育部办公厅 财政部办公厅关于印发《“国培计划”示范性集中培训项目管理办法》等三个文件的通知[Z]．2013-01-29．

8. 研制下发文件，推进教师培训模式改革与创新

教师培训模式既涉及培训组织模式又涉及培训教学形式，是保证和提升培训质量的一套项目实施程序和方式。这些培训项目实施的组织模式往往涉及若干关键环节，这些环节构成整个项目实施的流程，不可缺省和颠倒顺序（见图17.1）。2013年印发的《教育部关于深化中小学教师培训模式改革　全面提升培训质量的指导意见》、2015年印发的《教育部　财政部关于改革实施中小学幼儿园教师国家级培训计划的通知》、2020年印发的《教育部教师工作司关于印发〈教师培训者团队研修指南〉等11个文件的通知》和《教育部教师工作司　财务司关于印发〈中小学幼儿园教师在线培训实施指南〉的通知》、2021年印发的《教育部　财政部关于实施中小学幼儿园教师国家级培训计划（2021—2025年）的通知》，对教师培训项目实施的组织模式、培训教学形式等项目的具体实施方式、程序做了具体要求，使教师培训项目的实施在不断规范基础上不断走向创新。

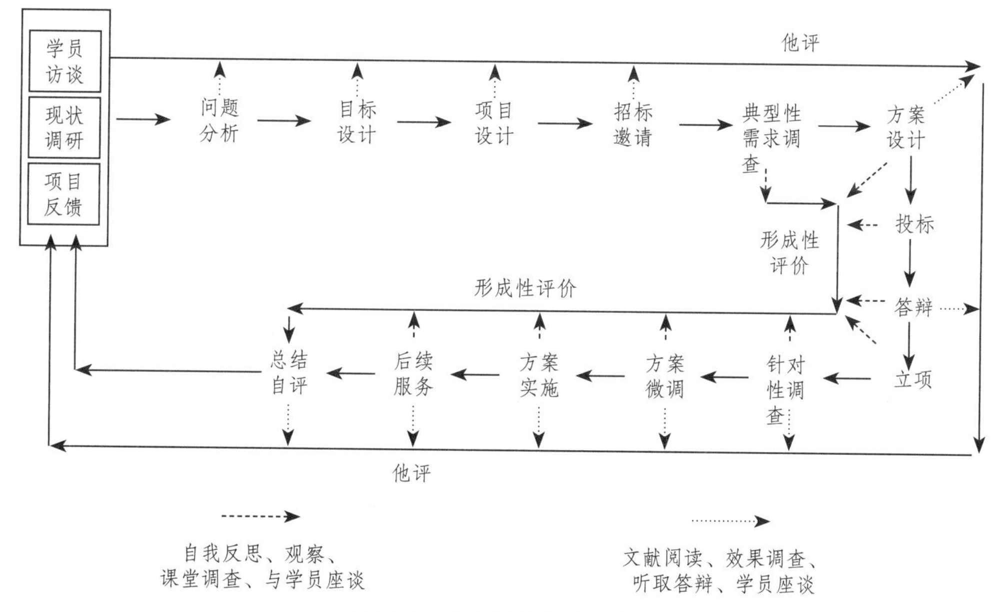

图17.1　中小学教师培训流程

9. 借助遴选“国培计划”精品项目，推进创建优质培训项目示范基地

通过组织专家视导调研、综合评议，教育部先后确定并公布了《首批“国培计划”精品培训项目名单（2019—2021）》和《第二批“国培计划”精品培训项目名单（2020—2022）》，前后遴选出两批共20个“国培计划”精品培训项目。[①]精品项

① 教育部教师工作司关于公布第二批“国培计划”精品培训项目的通知[Z]. 2020-05-21.

目的遴选有自己的评价标准，如2019年在专家视导调研环节就以《视导要点与评价标准参考指南》作为依据。该指南涉及“组织保障与宣传推广”“专业基础与协同创新”“师资队伍与培训研究”“项目设计与有效实施”“技术平台与应用效果”“成果生成与转化辐射”等六项指标。每一项指标都有所侧重，如“组织保障与宣传推广”指标，主要看培训项目院校或者机构的重视程度，是否有专门领导小组和项目执行机构；保障到什么程度，是否有项目实施与经费管理的制度和机制；教师的培养和培训是否走向一体化，有何创新之处；是否重视项目经验的总结与推广等。“专业基础与协同创新”指标，重视项目学科的教育教学科研基础以及师资团队的专业实力；重视是否有承担教师队伍建设、区域培训规划等政府委托课题以及基础教育实践应用性研究项目，是否承担过教师教育科研课题并有相关成果；校内外优质培训资源是否得到整合；是否形成培训协作共同体和协同创新机制。“师资队伍与培训研究”指标，侧重评估首席专家的资质和职能，培训教学及研究团队的组成结构及是否开发优质培训课程资源、案例及学术研究成果，这些优质培训资源是否反哺教师教育、推动教师教育学科建设与发展。“项目设计与有效实施”指标，侧重项目设计是否符合教师培训规律、国家政策、价值导向和教师专业发展要求；侧重项目设计是否坚持一体化设计思路和目标管理原则；是否能够使申报方案得到有效实施或优化，学员能否发挥主体性；培训形式与课程资源、培训内容是否匹配；考核评价操作性如何，学员后续应用检测指导机制是否建立等。“技术平台与应用效果”指标，侧重培训中混合研修模式创新，重视“互联网+”融入培训全过程，信息技术与培训教学深度融合，线上线下多形式混合型学习；侧重互联网在培训管理中的应用；侧重线上学习资源、线上线下一体化学习专兼职辅导教师团队和技术服务团队的建设。“成果生成与转化辐射”指标，侧重培训项目团队对于培训模式或经验的总结能力，强调形成系列化培训课程资源；强调项目研究成果对于教师培训政策要求或基础教育课程改革教学创新需要的回应性，及其学习借鉴、实践应用的价值；侧重考察良好培训生态的形成，重视学员对于项目研究与资源开发的参与，侧重对学员后续应用、学员所在区域和学校发展的支持和指导，并有典型案例支撑；重视采取措施保障培训成果转化应用。这些考评指标，为基地建设和项目实施明确了改革创新的方向，提供了管理规范的准则，如果能够面向各培训机构公开，相信能够从根本上有力地促进“国培计划”项目的实施与管理工作。

二、从培训模式来看，项目实施更加人性化、人本化和温情化

培训模式改革创新是培训取得实效的重要因素，尤其在培训机构资质化、“国培计划”专家库得到创建、项目管理办法得到研制、激励机制已经建立、《“国培计划”课程标准》试行之后，培训模式改革创新便成为破解项目绩效瓶颈的有力举措。在此情况下，《教育部关于深化中小学教师培训模式改革 全面提升培训质量的指导意见》《教育部 财政部关于实施中小学幼儿园教师国家级培训计划（2021—2025年）的通知》等文件的颁布，深入推进培训模式的改革创新工作。纵观近年来教师培训模式的改革创新，培训观照教师学习规律和成长特点，进而使项目实施更加人性化、人本化和温情化。教师学习，既有作为一般成人所具有的特点（自我导向性、以经验为学习起点、基于角色转变与发展、以教师职场问题解决为中心、可以是非正式学习、有自己的节奏、需适当得到反馈、在平等氛围中学习等）①，又有教师作为社会型职业人群自有的特点（如令人信服、社会化、助人、敏锐、善解人意、能同理、宽容、合作、有责任心、仁慈、友善、温暖等）②，还有新时期我国教师所具有的教书育人、立德树人的职责特点。综观优质培训项目的实施，可以发现，这些项目不同程度地采取了如下做法。

（一）重视教师学习的自我导向特点，以多种方式鼓励他们自主选学

在教师培训模式改革创新中，支持学员自主选学成为重要取向。培训选学涉及课程选择、机构选择、项目选择、导师选择等多个方面。如在课程选择方面就有多种形式：一是由培训承担机构出示“课程菜单”，由学习者或者项目委托单位根据学员需要“点菜”，从中选择部分课程组成课程方案供学员学习。譬如，一些培训选学试点区域以县为单位，先明确区域内具有培训资质的院校和机构；然后由这些机构根据培训服务对象需要，设置和公示“培训课程菜单”；再让需要进修的教师结合各培训机构所展示的课程，选择所要参加学习的学校、项目和课程；最后，等到培训结束，培训机构再持学员签到表到县财政部门兑现培训经费。二是培训承担单位根据学员不同需要同时开设两个以上专题课程，供学员根据各自需要选择学习。三是在长周期项目

---

① 董守文，张华，李雁冰，成人学习学[M]．东营：石油大学出版社，1994：59～63．

② 金树人．生涯咨询与辅导[M]．北京：高等教育出版社，2007：51．

实施中，对课程方案做开放性设计，即预留一定课时，待学员经过一段时间的学习，原有参训需求得以满足、新的参训需求又开始产生之后，再根据学员新需求增设培训课程，完善课程方案。“国培计划”设置的为期3年的“名师领航工程”项目大都采取了这种课程方案设计方式。

（二）重视教师学习动机内驱特点，以针对性课程吸引他们积极参与

在教师培训模式的改革创新中，为了调动学员学习的积极性，强化培训项目自身的吸引力，使培训内容更具有针对性，项目管理办法强调项目实施过程要根据学员需要开展培训。如示范性集中培训项目要求其培训内容要“按照《教育部关于印发〈幼儿园教师专业标准（试行）〉〈小学教师专业标准（试行）〉和〈中学教师专业标准（试行）〉的通知》要求和国家相关规定，结合教师专业发展的需求确定”[①]。学员训前调研有多种方式：一是通过训前发放需求调研问卷，初步了解听课意向，调整培训方案。二是通过课间师生座谈交流，了解教学效果，以便教师及时调整授课方式。三是训终组织学员代表座谈，以便了解培训质量，征集学员意见、建议，积累项目经验。四是组织训后跟踪指导，以便帮助学员破解应用难题，促进培训成果转化应用、落地生根。为了使按需施训得到有效落地，国家还以创建“国培计划”专家库的形式，引领各地建立了省级专家库和县级培训团队。这就为项目按需设课、因课索师，进而做到按需施训创造了师资条件。

（三）重视教师学习的功利性特点，以指向问题解决的即学即用促进研修成果转化

有用的、能解决问题的培训才更吸引教师深度参与。教师们希望学以致用，一是能够学到直接能用的知识、技能和策略，二是希望在解决问题的过程中不断学习和成长，尽快提高自身教育教学能力。为了使项目得到有效实施，除了要求各地“将提高教师教育教学技能作为培训的主要内容，以典型教学案例为载体，创设真实课堂教学环境，紧密结合学校教育教学一线实际，开展主题鲜明的技能培训。实践性课程应不少于教师培训课程的50%。……培训者团队主要从培训专家库中遴选，一线优秀教师

① 教育部办公厅，财政部办公厅．附件1：“国培计划”示范性集中培训项目管理办法[A]．教育部办公厅　财政部办公厅关于印发《“国培计划”示范性集中培训项目管理办法》等三个文件的通知[Z]．2013-01-29．

所占比例不少于50%”[①]，以借助实践性培训确实改进和提升参训教师的教育教学能力；还要求项目实施“以问题为中心，以案例为载体，实施主题式培训”[②]。在“名师领航工程”、专家型教师培养对象高级研修等高端项目实施中，采取了将问题提炼为课题、以课题驱动参训教师研修的导师制研修模式。参训教师边研究边学习边实践，集中培训、职场实践、在线研修相结合，以问题解决任务驱动自身主动发展。如图17.2、图17.3所示，这两种模式都突出了教师职场教育教学问题解决的导向，借助问题分析和解决方案设计，引发学员学习进修以提升自身知能素质的动机，通过双导师或导师组指导下的集中面授、在线交流、影子培训、职场实践、课题研究、成果产出与展示等不同环节有机结合的混合式研修模式，使学员在学习过程中适当得到效果反馈，从而助推学员在问题解决和任务完成过程中不断获得激励，学习劲头也更足。埃德加·戴尔的“经验之塔”理论表明，即学即用相对于阅读、听讲、讨论、示范等

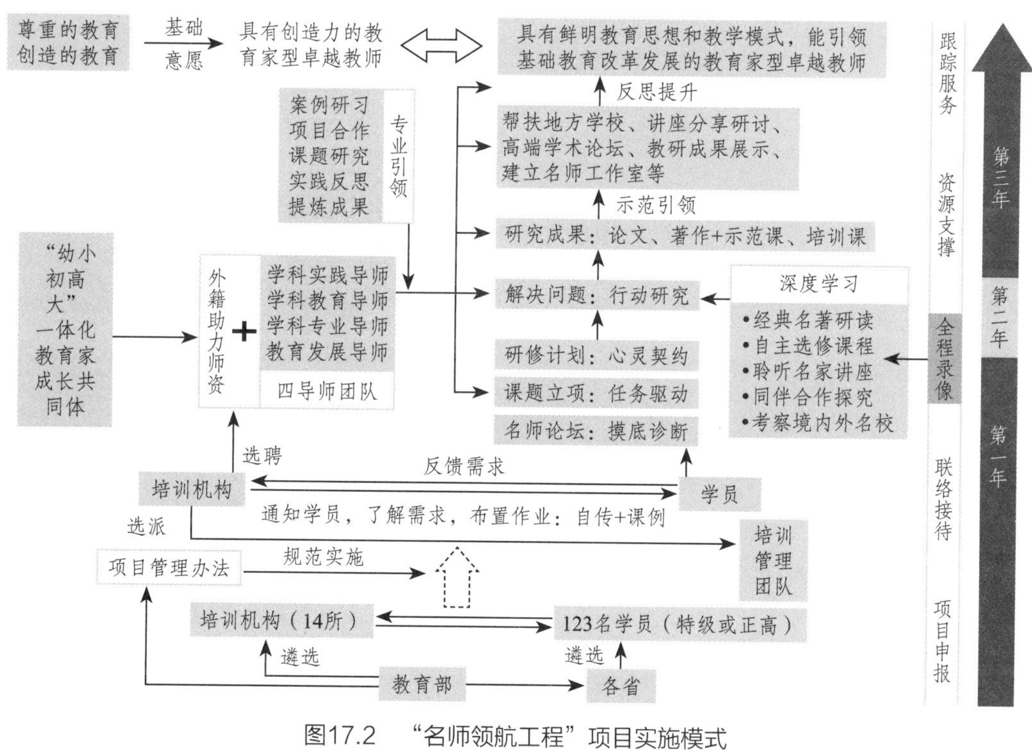

图17.2　“名师领航工程”项目实施模式

① 教育部．教育部关于深化中小学教师培训模式改革 全面提升培训质量的指导意见[Z]．2013-05-06．

② 教育部办公厅，财政部办公厅．附件1：“国培计划”示范性集中培训项目管理办法[A]．教育部办公厅 财政部办公厅关于印发《“国培计划”示范性集中培训项目管理办法》等三个文件的通知[Z]．2013-01-29．

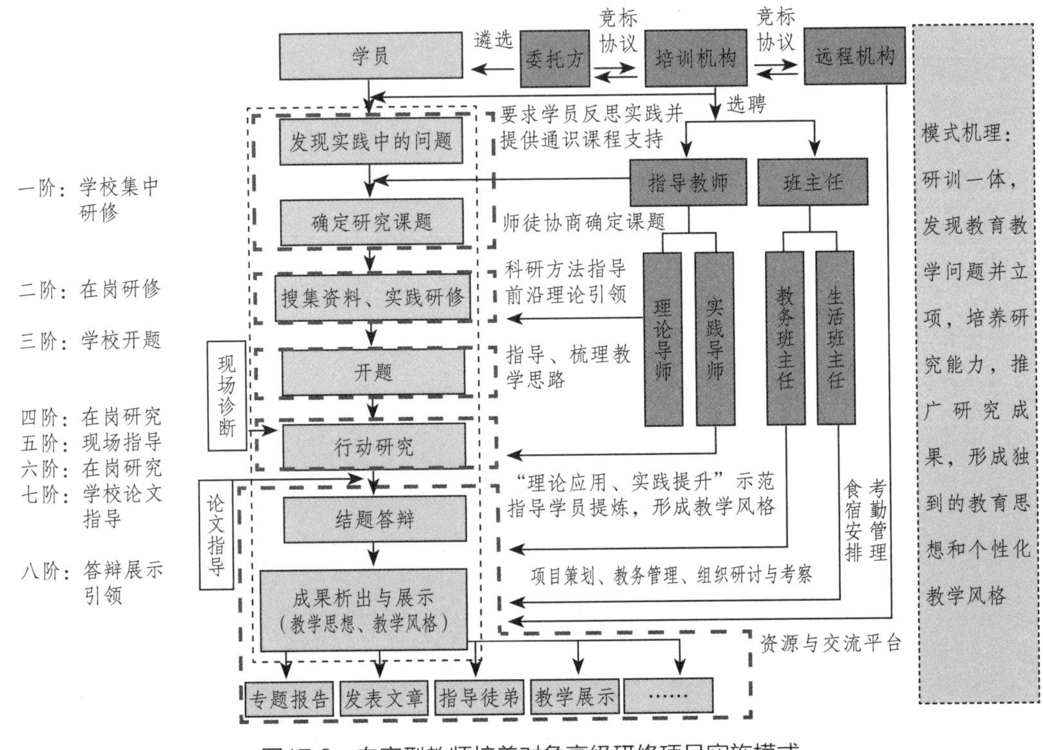

图17.3 专家型教师培养对象高级研修项目实施模式

来说是最高效的学习。教师肩负教书育人的职责，其学习就是为了应用——通过成果展示与应用把所学教给学生。这种即学即用，可以激活、检验、完善和发展教师所学的知识，使其认识、情感素质、道德品质得以升华。在教师培训项目改革创新中出现的长周期高端项目，设置"应用——反思——提升——展示"的过程，并辅以必要的跟踪服务和指导环节，以反思提升后的现场教学、视频、图片、书面材料等作为考核指标，兼顾了教师学习的多重心理，效果可期。

（四）重视教师学习以经验背景为资源的特点，通过优化项目设计激发教师参与智慧生成

优质培训项目实施要求"改革传统讲授方式，强化学员互动参与，增强培训吸引力、感染力"①。由于成人学习者喜欢平等参与交流互动，这样的要求有利于开发和利用学员教育教学经验资源，使学员在问题解决的参与和交流中激发大脑潜能，激活意识能量，唤醒内在智慧，实现情感态度价值观的升华。"国培计划（2016）"——

① 教育部关于深化中小学教师培训模式改革 全面提升培训质量的指导意见[Z]. 2013-05-06.

示范性工作坊项目（小学数学）实施中，项目就关注了不同岗位来源的学员自身专业优势和经验资源，以网络课例资源开发为任务，组织高校教师、教研员和一线优秀教师开展了协同式培训（见图17.4）。该模式采取协同培训方式，充分发挥学员各自优势（高校教师在前沿理论、研究方法方面有优势，一线优秀教师在上示范课方面有优势，教研员在评课议课方面有优势）。首先，由项目首席专家确定单元任务，并结合任务完成组织开设一定的专题课程供学员学习；其次，结合参训所学，由高校教师组织一线优秀教师、教研员根据单元任务共同设计教案，并由一线优秀教师执教上课，以教研员为主和高校教师一起评课议课，给执教教师提出意见和建议，改进教案，深化所学，以实践应用促进知能转化；最后，通过再一轮的上课、评课、议课，最终形成课例，用于面向其他一线教师的网络培训。

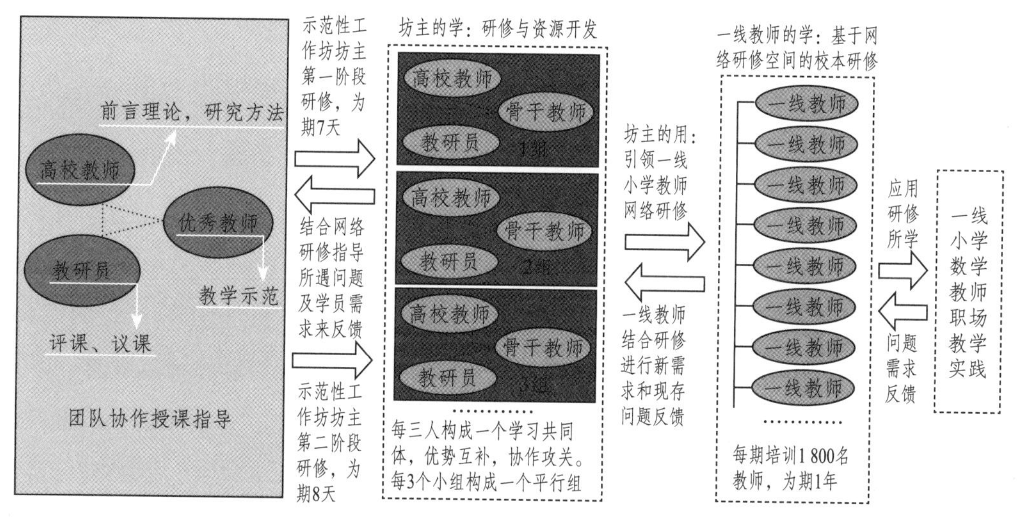

图17.4　“国培计划”——示范性教师工作坊高端研修模式

（五）重视教师学习理解性记忆强于机械记忆的特点，借助上位学习、下位学习优化教师知识结构

在项目实施中，项目组织者越来越重视教师作为成人的学习和记忆规律，为学员理解性学习提供支持。“国培计划”项目的实施，普遍要求以典型案例为载体，设有参观考察、跟岗学习（影子培训）、返岗实践等职场实践课程，而“名师领航工程”项目，还重视学员阅读名著、研修教育哲学、心理学理论。这种环节组成，契合了上位学习和下位学习的心理机制。所谓“上位学习”，是指学习者在原有认知结构中形成的几个观念基础上学习一个概念和抽象水平更高的命题或概念时发生的学习，也叫

"总括学习"。"下位学习"是指学习者认知结构中原有的有关概念在包含性和概括水平上高于新学习的知识，新知识和旧知识构成类属关系，又称为"下位关系"，这时所发生的对新知识的学习便是下位学习。[①]在培训中，相关的教育教学理论、心理学原理可能便是案例中渗透的教育教学策略的上位概念或命题，是指导教育教学策略生成的理论背景和根据，而典型教学案例中所蕴含的具有典型性的教育教学策略，对于千变万化的职场问题情境来说，就成了上位的规则，能够用来指导具体情境中问题的解决。优质项目的实施需要根据上位学习、下位学习的原理，将学员理论研修（以及理论指导下的经验总结与升华）、教育教学策略习得、具体问题解决结合起来，既重视指向高观点的理论理解，又重视服务于实践操作技能习得和问题解决的典型案例教学。借助案例分析讨论来理解其背后蕴含的教育理论，同时习得教育教学策略和实践知识，或许正是案例教学在培训项目实施中获得青睐的重要原因。

（六）重视教师学习的非正式性特点，通过潜在课程促进教师全面发展

教师学习过程，不仅是知识技能的习得过程，还是情感、态度、价值观发展的过程，是教师人性得以丰满和彰显的过程。在此过程中，教师的作息时间、学习需求得以满足，发展积极性得以唤醒，知识得以丰富，道德素养和意志品质得以锤炼和提升，对社会发展趋势的认识更加清晰，对自身承担的社会责任更加明确。优质项目的实施，重视潜在课程开设和应用，关注学员的道德发展、人际互动和情感关怀。一些知名大学会充分发挥学员对大学所怀有的崇敬心态，强化开班、结业环节，借助开学典礼、学习导读、授予班旗、学习共同体建立、班委宣誓、入学仪式、奏校歌、戴校徽、拍摄班级全家福、学习回顾、文体活动、学员交流、配置校园一卡通、接送站等活动，帮助学员拉近与培训组织者、其他学员之间的心理距离，强化学员的情感体验，增强学员的归属感、自豪感，使其接受心灵洗礼、磨炼意志，增强协作精神，提升精神境界，增强担当意识和责任感。这样，学员参训过程，不仅是知能习得过程，还是情感得到陶冶、精神境界得到提升、道德层次得到发展的过程。这种潜在课程开发的着眼点不在于学业之教，而在于品性之教，它能帮助学员完善人格人性。

---

① 皮连生．学与教的心理学[M]．第3版．上海：华东师范大学出版社，2003：126．

三、从培训效应来看，项目实施促进培训走向专业化

正像在学科建设方面一直有研究者致力追求建设独立的教育科学，[①]在教师培训及其管理领域，也有一批业界人士在追求促进培训走向专业化和学科化。国家近年来也一直在鼓励支持高校开展教师专业发展研究，加强学科建设。一是作为一个研究领域得到广泛的持续关注；二是有一批热衷于相关学科建设发展的从业者和研究者，并能够产生一批高水平研究成果；三是教育改革发展需要一大批这样的专门人才，而这些人才需要得到且能够得到学校培养；四是应该有围绕该研究领域建立的学会、研究会或者协会，能够定期召开会议，以便为该领域从业者和研究人员提供机会，概括总结该领域的实践经验、交流分享该领域的研究成果，前瞻谋划该研究领域的建设和发展；五是有为该学科发展服务的学术期刊，能够为该领域研究成果的发表提供学术平台。

（一）学科得以建设和发展

纵观国家级教师培训项目的实施历程，有追求短平快的短期项目，如10天、15天的项目；有追求学用结合、成果转换、效果彰显的中长期项目，如一年、两年、三年的项目——“名师名校长领航工程项目”便是三年期的项目。然而，伴随着教师培训档案的建立、“教师培训学分银行”的探索，教师个性化发展方案设计将被置于教师整个职业生涯发展的视野之下，而教师研修也将转向常态化——这种研修基于职场发展，扎根于校本研修，它可以是网络研修，也可以是短期集中培训、外出参观考察、参加学术会议、参与优质课大赛等，但它无论是什么形式，都应被统领于参训教师的职场发展，被纳入参训教师既有的生涯发展规划，并成为其中重要的一环。通过“园丁工程”和“国培计划”的实施，中小学教师国家级培训已经在全国范围内建立起以师范院校为主体、高水平综合大学参与，县级教师发展中心和优质中小学协同申报项目，职前教师培养与职后教师培训一体化发展的教师教育体系。在U-G-S教师教育模式框架下，许多大学在参与承担“国培计划”项目的过程中，探索和实践了适合本校的培养、培训、研究一体化发展的教师教育模式。对教师培训的深度参与和教师培训的发展需要，催生了一批了解基础教育需要、钟情于基础教育研究的教师队伍，教师

① 李政涛．教育学边界与教育科学的未来[J]．教育研究，2018（03）．

培训与发展成为教育者研究的热点领域。众多师范大学建立了教师教育学院、教师教育研究院、教师培训学院、教师发展学院……在研究生培养过程中，有的学校在教育学专业设置了“教师教育”研究方向，有的在比较教育学专业设立“教师教育比较”研究方向，有的学校设立了成人教育学硕士点，有的学校设立了教师发展与管理硕士点……所有这些，有力地促进了与教师培训及其管理相关的学科建设。

（二）学会得以创建和发展

一个学科的建设和发展，需要凝聚从业人员，为他们提供经验总结和分享的平台。培训工作的开展，推动了教师培训者队伍建设，也催生了相关学会的创建与发展。2016年，中国教育学会教师培训者联盟、中国成人教育协会教师继续教育专业委员会相继成立。这两个学术团体每年举办一次年会。2020年8月，上海市师资培训中心承办了中国教育学会教师培训者联盟第五届年会，12万人在线参会，分享国家培训政策、国内外名师观点、各地培训经验，探讨了相关热点问题。2020年9月，在四川省新都市召开了中国成人教育协会教师继续教育专业委员会第五届年会，来自全国各地的千余名代表，围绕普教、职教和社区教育，分享教育发展经验，探讨教育热点问题，会后还面向部分教师举办了教师科研方法等专题培训。这些活动，都有力地推动了业界同仁的交流和发展。

（三）教师培训领域有专业学术刊物的支撑

学术刊物是本着各自办刊宗旨，面向特定研究领域和受众群体，策划相关研究主题和专栏，拉动本领域研究开展，实现优质文化选择，展示优秀研究成果，引领和助推学术研究深入开展的重要媒介和平台。在教师培训领域，有专门面向教师培训者服务的《中小学教师培训》，也有用稿范围稍广、面向整个教师教育领域的《教师教育研究》，还有其他设有教师教育、师资队伍建设/师资建设、教师专业发展等栏目的诸多学术期刊，如《教育研究》《中国教育学刊》等。这些刊物对教师培训相关研究成果的发表量，也在一定程度上标志着广大学者对教师培训研究的关注度和研究水平。从相关研究成果发表的总体情况来看，教师培训研究还需要得到进一步关注，研究者的研究水平还需要进一步提升，研究方法还需要进一步多元、综合和灵活。

（四）形成了一支专注于教师培训及其管理的研究者队伍并产生了一系列成果

教师培训及其管理研究者队伍中有来自大学，从事教师培训工作的首席专家、培训管理者，他们是大学教授或者专职培训管理者；有来自教师培训机构（省、市教育学院和县级教师培训机构）的专职的培训管理者和培训者；有中小学校的校本管理者，他们多是中小学教科室成员、一线教师。此外，还有少部分是各级教育行政管理部门的教师培训负责人。这些研究，涉及教师素养、教师培训需求、教师培训课程、培训机构体系建设、培训师资队伍建设、培训模式、培训管理与评价、培训课程资源建设、信息技术与培训的融合、教师培训政策沿革、教师继续教育现状与问题等；成果的形式有专著、编著、论文、实践案例……正是这些培训从业者及研究者，在各级教育行政部门领导下，有力支撑和推进了中国教师培训事业的发展，不断使教师培训走向专业化。

第三节　新时代教师培训改革发展的重要任务

一项事业的发展绝不是一帆风顺的，要使培训事业不断发展，我们持续寻找、研究和试图发现培训面临的困难和影响培训质效的问题；需要敏感于教师培训是否真正成为全体教师广泛认同、需要、参与和受益的专业发展过程，是否还有太多深层次的误解，从而使培训常常陷入未被知觉的误区。基于与一线教师和培训实践管理者的多方面接触，以及与相关专家的交流，我们发现，“国培计划”项目在实施中还存在诸多亟待解决的问题，如项目实施中还缺少对常态化培训和职场发展理念相衔接的项目设计思路，培训项目评价未能对学员知识向能力转化的过程和效果进行有效评价等，这些问题的解决是新时期教师培训改革发展的重点任务。

一、项目设计需要注重系统性、递进性与周期性

教师培训项目的实施，需要嵌入与学员发展规划相对应的长期项目的设计之中。这既需要学员自身有专业发展规划设计，又需要地方教育行政管理部门在设计中西部

项目时，结合教师队伍发展规律和当地教师培训信息化平台数据实际情况，根据学员群体发展的需要合理设置分阶段、递进式的长期项目，并使诸多阶段性项目在长期项目中都能起到各自良好的促进作用，借助目标管理，使各个项目发挥出1+1大于2的效应。如针对一项教学技能的培训，就既有理论方面的培训，又有教学技能训练，如微格教学；有技能熟练后的教学设计和试教，还有学员和导师点评和建议，接下来可能还会有教案修订和再次试讲等。各个环节环环相扣，需要在设计时按顺序排列好，每一个环节都可以成为一个小的单独的项目活动。从大的角度讲，每一名教师从新教师，到熟手教师，再到专家教师，都有一个成长发展的过程。每一个阶段的教师都有自己的行为特征和专业发展需要，这就需要各省（区市）“国培计划”项目办组织力量对本省中小学幼儿园教师队伍进行广泛调研，及时掌握本省广大中小学幼儿园教师发展的阶段性特点和共性需要，以便为中西部项目、幼师国培项目及省级培训项目的设置提供参考依据，使本省的培训项目设计呈现出由低到高面向不同发展水平的学员的梯级项目序列。面向不同发展水平的学员的项目，可以根据培训院校的专业优势，由不同的培训机构来承担。而对于参训教师来说，需要从低层次的培训项目开始，逐渐走向高层次项目。不参加低层次培训项目，就没有资格参加高层次的培训项目。这样，不仅能够使得学员参加研修的制度要求落到实处，而且能够遵循教师专业发展的知能转化特点，在不同发展阶段有不同侧重：或听课，或训练，或研习，或转化，或总结，或提升，或再实践，或再总结提升等。与此同时，项目设计者还要将来自不同渠道的项目，如教师工作司、民族教育司、语言文字应用管理司等教育部各个司局的不同项目进行统整，结合教师培训学分银行进行了统筹安排，避免多头培训、重复培训，减少资源浪费，解放教师时间，提高培训质效，切实促进广大教师的职业生涯发展。

二、项目评价需要侧重常态化、持续性和发展性

一些项目因为项目设置的短期性、后续绩效评价的即时性而未考量到其学习进修后的实践改进问题，致使针对项目的实施是否真的解决了学员问题，我们不得而知。面对各院校满意度90%以上的自评报告，绩效评价专家们内心一片茫然。伴随着培训项目设计的改革创新，单一的满意度评价已经不能满足项目有效实施的需要，关注不同效果评价层次的培训绩效评价标准将应运而生。柯克帕特里克（Kirkpatrick）评

估模型认为，培训评估内容限定在“反应”“学习”“行为”“结果”四个层次。在学员反应层，主要考察学员对培训项目的主观感受，如对培训材料、培训师、培训方式、培训设备和培训场所等的看法和满意度。学习成果层，是检测学员对培训所教授的原理、事实、技能、技术的掌握程度。工作行为，是测量学员将所学知识和技能转化为工作行为的程度，即学员回到工作岗位后，是否运用了所学的知识和技能，包括是否愿意用或者是否有机会应用所学的知识和技能。工作结果，是评估培训带来的组织绩效，如节约了多少成本，减少了多少事故，提高了多大绩效，增加了多少利润等。[①]从目前来看，短期培训项目的评估主要局限于反应层和成果层——一般也只能部分地考察研修的成果，对于技能和技术掌握程度的判断，往往具有主观判断的成分。行为层难以判断和估计，而结果层由于需要较长周期的调研和比较，往往更难以被执行。在长周期的高端项目中，才有可能涉及行为层的评估。因为行为的习得往往需要长时间的训练、比较和纠正，最后通过前后测结果的比对，才能够做出判断。也只有行为主体认识到观念的转变带来的变化与效果，这种改变才能够持续，观念才能够深深根植于头脑之中。对于结果层，由于培训效果的彰显往往会滞后，如需要训后三个月、半年、一年甚至更长时间才能够进行评估，这与当前“国培计划”项目管理方式是不相适应的，更不用说这种结果层的评价常常需要相对复杂且耗费较多的360度访谈、学校组织发展因素分析、重要事件分析等方式，改革实施有一定的难度。或许在将来，在专家指导下的基于学员职场的常态化、持续性校本评估才是解决之道——这种评价可以将学员任职学校的领导、同事、学生、学生家长、教师、专家等评价主体都涵盖进来，他们可以从不同的角度，结合自身视角和理解做出合理判断。

三、项目实施需要彰显教师的自主性、反思性和系统性

自国家级培训项目开始实施，尤其是中西部项目开始实施，就存在着两类教师：一类教师积极争取培训机会，希望借助参加培训获得知识的丰富、能力的提升、情感的陶冶；另一类教师则因为自己是骨干教师，被看重，或者担任毕业班教学，或者处于学校中层甚至领导层的位置，常常犯“短视”的错误，忘记了“磨刀不误砍柴工”的道理，他们中的一些人打着“以学生的学业为重”“学校工作任务重、难以脱身”

---

① 余新. 教师培训师专业修炼[M]. 北京：教育科学出版社，2012：237~240.

的借口，主动或者被动地“迎合”家长、学校的需要，而放弃学习机会，这也为那些“参训专业户”“参训中专业不对口”等消极现象的滋生提供了温床。这些教师应明白，参加培训不只是教师对于学生培养和学校发展应尽的义务，更是他们进一步成长、发展的应有权利，他们有权利获得均等的参训机会，享受优质教育资源。我们在评价参训教师的参训效能时，须以学生在教师参训之后是否得到了与以前不同的发展为标准。毕竟，教师参训就是为了改进教育教学工作，这是培训的起点和动因。这种发展和变化，可以表现在多个方面，如学生学习兴趣变得更加浓厚、学校活动参与积极性更高、听课的专注程度增强、学习成绩更好、学生关系和师生关系更加融洽、学生变得更加自信而对未来更具想象力等。学习观是指教师培训的核心在于教师的学习，这种学习带有教师作为成人的学习特点，同时具有教师自身的职业特点。教师的发展关键在于教师的自主学习——自主阅读、自主观摩、自主实践、自主反思、自我纠正、自主写作、自主交流……参加培训，只是给自己提供一个关键助力或者刺激、启发，提供一个开始学习发展的基础和台阶。发展观是指教师培训学习有一个改变现状的取向，首先，促进专业素养的发展，教师的关键能力和核心素养得到提升；其次，借助教师素养发展实现其教育教学工作的改进；再次，借助教师教育教学改进和工作效能的提升促进学校教育教学质量改进和办学质量提升；最后，学校办学质量的改进和提升所带来的良好声望，给学校带来社会效益、经济效益、绩效奖励、社会捐赠等，进而给参训教师带来实际的工作和生活待遇的改变、学校职务的变化、社会地位的提升，更重要的是精神世界的丰盈，使其感到更加自信和幸福。此外，我们还要在培训中形成系统观，因为参训教师的改变是一个“学习——实践——反思——问题发现、经验积累——再学习——再实践——再反思——发现新问题、积累新经验……”的螺旋上升过程，培训项目设计和实施，也应是一个理论学习、实践应用、反思提升、交流表达的项目活动设计方式，然而，目前在中西部项目的设置与实施中，还存在着诸多问题。

（一）学员参训权利没有得到充分行使

对于部分教师来讲，参加培训的强制性要求和政策指令尚未真正转化为他们自主自愿的行动——这些教师面临来自不同渠道的培训任务以及其他非专业性社会工作，感到自己时间紧张、应接不暇，在这种不适应的情况下，他们把参加培训当成任务和负担，而不是自己努力去争取和享有的发展权利。其结果，必然会影响到自己作为教师已有的资格和权利。《中小学教师资格定期注册暂行办法》第八条明确规定了教师定期注册合格的五个条件，其中第三个条件便是每个注册有效期内完成不少于国家规定的360个培训学时或省级教育行政部门规定的等量学分。该办法同时列出了教师资格暂缓注册所涉及的三个情形，其中第一个便是“注册有效期内未完成国家规定的教师培训学时或省级教育行政部门规定的等量学分”。[①]由此可见，不按时参加培训，不仅会使教师失去发展、进步的权利，还会使其执教资格受到消极影响。教师要保护自己的权利，就需要对《中华人民共和国教师法》《中华人民共和国教育法》《中华人民共和国未成年人保护法》《中小学教师继续教育规定》等相关法律法规和制度规范有所学习和了解。

（二）项目设置缺少系统性

目前的项目设置长短结合，但项目与项目之间缺少联系，需要进一步增强项目的整体规划和设计，以便使每一个短期项目在不同年段之间、一定阶段周期内（此周期需要与区域内教师轮训周期相吻合）相互之间建立联系，形成层层递进的关系，以使学员在轮训过程中获得的是层次不断提高、内容不断拓展和深化的培训课程资源，从而在研修过程中使自己的核心素养和关键能力不断提升。之所以出现这种情况，主要是因为项目整体设计缺乏时间上的纵向整体观照。目前，在单个项目的设计上要好一些，如近期刚刚结项的“国培计划”——名师名校长领航工程项目，之前实施的“国培计划”——示范性工作坊研修项目等，都是跨年实施的，在整个项目实施的过程中，不同环节环环相扣，相互支撑，从而使整个项目得到有效推进和实施。但对于处于不同发展阶段的不同教师个体，到底需要参加什么样的培训？这样的培训项目是否设置？只有适合不同发展阶段的教师的培训项目形成序列，每个教师才可能借助评价量规进行自我诊断，明确自己的发展阶段，并选择参加相应的项目。这种成序列的项目设计，要考虑教师发展阶段理论，同时结合国家和地方教师队伍建设实际和国家课程改革需要。教师发展阶段理论告诉我们，处于不同发展阶段的教师，他们关注什么，发展内容主要聚焦于哪些方面，如根据聚焦反思的教师发展阶段理论，新手教师关注教学技能，适应型教师关注教学策略积累，熟手型教师关注探寻教学行为背后的

---

① 教育部．教育部关于印发《中小学教师资格考试暂行办法》《中小学教师资格定期注册暂行办法》的通知（教师〔2013〕9号）[Z]．2013-08-15．

理论，专家型教师关注教育科研，教育家型教师则关注辐射示范作用的发挥。[①]不同的教师发展阶段理论会有不同的阶段关注，但无疑都给项目和课程设计者提供了理论支撑和专业自信。同时，每年教师培训都有其关注的重点。如2019年，“国培计划”关注国家统编教材及课标、教师信息素养、国家安全教育、劳动教育、美育与传统文化、校园足球、全面依法治教、学生发展核心素养及学科素养等方面的培训；2020年，“国培计划”将培训关注的焦点转向中小学幼儿园教师以下方面的能力提升：心理疏导调适、健康卫生教育、信息安全、学生视力保护、家校合作等。这些从国家层面关注的培训内容需要以相关主题通识课程的方式融入相应课程序列，在教师学习的内容中反映出来。

（三）部分项目学员还未将学习活动当成参训的核心环节

针对教师的参训管理，最常见的还是学员签到。没有将学员学习积极性、主动性的调动和提升作为培训管理研究的主题，还没有认识到内生式培训的价值和意义。内生式培训，强调学员学习动机内生、知识技能内生和情感态度价值观的内生。它要求通过有针对性的，能够满足学员需求的课程设计，适合学员学习特点的培训模式的选择，重视学习氛围营造的潜在课程的创设，能够促使学员不断学习进取的研修任务的完成等，来吸引学员主动自觉地投入学习研修。[②]依靠签到来留住学员是典型的“要我学”，是逼着学员接触新信息，而真正有效的学习始于学员对学习内容的喜欢和被吸引，始于学员对学习内容价值的认识，有用的学习内容才能够有效吸引学员，这基于对学员需求的调查。签完到中途离开的大有人在，原因多为学校有事、家里有事、自己有事……但最主要的还是课程不那么吸引人，留不住教师。一些示范性项目的情况就不同了，我们经常会听到有学员说：“这位老师的课讲得太精彩了，我即使是不得不去洗手间都要小跑，生怕落下太多！”这样的课程，自然不用担心学员因种种原因缺课，也根本用不着签到，即使要签到，也无非是要向经费管理部门提交数据，以便结算经费，而绝不是用来约束学员。只有在优质培训中，培训班班主任的角色才能真正从培训管理者、学习监督者转向培训服务者和学习引领者。学员的学习是培训研修的核心。培训项目的实施要为学员的有效学习服务，研修环节的设计要考虑到学以

---

① 吴卫东，骆伯巍．教师的反思能力结构及其培养研究[J]．教育评论，2001（01）：34～36．

② 孟繁胜，于伟，梅秀娟．内生式培训理念及其实践模式解析[J]．中小学教师培训，2014（11）：3～6．

致用，使学习能够真正发生——学习主体在周围环境作用下实现能力与行为倾向的相对持久的积极变化。为此，就需要将理论学习与实践应用结合起来，交替进行，以便使学员在“理论学习——实践应用——经验总结——反思提升——理念生成——探索应用……”中不断成长。有效的培训项目课程活动设计，需要具备较长周期、划分阶段、递进实施、注重应用、善用资源、强化反思、重视表达、关注示范等特点。其中的反思，应该是结合理论学习进行的反思，是借助规范语言逻辑和一定思维框架的经验提升，是感性经验的理性化过程。

（四）学员的研修考核与项目绩效评价尚未与学生发展和学校发展有效结合起来

虽然目前部分长期性的高端项目已经开始关注学员集中研修后在学校职场实践中的实际表现，尤其关注其所遇问题的反馈与破解，但其他的绝大多数项目尤其是短期项目还不能将学员参训后的课堂教学改进和学校办学质量提升有效结合起来。当然，这既有项目设计的周期较短、未能给学员行动改进及其效果检测留出充足的时间的原因，也有项目经费捉襟见肘的原因。归结起来，主要还是因为项目的设计未能够从学员成长周期来做长期考量，是项目设计和实施的理念不够通达和高瞻远瞩。长周期项目的设计和实施，关注了学后的应用环节，这样的项目设计更容易产生良好的效果。1946年，爱德加·戴尔（Edgar Dale）以语言学习为例，结合两周之后学习保留的效果，提出过“学习金字塔”理论，认为学习效果由差到好依次为：阅读；聆听；看图；看影像、看展览、看演示、现场观摩；参与讨论、发言；做报告，给别人讲，亲身体验，动手做。20世纪60年代，美国缅因州贝瑟尔国家培训实验室进行了类似研究，结论总体上与爱德加·戴尔的类似，只是把聆听和阅读的效果排序互换了位置，认为阅读的记忆保留效果更好。由于这一发现与我国教育教学效果比较契合，所以在我国学者中有更加广泛的认同。根据该实验室的发现，“学习金字塔”理论涉及的学习方式，第一种为“听讲”，处于塔尖。“教师讲、学生听”的教学方式效果最差。第二种为“阅读”。第三种是用“声音、图片”的方式学习。第四种是“示范”。第五种是“小组讨论”。第六种是“做中学”或“实际演练”。第七种是“教别人”或“马上应用”，效果最好。爱德加·戴尔发现，学习效果差一些的都是个人学习或者被动学习，基本属于传统的学习方式；而学习效果好一些的都是团队学习、主动学习和参与式学习。伍德认为，学习金字塔底部的教学方法（讨论、实践、教授给他人）是促进学生高效学习的方法，这些方法主要提升的是布鲁姆目标分类中的高层学习目标（应用、分析、综合、评价）。为此，有研究倡导在教学中采用问题解决的模式。[①]前文提到的“国培计划（2016）”——示范性工作坊项目（小学数学）实施中，项目组就关注了不同岗位来源的学员自身专业优势和经验资源，以网络课例资源开发为问题解决的任务，组织高校教师、教研员和一线优秀教师开展了协同式培训，并取得了良好效果。对于长周期项目的绩效评价需要做系统设计，如针对某一项教学技能，可以在培训前、培训结束时、结束3个月后、结束6个月后，借助课堂观察、录像分析、师生和领导访谈等方式，分别进行诊断、施测，通过前后比较来直观发现学员的进步程度。对于更长周期的项目，如2年乃至3年的项目，一般会将培训成效聚焦于理念观点的形成和示范辐射作用的发挥，其评价指标就可能被限定为学术著作、论文发表、名师工作室建设、指导年轻教师参加教学比赛获奖等。这种长周期、有成效的项目设计，目前虽然还比较少，但已经从地方项目走向“国培计划”，伴随着项目组织与设计者的更多关注，相信会影响到其他项目的设计和实施。

四、项目支撑需要凸显本土化、创新性和专业性

教师培训走向专业化已经成为业界有识之士的普遍追求，但我们的培训离专业化还有相当的距离。要使培训走向专业化，从宏观的角度讲，要建立起自己的学科——有一套知识基础、规范标准、评价手段甚至独特的研究方法；要有专业学会或者协会；要有自己的专业刊物；要有从事该学科的研究队伍及其丰富的研究成果，以丰富该学科的知识，引导该学科的实践等。近年来，在培训领域建立了中国教育学会教师培训者联盟、中国成人教育协会教师继续教育专业委员会等民间学术组织，通过一系列年会举办，确实在一定程度上凝聚了一批教师培训领域的研究者和师资，他们发表相关研究成果，就学界话题展开研究和讨论，产生了该领域特有的知识体系和逻辑话语。教师培训领域也有自己的专业刊物。但遗憾的是，这些刊物与这些学会尚未建立起更加紧密的关系。虽然有相关主体影响力不够的原因，但也还缺少有效专业力量进行组织和引领，将这些刊物与学会活动有效结合起来。这些刊物的编辑队伍参与学会活动的还比较少，专业刊物在实践中并未对当前培训领域研究工作起到有效的引领

① 陶小娟．基于学习金字塔理论的小学数学问题解决教学模式研究[D]．重庆：西南大学，2020：17～19．

和推动作用。这不仅需要学（协）会的努力，还需要刊物的努力，更需要教育行政管理部门引导。目前，虽然我国教师培训尝试以相关理论来指导实践，也尝试总结培训管理中的经验，但总体来看，还缺少中国特色的教师培训理论和成人学习理论。现在各位研究者在描述培训实践的理论依据时，主要还是引用国外学者的研究成果。“国培计划”需要为世界贡献相应的具有普适意义的知识思想和理论体系，这种理论体系应该关注“心理（观念）——事理（实践）——学理（理论）”的认识、实践与理论的逻辑螺旋，并与道（表征努力方向认识论：规律、信仰、信念、终极目标）——法（表征行动路径的方法论：通往终极目标的路径）——术（表征做事技术的操作论：是法的表现，是具体操作的技巧、技术、工具和案例）。[①]要处理好道、法、术的关系，思考和认识问题时，要立足于道，从大处着眼，高屋建瓴；解决问题时，践行于术，从小处着手，不积跬步无以至千里。要把握好道法术的行动逻辑，勿使逆乱，做到创新有基础，思考有方法，做事有窍门。

五、项目质效需要注重体系化、协同性与衔接性

培训专业化是一个不断发展的过程。1998年年底，国家开始实施中小学教师继续教育工程；1999年，国家下发《中小学教师继续教育规定》，接下来实施了两轮中小学教师新课标培训；自2009年开始，实施“中小学教师国家级培训计划”（简称“国培计划”）；2010年，全面启动“国培计划”，重点面向中西部地区农村教师实施有针对性的培训；2014年，将幼师国培纳入“国培计划”。在中小学教师国家级培训项目实施过程中，教师培训体系总体上不断健全，从原来的封闭转向开放，师范大学、综合大学开始介入，遴选示范性项目培训机构和远程培训机构，到现在形成了国家—省—市—县—校五级培训体系，建立“国培计划”专家库、选聘了中小学幼儿园教师培训专家工作组专家，研制了《“国培计划”课程标准（试行）》《中小学幼儿园教师培训课程指导标准》《“国培计划”项目管理办法》，研制了线下、线上培训项目实施指南，每年在项目实施中，针对相关环节评估，项目办都会下发培训方案评审标准或项目绩效评估标准作为评审评估的依据……从这些努力我们可以看到，国家

① 李瑾瑜．国培十年话“培训”：反思教师培训的走向[R]．上海：“借鉴‘国培计划’经验提高教师培训品质”交流研讨会，2020-09-30．

正致力为培训项目实施建立起强大的质量保障系统，并有效推进了教师培训的专业化进程。但由于培训项目实施的发展性特征——对于比较复杂的长期项目，往往是借助行动研究的逻辑来实施的，关于培训质效影响要素的架构系统尚未真正形成和完善，这需要我们下力气去解决，这不仅决定着“国培计划”项目实施质效优化，还决定着教师培训行动是否有一个专业化的目标状态，教师培训行动有没有可能达到专业化水平，教师培训工作人员的专业地位能否得到保证。毕竟，教师培训并不是“随便组织一群教师来听课，再找几个人随便上上课”的简单教学组织活动，它有一套属于自己的程序、规则和要求，它是值得我们为之倾注心血、努力奉献的专业、事业和志业。只有对影响培训质效的要素研究明白了，并将其纳入培训绩效评价体系，建成开放化、适应性强的培训绩效评价标准，并借助该标准的研制和项目的评估，逐渐建立起培训质量标准检测体系和培训质量保障体系，培训才有可能在持续的培训目标达成度评价中，不断得到制度和机制建设，并逐渐走向专业化。

第十八章　教师培训趋势展望

18

教师是教育工作的中坚力量，没有高水平的师资队伍，就很难培养出高水平的创新人才，也很难产生高水平的创新成果。站在全面建设社会主义现代化国家新征程、向第二个百年奋斗目标进军的新发展阶段，构建更高水平的人才培养体系，迫切需要我们深入研究教师发展规律，深刻把握教师培训发展趋势，建立更高水平的现代教师教育体系，加强师德师风建设，优化完善服务教师发展的政策体系，提升广大教师教书育人和立德树人的能力素质。

第一节　教师培训前景广阔

教师培训是教师专业发展的重要路径。随着高品质教育的发展，教育对优质师资的需求会越来越大，对教师培训的需要会越来越强烈，教师培训规模将会持续扩大，前景将会更加广阔。

一、培训就是学习

培训是学习知识和技能的重要途径，从某种意义上讲，培训就是学习，教师培训就是教师学习。“教师培训在教育发展、学校建设、课程改革、教学创新等层面的价值常常被提起，但这些价值是人们期望教师通过培训能够实现目标，而不是教师培训本身是什么。无论是培训、研修还是教师教育，根本要义就是怎么能够促进教师学习这件事情真正地发生。把教师培训理解为教师学习，可以帮助我们认识教师学习特有的追求、特殊的方式、特别的过程。”①

新时代，互联网与现代信息技术飞速发展，信息和知识的大量生产和传播成为这个时代的显著特征。相关研究表明，信息和新知识以每年18%～20%的递增率发展，但个人学习的滞后性、有限性和知识增长的快速性、无限性存在着极大的反差，学习者发现

---

① 李源田，杨晓峰．中小学教师培训原理探究[J]．中小学教师培训，2018（02）．

自己的知识越来越贫乏，越来越碎片化，个人学习的速度远远跟不上知识增长的速度。

人民教育家陶行知先生曾说过：“人一出世便是破蒙，进棺材才算毕业。”随着终身学习思想为人们所接受，在学习型社会的今天，每个社会成员在任何情况下都可以自由获取学习、训练和培养自己的机会，学习从无意变为有意、从被动变为主动、从个体扩大至群体。教育也从一种社会义务变为一种权利，从过去的某些领域和方面扩展至整个社会；教育与社会的关系正在从以往的跟随和适应社会经济发展，转向引导与促进社会经济发展，教育的社会化作用也正在从专门性的人才培养，发展到对个体发展的支持和促进；教育对社会文化模式的价值，正在从传统的“维护”转向现代的“建构”。①教师是教育活动教的主体，其师德修养、教育理论、专业知识、教学技能等方面的素养和水准会直接影响到教育教学的效果和水平。因此，通过教师培训，提升教师素质就成为更好贯彻终身学习理念和切实提高教育教学质量的必然选择。

二、终身学习是教师职业的本质要求

当前，互联网、大数据、云计算、人工智能、区块链等技术不断发展，深刻改变人们的生产、生活、学习方式。学习者能通过多种途径获得信息，学习知识，教师和教材早已不再是唯一的知识来源。与以往相比，学生更容易受到社会方方面面的影响。因此，学生社会化、成人化进程明显加快，学生在一些方面甚至比教师懂得还多。学生的认知风格、心理特点、知识基础等存在一定的差异。教育对象的上述特点对教师的素质提出了新的挑战和更高要求。这在客观上要求教师坚持终身学习，与时俱进，以便保持源头活水，掌握专业技能和教育教学艺术，进而引导和帮助学生顺利地获取信息、知识、策略和方法。

正如联合国教科文组织报告《教育——财富蕴藏其中》所提到的：“今天，世界整体上的演变如此迅速，以至教师和大部分其他职业的成员从此不得不接受这一事实，即他们的入门培训对他们的余生来说是不够用的；他们必须在整个生存期间更新和改进自己的知识和技术。”②这样的一种趋势，这样的一种变革，反映在教育领域，无论是《中华人民共和国教师法》，还是《中小学教师专业标准》，都对教师有一个共同的要

① 刘君．教师培训：引领教师自主成长的阶梯[D]．长沙：湖南师范大学，2004．

② 联合国教科文组织．教育——财富蕴藏其中[M]．北京：教育科学出版社，1996．143．

求，那就是“终身学习”。

“教育这一职业与其他职业不同之处在于，它不是一种静态的，而是一种不断学习，不断充实自我，不断更新自我的职业，其从业者在其职业生涯中自始至终都要不断地定期学习更新以及补充自身的知识、技巧和能力。”[①]换句话说，“互联网+”对教师职业提出了严峻的挑战，面对形势发展需要，教师必须清晰地意识到“一朝受教，终身受用”的思想已不合时宜，他们必须不断接受在职培训，并将这样的培训学习制度化。教师通过在职培训与学习，不断汲取营养、更新知识，紧跟时代发展的步伐，这样才能促进自身的可持续成长和学生健康发展。

三、教师培训规模持续扩大

1999年9月，自教育部颁布《中小学教师继续教育规定》以来，中小学教师培训开始走上制度化法治化轨道。2010年，由教育部和财政部联合启动实施的“中小学幼儿园教师国家级培训计划”（简称“国培计划”），推动中小学教师培训驶入快车道。2010—2020年，中央财政累计投入“国培计划”经费近200亿元。中央政府的财政投入带动了地方政府教师培训经费的增长。全国共有31个省市自治区约1 800万教师参与到这一轮影响甚大的国家级培训中。近年的“国培计划”调研表明，中西部地区的中小学教师都有机会参加“国培”，部分教师甚至是多次参加“国培”。许许多多的教师在“国培”中成长为骨干教师、优秀教师、卓越教师、特级教师，其积极意义和成果值得充分肯定。乡村教师得到支持，贫困地区乡村教师受到特别的关注。

“国培计划”启动之初，就明确提出了示范引领、雪中送炭、促进改革的三大宗旨，设立了示范性、中西部和幼师“国培”三类项目，制定了项目招投标、过程管理、绩效评价等规章制度。实施过程中，通过委托课题等形式，重点对中西部和幼师国培项目指南和培训课程等进行了比较系统的研究。

“国培计划”最重大的意义在于推动了“国培—省培—市培—县培—校培”五级联动的新型教师培训体系的构建，形成了开放竞争的教师培训格局。国家培训作示范，省级培训抓重点，市级培训在统揽，县级培训保全员，校本培训重教研，纵向五级贯通，从高等院校、专业机构、基地学校、网络平台等横向多元协作，共同构建

---

① 易凌云、庞丽娟．教师个体教育观念：反思与改善教师教育的新机制[J]．教育理论与实践，2004（05）：38．

起中国教师培训新体系。统计表明，共有1 000多家机构承担了“国培计划”项目任务。大量机构在承担“国培”项目的过程中提升了自身的专业能力，积累了丰富的培训经验，形成了大量的培训资源，促进了众多的名师成长，创新了特色的培训模式，促进了有效的校本培训。

根据智研咨询发布的《2020—2026年中国教师培训行业市场深度分析与投资前景预测报告》数据显示，2010年，我国教师培训市场规模为239.1亿元，培训人次约为1 166.3万，人均培训价为2 050元；2019年，我国教师培训市场规模增长至520.5亿元，培训人次达到2 813.5万，培训均价为1 850元。教师培训规模达到520.5亿元，相对于同年全国教育经费投入总量的50 178.1亿元，占比虽然刚好一个百分点，但这已经是了不起的进步。近十年的培训数据案例和教育发展进程已经证明，教师是教育发展的第一资源。

2020年上半年，根据中国互联网络信息中心数据显示，全国有2.65亿在校学生普遍接受了在线学习，广大教师在线教学格局应时而生。教育部2020年3月在印发《教师培训者团队研修指南》《新教师入职培训指南》《幼儿园新入职教师规范化培训实施指南》《全国中小学教师信息技术应用能力提升工程2.0整校推进实施指南》等11个“国培计划”教师培训项目实施指南的基础上，于2020年4月正式印发了《中小学幼儿园教师在线培训实施指南》。信息技术深刻改变着教师培训生态主要体现在，基于数据分析，建构教师需求模型；优化学习资源，推进虚拟场景学习；建立专家系统，提供个性化专业支持；设立大数据中心，开展常态化监测研究。信息技术应用到教育教学场景，正在开启一个新的时代。

第二节　促进教师持续发展

《基础教育课程改革纲要（试行）》指出，师资培训工作是课程改革实验工作成败的关键。搞好基础教育新课程的师资培训工作，是进行基础教育新课程实验工作的重要组成部分，也是一项系统工程。[①]通过培训促进教师持续发展，促进大批教师从普通教师向优秀教师、卓越教师、知名教师方向流动，是教师培训永恒的主题。

① 钟启泉，等．基础教育课程改革纲要（试行）解读[M]．上海：华东师范大学出版社，2001：13．

一、基于教师持续发展的视角：以人为本的需求导向

人类社会正从IT（信息技术）时代走向DT（数据处理技术）时代，在“互联网+”行动计划成为国家战略的背景下，教师培训面临着集约化组织与个性化需求的矛盾与挑战。一是对教师的需求正在经历从数量增加到结构质量的转变；二是对教师的学历要求逐渐从学历达标提高向素质能力提升转变；三是对教师的素质要求正在从单一技能向研究型综合型转变。因此，教师培训个性化是教师专业发展的国际化潮流，即教师专业发展经历着从“群体化”专业发展（即强调教师群体的社会地位和入职的专业要求）迈向“个性化”专业发展。

一是培训目标的人性化发展。在教师培训中，其目标除了提升教师的教学技能外，还应立足教师专业发展的个性化，促进不同类型教师专业特点和风格的养成。在“互联网+”时代，培养高素质专业化创新型的教师队伍是教师培训目标新的诉求，培养骨干教师及领军人物是教师队伍建设的重要内容。因此，必须转变传统培训观念，选择人性化、个性化的培训内容和培训方式，为教师队伍专业化建设保驾护航。

二是培训内容的个性化发展。“互联网+”间接促进了培训服务个性化趋势的形成，参训教师成为培训内容与课程开发的出发点与归宿。这种互动性体现的不仅是一种个性化模式，更代表着未来教师培训的发展方向和趋势。参训教师在享受快捷选择的同时，也逐渐习惯了互联网提供的“唾手可得”和“无所不及”的个性化的培训课程。当然，教师培训的“个性化设计”不仅要针对教师个体，考虑分层培训的需求，更应强调培训的持续跟踪与反馈。教师的个性化学习不是短期的过程，应当是长期的、终身的学习过程。教师培训也应满足教师的个性化学习需求，构建终身学习的课程建设机制。

三是培训方式的多样化发展。教育部在《关于大力加强中小学教师培训工作的意见》（教师〔2011〕1号）中指出，努力改进培训方式，完善教师培训的教学组织形式，倡导小班教学，采取多样化的方式，如案例式教学、探究式教学、情景式教学等开展培训。鼓励教师自主选择课程，在培训课程内容、培训时间、培训途径和培训机构等方面，为教师提供个性化、多样化的选择机会，以提高培训的吸引力和感染力。[①]为鼓励教师在工作中大胆探索、不断创造，教师培训不再是填鸭式、灌输式的

---

① 教育部．教育部关于大力加强中小学教师培训工作的意见[EB/OL]．http：//www.edu.cn/pei_yang_810/20110106/t20110106_567181.shtml．

讲授，而是综合运用多种方式，如通过案例教学、合作探究等方式增强教师在培训中的参与性与体验性。教师培训的方式逐渐呈现出多样化发展趋势。

二、基于教师持续发展的视角：立德树人的发展定向

教师是立教之本、兴教之源，肩负着落实党的教育方针、培养我国社会主义事业建设者和接班人的使命与重任，既是教育改革创新的核心推动者，又承担着立德树人的重要职责。教师不仅是学生发展的促进者、教学知识的创生者，还是教育与改革决策的参与者、发起者、实践者，更是推动教育改革的主体力量。①在经济全球化导致的更加激烈的人才竞争、科技竞争与经济竞争背景下，教师要为一个伟大的变革时代培养人才，教师培训也必须为这个伟大的变革时代培养教师，通过培训计划促使教师扮演更为积极的角色，在教育改革创新中赋予更强的主体性和能动性，增强教育政策的执行效果。

立德树人是我国教育事业发展必须始终牢牢抓住的根本任务和核心灵魂，它对教师队伍建设提出新的更高要求。要深度解答和实践好“培养什么人、怎样培养人、为谁培养人”这一根本问题，为我国社会主义事业培养大批德才兼备、担当重任的建设者和接班人，需要一支信念坚定、道德高尚、能力卓著、学识扎实的优秀教师队伍，需要广大教师能够把立德树人融入教育教学的各方面各环节。为此，教师培训要在教师能力素质培训的基础上强化立德树人这一根本要求。

第一，强化人民教师立德树人、教书育人的责任意识。把立德树人作为教育的根本任务，具有鲜明的时代特征。将“立德树人”定位置于“全面发展”之上，是对党的全面发展教育方针的重大发展，是党的教育理论创新的最新成果，具有深刻的现实意义，需要在教师培训工作中深入学习和贯彻落实。立德树人揭示了教育的本质，是对教育本质的最新认识。立德树人揭示了德育在学校教育中的突出地位，强调促进人的德性成长是教育的首要任务。立德树人揭示了道德发展与人的全面发展的辩证关系，强调德性成长是人的全面发展的根本保障。因此，无论是培训组织机构，还是参与培训的教师，都需要自觉担当起立德树人、教书育人的时代责任。

---

① 程红艳，陈银河．教师成为教育变革者：中国卓越教师培育的应有之义[J]．山西师大学报（社会科学版），2020（02）．

第二，将提升广大教师立德树人、以德化人的能力作为内在要求。围绕“立什么德”“树什么人”的问题，建立教师立德树人的长效机制，从全面深化教师教育改革发展培养高素质专业化创新型教师队伍的视角，优化培训内容板块设计，着力加强对教师个人素质的提升培训，避免只注重自身知识累积和专业水平提升而忽视立德树人能力提高的问题，使教师深刻认识自身的使命，增强解决立德树人实际问题的能力，将各级各类教师培养成立德树人最活跃的要素，在教育教学活动中发挥应有作用，增强广大教师立德树人的实际效果。

第三，将增强教师培训立德树人、培育德性要求作为应然诉求。我国教育改革以办好人民满意的教育为出发点，尽管已经取得了重大突破和成绩，但是依然滞后于新时代发展的新要求和新任务，今后不仅要注重教师培训的目标和效果，更应从教育改革和立德树人的维度深化其内容结构和价值逻辑。深化对“立德”与“树人”二者之间深层次及内在逻辑关系的认识，加强对立德树人如何融入、贯穿教育教学的学习、研究及应用，强化对“五育并举”的思考和实践，拓展教师推进新时代立德树人工作的广度和深度，形成“三全育人”多维立体的关系，构建具有中国特色的基础教育教师培养培训体系，全面营造立德树人的新格局。①

三、基于教师持续发展的视角：立足教学的实践取向

教师学习是基于教师现有教学实践经验的学习。因此，教师培训，不管是内容的安排，还是活动的设计，都应该建立在教师现有的教学实践经验基础上，找准教师学习的“最近发展区”，充分考虑教师实际获得的教学实践经验。如果凭借主观意识安排与其教学实践经验关联性不强的培训内容和活动，就割裂了教师教学实践经验与教师培训之间的内在联系。所以，在教师培训实施之前，必须实质性开展培训需求调研，准确掌握新教师、青年教师、骨干教师、专家教师（培训者）等不同层次培训对象教学实践经验累积的实际现状。在培训内容规划设计时，要以教师的教学实践经验为基础，意欲通过培训内容的研学训练，同化与顺应新知识的学习，提升新知识与专业技能学习的效果与效率。

不仅如此，我们还要分析判断教师实践教学经验的科学性，通过培训内容的设

① 王嘉毅，张晋．立德树人的科学内涵与现实要求[J]．中国电化教育，2020（08）．

计，固化和扩充含有科学性成分的教学实践经验，扩大教师教学实践经验的优势，同时也要修正和提炼非科学成分的教学实践经验，避免其对新知识的学习和今后的教学产生消极影响和阻碍作用。教师的教学实践经验不仅是教师学习的基础，还是教师培训的资源。重视并深入分析教师教学实践经验是提升教师学习质量和教师培训品质必不可少的环节。忽略了教师教学实践经验，教师学习就无法构建新的认知结构，教师培训就不会满足教师的培训需求。因此，教师培训内容要与教师的教学实践经验建立有机联系。

四、基于教师持续发展的视角：学习本位的路径走向

一直以来，教师专业发展呈现素养提升、自我理解、生态转变三种范式。这三种范式有着不同的知识论立场，在实践中发挥各自的优势功能，共同支持教师终身学习和专业发展。随着教育改革进程不断加快，面对复杂多变的教育教学环境，教师必须要成为适应性专家，当下专业发展系统转型势在必行，其核心着力点就是学习本位。

首先，在素养提升范式上，要关注教师在参与教师培训时的学习主体性、建构性，由外部生产的专业知识和技能都必须与教师的实践经验联结起来。一方面，在培训类专业发展活动设计上，要关注“转化设计”，即便于教师将习得的知识和技能转化到实践中来设计项目和课程，其目标、内容、组织都要为教师未来实践转化做好准备；另一方面，在活动实施过程中，要吸引教师参与及其经验的融入，注重培训中互动、生成和实操、实训，让教师在培训中实现学、思、议、践、行、省合一。

其次，在自我理解范式上，要引领教师进入自我导向学习与自主知识管理，教师自我理解及其实践性知识都应成为反身性思维的对象。一是教师自我发展不应是完全自然状态，教师需要对自己的学习负责，拟定目标、确定阶梯、评估发展、持续改进，成为自我学习的主人。二是教师实践性知识不应该只内隐于行动、叙事、案例之中，要经由共鸣、外化、联结、再内化的循环过程，与组织知识、系统知识体系联动起来，在反身性思考中实现实践性知识的迭代升级。其中很重要的路径是需要在自我诊断的基础上，制定教师专业发展规划。

最后，在生态转变范式上，要推进支持教师发展的学习环境营造与学习共同体构建，从宽泛的生态概念落地到以学习为核心的系统且有针对性的设计。一是要为教师创设包括物理、资源、技术、情感、文化等在内的多维学习环境，让教师在参与实践

和问题解决中运用信息资源、知识工具、技术手段、学习策略来达成个体学习目标，并透过分布式认知结构反哺学习环境再予丰富。二是基于5G时代重塑新型教师学习共同体，学习共同体的核心特质在于共同的学习愿景、分权式学习领导、去个人化实践和支持性资源条件，而数字技术为每一特质的发挥提供更为便捷、平等、开放、互动的运行机制。

五、基于教师持续发展的视角：技术驱动的持续方向

新一代信息技术迅猛发展，深刻影响着包括教育在内的各行业各领域的发展变革与创新。《技术时代重新思考教育》中表达过这样的构想与设计，全世界的人正将教育从学校带入家庭、图书馆、网吧和工作场所，他们能决定自己想学什么，何时学习以及如何学习。这是因为：一方面，信息技术促使教育理念、教学方式、组织形态、学习方式等产生了革命性变化，对教师的能力素质提出了新的更高的要求；另一方面，教师对新一代信息技术的应用，促进了教育教学与信息技术的融合发展，提升了人才培养效能，为教师提供了更为有效的职业发展空间和机会。可以说，以技术手段驱动教育发展、教师发展已经成为时代的特定主题。

首先，将教育部发布的中小学教师信息技术应用能力标准、教育信息化2.0行动计划等作为教师培养培训工作的重要依据，纳入“国培计划”和地方各级教师培训范围，通过示范带动各地因地制宜开展教师信息素养与技术培训，着力提升教师信息技术应用能力及其关联的学科教学能力和专业自主发展能力，帮助教师将信息技术应用提升融入教育教学和办学治校育人的全过程，促进教育教学内容、方式方法及管理服务等方面人工智能快速发展背景下的改革创新。

其次，着力探索优化新一代信息技术支持的教师培训模式，要因地制宜地探索“互联网+”、人工智能、大数据等支持教师培训、教育教学的新路径，在扩大教师培训覆盖范围和响应速度的同时，力争教师培训品质获得根本性的提升，要将信息技术在培训管理中的作用从“简单迁移范式”向“触动培训组织范式”转变①，要提升培训团队的技术素养，构建大数据智能化支持的信息管理服务平台，优化培训学习环境。

① 魏非．信息技术与教师培训的深度融合路径研究[J]．中小学教师培训，2017（02）．

最后，沿着技术驱动教育变革的方向思考教师培训的未来。“奇点”理论认为，预计到2030年前后，计算机便能拥有感知能力，它们将像人类一样思考、决策、自我感知。2021年，人类进入百万兆级运算时代，达到每秒一万亿次计算，这样的速度从实验室到你的手机也不过几年时间。到2030年，人类预计将进入泽它级运算时代，那时的计算机比人脑还强大，您知道这意味着什么吗？著名教育家肯·罗宾逊曾进行过3次很有影响力的TED演讲，分别是2006年的《学校正在扼杀孩子的创造力》、2010年的《推动学习革命》和2013年的《如何逃出教育的死亡谷》。他曾经这样描述数字技术对未来社会和教育的改变：“新数字技术浪潮正在改变我们的思考方式、交流方式和获取思想的方式；正在改变我们与他人建立连接的方式；更在改变我们看待自我及自身能力的方式。就教育是帮助人们学习而言，数字技术似乎应被视为教育演变的关键。

第三节　调适变革培训形式

目前，许多国家特别是发达国家中小学教师培训方式总体上呈现出多样化趋向。进修时间安排有长有短，不强求一律；可以脱产，也可以半脱产，还可以利用假期、周末、晚上等安排业余学习；可以面授，可以函授，还可以利用电视、网络进行线上培训；有校内的研讨，也有校外的进修，还有校内、校外相结合的培训；有个人安排的自修，也有学校专业组织、教育部门安排的集体进修；有讲座、报告，有研讨、交流，也有参观考察、现场观摩。

美国教师教育学者肯·蔡克纳指出，在背后支持当代教师培训采用的方式有四个重要培训观念：行为主义，旨在提高教师表现与技能的效率，主要采用观摩的培训方式；手艺主义，它将教师培训理解为以能力教授为核心的学徒制，主要采用跟岗体验与实践类方式；个人主义，它关注教师自我的专业发展，主要采用选择性大的培训方式；探究主义，其旨在培养教师的反省式研究能力，发展教师的评判性实践，主要采用合作学习与研讨等方式进行。

一、面向新时代，我们需要定型一批模式

1. *以学校为基地的培训模式*

典型代表有英国的校本进修“六阶段培训模式”（确定需要—谈判—协议—前期培训—主体培训—结束）和“Schon型的教师行动与自我反思的专业发展模式”（三位一体的教师专业发展循环共同体）。该模式得益于1992年英国政府通过正式文件规定实施“以学校为基地的”教师教育改革计划。以中小学为基地，与高校、教育行政部门合作，共同规划、实施培训活动，彼此间关系融洽密切，将学校教学实践作为主战场，辅以理论课程教学，以解决共同关心的实际问题为主要目的，非常注重诊断、讨论、反思，已经成为专业习惯。培训场所主要在学校内，学科专家可以来学校讲学，课程也可以由校外培训机构提供，形式灵活、自主性强。近年来，该种模式受到热烈追捧，其优势突出表现在：重视校本培训资源的开发利用，培训规划流程清晰、科学合理、评价反馈机制健全，合作性强，虽然有高校、教育行政部门、学校三方协作，但是参训教师作为培训主体，拥有更大的自主权。

2. *以高校为主的培训模式*

典型代表有美国印第安纳大学“高质量教育中心”、密歇根州立大学“全国教师学习研究中心”，它们都是全国性师资培训、进修及研究基地。在美国教师培训体系中，高校承担了绝大部分的任务，如制订培训计划；提供职前、职中、职后培训资源；组织课程，为教师提供攻读教育硕（博）士学位的课程；制订以学分累计的进修计划；合作成立“教师进修中心”，扩大对学校行政管理人员的培训；利用现代发达通信技术，组织实施远程培训，如“点对点视频会议”培训模式，既节省教师的时间和精力，又节省了交通、食宿费用开支，同时还能接受专家亲临指导的传统优点，一举多得。西弗吉尼亚大学D&E（Design&Evaluation）教师培训模式通过“决定理想教学结果、目标和教育影响力—评估教学环境—开发教学内容和过程—评价教育影响力—评价教学结果”五个步骤的实施，实现了对教师教育质量的有力保证，且能用于不同层级教师培训。凭借其广泛的适用性，成为其他国家农村学校培训效仿的对象。

3. *二元培训模式*

该模式属于“行政”与“自主”相结合，典型代表是日本的培训模式。“行政”研修主要由都道府县、市町村各级教育中心、教育委员会举办，为教师提供进修机会和保障性条件，新教师入职培训、任教五年培训、任职十年培训非常受重视，有校内

研修和校外研修，校内研修旨在培养教师的协作意识与能力，校外培训主要目的是满足教师进修、取得更高学历以及个性化的需求，可以到外单位培训，也可以参加开放大学、教育大学研究生院的培训。在日本，自主研修模式备受重视和推崇，教师自发研修的积极性非常高，有多种类型可供选择，如专业发展实验室，传统形式的集合型（赴高校、科研机构、企事业单位、社会福利事业单位学习），利用图书资料、网络资源自主研修型等。[①]

4. 混合式培训

混合式培训是指基于某一教师团体整体性的专业成长和突出部分骨干成长的理念，针对团体共性或者本地区存在的问题，有针对性地对相关问题或者理念，采用混合式培训模式，不仅提升教师的专业水平和综合素养，同时驱动教师培训信息化管理。它包括全员培训、专项培训和校本研修等形式。全员培训采取网络课程学习的方式，提高教师的普适性的知识与能力，为教师补充知识性内容；教师可以结合实际，自主选择合适的网络课程，自定步调，合理安排学习。专项培训针对骨干教师专项能力提升，采取面授或混合式培训方式，培育骨干辐射全员；校本研修为教师提供机制、资源、工具以及学术支持等，为教师构建自由交流的环境。三种培训形式的结合，为教师专业持续性发展、自主性发展等需求提供支持。

近20年以来，尤其是近10年“国培计划”的强力推动，中国教师培训取得了十分突出的成就。上述这些模式在我们的培训中都有所体现，高等院校尤其是师范类高等院校已经成为教师培训的重要力量；部分省市，如长三角的上海、江苏、浙江等地，“国培计划”中脱颖而出的重庆、湖南、吉林等地，还有山东、湖北、河南等地都在教师培训中有大量积极的探索，有很多出色的成绩与经验；一些区县教师进修院校、提供教师跟岗实践的优质基地学校、网络研修平台等机构，在课程设计、资源提供、培训组织、跟踪指导等方面都有出色的表现。除“国培计划”已经形成最具中国特色的教师培训模式之外，期待着能够形成更多的可资借鉴、可供推广、可以复制的中国教师培训模式。

二、面向新时代，我们需要变革组织形式

随着知识更新迭代速度加快，传统的校本培训和在职培训模式已经不能满足当代

① 王晓燕．关于农村教师能力培训的创新模式研究——基于国际比较的视角[J]．江苏教育研究，2008（11）：11．

社会对教师发展的要求，教师需要积极参与教师群体间合作，通过相互学习、研讨、交流、激励，分享彼此的经验得失，才能实现更好更快的发展。

1. 教师工作坊研修

教师工作坊也称“特级教师工作室”“名师工作坊”，是专家带动周围教师共同发展的培训研修活动。作为一种教师培训研修的新型模式，“教师工作坊”具有形式灵活、实践性强、交互性强、效果显著等特点①，在教师培训中的应用越来越广泛，发挥着十分重要的作用。开展教师工作坊式研修活动，能够促进教师主动融入研修，自我建构意义，自主获得发展，使研修活动成为教师乐意参与、学有所得、学有所用的场域，从而提高研修活动的实效，促进教师专业成长。

工作坊式研修组织设计要遵循开放性原则。首先，要考虑研修活动时空的开放性，活动之前组织者要发布活动主题，并提出需要教师提前学习的内容和思考的问题，活动之后可通过任务驱动的方式关注教师能否将培训所得转化为实践效果。其次，要考虑培训内容的开放性，培训内容的选取既要指向核心问题的解决，又要考虑与核心问题相关的多种因素的融入。工作坊式研修活动设计要遵循主体性原则，即活动设计要考虑教师做什么、怎么做、做成什么样子等问题。在设计活动时，我们可以提出若干有联系的问题组织教师分组研讨，也可以设计一些体验活动请教师参与，还可以请教师动手操作完成一些任务，这些方式都体现了以教师为主体的原则。工作坊式研修活动设计要遵循互助性原则。在教师活动过程中，同伴间的相互启发和互助很重要，可以促进观点的补充、认识的深化、方法的落地、理念的提升。因此，在研修活动中要注意引导研修同伴互助互促，可以将教师分为若干小组，既注重组内互动，也注重组际交流。

2. “互联网+教师培训”

2018年，教育部等五部门联合印发的《教师教育振兴行动计划（2018—2022年）》明确提出“互联网+教师教育”创新行动，指出要充分利用云计算等新技术，推动以自主、合作、探究为主要特征的教学方式变革。“互联网+”教师培训有助于解决教师培训实践中的问题，如资源分布不均、学员交互不足、培训评价关注“满意度评价”等。

教育部支持宁夏回族自治区建设“互联网+教育”示范省（区）。将推动实现学

① 辛宪军．教师工作坊研修模式初探[J]．中国成人教育，2017（22）．

校宽带网络的提速增智，优质数字教学资源和管理服务极大丰富，资源平台和管理平台融合发展，人工智能技术助推教师信息素养提升，助推教师队伍建设，基本构建起“互联网+教育”环境下的人才培养新模式、基于互联网的教育服务供给新模式。2020年11月，教育部在宁夏石嘴山市召开了人工智能助推教师队伍建设暨加强新时代乡村教师队伍建设现场推进会。

“互联网+教师培训”在组织实施中要注重教师在培训活动中的主体地位，赋予一线教师更多的自主权、参与决策权与评估权；强化教师培训专家的引导；弱化教育行政部门行政干预，强化其在模式运转过程中的监督与协调角色。它以综合素养提升为基础，以提升教师精神生活质量与人生境界为导向，在当前和今后一个时期所呈现的一种不同以往的、相对稳定的状态，其特点主要体现在以下几方面：培训模式由粗放式、规模化培训向精准化、内涵式培训转变；培训内容由被动安排的拼盘式课程向主动定制的菜单式课程转变，最大限度地满足教师发展的个性化需求；培训范式由“外促”式被动培训向“内生”式主动学习转变；培训生态由封闭的、现实的生态向开放的、虚拟的生态转变；培训结构由单一机构独立实施向多家机构协同推进转变，注重培训机构的特色发展；培训活动由学科本位的孤立设计向主题聚焦的融合设计转变。

3. 校本研修

校本研修即以学校为单位，针对工作实际和教师专业发展的需要，开展无处不在的教师自主、合作、探究性学习，帮助教师即时解决课程与教学实践中遇到的即时性问题，在分享、交流及实践中提升教师专业素养和能力，形成教师专业化的新型的教师研修方式。

在传统的培训模式中，教师采用记笔记的方式记录学习的内容，并且按照要求完成作业。由于培训期间需要记录的内容以及完成的作业较多，无形中使教师心理和身体承受较大的压力，导致培训无法取得应有的效果。学校在进行校本教研过程中，应使培训内容符合成人学习的特点，让教师在培训过程中，将更多的精力用于解决实际问题，只有这样，教师才能增强参与校本教研学习的意识，在校本教研培训中表现出积极主动的状态，在培训中教师之间相互交流沟通，通过交流和沟通使教师增强促进专业发展的体验感，帮助教师更好地理解和掌握专业知识与技能。

三、面向新时代，我们需要创新培训形式

培训方式多种多样，如专题讲授、情境演示法、案例分析、实践研修、主题讨论、微格教学等。新时代教师培训需要我们不断创新形式，结合具体的培训目标、课程内容、教师需求等特点灵活选择不同培训方式来达到培训目的，以突显培训的有效性。受训者的参与度和满意度往往呈现出一种正相关关系，通过强化参与式、体验式活动的创新设计，不仅有利于提升参训教师的满意度，还有利于动态生成性成果的产出，如通过采用世界咖啡、六顶思考帽、问题便签、思维导图等方式，开展学术沙龙、主题研讨、经验汇报等活动，彰显“分享”的力量，发挥学员自身的资源价值。

1. 工作场景学习

目前，多数校本培训采用此种形式。该培训形式立足点在“课”，将“分享、合作、共融”的研修理念融入课堂教学改革中，以“三课展示”的形式进行课例研究。具体包括：观摩课做引领——促进持续化发展，研究课做传承——带动团队化发展，汇报课做检验——激发自主性发展三个方面。着力点在“导”：学历不等于能力、职称不等于称职。因此，通过以展示课例为载体的“微理论”学习模式，引导教师“小步慢跑”，逐步把知识积累转化成教学能力，分段达到预期目标。提升点在“思”：构建以对话、合作为特色的“微专题”研讨活动，引发教师对课堂教学问题的再思考。关键点在“训”：每次课堂教学活动都围绕一个主题，解决一个问题，提升一种理念。

2. 任务驱动研修

“任务驱动”模式是一种建立在建构主义学习理论基础上的培训模式，其改变以培训组织者设定培训主题为主的传统培训方式，采取以问题解决、完成任务为主的多维互动培训方式；使培训学员的参训行为由“被培训”转变为探究式的学习，激发培训学员的内驱力。该形式多用于骨干教师培训，从教师中选拔理论功底厚实、业务精良、有发展潜力的教师作为重点培养对象，为选定的教师量身定制培养目标、培养方案。给任务，选定的培养对象每学期阅读一部教育理论专著，并结合教学实践写出学习心得。承担或参与重点课题研究，每学期上一节区县级以上公开课。通过给任务、压担子，全面提高科研素质、理论水平和实践能力。

3. 问题导向研究

教师培训要从教师教育教学过程中真正遇到或发现的实际问题出发，而不是培训者凭借自己的主观臆造或猜想讲一些不切实际的虚假问题，应以实际问题为导向，着

眼于现实问题的解决，教师才会产生兴趣和亲近感，并积极参与其中，才会从培训中认识到自己的问题，获得解决问题的途径和策略，并将其尝试运用于教育教学实践活动，从而促进教师教育教学理念的更新和方法的改进。这不但解决了教师参与培训积极性不足的问题，也增强了培训的针对性，无疑能有效促进教师的专业成长和教学能力提升。

4. 团队创新学习

构建学习共同体是创新团队学习的一种方式，也是教师专业发展的本质要求，是教师培训的题中应有之义。学习共同体既重视集体学习，也充分观照个体实际学习需求。新时代教师的自我发展意识逐渐增强，自我发展需求更加强烈，原有的集体学习方式难以满足教师个性化的学习培训需求。面对培训对象的现实变化与实际需求，教师培训要以学习共同体构建为实践方向，为教师创造共同学习研讨的机会，重视培训方法的创新，在培训过程中，改进集中培训模式，尝试增加选修模块，注重采用体验式、参与式、活动式的培训方法，在改善教师教学知识结构、激发教师学习培训热情的同时，了解教师的个别学习需要，进行有针对性的个别指导，满足教师的个性化学习提升需求，在确保培训整体目标实现的同时，也确保教师个体学习目标的实现。

5. 理论应用研修

教育是一门科学，教师培训更是一门综合性很强的科学。我们无论是做培训的顶层设计、实施方案设计还是具体的活动设计，都需要加强理论应用研修。通过理论应用研修，将国家各项教育方针政策，教师培训的意见、建议、要求与培训的理念和目标相结合，通过科学的培训设计与有效实施，内化为教师的生命自觉、文化自觉、行动自觉和教育情怀。通过理论应用研修，对新时代的成人学习特点与学习规律进行更上位的分析，针对不同年龄段和不同专业发展阶段，精准把握培训对象，科学定位培训目标，适切设计培训内容，合理遴选培训师资，有效开展培训评估和质量监测，切实提供个性化、多样化的专业指导。通过理论应用研修，归纳总结提炼好的做法，为分层分类、精准施训构建理论支撑，进一步引领教师培训走向规范化、专业化、科学化。

第四节　创新完善培训体系

以知识竞争与创新驱动为标志的经济全球化浪潮对各国经济和教育带来了超乎寻常的挑战，同时也给教师队伍建设提出了更高的要求。教师强则教育强，教育强则国家强。基于这样的视角，我们可以说，教师决定着一个国家和民族的未来。“构建高标准、高质量、多样性的教师队伍已成为国际基础教育和教师教育领域的共同目标，也是世界各国教育改革的难题所在。……2018年，OECD下属的‘教育与技能司’再度发布了报告《有效的教师政策——来自PISA的见解》，为国际教师队伍的建设提供了蓝图和依据。”[①]报告展示了2015年参与PISA评估的72个国家（地区）教师队伍建设的现状与问题。由此可见，重视教师职业生涯可持续性发展，建立和完善教师培养培训体系已经成为国际社会面向未来的战略共识。显然，构建高质量的教育体系，形成更高水平的人才培养体系，建设高素质专业化创新型的教师队伍，必将成为题中应有之义。

教师培养培训体系应围绕教师专业发展目标，宏观层面要对包括政府、高等院校、培训机构、基层学校等机构在内的社会培训资源进行统筹规划协调，充分调动社会资源参与教师培训的积极性与主动性，实现系统管理与科学运作。中观层面要促进多元培训主体的组织协同与合作运行，使培训要素获得科学配置与优化组合，增强教师教育系统的整体功能。微观层面要将教师理论研修与教学实践案例分析有机结合，培训课程内容与教师教学实际尽量磨合，他山之石与个体当前发展阶段反思改进迁移融合，使教师综合发展能力得到明显提升。

一、政策引领：国家层面为教师专业发展颁布法律法规划定标志标线

纵观中国教师教育的历史脉络和中国教师发展的建设历程，快速扩大的教育规模和相对较低的学历规定，导致规模较大的教师培训成为一张需要加快偿还的账单。教

① 李安琪，洪明．教师队伍建设的国际趋势[J]．外国教育研究，2019（10）．

师培训列车运行在健康有序专业持续的轨道上，需要从国家层面颁布法律法规划定标志标线。

当今世界许多发达国家纷纷颁布相关政策法规，力求教师专业发展的制度化、法制化、规范化。不少国家对教师培训采取了多种鼓励性或强制性措施，以调动中小学教师参加培训的积极性。如日本《教育公务员特例法》规定：教育公务员为了执行职务工作，必须不断地努力研究和修习。英国颁布的《继续和高等教育法》明确规定：包括教师培训在内的继续教育不再属于地方教育当局，而由中央政府统一管理。法国的《继续教育法》明确规定：每个中小学教师，每年都要有两周时间接受在职培训。德国几乎各州的成人教育法都把中小学教师培训作为重要内容，明文规定在职中小学教师均须参加某种师资培训机构所组织的在职进修活动，以提高自己的教学水平。

《中华人民共和国教育法》第三十五条明确规定："国家实行教师资格、职务、聘任制度，通过考核、奖励、培养和培训，提高教师素质，加强教师队伍建设。"《中华人民共和国教师法》第四章专门对教师培养和培训进行系统表述，第十九条明确规定："各级人民政府教育行政部门、学校主管部门和学校应当制定教师培训规划，对教师进行多种形式的思想政治、业务培训。"可以期待，修订之后的《教师法》会进一步加强教师培养和培训工作。1999年9月，教育部正式发布《中小学教师继续教育规定》，从国家层面翻开了教师培训新的篇章。

2018年1月，中共中央 国务院印发《关于全面深化新时代教师队伍建设改革的意见》（以下简称《意见》）。这是中华人民共和国成立以来，国家出台的第一个专门面向教师队伍建设的里程碑式政策文件，《意见》描绘了新时代教师队伍建设的宏伟蓝图，吹响了推进教师队伍建设改革的集结号，对开展教师全员培训，促进教师终身学习和专业发展进行了系统设计和制度谋划。随后，五部委下发《教师教育振兴行动计划（2018—2022年）》，教育部财政部持续推进中小学教师国家级培训计划，《中小学教师培训课程指导标准》等相继出台。从师德修养、班级管理，到学科培训课程、教师培训者指导标准，进一步规范和指导各地分层分类、分科分岗实施五年一周期的教师全员培训，要求中小学教师每五年累计培训时间不少于360学时。

二、体系建设：高等院校、研训机构、网络平台、基地学校共同构成纵向贯通横向联结的教师发展支持服务体系

教师培训体系由封闭走向开放，是本世纪尤其是新时代教师培训呈现出的时代特征和显著特色。综合性大学的参与带来教师培养的开放性探索，社会培训机构的扩展带动培训场景的丰富性探索，传统教师培训机构自身的调整与变革，教研培训与电教等机构的整合与发展，优质中小学校以培训实践基地身份加盟进来，共同促进和形成了教师培训体系的开放性格局。

高等院校的学术性是其成为教师培训主力的明显优势。《教师教育振兴行动计划（2018—2022年）》明确提出“教师教育学科专业建设行动”。要求建立健全教师教育本专科和研究生培养的学科专业体系。鼓励支持有条件的高校自主设置“教师教育学”二级学科，国家定期公布高校在教育学一级学科设立“教师教育学”二级学科情况，加强教师教育的学术研究和人才培养。如何在未来的教育实践中超越常识区间和经验层面，人们更多地希望高等院校通过更多的教育科学研究，将成果转化到教师教育场域中来，从而产生更多更高质量的教师培训项目。越来越多的大学教育机构和组织加入教师培训行列，能够真正形成具有中国特色、中国气派、中国风格的教师教育新局面。在教师个人发展的基础上，因为高等院校的积极参与和学术贡献，构建起富有专业引领的教师培训新生态。

我国各省、（市）县教育行政部门和教师继续教育机构是教师培训体系建设中的骨干力量。首先，地方教育行政部门充分发挥职能作用，在国家政策法规引导下，做好教师培训政策落实与系统规划，分级分工组织实施，开展绩效评估与工作考核。其次，应分级建设好教师发展专业机构。我们曾经做过测算，区县按照不低于专任教师总数的1%配备研训专业人员；地市按照不低于专任教师总数的1‰配备研训专业人员；省级按照不低于专任教师总数的1‱配备研训专业人员。这支专业力量与一线优秀教师保持必要的互动与交流，充分利用信息技术和专业平台，充分发挥教师发展机构的作用，充分调动一线教师的积极性，按照新教师、青年教师、骨干教师、教师培训者的不同发展阶段，规划和实施不同发展水平的培训项目，在区县保障全员培训的基础上，促进不同层级的教师实现专业发展。

教师培训领域中的网络平台机构随着技术进步和培训增量应运而生，正在成为中国教师培训阵营中的一支重要力量。其具有体制的创新性、机制的灵活性、结构的适

应性、人员的专业性、资源的丰富性等特点，持续在教师培训行列中深耕细作，充分运用信息技术和网络研修优势，为大规模教师培训的开展做出了应有的贡献。教师培训进入线上线下混合的时代，这一批网络平台机构在承担线上培训任务、开展线上教学和训后跟踪指导方面，为教师培训架起了实现跨越的一座座桥梁。

教师培训要实现理论与实践的有机结合，优质基础学校加盟便成为最为适切的选项。无论是丰富教师专业发展的制度建设，还是为教师培训提供良好的实践场景；无论是成功移植状态的教师专业发展学校，还是丰富和完善教师校本研修形态；无论是有计划地引导不同发展阶段的教师参与其中，还是去探索整校推进形成专业发展共同体；无论是自上而下的教师教育创新实验项目，还是自下而上的教师专业发展课题研究，都在呼唤一些优质中小学校成为教师培训基础学校。同时，在面对工学矛盾比较严重的问题时，学校要能够帮助教师合理地安排课程和培训时间，不同的教师之间可以通过互代、调课等方式来缓解矛盾。①

由此可见，高等院校、研训机构、网络平台、基地学校四位一体，围绕教师专业发展这一主题，共同构成纵向贯通、横向联结的教师发展支持服务体系，为不同阶段的教师提供更具针对性的专业支持与服务。即使处于成熟期的教师，需要关注其在专业发展过程中的“高原现象”，帮助他们顺利向专家转变。

三、能力提升：支持服务体系中的各方持续提升培训专业能力，为成就教师专业自觉提供源头活水

教师专业自觉是成就教育自信的重要基础。教师发展支持服务体系要努力汇聚各级党委政府、教育行政部门、高校院所、相关学术组织、优质基地学校的支持力量，组建培训专业组织，加强教师培训研究，重视培训成果推广，不断提升教师培训专业能力和水准，不断成就教师专业自觉，进而实现教育自信，供给源头活水。积极争取教育主管部门制定政策文件，将教师培训和校园长培训纳入教师队伍建设的系统规划中，形成常态化的培训生态，保障教师培训工作四季常青。

在多方主体中，高校培训机构作为实施方，承担了大部分工作，为教师培训提供课程、资源、技术、支持多重服务。“输血”远不如“造血”，努力为当地培养本土

① 洪婷婷．基于需求分析的农村小学教师培训改进策略研究[D]．南京：南京师范大学，2018：42．

专家（教研员、优秀一线教师），使其能够在当地生根发芽，服务于当地更多的农村小规模学校教师。[①]教师自身也是隐性的培训课程资源，具备丰富的实践经验，为培训注入了本土活力和色彩。美国著名教师教育专家古德莱德认为："大学若想培养出更好的教师，就必须将模范中小学作为实践的场所；而学校若想变为模范学校，就必须不断地从大学接受新的思想和新的知识；若想使大学找到通向模范学校的道路，并使这些学校保持高质量发展，学校和教师培训院校就必须建立一种共生的关系，并结为平等的伙伴。"高校培训机构、教师进修院校和学校之间应建立起纵向合作伙伴关系，依托学校成立培训基地，实施基地实践培训，共同开展教育行动研究。学校因高校培训机构提供平台和机遇，能够不断扩大教育视野，提升师资队伍水平和教育教学质量，办出地方特色。

四、激发活力：通过制度导向、政策引领、评价激励等措施，激发培训机构的发展活力

在传统教师培训项目中，强行政、弱"市场"的状况较为普遍。简单来讲，就是各种类型的师资培训主要设计和推动者为政府部门，各类培训机构则在接到政府指令后开展培训工作。这种模式的优势是效率很高，不足之处是培训机构很难根据"市场"的真实需求为广大教师提供适切性强的学习产品，一线教师的个性化学习也难以满足。因此，在新时代的教师培训中，保持大政方针、总体框架、标志标线明确清晰的前提不变，"弱指令化"策略可以作为一个选项。政府在师资培训工作中可以出台总体规划和行动计划，确立项目经费总体预算，划定教师培训的边界路线，研制培训绩效评价指南，而具体的培训组织实施工作就交给专业机构和组织来运行。各级培训机构应共同努力，按"市场"机制合理优化培训项目设计、科学配置教师培训资源，在问题导向、任务驱动、专题导航、需求引领下开发出丰富的教师学习课程模块，引导教师自主选学，给教师更大的培训自主权和更多的学习选择权。

与此同时，通过众筹、众创模式加大教师培训慕课平台建设。随着互联网技术的快速发展，越来越多的企业开始利用网络平台面对公众进行融资，这种在资金需求者与资金提供者之间建立的一种桥梁关系即众筹模式。将教师的课程建设创意通过互联

① 全国比较教育研究会．国际教育纵横——中国比较教育文选[M]．北京：人民教育出版社，1994．

网推向市场，吸引各方面力量募集资金，以进行高质量的慕课平台建设，形成一种相得益彰的良性协作关系。另外，无所不在的网络使得人与人、群体与群体间高度连接，思想的交汇使得以“蜂群思维”为主流的新型生产模式即“众创”得以萌芽并快速发展。在教师培训慕课平台建设中，众创模式同样可以发挥效用。首先，慕课课程的创建可以广泛征集教师的学习意愿，有选择性地开发新课程，以真正满足教师的培训需求，提高课程资源的使用率。其次，课程团队的构成可以广纳相关专业教师，共同开发、协同创新，促进跨时空教师团队的形成，如我国东西部高校课程共享联盟、上海高校课程中心等高校课程联盟。

第五节　探索培训绩效评价

如果我们从一个相对具象的视角来观察，教师培训学习可能成为教师专业发展的重中之重，对教师培训效果的评价或许可以表述为难中之难。评价教育实属不易，评价影响教育的相关因素难度不言而喻。一般来说，绩效评价是在正确的价值观指导下，根据组织、目标和成员应承担的任务，按照规定的程序和科学的方法，借助现代技术广泛收集评价信息，对成员个体的工作质量进行价值判断，为组织领导加强和改进组织成员工作队伍的管理与建设及进行决策提供依据的过程。绩效评价相比传统的评价更注重长远目标。这既与教师培训目标的评价期待不谋而合，又从现实的角度增加了培训绩效评价的难度系数。

一、共同关注：教师培训绩效评价是参与各方需要正视的一个课题

加快推进教育现代化，建设教育强国，努力办好人民满意的教育是时代的主题。教师培训是教育人力资本投资和教育人力资源开发的重要内容，日益受到重视。各级党委政府、教育行政部门、学校和教师个人等每年都要投入经费或时间成本用于教师培训。目前教师培训体系处在持续建设中，无论是对培训实施机构总结收获与不足，还是衡量教师继续教育成效与改进，以及学校深化改革提高教育质量之需要，都期待培训绩效的数据和证据来证明。有的地方培训规划设计的科学性不够，组织实施的专

业性不强，教师对培训的参与度不高，这些都会影响到培训的满意度，进而影响学校或教师参与培训的积极性，学校管理者、培训组织者、培训决策者要严肃认真审视教师培训的价值和意义。

教师培训持续推进过程中，迫切需要从教师队伍建设的公共性、教师学习理论的适应性、教师培训实践的针对性、教师培训项目的有效性、培训课程模块的适切性、教师学习培训的参与性等方面去深入开展研究，并将研究成果广泛应用到培训实践，在此基础上，来研究和调整教师培训绩效的路径与方法，或许能够收到好的效果。因为评价本身改变不了培训的质量和效益，以评促建、以评促改、以评促发展才是目的。

二、整体优化：大力推动提高教师培训绩效评价质量的现实路径

近十年的培训历程中，“国培计划”是当之无愧的领头雁。“国培计划”本身就是国家落实教育的基础性、先导性、战略性地位，推动教师整体的现代化，改变我国基础教育生态，探索终身学习路径，奠基创新驱动社会的系统工程，因而在教师培训评价方面同样也要贯彻整体性原则，要从总体规划、项目设计、机构遴选、组织实施、课程建设、过程监管等方面，进行全程评价与系统评估。①我们选择几个点来展开讨论。

1. 目标引领，建构指标体系

建构教师培训绩效评价指标体系是开展评价的核心任务之一，其目的主要是解决“评价什么”的问题，从而使评价工作有据可依。针对“评价什么”，需围绕培训的需求和目标任务，制定相应的评价指标体系框架。但是，由于培训的类型、岗位和层次不同，其培训需求和目标任务自然存在差异。因此，难以建构普遍适用的评价指标体系。

以目前我国规模最大的教师培训“国培计划”为例，它从明确评价标准、细化评价指标点、建立指标点标准层级、评价指标的有效性检验四个方面出发，为我们提供一个教师培训评价指标体系的建构思路。2020年3月，教育部教师工作司印发《教师培训者团队研修指南》等11个文件的通知，阐述“国培计划”有关项目的目标任务和考核评价等内容，供教师培训组织在实施工作中参照执行。以“新教师入职培训项目”为例，该项目以从教经历不足三年的农村特岗教师、公费师范生为主要对象，遵

① 李源田，杨晓峰．中小学教师培训原理探究[J]．中小学教师培训，2018（02）．

循基于学校、师德为先、分类施训、知行合一原则，经过二至三年递进式培训，引导新教师树立立德树人理念，自觉遵守职业规范，掌握教育教学理论，研习学科教学方法，形成教学基本能力，扣好职业生涯“第一粒扣子”，适应教师岗位要求。项目的目标任务和考核评价如表18.1所示。《指南》建议坚持过程性考核与终结性评价相结合的原则，采取量化评价与定性考核相结合的方法，分类实施，从整体上为项目评价提供了一定参考。

表18.1 “国培计划”项目目标任务及考核评价

培训目标任务	考核评价
1．引领新教师坚定职业信念，增强职业领悟，规范职业行为，修炼职业形象，为立德树人奠基	1．对培训机构考评。由省级教育行政主管部门组织实施。采用调研座谈、问卷抽查、现场展示、第三方评估等方式，对培训机构的组织管理、教学计划、课程设置、师资配置、资源建设、后勤保障、经费使用、跟踪指导等方面进行考核
2．指导新教师掌握基本教学规律，学会教材分析、学情分析、教学设计、课堂管理和教学评价，为教书育人赋能	2．对任职（跟岗）学校考评。由县（市、区）教育行政主管部门组织实施。采用新教师访谈、问卷调查、实地考察、资料抽检、绩效考核等方式，对学校领导重视支持程度、指导团队建设、培训组织实施、新教师工作学习环境及满意度等方面进行考核
3．帮助新教师形成教学研究意识，熟悉观课议课、教学反思、案例研究等教研方法和途径，掌握信息技术基础应用能力，为专业发展助力	3．对培训指导教师考核。由县（市、区）教师发展中心和所在学校组织实施。采用领导评价、教师座谈、问卷调查、成果展示、绩效评估等方式，对培训指导教师自身能力提升、问题诊断分析、培训指导履职、结对帮扶效果、成果提炼总结及持续跟踪指导服务等方面进行考核
4．探索标准化、体系化、制度化的新教师入职培训机制，打造新教师入职培训示范模式，汇聚优质资源，为项目实施增值	4．对新教师个人考评。由教师任职学校和指导团队组织实施。立足新教师工作实际，采取指导教师评价、与学生及其家长访谈、成果展示、基本功测评、考试考核等方式，对新教师师德表现、自主学习、教学常规、班级管理、沟通协调、教研意识及能力等方面进行考核

2．以人为本，重视教师诉求

教师培训主要解决教师入职后随着学校组织内外环境的变化和学校组织自身发展

的需要，如何在观念、知识以及技能上适应这种变化。[①]而对于培训该确定什么样的培训目标，目前有两种说法，即补课论和发展论。[②]前者认为教师之所以需要参加培训，是因为教师原有知识技能不能满足教学需要，需要接受学习而补充知识发展技能。外部动机指引下的需求使教师被动参加培训。发展论则认为，在培训中，教师可以获得对自己经验的反思，使自己的教学迈向一个更高的层次。从本质上看，这是一种内在需求指引下的自发式培训。教师培训要更多地关注职业领域内的观念、知识、技能及对教师教育教学实践的影响。教师培训要持续、具体、追求实效，教师培训目的与参训教师自身发展相吻合，才会发挥内因的作用，才会激发教师参加培训的积极性。因此，在对教师培训前必须开展培训需求调研与分析。因为在实际调查、走访之后制定科学有效的需求分析，才能明确培训目标，培训目标明确，培训内容和培训方法的选择才会有方向性，教师培训才会更具有实效性。

3. 优化过程，促进成果转化

教师培训评价过程可划分成四个基本的环节，即准备、实施、结果分析、反馈。评价准备内容主要有培训背景分析，构建评价组织，确定评价方案。评价准备阶段为实施培训评价的前提，而整个培训评价中，评价实施环节具备最大的影响力。通常而言，评价实施还可划分成信息收集、互动交流、整理汇总以及评分评议等内容。评价结果分析可谓是整个评价实施阶段的点睛之笔，分析与发现培训中的问题与不足之处，并进行综合判断。评价反馈即指针对评价过程做出反馈，并形成反馈报告，上传为其决策提供可靠的凭据，下达将反馈信息提供给受评价者，可帮助他们更好地改进自我和完善工作。将新理念、新观点转化为教育教学实践是教师培训的重要目标，也是教师培训绩效评估的依据。参训教师在培训结束后能否将新理念、新观点应用于教育教学实践，是培训评估工作不应忽视的环节。培训的后期评估可分阶段进行，除培训结束初期的问卷评估、测验等方式，在培训结束后一段时间深入基层，采用观察法、访谈法、调查问卷等对教师自身及其领导、同事和学生进行调研，考察相关培训项目对于学生发展、教师个人绩效及组织绩效的促进作用，全方位测评教师的培训成果应用情况；同时，鼓励参训教师互相学习、交流实践教学成果，最大限度地发挥培训效益。

---

① 鱼霞，毛亚庆．论有效的教师培训[J]．教师教育研究，2004（01）：14～19．

② 朱益明．教师培训的教育学研究[D]．上海：华东师范大学，2004．

4. 健全制度，提供政策支持

我国关于教师培训的法律法规仍然处在不断完善的过程中，《中华人民共和国教育法》《中华人民共和国教师法》等对于教师培训有方向性表述，党和国家关于教师队伍建设政策中教师培训的规定也日趋完善。但是，无论是《中小学教师继续教育规定》，还是近年来颁布的教师培训政策，对教师培训绩效评价这个板块仍缺乏具体明确的规定要求。因此，将教师培训绩效评价工作上升到制度建设层面，使教师培训绩效评价工作有章可循。对教师培训的组织管理、教师的权利和义务、培训经费来源、培训实施过程、教师满意程度等做出专业性评估，从而达到增强培训活力、提升培训实效的目的。同时，通过制度层面对教师培训绩效评价予以经费保障，让教师培训绩效评价经费使用有理有据。

5. 强化机制，激发参训热情

教师培训的持续健康发展需要恰当的内部激励措施，为教师参加培训和训后成果转化注入强劲发展动力。政府教育部门应通过培训规章制度的创新设计来激励学校主动自觉开展培训的设计、组织和评估工作，通过政策导向支持教师培训基地积极开展教师培训工作，鼓励社会力量以合作共赢为出发点参与教师培训及其评价。学校应完善与培训相关的激励制度，保证教师参加培训时段的薪资收入不受影响，妥善解决教师参加培训面临的"工学矛盾"等现实问题，使教师没有后顾之忧，全身心投入培训学习。最为理想的教师培训是建立和完善教师学术休假制度。将教师参加培训与岗位晋升、职称评定、薪酬福利等产生必要的联系，使教师真正意识到培训工作与个人能力提升、职业发展和学校发展息息相关，鼓励教师自觉自愿参加培训，提升个人教学水平和专业技能。对通过培训而表现优秀、成绩突出的参训教师给予奖励，并通过召开表彰大会、发新闻稿等形式广泛宣传，以点带面、发挥骨干名师的模范带头作用，营造积极参与、踊跃展现自我的组织学习氛围。培训后采取激励措施鼓励教师进行培训成果转化，如通过论文征集、为优秀论文提供版面资助等方式使培训成果落地，使教师培训的价值及时显现。

三、以近知远：积极探索及时性评价与滞后性绩效高度关联的若干可能

教师培训旨在促使参训教师发挥培训迁移和示范引领作用，将培训成果迁移到今

后的教育教学工作中，同时在其他教师中起到种子辐射作用。教师培训成效的体现，不局限于培训过程和结束时的各种考核测评，还包括参训教师回到工作岗位后长期的表现。绩效评价在时间、空间、内涵等维度上正在超越传统评价，其中复杂的“化学反应”更能体现教师培训成效的真实状况。

过去，教师培训绩效评价更多是通识性的。评估模型主要针对一般的教师培训项目，适用于所有学科，缺乏针对性在所难免。如缺乏对小学科学教师科学探究能力及表现出的科学素养方面的评价。教师培训结业可以考试，往往也成为教师培训效果的重要评价方式。考试能在一定程度反映参训教师在知识与部分能力方面的培训效果，但是一些发展性的素养却无法立即体现，如科研素养、终身学习能力、科学态度与情感、教师职业道德等。因此，教师培训绩效评价既能体现培训迁移和示范引领作用，又能为培训项目的改进优化提供借鉴与指导，实在是一件值得认真探究的事情。

培训评估是对培训组织、实施和取得效果的衡量，也是推动后续培训趋于科学、完善的动力。目前我们的教师培训缺乏系统的效果评估体系，未能对培训的全过程进行监督和评价，无法准确衡量教师参加培训前后掌握的知识和技能水平差异。教师培训评价考核以知识考查、调查问卷、学员座谈较多，而对教师职业技能改善、专业提升、情感态度评价考核较少。对于培训项目本身的反馈评估不够深入，对于培训课程设置与专业组织实施的评价考核不足，培训后续追踪评价缺失，对于提升培训实效作用不大；效果评估监测没有延续到参训教师培训后的工作中，对于教师的理念更新、知识拓展和技能提升在实践中的应用无从考量，没有将培训特别是实践类培训纳入教师绩效考核、薪资待遇等与工作绩效挂钩的机制中，导致培训效果评价仅停留在低层次、表面评估上。①

朱旭东、宋萑在《论教师培训的核心要素》中指出，教师培训以教师变量与个人需要为基础，设计与之相对应的培训内容，不能把教师变量单纯地视为教师培训的主题，这样会导致培训的内容缺乏针对性和解释力。教师培训内容的生成性决定了教师培训过程具有互动参与性，培训者对培训学员的观点进行引导，学员对培训者的讲解进行反馈，两者互为主体，保障培训的效果。培训中，培训者的建设旨在保证培训的有效性，确保培训效果在学员的课堂教学中落实。教师培训评估是培训工作的意义和价值所在，能够帮助教师培训的组织机构或部门改进培训过程，同时也可以激励培训教师。教师培

① 郑柏松．基于有效性的高职院校教师培训策略研究．职教通讯，2015（11）：55～57．

训的效果评价是一项常规的工作，应该构建培训主体与客体的双评价系统，既对培训者评价又对受训教师进行评价。教师培训的项目管理是培训的关键的支持性因素，其大致包括教师培训项目营销管理、设计管理、实施管理、评价管理、反馈管理。有效的教师培训不能只考虑结果，需要同时考虑为获得结果所付出的代价。同时，教师培训是一种发展人的活动，必须考虑人的需求和主观能动性。

为此，我们提出及时评价的可控与滞后绩效高度关联的可能路径。首先，由近知远，教师参加培训回到教育教学场景中引起的变化是远端，但这是由近期培训所引起的，因此，在培训绩效评价时我们可以由近知远，从教师培训当下的近态数据来分析展望教师未来的发展变化。其次，由简驭繁，教师参加一项高质量的培训，如我们坚持数年的中小学名师（骨干教师）置换脱产研修项目，时间持续三四个月到一个学期，课程由四个维度（师德师风引领力、教学教研指导力、培训实施领导力、信息技术应用力）、七个模块、五十个专题组成，分成两地四段组织实施，学思践悟行的内容和场景相当繁复，如果用一张问卷去评价，将问卷控制在20个问题，6～8分钟完成，路径就只能是由简驭繁，善于归纳概括出引起教师发展变化的关键指标进行评价。最后，由象及意，象是教师培训过程中所生成的情感态度表达，意则可以在很大程度上窥见教师从业价值观乃至人生取向，进而感知教师未来发展变化的若干可能。当然，这需要我们在研制和组织绩效评价指标观测点时，深入研究，专业分析，精准设计，科学实施。

本书部分作者论著目录选辑

（按照发表时间顺序）

一、文章类

[1] 郭平．校长与教师心理联系的特点[J]．教改探索，1990（16）．

[2] 郭平．兴趣教学刍议[J]．教育科学论坛，1991（03）．

[3] 郭平．教师管理浅论[N]．宜宾教育报，1992-9．

[4] 郭平．“三沟通”《中学心理学》辅导初探[J]．心理与教育，1996（02）．

[5] 郭平．学生应试心理分析[J]．渝州教育学院学报，1997（02）．

[6] 郭平．新时期教育学院班主任工作的特点初探[J]．株洲教育学院学报，1997（03）．

[7] 郭平．学校领导用人心理略说[J]．宜宾教育学院学报，1998（01）．

[8] 郭平．科学运用品德评价手段 促进学生品德健康发展[J]．教育科学论坛，1999（02）．

[9] 郭平．课堂问题行为与课堂纪律的教育管理[J]．宜宾教育学院学报，1999（02）．

[10] 郭平．学校管理的基本原理及其管理原则[J]．宜宾教育学院学报，1999（03-04）．

[11] 郭平．加强和改进学校德育工作 确保青少年学生健康成长[J]．宜宾教育学院学报，2000（01）．

[12] 郭平，傅朝鼎，杨杰．中学校长素质研究[J]．宜宾教育学院学报，2000（02）．

[13] 郭平．教育创新：为迎接知识经济时代做准备[J]．宜宾学院学报，2001（04）．

[14] 郭平．继续教育中进行师德教育的意义及其原则[J]．川北教育学院学报，2002（02）．

[15] 郭平．人民教师应当具有仁爱精神[J]．教科论坛，2002（06）．

[16] 郭平．关于构建学生工作心理学的思考[J]．湖湘论坛，2002（08）．

[17] 郭平．教师劳动的特点浅析[J]．四川师范学院学报，2003（04）．

[18] 郭平．大学生就业指导的内容和意义[J]．宜宾学院学报，2003（05）．

[19] 刘延金．开发校本课程促进教师成长[J]．湖南第一师范学报，2003，3（03）．

[20] 刘延金等．学业负担从何而来——基于教育史的回顾[J]．湖南第一师范学报，2004，4（03）．

[21] 刘延金等．关于新一轮基础教育课程改革的几点思考[J]．太原经济管理干部学院学报，2004（11）．

[22] 隋洁，孟繁胜．教师教育教学默会知识发展机制探析[J]．中小学教师培训，2004（12）．

[23] 郭平．大学生心理素质及其发展[J]．教育与职业，2004（12）．

[24] 郭平．大学生人文素养发展及其策略[J]．宜宾学院学报，2004（04）．

[25] 郭平．大学生创新素质及其发展[J]．教育与职业，2004（17）．

[26] 孟繁胜，张贵新．国际经验对建构中国教师教育新体系的启示[J]．外国教育研究，2005（02）．

[27] 刘慧阳，刘延金．高层次、多元化、开放性：我国教师职前教育发展的方向[J]．教育理论与实践，2006（04）．

[28] 郭平．大学生科学素质的培养[J]．中国青年研究，2006（04）．

[29] 郭平．职业生涯规划是大学生的必修课[J]．教育与职业，2006（15）．

[30] 郭平．大学生人生观与职业选择[J]．毛泽东思想研究，2006（03）．

[31] 郭平．当代青年的职业适应[J]．中国青年研究，2006（07）．

[32] 郭平．当代青年的职业角色认知与转换[J]．教学与管理，2006（21）．

[33] 郭平．大学生自主创业的素质准备[J]．江西行政学院学报，2006（S1）．

[34] 郭平．大学生专业素质与拓展[J]．求实，2006（S2）．

[35] 张贵新，孟繁胜．在现代远程教育框架下构建教师教育新体系[A]．//教师教育改革与教师专业发展：国际视野与本土实践[C]．上海：华东师范大学出版社，2007．

[36] 孟繁胜，朱名家．爱生意识的表达——基于教师对待学生的道德视野的思考[J]．中小学教师培训，2007（04）．

[37] 刘延金，尹伟．重构理论与实践的纽带——论教师职前教育实习的改革[J]．四川教育学院学报，2007，23（09）．

[38] 郭平．高校青年学生素质特征及其拓展探析[J]．中国青年研究，2007（02）．

[39] 郭平．大学生就业指导课的重要性及策略分析[J]．教育与职业，2007（17）．

[40] 郭平，熊艳．中小学校本管理的理念及其实施[J]．内蒙古师范大学学报，2007（05）．

[41] 熊艳，郭平．中小学学校管理创新的理念与策略[J]．学术交流，2007（09）．

[42] 李源田．教育制度设计对基础教育均衡发展的影响研究[J]．重庆教育学院学报，2008（02）．

[43] 孟繁胜．专家型教师该如何思维——记一次教育机智的生成[J]．新教育论坛，2008（08）．

[44] 孟繁胜，梅秀娟，王敬．关于专家型教师培养的创新实践与理性思考[J]．中小学教师培训，2008（11）．

[45] 熊艳，郭平．论中小学学校管理中个人与群体决策的有效性[J]．全国商情（经济理论研究），2008（05）．

[46] 熊艳，郭平．中小学学校管理者个体决策艺术探略[J]．教学与管理，2008（33）．

[47] 李源田．且说名师[J]．今日教育，2009（01）．

[48] 李源田．值得期待的“綦江模式”[J]．今日教育，2009（04）．

[49] 刘延金，林莎．关于课堂教学对话的几点思考[J]．四川教育学院学报，2009，25（1）．

[50] 李源田，朱德全，杨鸿．试论名师教学风格的养成[J]．上海教育科研，2010（03）．

[51] 李源田．中小学名师培养策略研究[J]．中小学教师培训，2010（10）．

[52] 王芸，郭金梅．农村中小学现代远程教育模式一环境下的教学应用模式研究综述[J]．中小学电教，2010（Z2）．

[53] 王芸．对师范生进行教师职业生涯规划教育的必要性及建议[J]．吉林省教育学院学报，2010，26（09）．

[54] 汪明义，郭平．理念引领、深化改革、加快发展[J]．宜宾学院学报，2010（01）．

[55] 郭平，杨越．高校青年教师职业生涯发展现状与对策研究[J]．中国青年研究，2010（07）．

[56] 郭平，刘小强．新建本科院校高素质复合型应用人才培养探析[J]．中国成人教育，2010（17）．

[57] 陈显莉，郭平．中小学心理健康教育教师的职前培养初探[J]．教育与教学研究，2010（10）．

[58] 白静，熊艳，郭平．论大学生就业的自我调适策略[J]．中国成人教育，2010（12）．

[59] 郭平．核心课程与优质课程体系建设初探[J]．宜宾学院学报，2011（02）．

[60] 贺永平，熊艳，郭平．大学生就业歧视的成因与对策[J]．中国青年研究，2011（03）．

[61] 郭平，刘伟，耿婵娟．大学生“三心四能”素养的内涵及培养[J]．教育与职业，2011（17）．

[62] 贺永平，郭平．教师专业化与教师教育专业化关系研究[J]．中国成人教育，2011（12）．

[63] 尹建锋，熊艳，郭平．教师人际交往的仁爱思想——以中西文化比较为研究视角[J]．中国成人教育，2011（16）．

[64] 熊艳，杨越，郭平．论新时期社会主义核心价值观的科学提炼[J]．前沿，2011（12）．

[65] 郭平．坚持和完善党委领导下的校长负责制的路径研究[J]．学校党建与思想教育，2011（19）．

[66] 熊艳，郭平．高校教育职员制改革简论[J]．学校党建与思想教育，2011（28）．

[67] 郭平．努力建设特色鲜明的地方综合性大学[J]．求实，2011（S2）．

[68] 郭平，孔丽苏，刘明海．建设现代大学制度　完善高校治理结构[J]．宜宾学院学报，2011（05）．

[69] 郭平．大学去行政化研究现状与当下之思[J]．黑龙江高教研究，2011（11）．

[70] 郭平，杨越，熊艳．论大学生社会素质发展的内容与路径[J]．中国青年研究，2011（11）．

[71] 郭平，田联进．我国高等教育质量保障体系现状与对策建议[J]．中国高教研究，2011（12）．

[72] 崔延强，郭平．社会主义核心价值观初探[N]．光明日报，2011-01-16．

[73] 李源田，王正青．重庆市加强中小学教师队伍建设的措施与思考[J]．今日教育，2011（09）．

[74] 刘延金．高校课堂教学负偏差的类型分析与对策[J]．教育探索，2011（08）．

[75] 刘延金，余红梅，廖克莉．关于高职辅导员工作满意度的调查[J]．职教论坛，2011（23）．

[76] 李源田，王正青．“四阶段”教师培训模式设计与实践——以重庆市组织实施“国培计划”为例[J]．中国教育学刊，2012（01）．

[77] 李源田．没有人能够忘记一个好教师[J]．今日教育，2012（05）．

[78] 李源田，王正青．德国中小学教师职业准备教育及其新发展[J]．比较教育研究，2012，34（06）．

[79] 李源田，陈昌发．实现“国培计划”示范引领价值的路径探索[J]．中小学教师培训，2012（07）．

[80] 王亚军，张华．“名师后备人选”专业发展现状分析——以四川“中小学教学名师培养计划”人选为例[J]．中小学教师培训，2012（10）．

[81] 郭平，田联进．论大学内部治理与校长治校[J]．西南科技大学高教研究，2012（01）．

[82] 黄正夫，郭平．关于大学概念及其本质的思考[J]．西南科技大学高教研究，2012（01）．

[83] 郭平．地方高校服务地方的理念、功能与推动策略[J]．求实，2012（S1）．

[84] 张静，郭平．科学认识马克思的社会合作思想[N]．光明日报，2012-2-5．

[85] 熊艳，贺永平，郭平．从内部治理结构视角看大学校院二级管理改革[J]．中国成人教育，2012（03）．

[86] 崔延强，郭平．留影与留名[N]．人民日报，2012-7-6．

[87] 崔延强，郭平．当代学者的社会责任[N]．光明日报，2012-8-30．

[88] 郭平．宜宾学院办学定位与发展战略[J]．宜宾学院学报，2012（08）．

[89] 郭平，田联进．加强高校高教机构建设　助推高等教育改革发展[J]．宜宾学院学报，2012（09）．

[90] 熊艳，郭平．美国高等教育类教材的出版与服务借鉴[J]．编辑之友，2012（09）．

[91] 崔延强，郭平．成功不等于成熟[N]．人民日报，2012-10-26．

[92] 郭平，刘小强．组织理论与大学内部治理[J]．求实，2012（S2）．

[93] 孔丽苏，郭平．大学生参与高校内部管理的依据与路径[J]．学术探索，2012（11）．

[94] 刘祚玉，郭平．完善公办大学二级学院党政联席会议的思考[J]．学校党建与思想教育，2012（14）．

[95] 贺永平，郭平．大学去行政化刍议[J]．学校党建与思想教育，2012（15）．

[96] 贺永平，郭平．“党委领导、校长负责、理事会监督”大学治理模式研究[J]．求实，2012（S2）．

[97] 熊艳，郭平．教授治学的演进、内涵及本质[J]．教育发展研究，2012（21）．

[98] 温萍，郭平．提高高校机关党建工作有效性的探索[J]．2012（35）．

[99]郭平．我国公办大学内部治理结构研究[D]．重庆：西南大学，2012．

[100]郭平．地方高校服务地方的使命、功能与推动策略[J]．求实，2012（S1）．

[101]郭平．新建地方本科院校服务地方的理念与践行[J]．国家教育行政学院学报，2012（09）．

[102]刘延金，余红梅．“不能”还是“不为”——对高校辅导员专业化问题的思考[J]．四川教育学院学报，2012，28（9）．

[103]胡韬，郭成，刘敏．流动儿童的心理健康与自我概念状况及其相关研究[J]．中国儿童保健杂志，2013，21（01）．

[104]胡韬，郭成．流动少年儿童社会适应与其影响因素的结构模型[J]．西南大学学报（社会科学版），2013，39（01）．

[105]胡韬，李建年．流动儿童领悟社会支持与自我概念的相关研究[J]．现代中小学教育，2013（03）．

[106]胡韬，陈云，李建年．流动儿童的自我概念状况——以贵阳为例[J]．教育与教学研究，2013，27（04）．

[107]郭平，谢吉琴．关于高等学校高教研究机构改革发展的思考[J]．求实，2013（S1）．

[108]郭平，谢丹．教师教育课程标准研究现状与展望[J]．中国高教研究，2013（01）．

[109]黄正夫，郭平．教师专业能力体系研究——基于国家教师教育课程标准[J]．内蒙古师范大学学报（教育科学版），2013，26（04）．

[110]郭平，黄正夫．大学内部治理结构的功能及其实现路径[J]．教育研究，2013，34（07）．

[111]熊艳，郭平．大学生信息素养及其培养[J]．中国青年研究，2013（07）．

[112]崔延强，郭平．构建生态环境综合治理机制[N]．人民日报，2013-8-15．

[113]郭平，谢丹．我国教师培训机构的演进历程及改革发展趋势[J]．中国成人教育，2013（15）．

[114]徐鹏鹏，郭平．当前中小学教师培训面临的问题及对策[J]．学校党建与思想教育，2013（25）．

[115]刘河燕，郭平．我国民族地区幼儿教师跨文化交际能力及其培养[J]．国家教育行政学院学报，2013（12）．

[116]刘延金，陈练．师范生弱势群体的个性弱点及其对策[J]．湖南第一师范学院学报，2013，13（02）．

[117]刘延金，陈练．师范生弱势群体人格特质调查分析[J]．成都师范学院学报，2013，29（04）．

[118]刘延金，朱虹．教师职前教育实习的新模式——顶岗实习[J]．重庆工商大学学报（自然科学版），2013，30（08）．

[119]黄洪霖．我国学校仪式德育价值的式微与重建[J]．福建教育学院学报，2013，14（06）．

[120]郭璨．叶圣陶教育出版思想刍议[J]．出版广角，2013（04）．

[121]孟繁胜，梅秀娟，王敬，唐泽静．有效培训的内核：学员自主学习——以东北师范大学实施“国培计划”项目为例[J]．中小学教师培训，2013（03）．

[122]张华，王亚军，洪弋力．“国培计划”的理念诉求与培训追求[J]．教师教育研究，2013，25（04）．

[123]张华，王亚军．中小学教学名师专业发展现状的调查与分析——以四川省“名师培养人选”为例[J]．四川师范大学学报（社会科学版），2013，40（05）．

[124]李源田．论教师专业发展的“五度”境界：名师的素质表征[J]．课程·教材·教法，2013，33（02）．

[125]李源田，张静．让阅读成为教师生活的“第四餐”[J]．中国德育，2013（24）．

[126]郭平，谢吉琴．新建地方师范院校促进教师教育一体化的思考[J]．国家教育

行政学院学报，2014（09）．（《新华文摘》2014年第24期观点摘编）

[127]郭平．现代大学制度建设中高校内部领导体制研究[J]．教师教育学报，2014（01）．

[128]郭平，田联进．基于大学内部治理视野的校长治校[J]．求实，2014（S1）．

[129]万涛，郭平．从四川大学看近代大学的国家主义取向[N]．人民日报，2014-3-26．

[130]谢丹，郭平．《义务教育学校校长专业标准》的设计理念与原则探讨[J]．成都师范学院学报，2014（08）．

[131]李源田，崔延强．区县教师教育机构的发展定位与战略转型[J]．教师教育学报，2014，1（01）．

[132]李源田．师德是教育最美丽的风景[J]．今日教育，2014（Z1）．

[133]张华，王亚军．民族地区教师培训的实践检视与理念突围[J]．四川师范大学学报（社会科学版），2014，41（06）．

[134]张佳．高等职业教育对区域经济发展贡献的实证分析[J]．职业技术教育，2014，35（10）．

[135]孟繁胜，于伟．走向实践的田野：基础教育师资培训者专业发展路径——以东北师范大学的改革探索为例[J]．中小学教师培训，2014（03）．

[136]刘延金，杨立升．置换脱产研修：农村教师教育职后培训的新视角[J]．成都师范学院学报，2014，30（09）．

[137]胡韬，刘敏，廖全明．流动儿童的自尊在领悟社会支持与社会适应关系中的中介作用[J]．现代中小学教育，2014，30（01）．

[138]尹子臣，胡韬．西部大学生学习倦怠状况及影响因素分析[J]．新疆师范大学学报（哲学社会科学版），2014，35（05）．

[139]陈秋松，胡韬，王平瑞，任翠娟．数字化实验教学对教师知识结构需求分析[J]．新课程研究（下旬刊），2014（07）．

[140]张洪萍，胡韬．服部宇之吉与京师大学堂师范馆[J]．贵州师范学院学报，2014，30（07）．

[141]刘敏，胡韬．贵阳市流动儿童的领悟社会支持调查[J]．教学与管理，2014（27）．

[142]刘敏，陈国英，徐鹏鹏．中等职业学校教师培训现状与需求[J]．成都师范学

院学报，2014，30（06）.

[143]李巍，王亚莉，高瑜. 新建本科师范院校科研创新团队的建设与管理策略[J]. 成都师范学院学报，2014，30（12）.

[144]王亚莉，李巍. 新建本科师范院校科研创新团队建设：现状与路径[J]. 中国成人教育，2015（13）.

[145]刘敏，陈国英. 中职教师专业发展与培训模式探析[J]. 当代职业教育，2015（07）.

[146]陈国英，刘敏，徐鹏鹏，刘高升. 民族地区寄宿制学校校长培训的问题及对策[J]. 成都师范学院学报，2015，31（08）.

[147]张拴云，胡韬. 幼儿教师职业认同的特点研究——以四川省部分地州市为例[J]. 贵州师范学院学报，2015，31（07）.

[148]刘延金，钟杨. 基于终身学习理念视角下的幼儿教师职业生涯发展[J]. 湖南第一师范学院学报，2015，15（04）.

[149]刘延金，温思涵. 分类、协同创新培养：我国教师职前教育发展的方向[J]. 当代教育科学，2015（03）.

[150]刘延金，许文刚. 高校师范生性健康现状调查与分析[J]. 成都师范学院学报，2015，31（05）.

[151]刘延金，祝清江. 高校师范生性健康现状调查分析及其促进对策研究[J]. 中国性科学，2015（06）.

[152]刘延金，温思涵. 儿童眼中的合作学习[J]. 教育学术月刊，2015（11）.

[153]郭平，谢丹. 大数据背景下的现代大学制度建设与创新[J]. 国家教育行政学院学报，2015（04）.

[154]郭平，张佳. 践行群众路线背景下地方高校现代大学制度建设研究[J]. 中国成人教育，2015（17）.

[155]张佳，祝清江. 中小学教师专业化发展中绩效管理的应用研究[J]. 成都师范学院学报，2015，31（07）.

[156]张佳，郭平. 小学教师专业化培训绩效评估探析[J]. 教学与管理，2015（08）.

[157]刘华锦. 初中阶段农村留守儿童心理健康状况调查与分析[J]. 教育评论，2015（06）.

[158]刘华锦．灾区学校心理健康教师培训的问题与改进对策[J]．内蒙古师范大学学报（教育科学版），2015（06）．

[159]刘华锦．从社会性别视角看农村初中留守儿童的个性差异[J]．教学与管理，2015（07）．

[160]叶正茂，刘华锦．基于泛在学习的智能移动终端联合分析[J]．高等工程教育研究，2015（12）．

[161]郭平，刘敏．构建教师专业发展共同体研究与实践——以成都师范学院为例[J]．中国成人教育，2015（01）．

[162]张佳，郭平．基于“五位一体”实践引领的农村校长培训模式创新——以教育部农村校长助力工程为例[J]．中小学教师培训，2015（01）．

[163]郭平，刘杨．大学生法制教育的心理学策略研究[J]．中国成人教育，2015（20）．

[164]黄洪霖．学校德育品牌建设的理性反思[J]．中国德育，2016（20）．

[165]孟繁胜，王芳．加拿大英属哥伦比亚大学教师教学及其研究能力发展项目[J]．外国教育研究，2016，43（07）．

[166]孔凡琴，孟繁胜．英国校本培训的实践特色及对我国的启示[J]．中小学教师培训，2016（07）．

[167]刘延金．混合式培训：教师职后培训的新视角[J]．湖南第一师范学院学报，2016，16（05）．

[168]刘延金，温思涵．基于学生视角的合作学习质性研究[J]．中小学教师培训，2016（02）．

[169]韩蕾蕾，刘延金．个性化教育：以“丰富”应对“差异”[J]．中小学教师培训，2016（07）．

[170]胡韬，尹子臣．幼儿教师职业认同与领悟社会支持及自尊的关系研究[J]．贵州师范学院学报，2016，32（02）．

[171]唐奕，胡韬．迁移影响流动少年儿童心理发展的理论评介[J]．成都师范学院学报，2016，32（08）．

[172]裴丽，李琼，李源田．大学—区域伙伴合作促进教师专业发展的理论基础[J]．当代教师教育，2016，9（02）．

[173]左秋明，李源田．高校科研能力影响因素扫描及学术创新思考——以重庆市

为个案的研究[J]．重庆师范大学学报（哲学社会科学版），2016（04）．

[174]李源田．学科教师的三重境界[J]．今日教育，2016（09）．

[175]李源田．阅读：从工作状态到生活方式的嬗变[J]．当代教育家，2016（10）．

[176]李源田．教师企业实践成就“重庆智造”[J]．重庆行政（公共论坛），2016，17（06）．

[177]郭平，顾海良，崔延强．我国公办大学内部治理结构研究[J]．高等教育研究，2016，37（05）．

[178]郭平，谢丹，郭璨，姜金栋．国内青少年组织认同研究现状与展望[J]．青年探索，2016（04）．（《青少年导刊》2016年第12期全文转载）

[179]李源田．学习的乌托邦[J]．当代教育家，2017（01）．

[180]李源田，李大圣．小学语文教学能力发展场域创新研究[J]．语文教学通讯，2017（03）．

[181]李源田．中小学教师培训的系统设计——基于重庆市的实践探索[J]．中国教师，2017（20）．

[182]刘延金，韩蕾蕾，陈国英．凉山彝族地区小学汉语情趣化教学模式刍议[J]．乐山师范学院学报，2017，32（03）．

[183]李怡明，刘延金．我国乡村教育质量监测体系构建[J]．西南大学学报（社会科学版），2017，43（01）．

[184]孟繁胜，曲正伟，王芳．不同阶段中小学教师发展需求比较分析[J]．东北师大学报，2017（03）．

[185]黄洪霖．安全教育与学科教学融合的适度及限度[J]．教学与管理，2017（07）．

[186]黄洪霖，王莹．青少年朋辈教育的现实困境及突破[J]．荆楚理工学院学报，2017，32（03）．

[187]黄洪霖．中小学校长在培训中参与不足的形成机制分析——基于互动仪式链理论的视角[J]．集美大学学报（教育科学版），2017，18（04）．

[188]张佳，杨东．基于中介语的四川少数民族地区汉语习得的情趣化教学策略[J]．成都师范学院学报，2017，33（06）．

[189]冉清红，岳云华．教育对人口城市化的贡献分析与启示[J]．成都师范学院学报，2018，34（11）．

[190]王亚军．台湾地区大学“推荐甄选”招生制度变革研究[D]．成都：四川师范大学，2018．

[191]王亚军，张姝．生命价值观视野下的“边缘人”探析及教学价值观重建[J]．四川师范大学学报（社会科学版），2018，45（03）．

[192]李巍．以本科合格评估为契机，实现办学模式的转变[J]．成都师范学院学报，2018，34（02）．

[193]王亚莉，李巍，朱贵水．“互联网+”背景下职业院校创业教育的实施策略[J]．成都师范学院学报，2018，34（07）．

[194]卢雄，王京强，尚书勇．教学科研协同发展，助力本科教学工作合格评估[J]．成都师范学院学报，2018，34（04）．

[195]涂勋志．案例教学法在教育学原理课程教学中的应用探讨[J]．西部素质教育，2018，4（13）．

[196]刘筱，郭平．内生性驱动机制：西部应用型高校产学研协同创新的自组织逻辑[J]．中国成人教育，2018（15）．

[197]黄洪霖．赋权校长：推进校长专业化发展的新趋势[J]．福建教育学院学报，2018，19（10）．

[198]孟繁胜．基于互联网思维的教师培训新理念、新思路、新模式——《教师远程培训研究》书评[J]．教育信息技术，2018（05）．

[199]刘延金，刘一．业务特征、社会属性与准专业现实：教师专业化标志的建构与障碍[J]．西南民族大学学报（人文社会科学版），2018，39（04）．

[200]李源田．造就中华民族伟大复兴的筑梦之师[J]．教育家，2018（08）．

[201]李源田，张静．新时代开启中国教师发展新征程[J]．高等继续教育学报，2018，31（03）．

[202]李源田．摆渡银河播星辉[J]．今日教育，2018（09）．

[203]李源田．教师以道德为业[J]．教育家，2019（04）．

[204]李源田．学习，无所不在[J]．教育家，2019（24）．

[205]王芸，王建虎，王群利．“互联网+”时代教育直播的SWOT分析[J]．微型电脑应用，2019，35（03）．

[206]熊艳，郭平．美国K-12在线教育的发展与启示——基于2013—2017年度NEPC虚拟教育发展报告的分析[J]．成都师范学院学报，2019，35（08）．（《新华文

摘》2019年第21期观点摘编）

[207]刘华锦，郭平．教师培训者的角色内涵与能力结构认定[J]．中国成人教育，2019（20）．

[208]董秋瑾．校本教师专业发展中心：提升校本教师专业发展的内驱力[J]．中国教育发展与减贫研究，2019（02）．

[209]朱旭东，董秋瑾，侯淑晶．从理论研究到专业行动——贫困地区教育精准帮扶公益项目新模式[J]．中国教师，2019（05）．

[210]张佳．国际教师教育领域研究：现状、热点与趋势——教师教育领域八种权威SSCI期刊的可视化分析[J]．教师教育研究，2019，31（02）．

[211]平嘉琳．中小学教师培训的学科价值取向——基于语文教师培训的研究[J]．文教资料，2019（20）．

[212]王亚军．新加坡如何培养21世纪教师——新加坡教师教育制度研究[J]．中小学教师培训，2019（01）．

[213]黄洪霖，林倩．校长变革领导力提升的制度之思[J]．福建教育，2019（02）．

[214]李太平，李茹，黄洪霖．美国校长专业标准的演变历程及经验[J]．全球教育展望，2019，48（05）．

[215]周文婧，黄洪霖．社会网络视域下校长权力运行的逻辑探析[J]．教育学术月刊，2019（10）．

[216]陈恩伦，郭璨．新中国70年来高校教学管理制度的演变轨迹与演变逻辑——以历史制度主义为分析视角[J]．四川师范大学学报（社会科学版），2019，46（05）．

[217]郭璨，陈恩伦．我国网络教育政策变迁的多源流理论阐释[J]．教育研究，2019，40（05）．

[218]郭海霞，何艺，赵杨，王京强，李巍．促进新建地方本科师范院校教师科研发展的策略问题探讨——以成都师范学院为例[J]．成都师范学院学报，2019，35（06）．

[219]李巍，刘子玲．高校师范生对“教育科学研究方法”课程认识的实证研究——基于四川省六所师范院校本科师范生的情况调查[J]．成都师范学院学报，2019，35（08）．

[220]李德树，卿平海，张速．基于学科核心素养的高品质课堂建构策略[J]．教育科学论坛，2019（05）．

[221]赵晶，冉清红．学术引领下的英国剑桥大学旅游网络传播[J]．四川戏剧，2020（04）．

[222]刘延金，刘子玲．高校师范生“教育科学研究方法”课程体验的实证研究——基于四川省六所师范院校本科师范生的调查[J]．湖南第一师范学院学报，2020，20（04）．

[223]刘延金，郭平．教师培训学的学科界定及其创建[J]．内江师范学院学报，2020，35（09）．

[224]郭平．中小学在线教育培训机构发展的现实困境与策略选择[J]．教育与教学研究，2020（03）．（《新华文摘》2020年第16期观点摘编）

[225]平嘉琳，李巍，郭平．教师培训价值追求与方法论意义[J]．中国成人教育，2020（05）．

[226]郭平，平嘉琳，李巍．教师培训的本质及其基本属性研究[J]．中国教师，2020（06）．

[227]郭平，李巍．教师培训的本体功能及其内在机理[J]．继续教育研究，2020（04）．

[228]卢雄，涂勋志，郭平教师培训的目标管理及其组织实施．[J]．中国成人教育，2020（12）．

[229]郭平，朱祥勇．高中生涯规划教育的价值追求与实现路径[J]．中国教师，2020（08）．

[230]郭平，王蓉琴．促进教师专业发展的职业生涯规划[J]．中国德育，2020（18）．

[231]刘延金，郭平．教师培训学的学科界定及其创建[J]．内江师范学院学报，2020（09）．

[232]郭平，郭红霞．幼儿园教师发展规划与专业成长[J]．四川民族学院学报，2020（01）．

[233]王亚军，张华，马岷兴．数学作文：意蕴、类型及教学实现[J]．中小学教师培训，2019（11）．

[234]张华，向雨，王亚军．教师培训的理念重构、内容开掘与模式转型[J]．内蒙古师范大学学报（教育科学版），2020，33（06）．

[235]平嘉琳．语文课堂教学中对于“主体间评价”的探讨[J]．现代交际，2020

（09）.

[236]平嘉琳．新课改视角下免费师范生自我管理的现状分析[J]．新西部，2020，（17）.

[237]平嘉琳．中小学语文教师学科素养测评体系的建立与应用——以教师职后培训为例[J]．成都师范学院学报，2020，36（08）.

[238]刘杨，张佳．乡村中小学校长心理韧性对自主性影响的实证研究——工作延迟满足的中介作用[J]．基础教育，2020，17（06）.

[239]靳伟，裴淼，董秋瑾．文化回应性教学法：内涵、价值及应用[J]．民族教育研究，2020（03）.

[240]黄洪霖，李太平．校长赋权：内涵、问题与制度化[J]．教育理论与实践，2020，40（08）.

[241]郭璨．在线教学时代本科教学管理制度重构：何以必要与可能[J]．国家教育行政学院学报，2020（09）.

[242]刘敏，阳雪梅．农村中小学教师校本培训问题与策略[J]．继续教育研究，2020（01）.

[243]郭平，熊艳，刘敏．新时代特级教师的使命与担当[J]．四川教育，2020（10）.

[244]郭平，等．农村新任教师专业提升的困境与突破[J]．四川教育，2020（22）.

[245]郭平．线上培训助力推进“学习强师”[N]．教育导报，2020-03-24.

[246]郭平．“国培计划”助推教师专业发展[N]．四川科技报，2020-03-27.

[247]郭平．精准培训提升“国培计划”品质[N]．西南商报，2020-04-15.

[248]郭平．将劳动教育纳入校长培训“必修课”[N]．中国教育报，2020-04-22.

[249]刘敏．民族地区“一村一幼”辅导员队伍现状与培训策略[J]．中国民族教育，2020（10）.

[250]王建虎，童名文，王芸，师亚飞．全球数字化学习：挑战、趋向及思考——《2020数字化学习现状》报告的解析[J]．远程教育杂志，2020，38（05）.

[251]张瑾，王芸．作为隐性参与的课堂沉默：结构表征与引导策略[J]．新疆教育学院学报，2021，37（01）.

[252]王建虎，崔肖肖，王芸，张丹玲，童名文．贯通小学与大学：智能时代信息化教育的体系变革与创新——日本《信息教育课程设计指南》解析[J]．远程教育杂

志，2021，39（05）.

[253]谢丹，卢雄．乡村振兴战略下乡村教师专业发展内源性动力的激发策略[J]．成都师范学院学报，2021，37（08）.

[254]黄洪霖等．学校德育从集体主义到共同体精神的实践演进[J]．教学与管理，2021（01）.

[255]廖佳妮，胡韬，林川钰，于敏章．基于城市与性别差异的高中生抑郁情绪倾向研究[J]．创新创业理论研究与实践，2020，3（16）.

[256]贾双黛，张洛奕，胡韬．父母关系感知与高中生问题行为的关系：教养方式的中介作用——以四川、山东、福建三所普通高中为例[J]．成都师范学院学报，2020，36（08）.

[257]刁佳玺，潘越，胡韬，于敏章．初中生归因方式、自我概念与心理弹性的关系研究[J]．教育导刊，2020（10）.

[258]刘杨，张灏，张静秋，钟琴，胡韬．艾滋病感染者强制隔离戒毒人员戒毒动机与复吸倾向之间的关系：自我概念与生命意义感的链式中介效应[J]．中国药物依赖性杂志，2020，29（05）.

[259]潘越，胡韬，于敏章，李黎．初中生归因方式、自我概念与心理弹性的关系研究综述[J]．心理月刊，2021，16（01）.

[260]吴春华，黄洪霖．高职院校师德建设中的虚空现象及破解——基于组织与制度的视角[J]．职业教育（下旬刊），2021，20（12）.

[261]叶正茂，刘华锦．日本泛在学习研究：SCROLL系统的应用及启示[J]．成人教育，2021，41（07）.

[262]刘华锦，叶正茂，钟南聪，蒲佳，王一涵．新市民参与社区教育治理的现状与分析——以成都市龙泉驿区为例[J]．教育与教学研究，2021（07）.

[263]张军，董秋瑾．活动理论视域下研训行一体化教师学习模式建构研究[J]．教师教育研究，2021（03）.

[264]李巍，平嘉琳．四川省W民族县“一村一幼”辅导员培训质量实证研究[J]．成都师范学院学报，2021，37（11）.

[265]朱永海，朱莎，王亚军．培养创造性思维的阶梯式加深混合教学研究——以“信息化教学资源设计与制作”课程为例[J]．现代教育技术，2021，31（11）.

[266]王亚军，胡东．基于学习者画像的教师混合学习模式设计与实践[J]．四川师

范大学学报（社会科学版），2021，48（04）.

[267]郭平，熊艳．新时代教师专业发展的目标与路径[J]．文科爱好者（教育教学），2021（02）.

[268]郝广龙，李巍．大学经济主义化的困境及其超越[J]．攀枝花学院学报，2022，39（01）.

[269]郭璨．从规制到赋能：面向泛在学习时代的本科教学管理制度重构[J]．现代教育管理，2022（01）.

[270]刘延金，郭平．中等职业教育教师职后培训的异化与回归[J]．职业技术教育，2022（04）.

[271]毕美杰，黄洪霖．国际差异化教学研究现状、热点与审思——基于WOS文献的数据分析[J]．比较教育研究，2022，44（04）.

[272]黄洪霖．我国家庭教育现代化中的价值迷失与重建[J]．福建教育学院学报，2022，23（04）.

[273]刘华锦，叶正茂，王一涵，蒲佳．新时代乡村小学教师网络研修需求的调查与建议[J]．云南开放大学学报，2022（01）.

[274]李雅婷，刘华锦．家庭教育中“父教缺失”的现状分析与应对策略[J]．文科爱好者（教育教学），2022（03）.

[275]张佳，王莎．乡村新教师专业愿景结构维度研究[J]．内蒙古师范大学学报（教育科学版），2022，35（02）.

[276]张佳．基于计划行为理论的乡村中小学教师移动学习意愿研究[J]．中国教育信息化，2022，28（01）：46-55.

[277]邱兴，李德树，刘敏，朱玲．“双减”政策在区域落实中的校外培训机构治理问题与对策[J]．成都师范学院学报，2022，38（03）.

[278]李德树，刘敏．人际信任与社交焦虑对大学生孤独感的影响研究[J]．西部素质教育，2022，8（15）.

[279]胡东，王亚军，郭英．民族地区农村中小学教师心理授权与教师胜任力的关系：教学效能感的中介作用[J]．中国健康心理学杂志，2022，30（04）.

[280]李德树，郭平．数字时代教师教育发展与创新[J]．文科爱好者（教育教学），2022（04）.

[281]郭平．学区制改革的理论阐释与实践探索[J]．四川教育，2022（Z1）.

二、著作类

[1]李德树，卿平海．成功作文法[M]．成都：四川辞书出版社，1992．

[2]郭平．小学数学学法例说[M]．成都：四川科学技术出版社，1993．

[3]李德树，杨庆文．小学作文全程指导[M]．成都：成都出版社，1996．

[4]郭平，刘刚．新时期教育理论与实践探索[M]．重庆：西南师范大学出版社，1997．

[5]彭德华，卢雄．学校管理心理学[M]．兰州：甘肃教育出版社，1999．

[6]李小融，李德树．懂得孩子——孩子身心发展的规律与特点[M]．成都：四川教育出版社，2002．

[7]郭平．大学生就业指导概论[M]．北京：中国科学文化出版社，2003．

[8]陈安福．卢雄．中学心理学[M]．北京：高等教育出版社，2004．

[9]卢雄．学校心理教育的理论与实践[M]．北京：中国文史出版社，2004．．

[10]李小融，卢雄．中小学生心理健康教育[M]．成都：四川教育出版社，2006．

[11]李魏，郭平．大学生职业生涯规划与就业指导教程[M]．北京：中国科学技术出版社，2007．

[12]刘永康，李德树．高中新课程理论与实践[M]．北京：高等教育出版社，2008．

[13]李小融，卢雄．震后中小学生心理援助的途径和方法[M]．成都：四川教育出版社，2008．

[14]郭平，赵宝新．大学生全程化就业指导理论与实践[M]．北京：中国科学技术出版社，2008．

[15]郭平．新时期学校教育教学与管理探索M]．北京：中国科学技术出版社，2008．

[16]邱兴，卢雄．现代幼儿教育观念及实践[M]．北京：高等教育出版社，2009．

[17]郭平．学校教育教学管理研究M]．北京：中国科学技术出版社，2009．

[18]郭平．学校教育：新课程新视野新探索[M]．北京：现代教育出版社，2010．

[19]李小融，卢雄．中小学生心理健康教育体系构建与管理[M]．成都：西南交通大学出版社，2010．

[20]卢雄，李小融．灾难心理与中小学生心理援助研究[M]．长春：东北师范大学

出版社，2011.

[21]刘永康，李德树，等. 语文课程与教学新论[M]. 北京：高等教育出版社，2011.

[22]郭平. 新课程教师培养与学生成长[M]. 北京：现代教育出版社，2011.

[23]郭平. 教育理念的追寻与践行[M]. 北京：现代教育出版社，2011.

[24]郭平. 大学组织与管理：理念、制度、文化[M]. 北京：中国言实出版社，2012.

[25]熊艳，郭平. 新课程学校管理与教育教学[M]. 北京：中国言实出版社，2012.

[26]郭平. 现代大学制度与高校内部治理[M]. 长春：东北师范大学出版社，2013.

[27]郭平. 教育新视野丛书（共3册）[M]. 沈阳：万卷出版公司，2013.

[28]郭平. 教育公共基础知识学习指南[M]. 沈阳：万卷出版有限责任公司，2013.

[29]徐世贵，孟繁胜. 校长思想与课程领导力[M]. 北京：世界图书出版公司，2014.

[30]郭平. 农村学校发展规划专题研修[M]. 北京：中国言实出版社，2014.

[31]郭平. 中小学校本研修研究与实践[M]. 北京：中国言实出版社，2014.

[32]郭平. 农村初中学校管理研究与实践[M]. 北京：中国言实出版社，2014.

[33]郭平，陈国英. 成都师范学院2012年培训项目报告[M]. 北京：中国言实出版社，2014.

[34]郭平，赖蓉莎. 成都师范学院2013年培训项目报告[M]. 北京：中国言实出版社，2014.

[35]李德树. 语文新课程学与教[M]. 成都：西南交通大学出版社，2015.

[36]李德树，卿平海. 语文新课程课堂教学优化策略[M]. 成都：西南交通大学出版社，2015.

[37]李德树. 语文新课程实施难点与教学对策[M]. 成都：西南交通大学出版社，2015.

[38]郭平，卢雄. 行走在教育科研的道路上[M]. 成都：西南交通大学出版社，2015.

[39]郭平. 中学教育学[M]. 成都：西南交通大学出版社，2015.

[40]郭平. 中学教师综合素质与职业发展[M]. 成都：西南交通大学出版社，2015.

[41]郭平. 教师教育改革与应用型人才培养[M]. 成都：西南交通大学出版社，

2015.

[42]郭平．中小学教师培训模式创新研究[M]．长春：东北师范大学出版社，2015.

[43]郭平．农村中小学学校发展规划：培训与研究[M]．北京：中国言实出版社，2015.

[44]郭平．现代大学治理及其功能研究[M]．成都：西南交通大学出版社，2015.

[45]扈远仁，唐志成，郭平．推进教育均衡发展　实现中国教育梦[M]．成都：西南交通大学出版社，2015.

[46]郑子莹，卢雄．学前教育组织与管理[M]．成都：西南交通大学出版社，2015.

[47]郭平，卢雄．高中校长论教育教学与管理[M]．成都：西南交通大学出版社，2016.

[48]郭平．幼儿园教师综合素质与专业发展[M]．成都：西南交通大学出版社，2016.

[49]郭平，卢雄，李小融．高中校长论教育教学与管理[M]．成都：西南交通大学出版社，2016.

[50]郭平，卢雄，李小融．高中学校发展规划选编[M]．成都：西南交通大学出版社，2016.

[51]刘华锦．网络研修——教师继续教育新思路[M]．成都：西南交通大学出版社，2016.

[52]李德树，卿平海，丁瑞根．初中语文微问题解决100例[M]．成都：西南交通大学出版社，2017.

[53]郭平，熊艳．教师专业发展概论[M]．成都：西南交通大学出版社，2017.

[54]刘先强，刘华锦，等．学有良校——成都市新优质学校发展之路[M]．成都：四川大学出版社，2017.

[55]陈庆康，卢雄．自主·乐学·会学[M]．成都：西南交通大学出版社，2018.

[56]刘华锦，刘先强．乡村教师专业成长的实践探索[M]．北京：人民出版社，2018.

[57]刘延金，王亚莉．融合化、协同化、常态化——混合式教师培训的理论与实践[M]．成都：四川大学出版社，2018.

[58]陈东，刘延金，等．师范生教师职业道德养成教育理论与实践[M]．成都：四川大学出版社，2018.

[59]刘华锦，曹英梅，张乃松．小学教育概论[M]．成都：电子科技大学出版社，2019．

[60]郭平．教育督导学[M]．成都：西南交通大学出版社，2020．

[61]郭平，胡永春．新时代教师专业发展研究与实践[M]．北京：团结出版社，2020．

[62]刘华锦．小学校长领导力研究[M]．成都：电子科技大学出版社，2020．

[63]郭璨．变革与重构：面向泛在学习时代的高校教学管理制度[M]．成都：西南交通大学出版社，2021．

参考文献

[1] 皮亚杰．皮亚杰发生认识论文选[M]．上海：华东师范大学出版社，1991．
[2] 教育部师范教育司．更新培训观念，变革培训模式：中小学教师继续教育学习提要[M]．长春：东北师范大学出版社，2001．
[3] 朱旭东．中国现代教师教育体系构建研究[M]．北京：北京师范大学出版社，2014．
[4] 黄健．助理培训师[M]．北京：中国劳动社会保障出版社，2008.
[5] 胡森．国际教育百科全书（第 5 卷）[M]．贵阳：贵州教育出版社，1990.
[6] 张学民．教师职业发展与培训[M]．北京：知识产权出版社，2007.
[7] 孟宪凯．教学技能有效训练[M]．北京：北京出版社，2007.
[8] 中央教育科学研究所比较教育研究室．简明国际教育百科全书：教学（下）[M]．北京：教育科学出版社，1990．
[9] 丁念金．课程论[M]．福州：福建教育出版社，2006.
[10] 霍华德·加德纳．多元智能新视野[M]．杭州：浙江人民出版社，2017.
[11] 联合国教科文组织．反思教育：向“全球共同利益”的理念转变？[M]．北京：教育科学出版社，2017.
[12] 孙培青，杜成宪．中国教育史[M]．上海：华东师范大学出版社，2009.
[13] 余新．教师培训师专业修炼[M]．北京：教育科学出版社，2012.
[14] 现代汉语词典编写组．现代汉语词典（2002增补本）[M]．北京：商务印书馆，2002.
[15] 夏征农．辞海[M]．上海：上海辞书出版社，2002．
[16] 曲伟，韩明安．当代汉语新词词典[M]．北京：中国大百科全书出版社，2004．
[17] 李维．国际教育百科全书[M]．贵阳：贵州教育出版社，1990.
[18] 姚继业，陈邦峰．教师继续教育模式与机制研究[M]．沈阳：沈阳出版社，2000．
[19] 张家祥，钱景舫．职业技术教育学[M]．上海：华东师范大学出版社，2001.

[20] 郭景扬．教师继续教育研究[M]．北京：中国矿业大学出版社，2001.
[21] 崔允郭．校本课程开发：理论与实践[M]．北京：教育科学出版社，2000.
[22] 鱼霞，毛亚庆．论有效的教师培训[J]．教师教育研究，2004，16（01）．
[23] 余新．教师培训的本质、功能和专业化走向[J]．教育科学研究，2010（12）．
[24] 张建伟．概念转变模型及其发展[J]．心理学动态，1998（03）．
[25] 林智中，张爽．香港教师专业发展策略：从不足模式走向互动模式[J]．教师教育研究，2008，20（03）．
[26] 朱旭东，周钧．论我国教师教育学科制度建设——教师教育大学化的必然选择[J]．教师教育研究，2007（01）．
[27] 谌启标．教师教育大学化：理念、制度与变革[J]．新课程研究（教师教育），2007（03）．
[28] 杨启亮．课程改革中教学问题思考[J]．教育研究，2002（06）．
[29] 操太圣，卢乃桂．教师专业发展新范式及其在中国的萌生[J]．教育发展研究，2002（11）．
[30] 丁兴有．高培训目标层次——建构现代培训模式[J]．丽水师范专科学校学报，2003（12）．
[31] 邱卫东．论教师培训与有效迁移[J]．教育发展研究，2003（08）．
[32] 冯燕华．教师培训者的角色及应具备的素养[J]．中国民族教育，2012（09）．
[33] 余新．有效教师培训的七个关键环节——以“国培计划——培训者研修项目”培训管理者研修班为例[J]．教育研究，2010（02）．
[34] 史德胜，陆元兆，王艳琼．“国培计划：中西部中小学骨干教师培训项目（2009）”培训情况的调查与研究——以广西师范大学小学体育培训班为例[J]．搏击，2010（07）．
[35] 陈运保，韩伟锋．“中西部地区中小学骨干教师培训”需求调查[J]．中小学教师培训，2010（05）．
[36] 余新．影响教师培训有效性的五个基本环节[J]．北京教育学院学报，2009（06）．
[37] 石中英．教师的基本价值品质及其形成[J]．中国教师，2009（01）
[38] 朱小蔓．道德学习与脑培养[J]．沈阳师范大学学报（社会科学版），2005（02）．

[39] 单志艳．中小学教师培训政策的价值取向变迁[J]．教师教育研究，2017（01）．

[40] 余新，王婷．教师培训：40年的实践历程及其发展趋势[J]．课程·教材·教法，2018，38（07）．

[41] 张加莎，刘菁．基于内容分析法的“国培计划”研究综述[J]．中小学教师培训，2017（03）．

[42] 孟祥瑞．新常态下教师培训微创新路径的探索与思考——以“国培计划”项目为例[J]．高等继续教育学报，2016，29（06）．

[43] 余新．从欧美培训师研究看我国教师培训师专业能力建构[J]．北京教育学院学报，2013，27（03）．

[44] 孟祥瑞．教师培训文化建设的实践探索与思考[J]．科教导刊（下旬刊），2016（03）．

[45] 孟祥瑞．宣传工作在教师培训文化建设中的意义[J]．学理论，2015（35）．

[46] 夏泽胜．基于需求的中小学教师培训规划与管理[J]．中小学教师培训，2018（05）．

[47] 鲁沛竺，张世财．学分制推进中小学教师自主专业进修的实效化策略[J]．教育理论与实践，2019，39（17）．

[48] 徐建华．大数据时代教师培训效果评价方式转型[J]．中小学教师培训，2016（07）．

[49] 查有梁．什么是模式论？[J]．社会科学研究，1994（02）．

[50] 李伟．行动研究对中小学教师培训模式创新的启示[J]．师资培训研究，2005（01）．

[51] 王冬凌．“以师为本”的教师培训模式：内涵与策略[J]．现代教育管理，2010，（10）．

[52] 王冬凌．构建高效教师培训模式：内涵与策略[J]．教育研究，2011，32（05）．

[53] 石义堂，李瑾瑜，吕世虎．创新培训模式提升西部农村教师素质[J]．人民教育，2008（05）．

[54] 马兰霞．培养创新精神是青年教师培训的应然价值目标[J]．中小学教师培训（小学版），1999（02）．

[55] 易长发．外国中学教师继续教育模式例析[J]．比较教育研究，1999（03）．

[56] 杨运鑫，薛天祥．多种模式开展教师继续教育[J]．中国高等教育，2004（12）．

[57] 赣洪，张希丽．近三十年来我国教师培训模式变迁之知识图谱分析[J]．现代中小学教育，2018，34（08）．

[58] 王磊．提高教师专业发展模式的探究——以校本培训为例[J]．中国多媒体与网络教学学报，2020（07）．

[59] 李世能．创新型教师的基本素质[J]．南宁职业技术学院学报，2003（03）．

[60] 张国胜．校本培训——教师继续教育模式的创新[J]．教育探索，2001（11）．

[61] 李党辉．我国教师培训模式文献综述[J]．继续教育研究，2014（11）．

[62] 郑国凤．农村中小学教师培训模式的检视与创新[J]．教学与管理，2018（21）．

[63] 冯品钰．目标导向型教师培训模式的构建与实践——以中学专家型教师研修项目为例[J]．北京教育（普教），2012（03）．

[64] 陈晓彤，武丽志．国内中小学教师培训模式研究综述（2010—2019）[J]．中国成人教育，2020（10）．

[65] 江净帆．构建中小学教师“会诊—反思”集中培训模式[J]．中小学管理，2011（09）．

[66] 李茜．天津市“265工程”农村骨干教师培训模式行动研究[J]．中小学教师培训，2015（04）．

[67] 吴文姝．中小学校本自主式专业发展培训模式构建[J]．当代教育科学，2013（02）．

[68] 董同强，马秀峰．中小学创客型教师参与式培训模式的构建与应用[J]．现代教育技术，2018，28（3）．

[69] 胡春梅．基于核心能力发展的新教师培训模式初探——以初中语文学科为例[J]．教育理论与实践，2016，36（23）．

[70] 郭平，刘敏．构建教师专业发展共同体研究与实践——以成都师范学院为例[J]．中国成人教育，2015（01）．

[71] 高佳莉，姚振坚．基于高校培训中心模式的中小学教师培训机制构建研究[J]．中国成人教育，2012（05）．

[72] 陈兴冶．以文化人：集团化办学模式下浸润式教师培训实践探索[J]．上海教育科研，2019（06）．

[73] 张屹，许哲，张帆，等．基于Sakai平台的村镇中小学教师远程培训应用模式初探[J].中国电化教育，2010（05）．

[74] 汪茹．基于云服务正反馈的区域教师培训策略研究[J]．电化教育研究，2018，39（12）．

[75] 王文君，杨永亮．基于微课资源的教师网络研修模式构建与活动设计[J]．电化教育研究，2016，37（01）．

[76] 曹建玲．基于微课的中小学教师培训现状及策略研究[J]．中小学教师培训，2017（02）．

[77] 张巧文．基于“互联网+”的“双师教学”模式在乡村教师培训中的运用[J]．中小学教师培训，2017（05）．

[78] 冷静，朱伶俐，沈旭东．基于学习支持服务的远程培训模式探索——以北京大学“国培计划”为例[J]．中国远程教育，2015（11）．

[79] 周效章．中小学教师教育技术能力培训：基于网络学习共同体的实践[J]．现代教育技术，2010，20（06）．

[80] 吴强，吴江，任建兴，等．“四全”人才培养模式的探索与思考[J]．中国电力教育，2013（31）．

[81] 武丽志，曾素娥.“研训用”一体的教师远程培训内涵及实践观照[J]．现代远程教育研究，2015（04）．

[82] 张丽，伍正翔．引领式在线教师培训模式理论创新与实践机制——以全国中小学教师网络培训平台为例[J]．中国电化教育，2011（01）．

[83] 黄建锋．基于SPOC的教师培训流程创新研究[J]．中小学教师培训，2017（04）．

[84] 李克东，赵建华．混合学习的原理与应用模式[J]．电化教育研究，2004（07）．

[85] 邵晓霞．基于翻转课堂的“国培计划”培训模式探究——以天水师院“国培计划”中西部农村英语骨干教师培训项目为例[J]．中小学教师培训，2015（01）．

[86] 周进军．基于“翻转课堂”理念的教师培训研究[J]．西部素质教育，2017，3（07）．

[87] 田爱丽，于天贞．任务导向的慕课研修模式分析[J]．教师教育研究，2017，29（05）．

[88] 容梅．基于个性化学习需求的中小学教师研修模式的构建与实施[J]．中国电化教育，2017（10）．

[89] 李运福，杨晓宏．基于大数据分析的O2O教师培训模式研究——对“互联网+”

教师培训的初步思考[J]．中国电化教育，2016（12）．
[90] 梁琪，滕涛，刘刚，等．基于混合式学习理论的中小学教师信息化教学能力培养模式研究[J]．电化教育研究，2012，33（12）．
[91] 张思，刘清堂，熊久明，等．教师混合式培训中的同侪互助模式与支持策略研究[J]．电化教育研究，2015，36（06）．
[92] 钟庆文，王斌．高职院校新教师职业素养“互联网+交互式”培训模式研究[J]．继续教育，2018，32（09）．
[93] 曾琦．教师培训模式的现状分析及改革建议——建立合作探究型教师培训模式的设想[J]．中国教育学刊，2000（05）．
[94] 虞哲中．“任务驱动”在骨干教师培训中的应用[J]．新课程研究（下旬刊），2011（01）．
[95] 孟令和．面向21世纪的教师培训模式[J]．中国成人教育，1999（03）．
[96] 赵琴．素质教育对教师继续教育模式的改革与创新[J]．教育探索，2000（02）．
[97] 孟繁胜，林佳怡．近十年教师培训模式设计理念及其实践原则[J]．中国多媒体与网络教学学报（上旬刊）．2020（08）．
[98] 朱旭东，宋萑．论教师培训核心要素的“对象变量”群[J]．教师教育研究，2014（01）．
[99] 吉林市教育学院．面向21世纪构建教师队伍建设创新体系[J]．人民教育，1999（07）．
[100] 胡建，张慧春．中学骨干教师培训模式的创新研究与实践[J]．重庆教育学院学报，2006，19（05）．
[101] 刘清昆．教育现代化背景下教师培训模式的创新实践[J]．高等继续教育学报，2020，33（05）．
[102] 赵琴．素质教育对教师继续教育模式的改革与创新[J]．教育探索，2000（02）．
[103] 唐京伟．新课程培训更新观念模式创新[J]．语文建设，2002（10）．
[104] 席家焕，乔星明．强化管理创新模式积极做好新课程师资培训工作[J]．中小学教师培训，2003（05）．
[105] 蒋丽珠．创新培训模式 引领教师专业成长[J]．中小学教师培训，2007（05）．
[106] 杨国英，林明华，兰芳，等．基于“校研训科”四位一体管理机制的教师培训模型构建与实践[J]．中小学教师培训，2019（04）．

[107] 张翔，赖翔晖．中小学教师“多校联培”校本培训模式探究[J].中小学教师培训，2016（12）．

[108] 刘媛媛．中学教师培训问题研究[D]．临汾：山西师范大学，2015.

[109] 马萌．面向教师需求的教师及时培训模式研究[D]．长春：东北师范大学，2011.

[110] 康米．台湾中小学教师培训制度演进的特点及其启示[D]．兰州：西北师范大学，2016.

[111] 时伟．专业化视野下教师继续教育的理论与实践——高师院校的职能定位与应答[D]．上海：华东师范大学，2003.

[112] 程明喜．改革开放以来我国中小学教师培训课程价值取向研究[D]．长春：东北师范大学，2019.

[113] 郭忠岭．聊城市中小学教师分层培训实践研究[D]．聊城：聊城大学，2011.

[114] 王晓平．以教学生的理念教教师[N]．中国教育报，2009-05-08．

后　记

出版《教师培训学》是我们团队多年来的一个心愿！

本书系四川省社会科学“十三五”规划2019年度项目“教师培训学的学科价值与体系构建研究”（项目编号：SC19B017）、成都师范学院一流学科建设重大科研项目“教师培训学的学科价值与体系构建”（项目编号：CS18ZDS04）、四川省教育厅“教育咨询与质量监测评估研究科研创新团队（15TD0037）”、四川省哲学社会科学规划项目“‘教师专业发展’学科体系研究与实践（SC13XK33）”等课题研究成果。

本书是课题组全体成员共同努力的成果，是集体智慧的产物。本书作者来自四川、重庆、北京、吉林、新疆、福建等南北西东，来自成都师范学院、国家教育行政学院、北京教育学院、东北师范大学、电子科技大学、重庆市教育委员会、四川师范大学、成都大学、福建教育学院、新疆师范大学、四川省教师发展中心等院校和机构。

本书由成都师范学院郭平教授牵头策划、编拟提纲、组织编写。

各部分撰写分工如下：

序（成都师范学院：郭平、刘延金）

第一章　导论（成都师范学院：刘延金、郭平）

第二章　教师培训的产生与发展（成都师范学院：胡韬、刘敏）

第三章　教师培训本质（成都师范学院：李巍、平嘉琳）

第四章　教师培训目标（成都师范学院：卢雄、涂勋志）

第五章　教师培训制度（成都师范学院：万涛、郭平）

第六章　教师培训者（成都大学：刘华锦；成都师范学院：郭平）

第七章　教师培训对象（成都师范学院：张燕；国家教育行政学院：郭璨）

第八章　教师培训机构（四川师范大学：张姝、邓淑予）

第九章　教师培训体制（四川师范大学：王亚军）

第十章　教师培训模式（成都师范学院：李德树、冉清红）

第十一章　教师培训课程（四川省教师发展中心：陈元辉；成都师范学院：郭平）

第十二章　教师培训方法（国家教育行政学院：郭瑮；成都师范学院：王春燕、熊艳）

第十三章　教师培训技术（电子科技大学：杨磊；成都师范学院：郭平）

第十四章　教师培训管理（新疆师范大学：王芸；国家教育行政学院：郭瑮）

第十五章　教师培训评价（成都师范学院：张佳、郭平）

第十六章　国外教师培训（福建教育学院：黄洪霖；成都师范学院：郭平）

第十七章　新时代教师培训改革（东北师范大学：孟繁胜；新疆师范大学：董秋瑾；北京教育学院：李玲馨）

第十八章　教师培训趋势展望（重庆市教育委员会：李源田）

全书由郭平、李德树、郭瑮任主编，刘延金、李源田、孟繁胜任副主编，负责全书统稿，最后由郭平定稿。

本书的出版，得到了成都师范学院的资助和支持；得到了教育部教师培训专家组黄贵珍、郭垒、袁奋光、袁华银、宋冬生、李源田、余新、龚孝华、李瑾瑜、王金涛、田伟、王虹、黄佑生、梁昭阳等专家教授，中国教育科学研究院杨润勇博士，国家教育行政学院樊平军博士、于维涛博士，四川省教育厅副厅长崔昌宏、教师工作处处长罗瑜、一级调研员寇昆仑、一级主任科员唐晓辉，原四川省教师发展中心主任刘涛、原教师培训研究所所长汪桂琼，四川师范大学校长汪明义教授、教师培训学院院长李志全，成都师范学院党委书记杜伟教授、副校长邱兴教授、原党委书记王万民教授、原校长陈宁教授、原副校长岳正华教授等领导和专家的关心和指导。成都师范学院教师培训管理中心、四川省心理学会教师心理发展与教师培训专业委员会、四川省教育发展研究会教师教育专委会、西南交通大学出版社等相关人员做了大量工作，在此一并致谢。

本书以《教师培训学》命名，是否属于国内第一本“教师培训学”著作，可能极具争议性和挑战性。我们本着“无知者无畏”的心理，期待本书出版能够为教师培训学研究和学科发展发挥一点抛砖引玉的作用。

由于我们的研究水平所限，加上教师培训学科创建还处于探索中，书中疏漏和不足之处在所难免，敬请同行和读者批评指正。

郭平
2023年12月